●収録内容一覧

■2025年度中学受験用

淑徳与野中学校

3年間(＋3年間HP掲載)スーパー過去問

入試問題と解説・解答の収録内容

2024年度　医進特別	算数・理科
2024年度　１回	算数・社会・理科・国語
2024年度　２回	算数・社会・理科・国語 （算数・理科は解答のみ）
2023年度　１回	算数・社会・理科・国語
2023年度　２回	算数・社会・理科・国語
2022年度　１回	算数・社会・理科・国語
2022年度　２回	算数・社会・理科・国語
2021～2019年度(HP掲載) 「カコ過去問」 （ユーザー名）koe （パスワード）w8ga5a1o	問題・解答用紙・解説解答DL **◇著作権の都合により国語と一部の問題を削除しております。** ◇一部解答のみ（解説なし）となります。 ◇９月下旬までに全校アップロード予定です。 ◇掲載期限以降は予告なく削除される場合があります。

～本書ご利用上の注意～　以下の点について，あらかじめご了承ください。

★別冊解答用紙は巻末にございます。本書に収録している試験の実物解答用紙は，弊社サイトの各校商品情報ページより，一部または全部をダウンロードできます。

★編集の都合上，学校実施のすべての試験を掲載していない場合がございます。

★当問題集のバックナンバーは，弊社には在庫がございません（ネット書店などに一部在庫あり）。

合格を勝ち取るための『スーパー過去問』の使い方

本書に掲載されている過去問をご覧になって,「難しそう」と感じたかもしれません。でも,多くの受験生が同じように感じているはずです。なぜなら,中学入試で出題される問題は,小学校で習う内容よりも高度なものが多く,たくさんの知識や解き方のコツを身につけることも必要だからです。ですから,初めて本書に取り組むさいには,点数を気にしすぎないようにしましょう。本番でしっかり点数を取れることが大事なのです。

過去問で重要なのは「まちがえること」です。自分の弱点を知るために,過去問に取り組むのです。当然,まちがえた問題をそのままにしておいては意味がありません。

本書には,長年にわたって中学入試にたずさわっているスタッフによるていねいな解説がついています。まちがえた問題はしっかりと解説を読み,できるようになるまで何度も解き直しをしてください。理解できていないと感じた分野については,参考書や資料集などを活用し,改めて整理しておきましょう。

このページも参考にしてみましょう！

◆どの年度から解こうかな　「入試問題と解説・解答の収録内容一覧」

本書のはじめには収録内容が掲載されていますので,収録年度や収録されている入試回などを確認できます。

※著作権上の都合によって掲載できない問題が収録されている場合は,最新年度の問題の前に,ピンク色の紙を差しこんでご案内しています。

◆学校の情報を知ろう!!「学校紹介ページ」

このページのあとに,各学校の基本情報などを掲載しています。問題を解くのに疲れたら息ぬきに読んで,志望校合格への気持ちを新たにし,再び過去問に挑戦してみるのもよいでしょう。なお,最新の情報につきましては,学校のホームページなどでご確認ください。

◆入試に向けてどんな対策をしよう？「出題傾向＆対策」

「学校紹介ページ」に続いて,「出題傾向＆対策」ページがあります。過去にどのような分野の問題が出題され,どのように対策すればよいかをアドバイスしていますので,参考にしてください。

◇別冊「入試問題解答用紙編」

本書の巻末には,ぬき取って使える別冊の解答用紙が収録してあります。解答用紙が非公表の場合などを除き,(注)が記載されたページの指定倍率にしたがって拡大コピーをとれば,実際の入試問題とほぼ同じ解答欄の大きさで,何度でも過去問に取り組むことができます。このように,入試本番に近い条件で練習できるのも,本書の強みです。また,データが公表されている学校は別冊の１ページ目に過去の「入試結果表」を掲載しています。合格に必要な得点の目安として活用してください。

本書がみなさんの志望校合格の助けとなることを,心より願っています。

株式会社　声の教育社　編集部

淑徳与野中学校

所在地	〒338-0001 埼玉県さいたま市中央区上落合5-19-18
電　話	048-840-1035
ホームページ	https://www.shukutoku.yono.saitama.jp/
交通案内	JR宇都宮線・高崎線・京浜東北線「さいたま新都心駅」より徒歩7分 JR埼京線「北与野駅」より徒歩7分

くわしい情報は
ホームページへ

トピックス

★出願に報告書（調査書）は不要で，出願登録時に簡単なアンケートがある。
★2024年度より医進コースを新設。医進コース・特進コースの2コース制となる。

創立年
平成17年

女子校

高校募集
あり

応募状況

年度	募集数		応募数	受験数	合格数	倍率
2024	医特	医 25名	525名	508名	208名	2.4倍
	①	医 15名	1793名	1560名	54名	1.6倍
		特 95名			938名	
	②	医 若干名	161名	149名	2名	5.5倍
		特 25名			25名	
2023	①	95名	1771名	1705名	884名	1.9倍
	②	25名	242名	231名	26名	8.9倍
2022	①	95名	1752名	1679名	875名	1.9倍
	②	25名	221名	201名	29名	6.9倍

本校の特色

本校は，予備校や塾に通わなくても，全生徒が難関国公立大学・私立大学へ現役で進学できるように，きめ細かな指導体制を整え，様々な特別講座を開講して学力向上を推進しています。

そのため，５ステージ通年制を採用しています。各ステージにおいては，教科ごとにこまめに小テストやノートのチェックを行い，予習・復習の習慣を身につけます。定期考査で日ごろの努力が成績に反映しなかった場合には，対象となる生徒を集めて補習授業や個別指導を行います。これらを上手に利用することで，難関大学を目指せるだけの学力を身につけることができるのです。

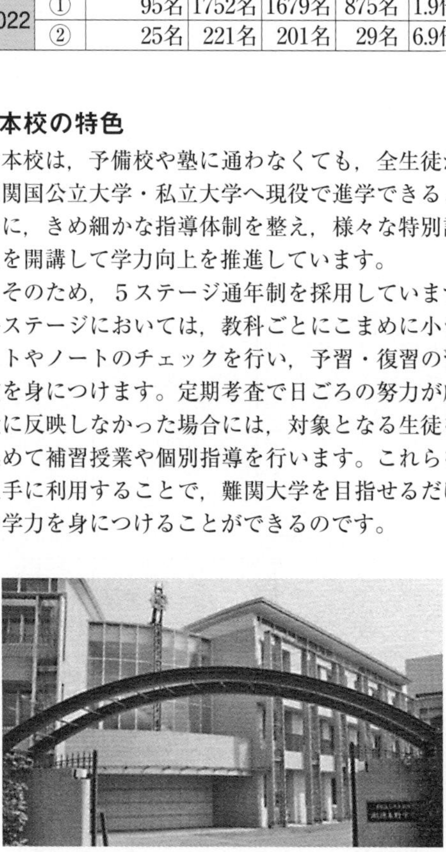

2024年春の主な大学合格実績

＜国公立大学・大学校＞

東京大，一橋大，北海道大，筑波大，千葉大，横浜国立大，東京医科歯科大，東京学芸大，東京農工大，お茶の水女子大，防衛医科大，東京都立大

＜私立大学＞

慶應義塾大，早稲田大，上智大，東京理科大，明治大，青山学院大，立教大，中央大，法政大，学習院大，津田塾大，東京女子大，日本女子大

入試情報（参考：昨年度）

【医進コース特別】
出願期間：〔インターネット出願〕
　　　　　2023年12月１日～2024年１月８日
試験日　：2024年１月11日
試験科目：算数・理科（各50分・各100点）
合格発表：2024年１月12日16時（HP・掲示）

【第１回】
出願期間：〔インターネット出願〕
　　　　　2023年12月１日～2024年１月８日
試 験 日：2024年１月13日
試験科目：国語・算数（各50分・各100点）
　　　　　社会・理科（合わせて60分・各50点）
合格発表：2024年１月14日14時（HP・掲示）

【第２回】
出願期間：〔インターネット出願〕
　　　　　2024年１月14日～2024年２月３日
試 験 日：2024年２月４日
試験科目：国語・算数（各50分・各100点）
　　　　　社会・理科（合わせて50分・各50点）
合格発表：2024年２月５日９時（HP・掲示）

編集部注―本書の内容は2024年3月現在のものであり，変更されている場合があります。正式な情報は，学校のホームページ等で必ずご確認ください。

算数 出題傾向＆対策

◆基本データ（2024年度１回）

試験時間／満点	50分／100点
問題構成	・大問数…６題 計算１題（５問）／応用小問２題（８問）／応用問題３題 ・小問数…19問
解答形式	解答のみを記入する形式で，必要な単位などはあらかじめ印刷されている。作図問題もある。
実際の問題用紙	Ｂ５サイズ，小冊子形式
実際の解答用紙	Ｂ４サイズ

◆出題傾向と内容

▶過去３年の出題率トップ３
１位：角度・面積・長さ19％　２位：体積・表面積12％　３位：四則計算・逆算９％
▶今年の出題率トップ３
１位：角度・面積・長さ29％　２位：四則計算・逆算，図形・点の移動８％

さまざまな分野から出題されており，かたよりのない構成になっています。

計算問題は，四則混合計算や単位の計算などです。応用小問は，数の性質，規則性，数列，割合と比，場合の数，長さ，角度，面積，体積・容積，縮尺など，はば広い範囲から出題されています。応用問題では，数の規則，集合と場合の数なども出されますが，特に，平面図形・立体図形，速さ，水の深さと体積，回転体などがよく見られます。

◆対策～合格点を取るには？～

まず，計算練習を毎日続けて，計算力を身につけましょう。計算をノートにきちんと書き，答え合わせのときに，どんなところでミスしやすいかを発見するようにつとめること。

数の性質，割合と比では，はじめに参考書にある重要事項を整理し，類題を数多くこなして，基本的なパターンを身につけましょう。

図形では，はじめに求積問題を，実力がついたら図形の移動を重点的に学習しましょう。

特殊算については，参考書などにある「○○算」の基本を学習し，公式がスムーズに活用できるようになりましょう。

分野	年度	2024			2023	
		医進	1回	2回	1回	2回
計算	四則計算・逆算	○	○	◎	○	○
	計算のくふう	○	○		○	○
	単位の計算		○			○
和と差	和差算・分配算					
	消去算					
	つるかめ算					
	平均とのべ		○			
	過不足算・差集め算			○		○
	集まり					
	年齢算					
割合と比	割合と比					
	正比例と反比例					
	還元算・相当算	○				
	比の性質					
	倍数算					
	売買損益					
	濃度			○	○	○
	仕事算					
	ニュートン算	○				○
速さ	速さ					
	旅人算				○	○
	通過算	○	○			
	流水算			○		○
	時計算	○	○			
	速さと比			○		○
図形	角度・面積・長さ	●	●	●	●	●
	辺の比と面積の比・相似				○	
	体積・表面積	◎	○		○	○
	水の深さと体積			○	○	
	展開図					
	構成・分割	○				◎
	図形・点の移動	○	◎	○	◎	○
表とグラフ					◎	
数の性質	約数と倍数	○	○	○		○
	N進数					
	約束記号・文字式	○				
	整数・小数・分数の性質			○	○	○
規則性	植木算					
	周期算				○	
	数列			○		
	方陣算					
	図形と規則				○	
場合の数						
調べ・推理・条件の整理			●		○	
その他						

※　○印はその分野の問題が１題，◎印は２題，●印は３題以上出題されたことをしめします。

社会　出題傾向＆対策

◆基本データ（2024年度１回）

試験時間／満点	理科と合わせて60分／50点
問題構成	・大問数…３題 ・小問数…21問
解答形式	記号選択と適語の記入のみ。記述問題の出題はない。
実際の問題用紙	Ｂ５サイズ，小冊子形式
実際の解答用紙	Ｂ４サイズ

◆出題傾向と内容

地理分野，歴史分野，政治分野からまんべんなく出題されています。それぞれが各分野のはば広いことがらを問う総合問題形式になっていることが多いようです。

●**地理**…ある都道府県についての文章から，地形図の読み取り，自然や気候などが出題されています。また，地理・産業など複合的な要因をふまえて答える問題もあり，はば広い内容となっています。さらに，歴史的なできごとや時事とからめた問題も大きな特ちょうです。

●**歴史**…各時代における政治や戦争などをテーマとして，人物や文化をふくめたはば広い内容の出題となっています。漢字指定の適語の記入問題もあり，資料を読み取って推察する問題も見られます。

●**政治**…政治や選挙，生活などについて，選択問題を中心に出題されています。国内をはじめ海外についても，政治や経済などにからむニュースや，新しく使われるようになった用語とその背景などにも気を配る必要があります。

分野 ＼ 年度			2024		2023		2022	
			1回	2回	1回	2回	1回	2回
日本の地理		地図の見方	○	○	○	○	○	○
		国土・自然・気候	○	○	○	○	○	○
		資源						
		農林水産業	○	○	○	○	○	○
		工業			○			○
		交通・通信・貿易			○			
		人口・生活・文化	○					
		各地方の特色		○				○
		地理総合	★	★	★	★	★	★
世界の地理					○		○	
日本の歴史	時代	原始～古代	○	○	○	○	○	○
		中世～近世	○	○	○	○	○	○
		近代～現代	○	○	○	○	○	○
	テーマ	政治・法律史	○	○				○
		産業・経済史		○	○		○	
		文化・宗教史	○		○		○	
		外交・戦争史				○		
		歴史総合	★	★	★	★	★	★
世界の歴史								○
政治		憲法	○	○		○	○	
		国会・内閣・裁判所		○	○	○		○
		地方自治					○	
		経済		○				
		生活と福祉						○
		国際関係・国際政治			○	○		
		政治総合	★					★
環境問題								
時事問題			○	★	○	○	○	
世界遺産								
複数分野総合					★	★	★	

※　原始～古代…平安時代以前，中世～近世…鎌倉時代～江戸時代，近代～現代…明治時代以降

※　★印は大問の中心となる分野をしめします。

◆対策～合格点を取るには？～

全分野に共通することとして，形式面では，①基礎的知識としての数字（地理では，国土の面積，歴史では，重要なできごとが起こった年，政治では，重要事項を規定した憲法の条文の番号など）にかかわる問題，②地名，人名，憲法上の用語などを漢字で書く問題，③基本的な資料の空所を補充させる問題などに慣れておくことが必要です。内容面では，基本的事項はもちろんのこと，時事とからめたものや，わが国と諸外国との関係まで視野を広げ，整理しておきましょう。

地理的分野については，ふだんから地図に親しんでおき，学習した地名は必ず地図で確認し，白地図の上におもな平野，山脈，火山帯，川，都市などを書きこめるようにしておきましょう。

歴史的分野については，歴史の流れを大まかにとらえる姿勢が大切です。そのためには，つねに年表を見ながら勉強する態度を，日ごろから身につけておくべきです。重要な事件が起こった年の前後の流れを理解するなど，単純に暗記するだけでなく，くふうして覚えていきましょう。

政治的分野では，日本国憲法が中心になります。主権，戦争の放棄，基本的人権，三権分立などの各事項を教科書で理解するほか，憲法の条文を確認しておくとよいでしょう。

理科 出題傾向＆対策

◆基本データ(2024年度１回)

試験時間／満点	社会と合わせて60分／50点
問題構成	・大問数…４題 ・小問数…19問
解答形式	記号選択と適語・数値の記入になっている。記述問題や作図などは見られない。
実際の問題用紙	Ｂ５サイズ，小冊子形式
実際の解答用紙	Ｂ４サイズ

◆出題傾向と内容

本校の理科は，実験・観察・観測をもとにした問題が多く出題される傾向にあります。なお，１題目は各分野からの小問集合題となることもあります。

●生命…植物のからだのつくり，植物の生活と環境，生物の分類，生物どうしのつながり，ヒトのからだ，呼吸と光合成などが取り上げられています。

●物質…金属の性質，プラスチック，ものの溶け方，中和，気体の圧力と体積，気体の発生と性質，水溶液の性質などが出され，計算問題をメインにすえた大問も見られます。グラフの読み取りや作図問題などもあります。

●エネルギー…力のつり合い，浮力と密度，てんびん・滑車，ふりこ，光の反射，電流と磁力，電熱線などが出されています。回路図をかかせる出題もあります。

●地球…星と星座，月の見え方，太陽の動き，風・雲と天候，気温と湿度などが取り上げられました。

分野＼年度		2024			2023	
		医進	1回	2回	1回	2回
生命	植物		○	○	★	○
	動物	★	★			
	人体		○			★
	生物と環境			★		
	季節と生物					
	生命総合					
物質	物質のすがた					
	気体の性質		★		○	○
	水溶液の性質		○	○	○	
	ものの溶け方			○		
	金属の性質	★				★
	ものの燃え方			★		
	物質総合					
エネルギー	てこ・滑車・輪軸				★	○
	ばねののび方					
	ふりこ・物体の運動			★		
	浮力と密度・圧力	★	○	○	★	○
	光の進み方				○	
	ものの温まり方					
	音の伝わり方					
	電気回路		★			★
	磁石・電磁石					
	エネルギー総合					
地球	地球・月・太陽系			○		
	星と星座				○	○
	風・雲と天候	★				
	気温・地温・湿度	○	○			
	流水のはたらき・地層と岩石					
	火山・地震					
	地球総合					
実験器具						
観察						
環境問題				○		○
時事問題						
複数分野総合			★	★	★	★

※　★印は大問の中心となる分野をしめします。

◆対策〜合格点を取るには？〜

各分野から出題されていますから，基本的な知識をはやいうちに身につけ，そのうえで問題集で演習をくり返しながら実力アップをめざしましょう。

「生命」は，身につけなければならない基本知識の多い分野ですが，楽しみながら確実に学習する心がけが大切です。

「物質」では，気体や水溶液，金属などの性質に重点をおいて学習してください。そのさい，中和反応や濃度など，表やグラフをもとに計算する問題にも積極的に取り組んでください。

「エネルギー」は，かん電池のつなぎ方や方位磁針のふれ方，磁力の強さなどの出題が予想される単元ですから，学習計画から外すことのないようにしましょう。

「地球」では，太陽・月・地球の動き，季節と星座の動き，天気と気温・湿度の変化，地層のでき方などが重要なポイントです。

なお，環境問題や身近な自然現象に日ごろから注意をはらうことや，テレビの科学番組，新聞・雑誌の科学に関する記事，読書などを通じて多くのことを知るのも大切です。

国語 出題傾向&対策

◆基本データ(2024年度1回)

試験時間／満点	50分／100点
問題構成	・大問数…3題 文章読解題2題／知識問題1題 ・小問数…22問
解答形式	記号選択，語句などの記入のほかに，記述問題も見られる。記述問題は60～90字程度で書かせるものが2題ある。
実際の問題用紙	B5サイズ，小冊子形式
実際の解答用紙	A3サイズ

◆出題傾向と内容

▶近年の出典情報(著者名)
説明文：戸谷洋志　市橋伯一　ヨハン・ノルベリ
小　説：遠藤周作　朝井まかて　柏葉幸子

●読解問題…説明文・論説文が1題，小説・物語文が1題という組み合わせが多く見られます。設問内容は，説明文・論説文では，論旨の展開を正しく理解しているかどうかをためすもの，指示語の内容，内容一致など，小説・物語文では，心情の理解，場面の状況の把握，動作・行動の理由などです。

●知識問題…漢字の読み書きのほか，語句の意味を問う小問が読解問題中に設けられています。また，熟語の成り立ちに関する問いも見られます。

◆対策～合格点を取るには？～

入試で正しい答えを出せるようにするためには，なるべく多くの読解問題にあたり，出題内容や出題形式に慣れることが大切です。問題集に取り組むさいは，指示語の内容や接続語に注意しながら，文章がどのように展開しているかを読み取るように気をつけましょう。また，答え合わせをした後は，漢字やことばの意味を辞書で調べてまとめるのはもちろん，正解した設問でも解説をしっかり読んで解答の道すじを明らかにし，本番で自信をもって答えられるようにしておきましょう。

知識問題については，分野ごとに短期間に集中して覚えるのが効果的です。ただし，漢字は毎日決まった量を少しずつ学習するとよいでしょう。

分野 ＼ 年度			2024		2023		2022	
			1回	2回	1回	2回	1回	2回
読解	文章の種類	説明文・論説文	★	★	★	★	★	★
		小説・物語・伝記	★	★	★	★	★	★
		随筆・紀行・日記						
		会話・戯曲						
		詩						
		短歌・俳句						
	内容の分類	主題・要旨	○	○	○	○	○	○
		内容理解	○	○	○	○	○	○
		文脈・段落構成	○					
		指示語・接続語	○	○	○	○		
		その他	○	○	○	○	○	○
知識	漢字	漢字の読み	○	○		○		○
		漢字の書き取り	○	○	★	○	★	○
		部首・画数・筆順						
	語句	語句の意味	○	○	○	○	○	○
		かなづかい						
		熟語	○	○				
		慣用句・ことわざ						
	文法	文の組み立て						
		品詞・用法						
		敬語						
	形式・技法							
	文学作品の知識							
	その他							
	知識総合		★	★				
表現	作文				★		★	
	短文記述							
	その他							
放送問題								

※★印は大問の中心となる分野をしめします。

2025年度 中学受験用

淑徳与野中学校 3年間スーパー過去問

をご購入の皆様へ

お詫び

本書、淑徳与野中学校の入試問題につきまして、誠に申し訳ございませんが、以下の問題は著作権上の都合により掲載することができません。設問と解説、解答は掲載してございますので、ご必要とされる方は原典をご参照くださいますよう、お願い申し上げます。

記

2023年度〈第1回試験〉国語 二 の問題文

2022年度〈第1回試験〉国語 一 の問題文

以上

株式会社　声の教育社　編集部

2024 年度 淑徳与野中学校

【算　数】〈医進特別試験〉（50分）〈満点：100点〉

※　円周率は3.14で計算してください。鉛筆，消しゴム以外は使用しないでください。また，問題用紙を折ったり，やぶったりしないでください。

1　次の□にあてはまる数を求めなさい。

（1）　$\left\{3.75+\frac{1}{5}-\left(3+2\frac{1}{5}\right)\times 0.25\right\}\times 3\frac{1}{3}+\frac{1}{6}=\square$

（2）　①　$\frac{1}{3\times 5\times 7}=\frac{1}{\square}\times\left(\frac{1}{3\times 5}-\frac{1}{5\times 7}\right)$

②　$\frac{1}{3\times 5\times 7}+\frac{1}{5\times 7\times 9}+\frac{1}{7\times 9\times 11}+\cdots+\frac{1}{23\times 25\times 27}=\square$

（3）　演算記号◎を a◎b＝（$a+b$）×a と約束します。

{4◎（3◎5）}÷（3◎4）×（1◎2）＝□

（4）　2024の約数の個数は□個であり，すべての約数の和は□です。

2　次の問いに答えなさい。

（1）　右の図の三角形ADEは，三角形ABCを頂点Aを中心として回転させたものです。このとき，角アの大きさは何度ですか。

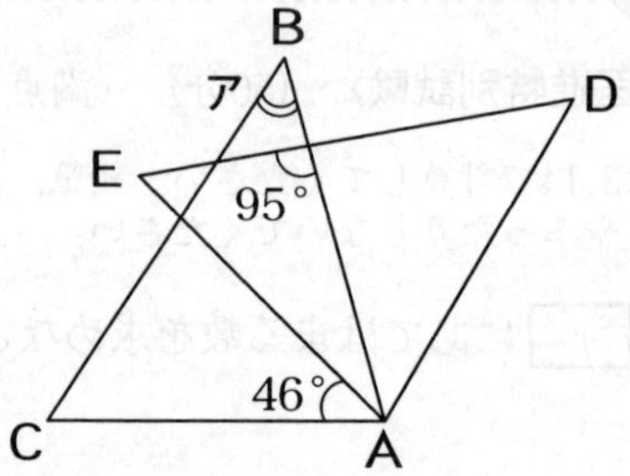

（2）　下の図のように，縦の長さが3cm，横の長さが12cmの長方形があります。このとき，斜線部分の面積の合計は何cm^2ですか。

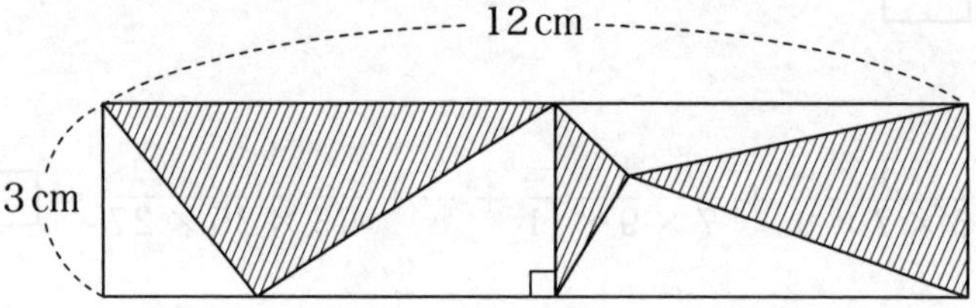

（3）　右の図のように，三角柱と円柱を4等分した立体を組み合わせた立体があります。この立体の表面積は何cm^2ですか。

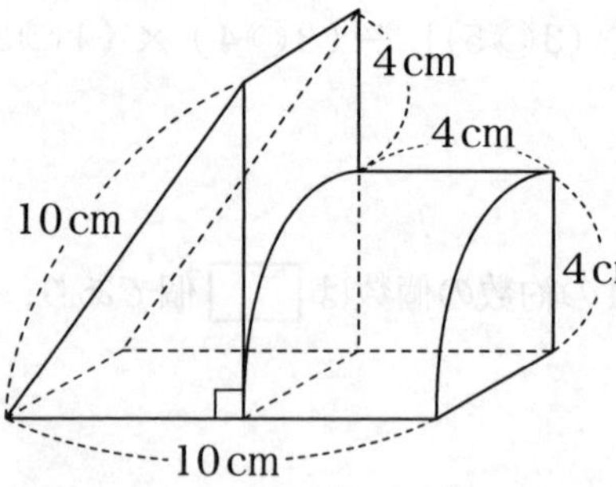

3 次の問いに答えなさい。

（1） ゆう子さんは，162ページの本A，183ページの本B，255ページの本Cの3冊をこの順番で読むことにしました。初日に本Aの$\frac{2}{3}$と18ページを読み，翌日，本Aを読み終え，本Bの途中まで読みました。3日目に，本B，C合わせて172ページ読んだので，残りが本Cの$\frac{3}{5}$となりました。2日目に読んだ本Bのページ数は何ページですか。

（2） 長さが240mの列車A，Bがあります。列車Bの速さは列車Aの速さより秒速5m速いとします。ある鉄橋を列車Aが渡りはじめてから渡り終わるまでに40秒かかりました。この鉄橋を列車Bは列車Aより8秒短い時間で渡り終わりました。このとき，鉄橋の長さは何mですか。

（3） 開園前のある遊園地の入口の前に，何人かの行列ができています。この遊園地では，開園と同時に10秒間に3人がこの行列に加わります。開園と同時に4個の入口を開けたところ，ちょうど30分で行列がなくなりました。行列がなくなるのと同時に，入口を1個閉めると，ちょうど20分で開園前と同じ人数の行列ができました。どの入口も同じ速さで人が通るものとし，入口は10個まで開けることができます。

① 1個の入口を通るのは，1分間に何人ですか。

② 開園前に並んでいた人は何人ですか。

③ 開園後ちょうど5分で行列をなくすためには，開園と同時に何個の入口を開ければよいですか。

4　右の**図1**のように，半径8cmの円の中に，半径4cmの円が2つぴったり入っています。

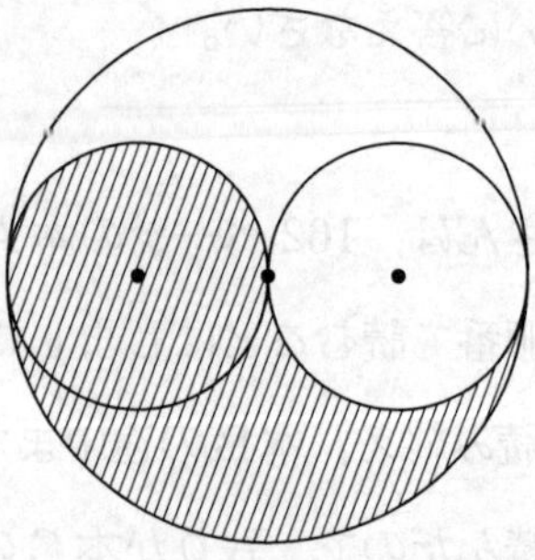

【図1】

（1）　斜線部分の図形の周の長さは何cmですか。

（2）　半径1cmの円が，**図2**のところにあります。斜線部分の図形の外側に沿って，すべらないように転がして，始めの位置まで一周させます。

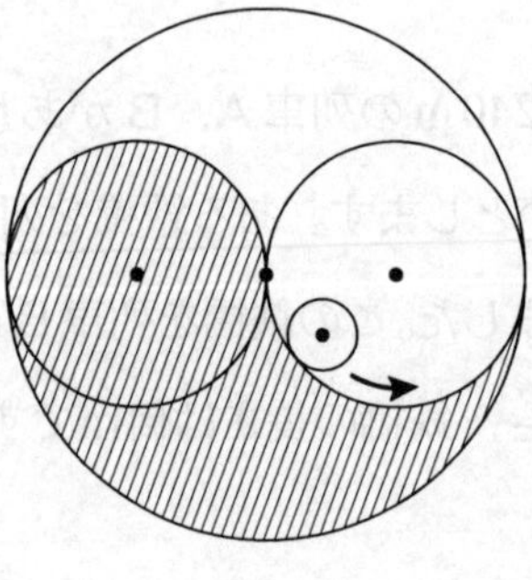

【図2】

①　円の中心が通ったあとの長さは何cmですか。

②　円が通ったあとの面積は何cm^2ですか。

5 1辺の長さが1cmの立方体を64個すきまなく積み重ねて作った立方体があります。黒い部分はそれぞれ向かい側の面までまっすぐくりぬきます。

（1） 図1において，残った部分の体積は何cm^3ですか。

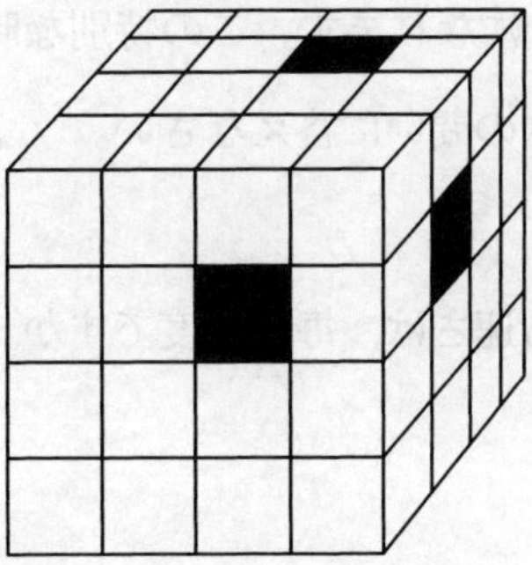

【図1】

（2） 図2において，残った部分の体積は何cm^3ですか。

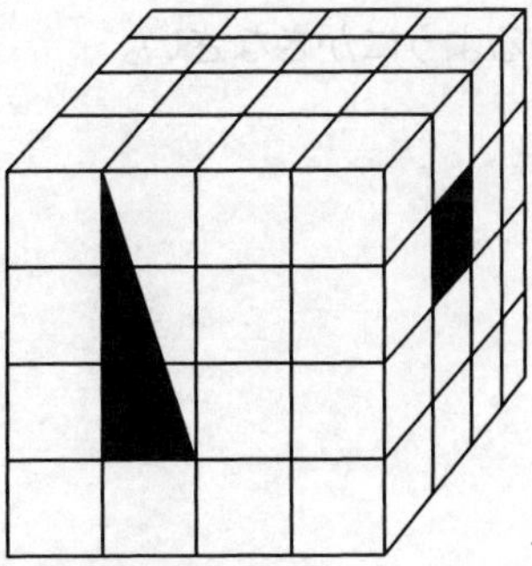

【図2】

（3） 図3において，残った部分の体積は何cm^3ですか。

【図3】

6 右の図のような長針が1時間で1周，短針が8時間で1周する特別な時計があります。この時計は，午前3時45分のとき，右の**図1**のようになります。この特別な時計について，次の問いに答えなさい。

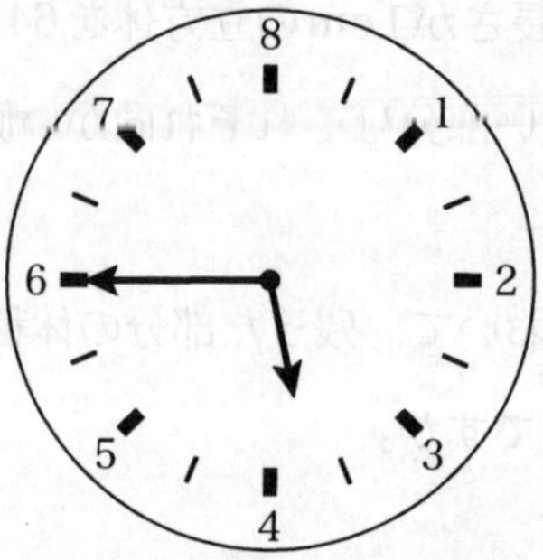

【図1】

(1) 短針の進む速さは，毎分何度ですか。

(2) 午後3時30分を表す，長針と短針を図にかきなさい。ただし，長針と短針の長さの違いがわかるようにかきなさい。

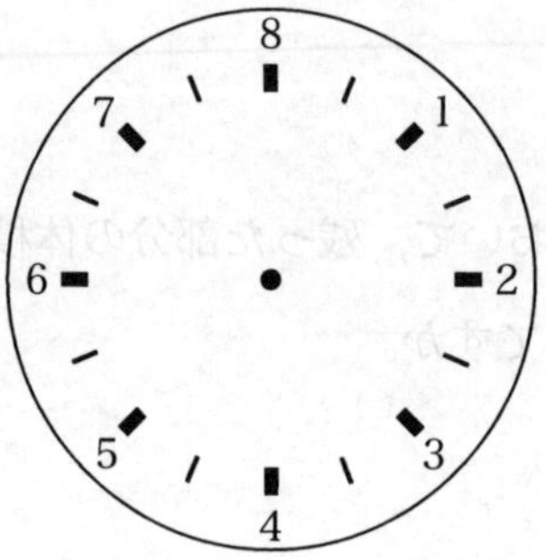

(3) 右の**図2**において，長針はちょうど5をさしています。午後4時30分よりあとで，初めて**図2**の時計が表す時刻になるのは，午後何時何分ですか。

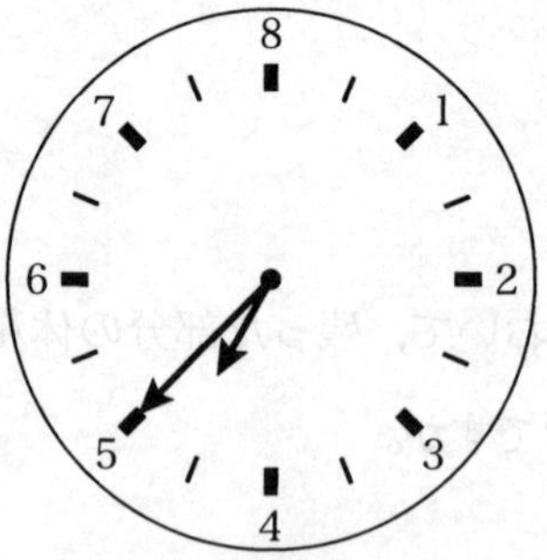

【図2】

(4) 午前6時30分よりあとで，初めて長針と短針がぴったり重なるのは午前何時何分ですか。

【理　科】〈医進特別試験〉(50分)〈満点：100点〉

1　ふちいっぱいになるまで、水を入れた容器を台ばかりの上に乗せ、ばねばかりを付けた立方体の物体をしずめていき、物体がしずんだ長さでの台ばかりが示す重さとばねばかりが示す重さを調べました。

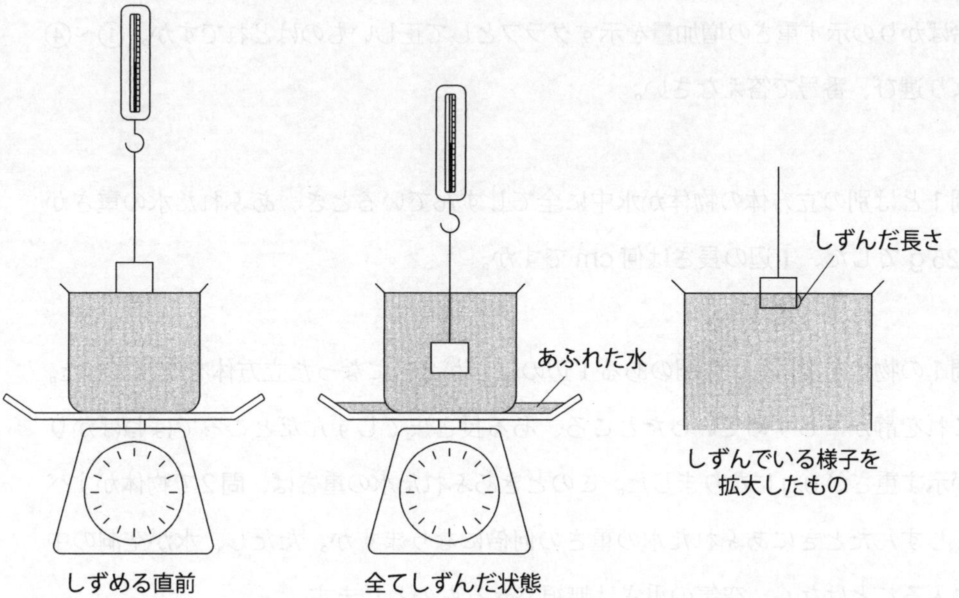

下のグラフでは、ばねばかりが示す重さを━で、物体がしずんだことによって台ばかりが示す重さの増加量が…で示してあります。

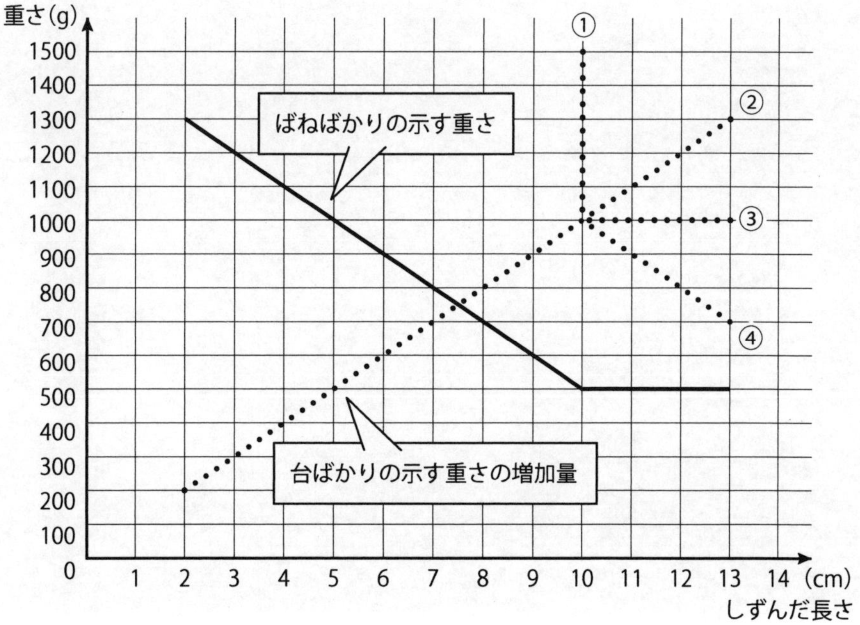

問1　物体の重さは何gですか。

問2　物体が全てしずんだ状態のときにあふれた水の体積は何 cm^3 ですか。

問3　台ばかりの示す重さの増加量を示すグラフとして正しいものはどれですか。①〜④より選び、番号で答えなさい。

問4　問1とは別の立方体の物体が水中に全てしずんでいるとき、あふれた水の重さが125gでした。1辺の長さは何cmですか。

問5　問1の物体を変形し、空洞《くうどう》のある1辺の長さが2倍になった立方体を作りました。これを静かにしずめていったところ、ある長さまでしずんだところでばねばかりが示す重さが0gになりました。このときあふれた水の重さは、問2で物体がすべてしずんだときにあふれた水の重さの何倍になりますか。ただし、水が空洞の中に入ることはなく、空気の重さは無視できるものとします。

2 金属について以下の問に答えなさい。

問1　0.030 cm^3 の金の重さは 0.579 g になります。金の密度は何 g/cm^3 ですか。ただし、1 cm^3 当たり何 g になるかを「密度」といい、g/cm^3 という単位が用いられます。

問2　銅の密度は 8.96 g/cm^3 です。0.050cm^3 の金と銅ではどちらが何 g 重いですか。

粉末状の鉄や銅は空気中で完全に燃焼して、酸化されると黒くなります。鉄や銅の粉末の量を変えながら、酸化された粉末の重さを量ったところ、表1、2のようになりました。

鉄の重さ(g)	0.20	0.40	0.60	0.80	1.0
酸化された鉄の重さ(g)	0.42	0.84	1.26	1.68	2.1

表1

銅の重さ(g)	0.20	0.40	0.60	0.80	1.0
酸化された銅の重さ(g)	0.24	0.48	0.72	0.96	1.2

表2

問3　0.50 g ずつ鉄と銅を混ぜて完全に酸化させると、何 g になりますか。

問4　鉄と銅を合わせて 1.0 g とり、完全に酸化させたところ 1.47 g になりました。酸化させる前の鉄は何 g ありましたか。

アルミニウムも鉄や銅と同様に酸化させると、酸化アルミニウムという物質に変化することが知られています。アルミニウムは塩酸と反応して水素を発生させますが、酸化アルミニウムは水素を発生させません。このため、粉末状のアルミニウムを燃焼させた場合、完全に酸化されたかどうかで塩酸を加えたときに発生する水素の量にちがいが出ます。

今、アルミニウムを燃焼させたのち、十分な量の塩酸を加える実験を５回行い、結果を表３にまとめました。

アルミニウムの重さ（g）	2.7	3.3	3.6	3.9	4.5
燃焼後の重さ（g）	5.1	5.7	6.8	（ア）	7.7
発生した水素の体積（L）	0	0.80	0	0.40	（イ）

表３

問５　鉄の原料となる鉱石《こうせき》は鉄鉱石ですが、アルミニウムの原料となる鉱石は何ですか。名前を答えなさい。

問６　アルミニウムが全て酸化アルミニウムになったとき、もとの重さの何倍になりますか。小数第二位を四捨五入して答えなさい。

問７　表3の（　ア　）、（　イ　）に当てはまる数をそれぞれ答えなさい。

問8　水素について述べた文のうち、正しいものはどれですか。①～⑩より2つ選び、番号で答えなさい。

① 空気中におよそ20%ふくまれる。
② 空気より重く、刺激臭《しげきしゅう》がある。
③ 助燃性がある。
④ 水にとかすと酸性を示す。
⑤ 水にとけにくいので、水上置換《ちかん》法で集める。
⑥ 水にとけやすいので、上方置換法で集める。
⑦ 炭酸水を加熱すると発生する。
⑧ 塩酸に石灰石を加えると発生する。
⑨ 過酸化水素水に二酸化マンガンを加えると発生する。
⑩ 酸素と混ぜて、電気で火花を起こすと、爆発《ばくはつ》する。

3　表1のA～Eは、魚類、 ア 類、は虫類、鳥類、ほ乳類のいずれかのセキツイ動物を示しています。淑子さんはA～Eを体温、 イ 、生活場所のそれぞれで見られるちがいによってグループ分けをしました。

体　温	D E（ウ）	（エ）
イ	B C D E	A
生活場所	B D	A C D E

表1

問1　文中 ア に当てはまる語句を答えなさい。

問2　表1中 イ に当てはまる語句を答えなさい。

問3　表1中（ エ ）に当てはまる記号は何ですか。A～Eよりすべて選び、記号で答えなさい。

こう温動物のクマは、様々な場所で生活していますが、寒い場所で生活するものほど体重あたりの表面積が小さい種類が生活していることが知られています。寒い外気温にさらされる体重あたりの表面積が小さくなると、体温を保ちやすくなるからだと考えることができます。

淑子さんはニホンツキノワグマ、ホッキョクグマ、マレーグマについて、生活している場所や体長と体重について調べ、表２・表３のようにまとめました。

クマの種類	生活している場所
ニホンツキノワグマ	日本列島の本州および四国
ホッキョクグマ	北アメリカ大陸北部、ユーラシア大陸北部、北極圏《けん》
マレーグマ	マレーシア、カンボジア、ミャンマー、インドネシアなど

表２

	F	G	H
体長（オス）	200 ～ 250 cm	100 ～ 150 cm	100 ～ 140 cm
体重（オス）	340 ～ 660 kg	60 ～ 120 kg	25 ～ 65 kg

表３

問４　表３中のＦ～Ｈに当てはまるクマの組み合わせとして正しいものはどれですか。①～⑥より選び、番号で答えなさい。

	F	G	H
①	ニホンツキノワグマ	ホッキョクグマ	マレーグマ
②	ニホンツキノワグマ	マレーグマ	ホッキョクグマ
③	ホッキョクグマ	ニホンツキノワグマ	マレーグマ
④	ホッキョクグマ	マレーグマ	ニホンツキノワグマ
⑤	マレーグマ	ニホンツキノワグマ	ホッキョクグマ
⑥	マレーグマ	ホッキョクグマ	ニホンツキノワグマ

問5　ホッキョクグマの体毛の色は白色に見えます。これは、光の散乱によって私たちの目には白色に見えていますが、実はとう明で光を通しやすく、太陽の光を皮ふまで届かせ、熱を得ることにつながっています。このことを参考にして、実際のホッキョクグマ（成体）の肌《はだ》の色を答えなさい。

問6　は虫類、鳥類、ほ乳類のうち、南極大陸では見られないのはどのなかまですか。また、その原因として最も関係していると考えられるものを①～⑧より選び、番号で答えなさい。

① 四足で歩く　② 空を飛ぶ

③ 変温動物である　④ こう温動物である

⑤ 卵生である　⑥ たい生である

⑦ 体がうろこでおおわれている　⑧ 体が毛でおおわれている

問7　卵から成虫になるまで97.5%が死んでしまうあるこん虫が、どの世代でも卵の数が4000個で維持《いじ》されるような世代交代をしているとすると、このこん虫のメスは1匹《ぴき》あたり何個の卵を産んでいると計算できますか。ただし、成虫になったこん虫のオスとメスの比は1：1であり、すべての成虫がつがいになると考えるものとします。

4 2000 m 級の山によって日本海側と太平洋側に分けられる日本の冬は、シベリア気団におおわれ、北西の季節風がふきつけます。日本海側からふきつけるしめった冷たい季節風が山を越《こ》えると、日本海側の天気は雨や雪が多くなり、太平洋側の天気は［ ア ］が多くなります。また、風下の山の斜《しゃ》面を気流が降下してくる間に気温が上昇し、風下の山のふもとの気温が風上の山のふもとと比べて非常に高くなることがあります。このような現象を［ イ ］現象といいます。

例えば、標高 0 m で生じた気温 16 ℃、湿《しつ》度 60％の気流が 2150 m の山を越えていくとき、1000 m の高さで雲ができ始め、雨を降らせた後、山を越えて降りてきたとすると、風下側の標高 0 m の平地では、気温［ ウ ］℃の気流となることが考えられます（下図）。このように、冬の日本は日本海側と太平洋側の天気や気温がちがってくるのです。

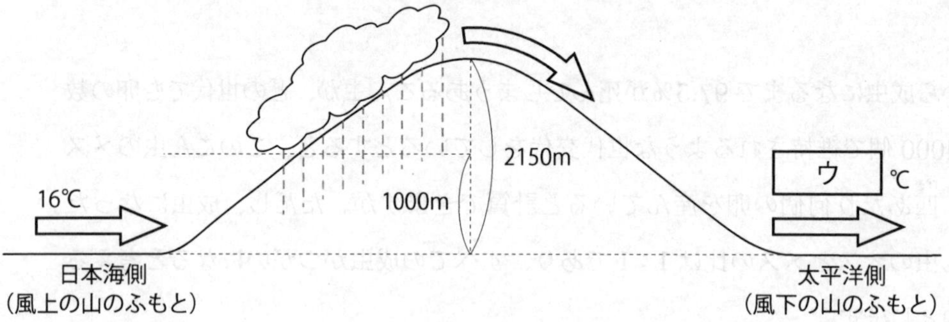

次に、気象庁が 2021 年から予報を発表するようになった［ エ ］について考えてみます。梅雨の時期になると<u>オ 2つの気団</u>が同じ勢力でぶつかり合うことで、停滞《たい》前線の 1 つである梅雨前線が作られます。前線付近で作られた雨雲が、日本列島を日本海側と太平洋側を分ける山々をなぞるように<u>カ 西から東へ移動</u>することで発達し、［ エ ］となって各地で大雨による<u>キ 水害</u>をもたらすのです。

問１　［　ア　］に当てはまる天気を示す最も適当な天気記号は何ですか。①～⑥より選び、番号で答えなさい。

①　⦶　②　◎　③　⊗　④　　⑤　　⑥　●

問２　［　イ　］に当てはまる語句は何ですか。

問３　［　ウ　］に当てはまる数字は何ですか。ただし、以下の文章を参考にして求めなさい。

「2000 m の山を風が越えていくとき、雲ができる高さまでは 100 m 上昇するごとに 1 ℃気温が下がり、それ以上の高さになると 100 m 上昇するごとに 0.5 ℃気温が下がるようになり、生じた雲は雨を降らします。さらに、雨を降らせて乾《かわ》いた風が山頂から下りる時には 100 m 下降するごとに 1 ℃気温が上がります。」

問４　［　エ　］に当てはまる語句は何ですか。

問５　下線部オの２つの気団の正しい組み合わせはどれですか。①～⑥より選び、番号で答えなさい。

①　オホーツク海気団とシベリア気団
②　オホーツク海気団と赤道気団
③　オホーツク海気団と小笠原《おがさわら》気団
④　シベリア気団と赤道気団
⑤　シベリア気団と小笠原気団
⑥　赤道気団と小笠原気団

問６　下線部カが起こるのは何による影響《えいきょう》ですか。

問7　下線部キについて、河川には氾濫《はんらん》を防ぐための堤防《ていぼう》が作られていますが、桜並木が見られる堤防も多くあります。桜並木が見られる堤防は江戸時代に整備され、桜のお花見もそのころから始まったとされています。堤防に桜並木が整備された理由として最も適当な文はどれですか。①～⑥より選び、番号で答えなさい。

①　桜は根の吸水量が多く、雨水で増水した水を吸ってくれるから。

②　桜は根を広くはり、堤防をくずれにくくしてくれるから。

③　多くの堤防が砂で作られており、桜は砂地でもよく育つから。

④　桜の葉にはガの幼虫がよく見られ、小型の鳥にとってヒナを育てやすい環境《かんきょう》になるから。

⑤　桜による木《こ》陰《かげ》を作ることで、堤防の水分蒸発を防ぎ、くずれることを防ぐから。

⑥　古くから桜は晴れの象徴《しょうちょう》であったから。

問8　近年では局所的大雨も都市部で増加しており、[ク]現象が関係していることが考えられています。[ク]現象は都市部の気温が、周辺の郊外《こうがい》部の気温より高くなることです。[ク]に当てはまる語句を答えなさい。

2024年度

淑徳与野中学校 ▶解説と解答

算 数 ＜医進特別試験＞（50分）＜満点：100点＞

解 答

[1] ⑴ 9　⑵ ① 4　② $\frac{11}{675}$　⑶ 16　⑷ **個数**…16個，**和**…4320　[2] ⑴ 49度　⑵ 18cm²　⑶ 201.12cm²　[3] ⑴ 113ページ　⑵ 560m　⑶ ① 5人　② 60人　③ 6個　[4] ⑴ 50.24cm　⑵ ① 56.52cm　② 113.04cm²　[5] ⑴ 54cm³　⑵ $54\frac{1}{2}$cm³　⑶ $49\frac{1}{3}$cm³　[6] ⑴ 毎分$\frac{3}{4}$度　⑵ 解説の図を参照のこと。　⑶ 午後8時$37\frac{1}{2}$分　⑷ 午前6時$51\frac{3}{7}$分

解 説

[1] 四則計算，計算のくふう，約束記号，約数と倍数

⑴ $\left\{3.75+\frac{1}{5}-\left(3+2\frac{1}{5}\right)\times0.25\right\}\times3\frac{1}{3}+\frac{1}{6}=\left\{\frac{15}{4}+\frac{1}{5}-5\frac{1}{5}\times\frac{1}{4}\right\}\times\frac{10}{3}+\frac{1}{6}=\left(\frac{15}{4}+\frac{1}{5}-\frac{26}{5}\times\frac{1}{4}\right)\times\frac{10}{3}+\frac{1}{6}=\left(\frac{15}{4}+\frac{1}{5}-\frac{13}{10}\right)\times\frac{10}{3}+\frac{1}{6}=\left(\frac{75}{20}+\frac{4}{20}-\frac{26}{20}\right)\times\frac{10}{3}+\frac{1}{6}=\frac{53}{20}\times\frac{10}{3}+\frac{1}{6}=8\frac{5}{6}+\frac{1}{6}=9$

⑵ ① $\frac{1}{3\times5\times7}=\frac{1}{\square}\times\left(\frac{1}{3\times5}-\frac{1}{5\times7}\right)$より，$\frac{1}{105}=\frac{1}{\square}\times\left(\frac{1}{15}-\frac{1}{35}\right)=\frac{1}{\square}\times\left(\frac{7}{105}-\frac{3}{105}\right)=\frac{1}{\square}\times\frac{4}{105}$，$\frac{1}{\square}=\frac{1}{105}\div\frac{4}{105}=\frac{1}{105}\times\frac{105}{4}=\frac{1}{4}$　よって，$\square=4$　② ①のように，連続する3つの奇《き》数《すう》ア，イ，ウについて，$\frac{1}{ア\times イ\times ウ}=\frac{1}{4}\times\left(\frac{1}{ア\times イ}-\frac{1}{イ\times ウ}\right)$が必ず成り立つ。これをふまえると，$\frac{1}{3\times5\times7}+\frac{1}{5\times7\times9}+\frac{1}{7\times9\times11}+\cdots+\frac{1}{23\times25\times27}=\frac{1}{4}\times\left(\frac{1}{3\times5}-\frac{1}{5\times7}\right)+\frac{1}{4}\times\left(\frac{1}{5\times7}-\frac{1}{7\times9}\right)+\frac{1}{4}\times\left(\frac{1}{7\times9}-\frac{1}{9\times11}\right)+\cdots+\frac{1}{4}\times\left(\frac{1}{23\times25}-\frac{1}{25\times27}\right)=\frac{1}{4}\times\left(\frac{1}{3\times5}-\frac{1}{5\times7}+\frac{1}{5\times7}-\frac{1}{7\times9}+\frac{1}{7\times9}-\frac{1}{9\times11}+\cdots+\frac{1}{23\times25}-\frac{1}{25\times27}\right)=\frac{1}{4}\times\left(\frac{1}{3\times5}-\frac{1}{25\times27}\right)=\frac{1}{4}\times\left(\frac{1}{15}-\frac{1}{675}\right)=\frac{1}{4}\times\left(\frac{45}{675}-\frac{1}{675}\right)=\frac{1}{4}\times\frac{44}{675}=\frac{11}{675}$と求められる。

⑶ $a◎b=(a+b)\times a$より，$\{4◎(3◎5)\}\div(3◎4)\times(1◎2)=[4◎\{(3+5)\times3\}]\div\{(3+4)\times3\}\times\{(1+2)\times1\}=(4◎24)\div21\times3=\{(4+24)\times4\}\div21\times3=112\div21\times3=16$

⑷ 2024の約数は，1，2，4，8，11，22，23，44，46，88，92，184，253，506，1012，2024の16個あり，これらすべての約数の和は，$1+2+4+8+11+22+23+44+46+88+92+184+253+506+1012+2024=4320$である。

[2] 角度，面積，表面積

⑴ 下の図1で，角CABと角EADの大きさは等しいので，46＋イ＝イ＋ウより，ウ＝46(度)とわかる。また，三角形AFDに注目すると，ウ＋エ＝95(度)となり，エ＝95－46＝49(度)である。よって，角エと角アの大きさは等しいので，角アの大きさは49度となる。

⑵ 問題文中の図に長方形の縦と平行な線を加えて，下の図2のように，斜線《しゃせん》部分を変形すると，

斜線部分の面積の合計は，3×12÷2＝18(cm^2)と求められる。

(3)　下の図3で，色をつけた部分を合わせると長方形になるから，この立体の表面積は，三角柱の表面積と，円柱を4等分した立体の側面積の和になる。はじめに，三角柱の表面積を考えると，底面の三角形の面積は，(10－4)×(4＋4)÷2＝24(cm^2)で，三角形の周の長さは，(10－4)＋(4＋4)＋10＝24(cm)だから，側面積の和は，24×4＝96(cm^2)になる。よって，三角柱の表面積は，24×2＋96＝144(cm^2)とわかる。次に，円柱を4等分した立体で，底面のおうぎ形の周の長さは，4×2×3.14÷4＋4×2＝14.28(cm)だから，側面積の和は，14.28×4＝57.12(cm^2)である。したがって，この立体の表面積は，144＋57.12＝201.12(cm^2)となる。

図1

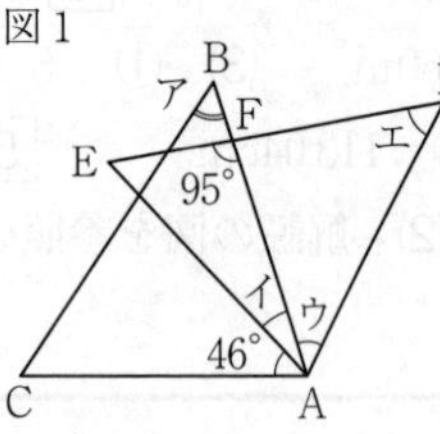

図2

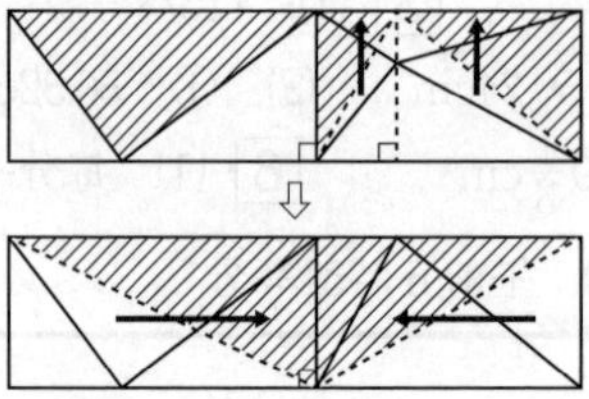

図3

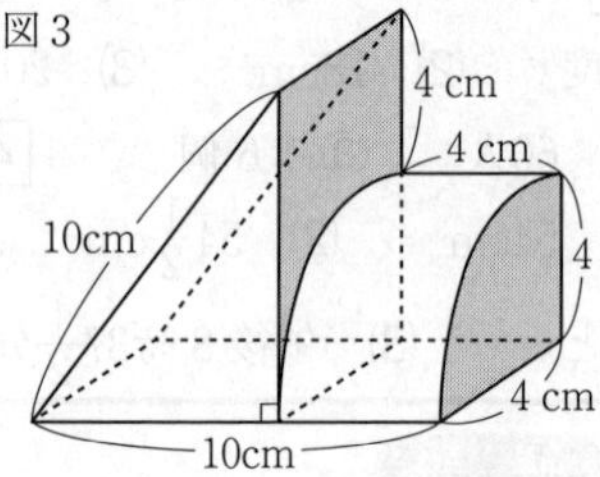

3　相当算，通過算，ニュートン算

(1)　ゆう子さんは1日目に，本Aの，$162\times\frac{2}{3}+18=126$(ページ)を読み，162－126＝36(ページ)が残った。一方，3日目に本Cの，$255\times\left(1-\frac{3}{5}\right)=102$(ページ)を読んだから，3日目に読んだ本Bのページ数は，172－102＝70(ページ)となる。よって，ゆう子さんは2日目に，本Bの，183－70＝113(ページ)を読んだとわかる。

(2)　列車Aと列車Bは，どちらも長さが240mなので，同じ鉄橋を渡《わた》りはじめてから渡り終わるまでに進む距離《きょり》(鉄橋の長さと列車の長さの合計)は同じである。これにかかった時間が，列車Aは40秒，列車Bは，40－8＝32(秒)だから，列車Aと列車Bの速さの比は，$\frac{1}{40}:\frac{1}{32}=4:5$である。この比の差の，5－4＝1が秒速5mにあたるから，列車Aの速さは，秒速，5×4＝20(m)で，鉄橋の長さは，20×40－240＝560(m)となる。

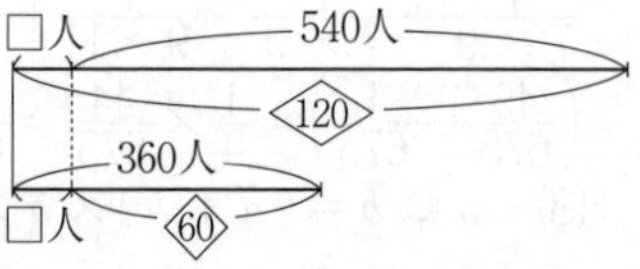

(3)　①　開園前にできていた行列の人数を□人，1個の入口を通る人数を1分間に〈1〉人とする。また，行列には1分間に，$3\times\frac{60}{10}=18$(人)が加わる。4個の入口を開けて，30分で行列がなくなったとき，30分で行列に加わった人数は，18×30＝540(人)，4個の入口を通った人数は，〈4〉×30＝〈120〉(人)である。一方，行列がなくなると同時に入口を，4－1＝3(個)にして，20分で□人の行列ができたとき，20分で行列に加わった人数は，18×20＝360(人)，3個の入口を通った人数は，〈3〉×20＝〈60〉(人)である。これらの人数の関係を図で表すと，右上のようになる。この図から，□＝〈120〉－540＝360－〈60〉という式が成り立ち，〈120〉＋〈60〉＝540＋360，〈180〉＝900より，〈1〉＝900÷180＝5(人)となり，1個の入口を通るのは，1分間に5人とわかる。　②　①より，□＝5×120－540＝60(人)となり，開園前に並んでいた人は60人である。　③　開園前の60人の行列をちょうど5分でなくすには，行列を1分間に，60÷5＝12(人)ずつ減らす必要がある。また，行列には1分間に18人ずつ加わるから，1分間に，12＋18＝30(人)が入口を通らなければならない。よって，開園と同時に，30÷5＝6(個)の入口を開けれ

ばよい。

4 平面図形―長さ，図形の移動，面積

⑴　問題文中の図1の斜線部分の周は，半径8 cmの半円の弧《こ》1つと，半径4 cmの半円の弧2つからなる。よって，この周の長さは，$8\times2\times3.14\times\frac{1}{2}+4\times2\times3.14\times\frac{1}{2}\times2=8\times3.14+8\times3.14=16\times3.14=50.24$(cm)である。

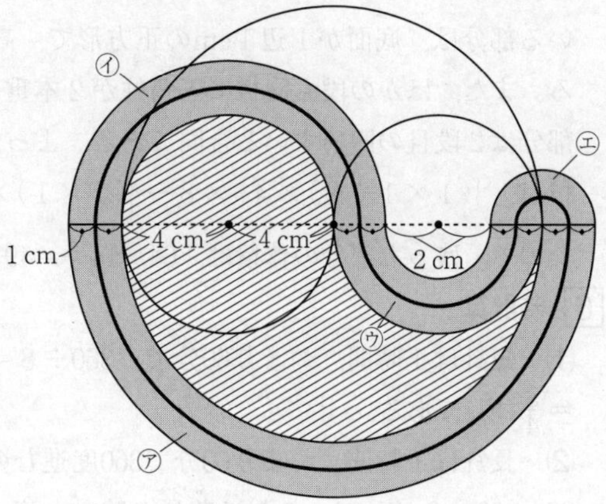

⑵　①　円の中心が通ったあとの線は，右の図の太線のようになる。この太線は，半径，$1+8=9$(cm)の半円の弧と，半径，$1+4=5$(cm)の半円の弧と，半径，$4-1=3$(cm)の半円の弧と，半径1 cmの半円の弧からなる。よって，その長さは，$9\times2\times3.14\times\frac{1}{2}+5\times2\times3.14\times\frac{1}{2}+3\times2\times3.14\times\frac{1}{2}+1\times2\times3.14\times\frac{1}{2}=(9+5+3+1)\times2\times3.14\times\frac{1}{2}=18\times3.14=56.52$(cm)となる。　②　円が通ったあとの図形は，右の図に色をつけて示したような帯状の図形となる。この図形は，㋐「半径，$8+2=10$(cm)の半円から，半径8 cmの半円を引いたもの」と，㋑「半径，$4+2=6$(cm)の半円から，半径4 cmの半円を引いたもの」と，㋒「半径4 cmの半円から，半径2 cmの半円を引いたもの」と，㋓「半径2 cmの半円」を合わせてできており，その面積は，$\left(10\times10\times3.14\times\frac{1}{2}-8\times8\times3.14\times\frac{1}{2}\right)+\left(6\times6\times3.14\times\frac{1}{2}-4\times4\times3.14\times\frac{1}{2}\right)+\left(4\times4\times3.14\times\frac{1}{2}-2\times2\times3.14\times\frac{1}{2}\right)+2\times2\times3.14\times\frac{1}{2}=(10\times10-8\times8+6\times6-4\times4+4\times4-2\times2+2\times2)\times3.14\times\frac{1}{2}=72\times3.14\times\frac{1}{2}=36\times3.14=113.04$($cm^2$)である。

5 立体図形―構成，体積

⑴　くりぬく前の立方体全体の体積は，$4\times4\times4=64$(cm^3)である。問題文中の図1において，くりぬかれた立体は下の図Ⅰのようになる。この立体は，縦1 cm，横1 cm，高さ4 cmの直方体が3つ合わさり，1辺1 cmの立方体が2つ分重なってできている。よって，図Ⅰの立体の体積は，$(1\times1\times4)\times3-(1\times1\times1)\times2=12-2=10$($cm^3$)なので，残った部分の体積は，$64-10=54$($cm^3$)である。

図Ⅰ

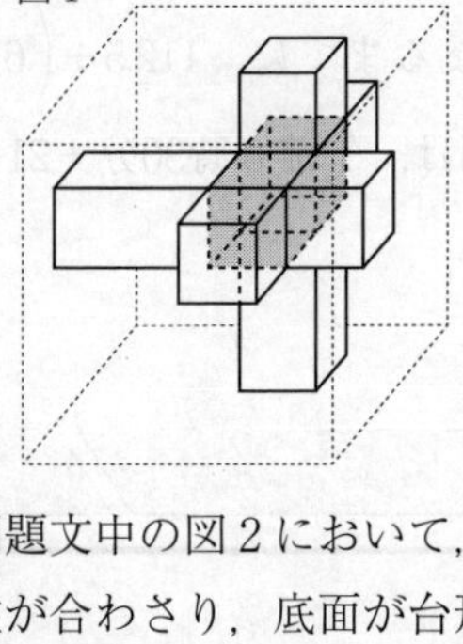

図Ⅱ

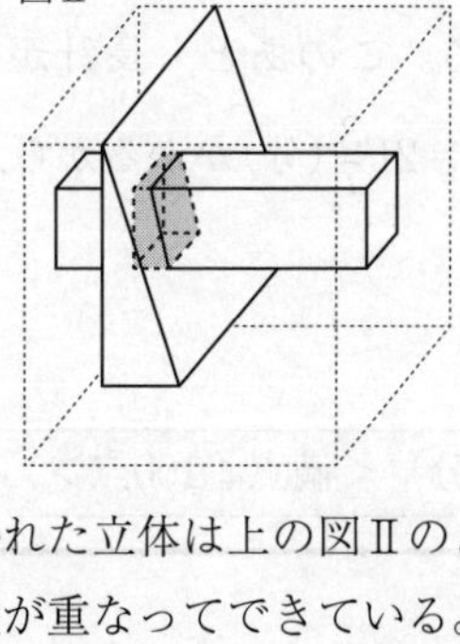

図Ⅲ

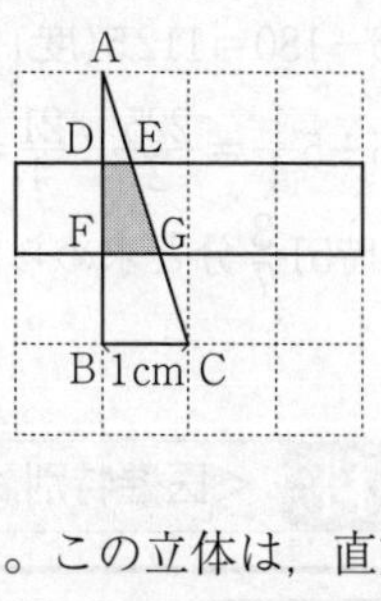

⑵　問題文中の図2において，くりぬかれた立体は上の図Ⅱのようになる。この立体は，直方体と三角柱が合わさり，底面が台形の四角柱が重なってできている。この立体を正面から見ると上の図Ⅲのようになる。図Ⅲで，DE，FG，BCが平行より，三角形ADE，AFG，ABCは相似であり，相

似比は，AD：AF：AB＝1：2：3なので，DE＝$1\times\frac{1}{3}=\frac{1}{3}$(cm)，FG＝$1\times\frac{2}{3}=\frac{2}{3}$(cm)である。すると，図Ⅱの立体の体積は，$1\times1\times4+(1\times3\div2)\times4-\left\{\left(\frac{1}{3}+\frac{2}{3}\right)\times1\div2\right\}\times1=4+6-\frac{1}{2}=9\frac{1}{2}$(cm³)となる。よって，残った部分の体積は，$64-9\frac{1}{2}=54\frac{1}{2}$(cm³)とわかる。

⑶　問題文中の図3において，上から2段目でくりぬかれた立体は右の図Ⅳのようになる。この立体は，三角柱が2本重なっており，重なっている部分は，底面が1辺1cmの正方形で，高さが1cmの四角すいである。また，ほかの段も同様に三角柱が2本重なっており，重なっている部分は2段目の四角すいと合同である。よって，くりぬかれた立体の体積は，$\{(1\times1\div2)\times4\}\times8-\left\{(1\times1)\times1\times\frac{1}{3}\right\}\times4=14\frac{2}{3}$(cm³)なので，残った部分の体積は，$64-14\frac{2}{3}=49\frac{1}{3}$(cm³)と求められる。

図Ⅳ

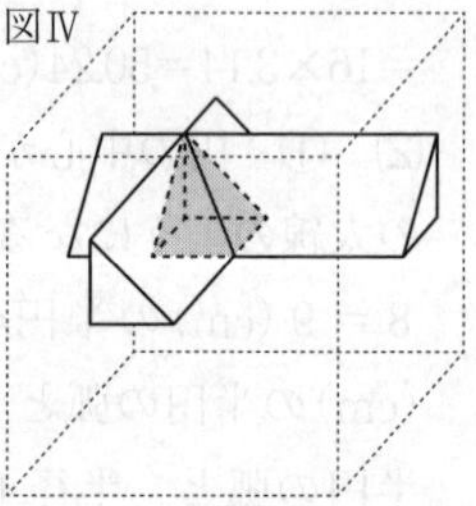

6　時計算

⑴　短針は1時間，つまり60分で，360÷8＝45(度)進むので，短針の進む速さは，毎分，$45\div60=\frac{3}{4}$(度)である。

⑵　長針は1時間，つまり60分で360度進むので，長針の進む速さは，毎分，360÷60＝6(度)で，これは普通《ふつう》の時計と変わらない。すると，午後3時30分に，長針は普通の時計と同じように真下のところを指している。一方，午後3時30分は，午前0時から数えて，12＋3＝15(時間)と30分が経っているので，15÷8＝1余り7より，短針は1周して，さらに7を過ぎ，7と8のちょうど真ん中を指す。よって，午後3時30分を表す長針と短針は右の図のようになる。

⑶　問題文中の図2で，短針は4と5の間にある。短針は8時間で1周するから，図2が示しているのは，午前0時＋4時間＝午前4時台か，午前0時＋4時間＋8時間＝午後0時台か，午前0時＋4時間＋8時間×2＝午後8時台である。また，「午後4時30分よりあとで」という条件から，午後8時台の時刻だとわかる。一方，長針はちょうど5を指しているので，午後8時ちょうどから，$60\times\frac{5}{8}=37\frac{1}{2}$(分)が経っていることになる。よって，午後4時30分よりあとで，初めて図2の時計が表す時刻になるのは，午後8時$37\frac{1}{2}$分である。

⑷　午前6時30分に，短針は6と7のちょうど真ん中を指しており，これは真上から，45×6＋45÷2＝292.5(度)進んだところである。また，長針は真上から180度進んでいるので，長針と短針は，292.5－180＝112.5(度)離《はな》れている。このあと，長針が短針に重なるまでに，$112.5\div\left(6-\frac{3}{4}\right)=112.5\div5\frac{1}{4}=\frac{225}{2}\div\frac{21}{4}=\frac{225}{2}\times\frac{4}{21}=21\frac{3}{7}$(分)かかるから，その時刻は，午前6時30分＋$21\frac{3}{7}$分＝午前6時$51\frac{3}{7}$分と求められる。

理　科　＜医進特別試験＞（50分）＜満点：100点＞

解　答

1　問1　1500g　　問2　1000cm³　　問3　③　　問4　5cm　　問5　1.5倍　　2　問

1　19.3g/cm^3　問2　金(が)0.517g　問3　1.65g　問4　0.30g　問5　ボーキサイト　問6　1.9倍　問7　ア　7.1　イ　1.2　問8　⑤，⑩　3　問1　両生(類)　問2　(例)　うまれ方　問3　A，C　問4　③　問5　黒色　問6　は虫類，③　問7　80個　4　問1　①　問2　フェーン(現象)　問3　21.75℃　問4　線状降水帯　問5　③　問6　偏西風　問7　②　問8　ヒートアイランド(現象)

解説

1　浮力《ふりょく》についての問題

問1　物体の重さは，物体がしずんだ長さが0cmのときの，ばねばかりが示す重さである。問題文中のグラフでは，物体が1cmしずむごとにばねばかりが示す重さが100gずつ減っているので，物体の重さは，1300＋100×2＝1500(g)となる。

問2　グラフで，物体がしずんだ長さが10cm以上になると，ばねばかりの示す重さが一定になっている。このことから，物体は，しずんだ長さが10cmになったときに全体が水にしずみ，物体にはたらく浮力の大きさが一定になることがわかる。よって，この物体は1辺10cmの立方体で，その体積は，10×10×10＝1000(cm^3)だから，物体がすべてしずんだときには1000cm^3の水があふれる。

問3　容器内の水は，物体に加わる浮力の大きさに等しい力を物体から受け，その分だけ台ばかりの示す重さが増加《ぞうか》する。物体がしずんだ長さが10cm以上になると，物体にはたらく浮力の大きさが一定になるので，台ばかりの示す重さの増加量も③のように一定となる。

問4　水1gの体積を1cm^3とすると，あふれた水の体積は，125÷1＝125(cm^3)である。これは，このとき入れた立方体の体積に等しいので，125＝5×5×5より，立方体の1辺の長さは5cmとわかる。

問5　ばねばかりが示す重さが0gのときは，物体の重さと物体に加わる浮力の大きさがつりあっている。また，物体が受ける浮力の大きさは，物体が押《お》しのけた水の重さに等しい。したがって，物体の重さは1500gだから，このとき空洞《くうどう》のある立方体が押しのけた水の重さ，つまり，容器からあふれた水の重さは1500gとわかる。よって，問2の物体がすべてしずんだときにあふれる水の重さは，1000÷1＝1000(g)だから，この水の重さは，問2のときの，1500÷1000＝1.5(倍)になる。

2　金属についての問題

問1　密度は1cm^3あたりの重さなので，金の密度は，0.579÷0.030＝19.3(g/cm^3)となる。

問2　0.050cm^3の重さは，金が，19.3×0.050＝0.965(g)，銅が，8.96×0.050＝0.448(g)なので，金の方が銅より，0.965−0.448＝0.517(g)重い。

問3　問題文中の表1，2から，酸化された鉄や銅の重さは，もとの鉄や銅の重さにそれぞれ比例していることがわかる。よって，表の値を用いると，0.50gの鉄が酸化されたときの重さは，$2.1\times\frac{0.50}{1.0}=1.05$(g)，0.50gの銅が酸化されたときの重さは，$1.2\times\frac{0.50}{1.0}=0.60$(g)なので，鉄と銅を0.50gずつ混ぜて完全に酸化させると，1.05＋0.60＝1.65(g)となる。

問4　1.0gがすべて銅だったとすると，完全に酸化したときの重さは1.2gになるが，これは，実際よりも，1.47−1.2＝0.27(g)少ない。銅を鉄にかえて完全に酸化させると，鉄1.0gあたり，2.1−1.2＝0.9(g)ずつ重くなるので，はじめの鉄の重さは，0.27÷0.9＝0.30(g)と求められる。

問5　アルミニウムはボーキサイトという鉱石《こうせき》を加工して作られる。その際に大量の電力を消費することから，アルミニウムは「電気のかんづめ」とよばれる。

問6　アルミニウムが完全に酸化されたときは，塩酸を加えても水素が発生しないので，問題文中の表3では，アルミニウムの重さが2.7gのときと，3.6gのときの実験ではすべてのアルミニウムが酸化したことがわかる。よって，アルミニウムが酸化すると，重さは，5.1÷2.7＝1.88…より，1.9倍となる。なお，6.8÷3.6＝1.88…より，1.9倍と求めてもよい。

問7　**ア**　表3で，アルミニウムの重さが2.7gのときの結果から，アルミニウム2.7gと酸素，5.1－2.7＝2.4(g)がちょうど結びついて，酸化アルミニウムが5.1gできることがわかる。また，実験で燃焼後に増《ふ》えた重さは，アルミニウムに結びついた酸素の重さである。よって，アルミニウム3.3gのときの実験では，燃焼後に重さが，5.7－3.3＝2.4(g)増えたことから，アルミニウム2.7gが酸化され，残ったアルミニウム，3.3－2.7＝0.6(g)が塩酸と反応して水素が0.8L発生したことがわかる。したがって，0.4Lの水素が発生したときに塩酸と反応したアルミニウムの重さは，$0.6\times\frac{0.4}{0.8}=0.3$(g)だから，実験で，アルミニウム3.9gを燃焼させたとき，アルミニウム，3.9－0.3＝3.6(g)が酸化してできた酸化アルミニウム6.8gと，残ったアルミニウム0.3gの，合わせて，6.8＋0.3＝7.1(g)の固体が残る。　**イ**　実験で，アルミニウム4.5gを燃焼させたときに酸化したアルミニウムの重さは，$2.7\times\frac{7.7-4.5}{2.4}=3.6$(g)なので，残った，4.5－3.6＝0.9(g)のアルミニウムが塩酸と反応したことがわかる。よって，このときに発生した水素の体積は，$0.8\times\frac{0.9}{0.6}=1.2$(L)となる。

問8　水素は空気より軽く，水に溶《と》けにくい気体で，水上置換《ちかん》法で集める。また，非常に燃えやすい気体で，酸素と混ぜて燃焼させると爆発《ばくはつ》的に燃えて水ができる。なお，⑦と⑧では二酸化炭素が，⑨では酸素が発生する。

3　動物の分類や生態についての問題

問1　背骨をもつ動物をセキツイ動物という。セキツイ動物は，魚類，両生類，は虫類，鳥類，ほ乳類に分けられている。

問2　セキツイ動物のうち，ほ乳類だけが親と似た形の子を産み，子を乳で育てるたい生である。また，魚類，両生類，は虫類，鳥類は卵を産む卵生である。よって，イに当てはまるのはうまれ方になる。なお，Aがほ乳類を表していることがわかる。

問3　生活場所について，魚類は水中，両生類は子のとき水中，大人になると陸上で生活する。また，は虫類，鳥類，ほ乳類は陸上で生活するものが多い。よって，問題文中の表1で，Dが両生類，Bが魚類とわかる。さらに，魚類，両生類，は虫類は変温動物で，気温が変わると体温も変わり，鳥類とほ乳類はこう温動物で，気温が変わっても体温が一定に保たれている。すると，Eがは虫類，Cが鳥類とわかる。したがって，エに当てはまるのは，ほ乳類(A)と鳥類(C)になる。

問4　表3で，それぞれが最も大きい個体の場合の，(体長)÷(体重)を計算すると，Fは，250÷660＝0.37…，Gは，150÷120＝1.25，Hは，140÷65＝2.15…となる。体長が大きくなれば表面積も大きくなるので，この値が小さいクマほど，体温を保ちやすく，寒い地域で生活すると考えられる。また，表2より，最も寒い地域で生活するのはホッキョクグマで，最もあたたかい地域で生活するのはマレーグマである。したがって，Fはホッキョクグマ，Gはニホンツキノワグマ，Hはマレーグマだとわかる。

問５　太陽の光から熱を最も多く吸収できる色は黒である。よって，寒い地域にすむホッキョクグマの肌《はだ》の色は黒色で，とう明な体毛を通過した太陽光で肌を温めていると考えられる。

問６　気温が低いところでは，こう温動物のほ乳類と鳥類は体温を保つことができるが，変温動物のは虫類は体温が低くなって活動できなくなる。よって，気温が低い南極大陸にはは虫類がほとんどいないと考えられる。

問７　4000個の卵がすべてかえったとき，成虫になれるのは，4000×（１－0.975）＝100(匹《ぴき》)である。成虫になったオスとメスの比が１：１なので，このうちメスは，$100\times\frac{1}{1+1}=50$(匹)になる。したがって，卵を4000個維持《いじ》するためには，メスは１匹あたり，4000÷50＝80(個)の卵を産む必要がある。

4　気象についての問題

問１　冬の日本では，北西の季節風がふき，日本海側の天気は雨や雪が多くなり，太平洋側では乾《かん》燥《そう》した晴天が続く。よって，晴れの天気記号の①が正しい。

問２　空気が山脈に沿って上昇《じょうしょう》，下降するとき，風上の山のふもとの空気の温度に比べて，風下の山のふもとでは空気が乾燥して温度が高くなることがある。この現象をフェーン現象という。

問３　1000ｍで雲ができはじめたので，それまでは空気が100ｍ上昇するごとに気温が１℃下がる。よって，標高０ｍで16℃だった空気の温度は，標高1000ｍでは，$16-1\times\frac{1000}{100}=6$（℃）になる。また，雲ができている標高1000ｍから標高2150ｍの山頂までは，100ｍ上昇するごとに0.5℃気温が下がるので，頂上での空気の温度は，$6-0.5\times\frac{2150-1000}{100}=0.25$（℃）になる。さらに，雨を降《ふ》らせた後，乾《かわ》いた風が山頂から下りるときには100ｍ下降するごとに１℃気温が上がるので，この空気が風下側の標高０ｍの平地に達したときの温度は，$0.25+1\times\frac{2150}{100}=21.75$（℃）になる。

問４　気象庁が2021年から発表するようになった，前線付近で作られた雨雲による大雨の予報は，線状降水帯による大雨の予測情報(顕著《けんちょ》な大雨に関する気象情報)である。線状降水帯では，次々と発生した積乱雲が線状に並び，同じ場所で数時間にわたって強い雨が降る。

問５　梅雨《つゆ》の時期には，日本列島の北にあるオホーツク海気団と南にある小笠原《おがさわら》気団がぶつかり合い，この境目に停滞《ていたい》前線(梅雨《ばいう》前線)ができて雨の日が多くなる。

問６　日本付近では，上空をふく偏西《へんせい》風の影響《えいきょう》で雲が西から東へ動くことが多い。そのため，天気も西から東に変わる。

問７　桜の木は深い根を張るので，堤防《ていぼう》の土を固めて強くする。そのため，河川に沿って桜を植えることで，堤防をくずれにくくしている。

問８　都市部では，自動車やエアコンの室外機から排出《はいしゅつ》される熱が多いこと，蒸散《じょうさん》により熱を吸収してくれる植物が少ないこと，コンクリートの建物や路面のアスファルトによって熱がたくわえられることなどの理由から，気温が下がりにくくなっている。このようすを等温線で表すと島のようになることから，ヒートアイランド現象とよばれる。

Dr.福井の 入試に勝つ！脳とからだのウルトラ科学

意外！　こんなに役立つ“替え歌勉強法”

病気やケガで脳の左側（左脳）にダメージを受けると，字を読むことも書くことも，話すこともできなくなる。言葉を使うときには左脳が必要だからだ。ところが，ふしぎなことに，左脳にダメージを受けた人でも，歌を歌う（つまり言葉を使う）ことができる。それは，歌のメロディーが右脳に記憶されると同時に，歌詞も右脳に記憶されるからだ。ただし，歌詞は言葉としてではなく，音として右脳に記憶される。

そこで，右脳が左脳の10倍以上も記憶できるという特長を利用して，暗記することがらを歌にして右脳で覚える“替え歌勉強法”にトライしてみよう！

歌のメロディーには，自分がよく知っている曲を選ぶとよい。キミが好きな歌手の曲でもいいし，学校で習うようなものでもいい。あとは，覚えたいことがらをメロディーに乗せて替え歌をつくり，覚えるだけだ。メロディーにあった歌詞をつくるのは少し面倒かもしれないが，つくる楽しみもあって，スムーズに暗記できるはずだ。

替え歌をICレコーダーなどに録音し，それを何度もくり返し聞くようにすると，さらに効果的に覚えることができる。

音楽が苦手だったりして替え歌がうまくつくれない人は，かわりに俳句（川柳）をつくってみよう。五七五のリズムに乗って覚えてしまうわけだ。たとえば，「サソリ君，一番まっ赤は，あんたです」（さそり座の１等星アンタレスは赤色――イメージとしては，運動会の競走でまっ赤な顔をして走ったサソリ君が一番でゴールした場面）というように。

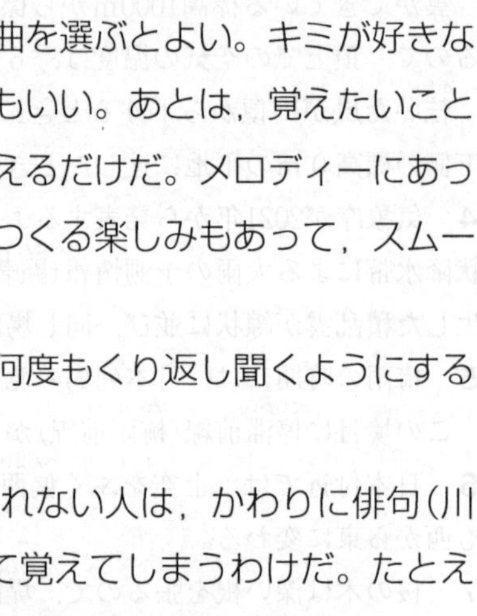

Dr.福井（福《ふく》井《い》一成《かずしげ》）…医学博士。開成中・高から東大・文Ⅱに入学後，再受験して翌年東大・理Ⅲに合格。同大医学部卒。さまざまな勉強法や脳科学に関する著書多数。

2024年度 淑徳与野中学校

【算　数】〈第１回試験〉（50分）〈満点：100点〉

※　円周率は3.14で計算してください。鉛筆，消しゴム以外は使用しないでください。また，問題用紙を折ったり，やぶったりしないでください。

1　次の□にあてはまる数を求めなさい。

（1）　$\left(1-\frac{1}{3}\right)\times\frac{1}{2}+\left(\frac{1}{3}-0.2\right)\times 0.5+\left(0.2-\frac{1}{7}\right)\div 2=$ □

（2）　$2024\times 2024-2023\times 2025=$ □

（3）　$870\,\mathrm{mL}+1.6\,\mathrm{L}+330\,\mathrm{cm}^3=$ □ L

（4）　2024の約数のうち，8の倍数は□個あります。

（5）　次の12個のデータについて，中央値は□です。また，最頻値は□です。

4，2，2，5，2，4，1，4，2，6，3，6

2　次の問いに答えなさい。

（1）　右の図のように，三角形ＡＢＣと四角形ＤＥＦＧが重なっています。角**ア**は角**イ**の２倍の大きさです。角**ウ**の大きさは何度ですか。

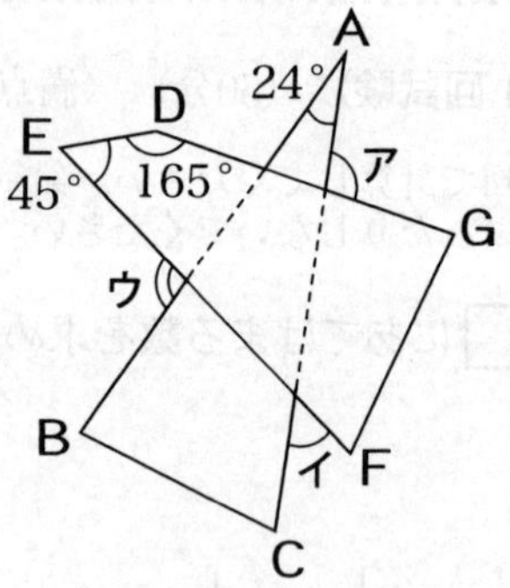

（2）　右の図のように，正方形と半円があります。斜線部分の面積は何cm^2ですか。

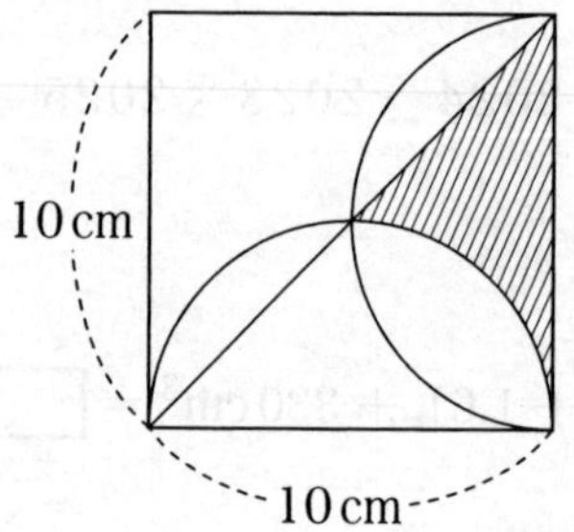

（3）　右の図のように，四角形ＡＢＣＤはAB＝12cm，AD＝9cm，AC＝15cmの長方形です。長方形ＡＢＣＤを点Ａを中心として反時計回りに**ア**°回転移動させたものが長方形ＡＥＦＧです。頂点Ｃがえがく線の長さが9.42cmのとき，次の問いに答えなさい。

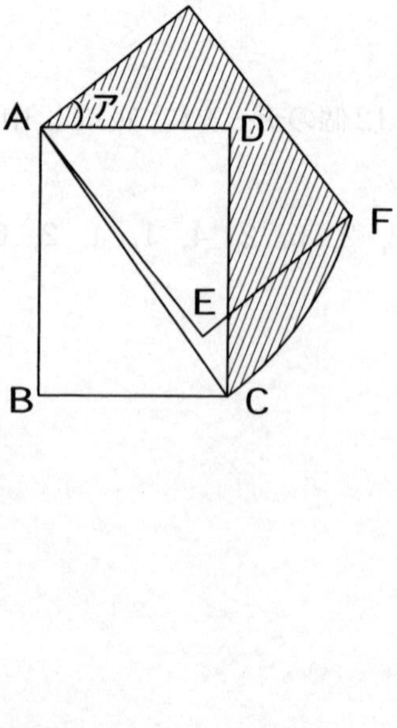

①　**ア**の角度は何度ですか。

②　斜線の部分の面積は何cm^2ですか。

（４） 右の図のように，ある立方体の各面の対角線の交点を面の中心とし，となり合う面どうしの面の中心を結んでできる立体の体積は $\frac{256}{3}$ cm^3 でした。このとき，立方体の1辺の長さは何 cm ですか。

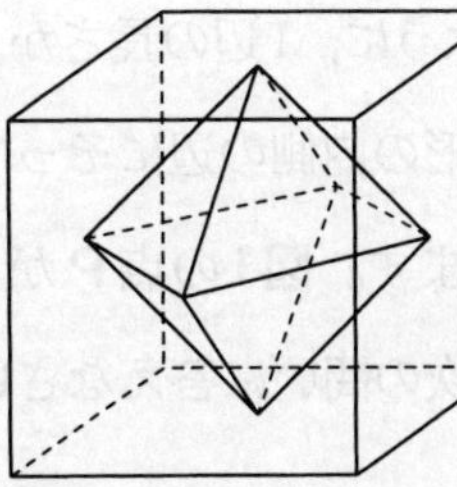

3 次の問いに答えなさい。

（１） 長さ3.4ｍの自動車が長さ12296.6ｍのトンネルに入り始めてから，トンネルを抜けるまでに９分かかりました。この自動車の速さは時速何 km ですか。

（２） 午前９時以降に，時計の長針と短針が初めて一直線になる時刻は何時何分ですか。

（３） Ｓ組とＹ組で合わせて42人の生徒がいます。42人全員に同じテストを実施したところ，Ｓ組の平均点は66.5点，Ｙ組の平均点は45.5点，42人全員の平均点は56.5点でした。Ｙ組の人数は何人ですか。

（４） 次の表は，６つの駅がこの順にあり，それらの駅間の距離を表したものです。空らんの数字をすべて足し合わせるといくつになりますか。

					大宮
				新都心	
			与野		
		北浦和			
	浦和	1.8		4.5	6.1
南浦和			5.1	6.2	

（単位：km）

4 下の**図1**のように，1辺の長さが，3cmの正方形と正三角形があります。正三角形の辺を正方形の内側の辺にそってすべらないようにころがして，矢印のように動かしていきます。**図1**の点Pが元の位置に戻るまでこの動きを繰り返しました。このとき，次の問いに答えなさい。

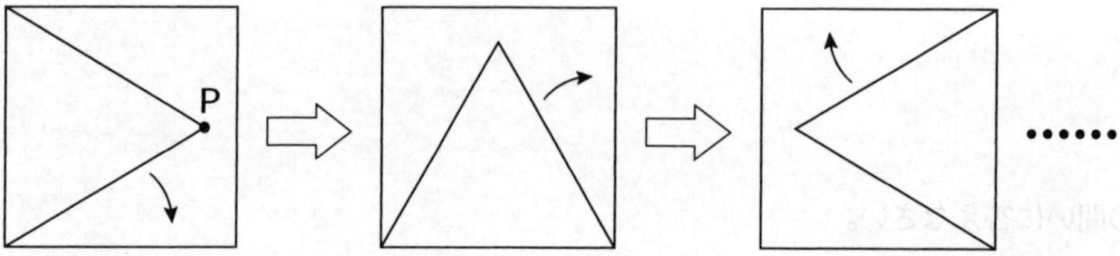

【図1】

（1） 点Pが動いたあとの線を図にかきなさい。

（2） 点Pが動いたあとの線の長さは何cmですか。

5 S中学校はクラスごとにおそろいのTシャツを同じ業者に注文します。この業者のTシャツは1枚1500円で，1枚につき2ヶ所まで無料でデザインを入れることができます。デザインは3ヶ所目以降，1ヶ所追加するごとに1枚につき300円の追加料金が発生します。着用希望日の2024年1月23日の火曜日までに，以下のような割引制度を利用して注文するとき，次のページの問いに答えなさい。

ただし，条件を満たす割引制度はすべて利用するものとします。

制　度	条　件	1枚あたりの割引額
早割り	35枚以上で，着用希望日より2週間以上前に注文する場合 （ただし，複数団体で注文する場合は，合計で35枚以上）	70円
土曜日割り	土曜日に注文する場合	20円
いっしょ割り	2団体で，合計60枚以上をいっしょに注文する場合	20円

（１）１年１組には39人の生徒がおり，2024年１月６日に注文をしました。デザインを２ヶ所に入れた場合，１年１組の合計金額はいくらになりましたか。

（２）１年２組には35人，１年３組には33人の生徒がいます。どちらのクラスも２ヶ所にデザインを入れ，いっしょに2024年１月６日に注文する予定でした。しかし，２組はデザインを１ヶ所追加して３ヶ所に，３組はデザインを２ヶ所追加して４ヶ所にしたため，実際には，４日後の１月10日にいっしょに注文しました。２クラスの合計金額は，１月６日に注文する場合と比べて，いくら多くなりましたか。

6 右の図のように，平行四辺形を組み合わせた図形があります。次の問いに答えなさい。

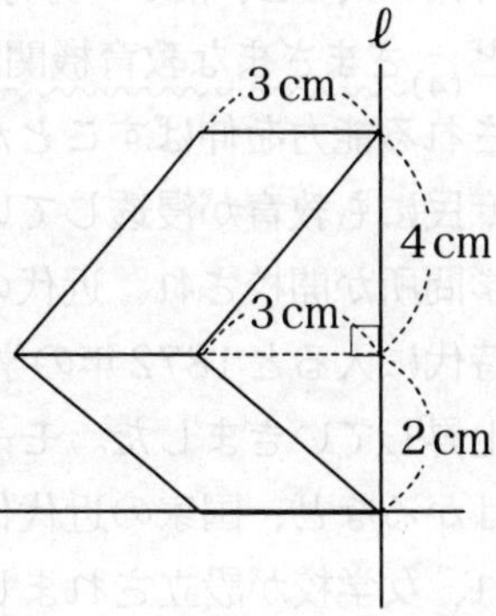

（１）直線 ℓ を軸として１回転させたときにできる立体の体積は何 cm^3 ですか。

（２）直線 m を軸として１回転させたときにできる立体の体積は何 cm^3 ですか。

【社　会】〈第１回試験〉（理科と合わせて60分）〈満点：50点〉

1　次の文章を読み、以下の問に答えなさい。

みなさんは、学校教育について深く考えたことはありますか。この中学受験に臨《のぞ》むにあたっても、みなさんはさまざまな教育を受けてきましたね。

日本の学校教育の歴史を振り返ると、飛鳥時代までさかのぼることができます。(1)701年に□□□□が制定されると、国家の体制が整備されました。それにともなって、公的な教育制度が確立し、官吏《かんり》養成機関として「大学」が設置されました。(2)「大学」については、有名な『源氏物語』にもその様子が描かれています。

やがて、武士の時代が到来すると、武士にも教育が広がりました。鎌倉時代には現在の神奈川県に金沢《かねざわ》文庫が設置され、さらに室町時代には上杉憲実《のりざね》が現在の栃木県に足利学校を再興しています。特に(3)足利学校に関しては、戦国時代に来日した外国人が「坂東の大学」と評しており、非常に活気があったことが伝わっています。

江戸時代に入ると、細かい身分制度が定着していくなかで、寺子屋や藩校、郷学、私塾など(4)さまざまな教育機関が登場するようになりました。それぞれの立場で必要とされる能力を伸ばすことがおもな目的であり、授業の内容に差こそありますが、庶民にも教育が浸透していきました。また、幕府の公式の教育機関として昌平坂学問所が開校され、近代の大学につながっていきます。

明治時代に入ると1872年の学制によって「国民皆学」が目指され、就学率は少しずつ上昇していきました。モースなどお雇い外国人を大学に招き、西洋学問の導入をはかるなど、国家の近代化を教育が担いました。また、女子教育の広がりも見られ、女学校が設立されました。その結果、(5)多くの女性が社会で活躍するようになりました。明治時代末期から大正時代初期にかけ、青鞜《せいとう》社で女性の解放を目指した平塚らいてうはその代表です。一方で、次第に国家の統制が強まりました。教育勅語や国定教科書制度などはその一例であるといえるでしょう。第二次世界大戦中には、小学校が国民学校と改称され、教育内容も戦争の士気を上げるための思想教育や、軍事や技術の訓練が増え、(6)学校教育は戦争の影響を強く受けることとなりました。

終戦を迎えた日本では教育改革が行われ、教育の民主化が進められました。日本国憲法には「教育を受ける権利」が記され、日本だけではなく、国際的にも(7)子どもの権利条約のなかに教育を受ける権利が記されています。このようにして、今日を生きるみなさんには教育の機会が等しく保障されています。この教育を受ける権利を、どのように使いますか。

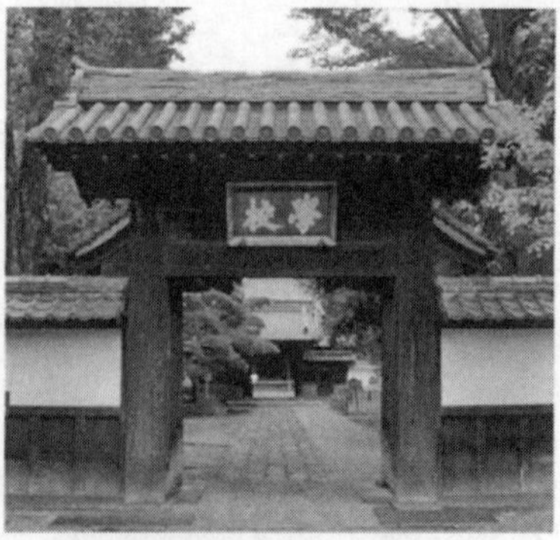

足利学校（足利市HPより）

問１　波線部（**１**）について、文中の□□□□にあてはまる語句は何ですか。答えなさい。

問２　波線部（**２**）について、『源氏物語』の「少女《おとめ》」の巻を読むと、光源氏が息子の夕霧を大学へ入学させるという節が登場します。次の文章は、その背景を簡単に説明したものです。［　X　］と［　Y　］にあてはまる文章としてそれぞれ適当なものを**資料１**と**資料２**をもとに１つずつ選び、正しい組み合わせを**ア～エ**の記号で答えなさい。

> 　光源氏は太政大臣であったので、その嫡子※である夕霧も大学に行かせなくても、必然的に［　X　］以上の高い地位や役職に就《つ》けると周りから思われていました。しかし、光源氏は夕霧を大学に行かせることに決めました。その理由は、光源氏自身が［　Y　］という気持ちがあったからだといわれています。

※嫡子…正妻の長男

資料１　地位により就くことのできる役職

地　位		役　職
正・従一位		太政大臣
正・従二位		左大臣 右大臣
正三位		大納言
従三位		中納言　　など
正四位	上	中務卿
	下	参議　　　など
従四位	上	左大弁・右大弁
	下	神祇伯

資料２　父・祖父の地位にもとづき息子・孫が自動的に就くことのできる地位

父・祖父の地　位	嫡　子	嫡子以外
正・従一位	従五位下	正六位上
正・従二位	正六位下	従六位上
正・従三位	従六位上	従六位下
正四位	正七位下	従七位上
従四位	従七位上	従七位下

X

A　従五位下　　　　B　正六位上

Y

C　亡くなったあとに時代が移り変わったとしても、息子には学問を身に付けてほしい

D　中国へ留学せず高い地位に就くことができなかったので、息子には大学に行って留学をしてほしい

ア　X−A　Y−C　　　　イ　X−B　Y−C

ウ　X−A　Y−D　　　　エ　X−B　Y−D

〈編集部注：学校より，1の問２については「実際の入試問題では不備があったため，受験生全員を正解にした」とのコメントがありました。〉

問３　波線部（３）について、

①　次の図は、この外国人を示した絵です。彼の所属するキリスト教の会派の名称を答えなさい。

② 「坂東太郎」とよばれる利根川では、下流域の野田や銚子で、江戸時代からある生産品が盛んに作られています。次の図は、江戸時代の製造の様子をあらわしており、表は生産量の多い都道府県のランキングです。ある生産品とは何ですか。答えなさい。

順位	都道府県	出荷数量（kℓ）	国内シェア率（％）
1	千葉県	266,030	37.80
2	兵庫県	109,898	15.62
3	群馬県	46,113	6.55
4	愛知県	39,827	5.66
5	香川県	36,735	5.22

（令和２年における農林水産省大臣官房資料より作成）

問４　波線部（**４**）について、

①　次の図は江戸時代の寺子屋の様子を描いたものです。この図から読み取れる内容として適当なものを１つ選び、**ア〜エ**の記号で答えなさい。

ア　寺子屋ではそろばんを使った教育が重視されていました。

イ　寺子屋では一人ひとり学習進度が異なっていました。

ウ　寺子屋では女子が教育を受けることは許されていませんでした。

エ　寺子屋ではスペイン風邪の流行により、黙食が義務付けられていました。

②　江戸時代に鳴滝塾という私塾を開いた人物はだれですか。適当なものを１人選び、**ア〜エ**の記号で答えなさい。

ア　ペリー　　　**イ**　ハリス　　　**ウ**　モリソン　　　**エ**　シーボルト

問５　波線部（**５**）について、**資料１**は大正時代における女子学生が就職したい職業ランキング（人数）、**資料２**は大正・昭和時代に『婦人公論』という女性雑誌の記事に取り上げられた職業ランキング（回数）です。「タイピスト」についての文章として適当なものを１つ選び、**ア～エ**の記号で答えなさい。

資料１　女子学生が就職したい職業ランキング

	自分が選択した就職したい職業		社会的な点において就職したい職業
1	音楽家	1	助産師
2	保育士	2	保育士
3	タイピスト	3	看護師
4	書　師	4	教　員
5	教　員	5	電話交換手

（『日本労働年鑑　大正９年度版』より作成）

資料２　『婦人公論』に取り上げられた職業のランキング

第１期（1916～1927年）			第２期（1928～1937年）			合　　計		
順位	職　業	回数	順位	職　業	回数	順位	職　業	回数
1	作　家	72	1	教　員	84	1	俳　優	149
2	俳　優	66	2	俳　優	83	2	教　員	121
3	画　家	49	3	記　者	48	3	作　家	112
4	教　員	37	4	店　員	45	4	画　家	54
5	看護師	9	5	作　家	40	4	記　者	54
6	医　師	7	6	美容師	32	5	店　員	51
6	事務員	7	7	詩　人	27	6	美容師	36
7	記　者	6	7	事務員	27	7	事務員	34
7	店　員	6	8	タイピスト	17	8	詩　人	27
8	モデル	5	9	看護師	16	9	看護師	25
8	車　掌	5	10	医　師	12	10	タイピスト	22
8	電話交換手	5	10	洋裁・和裁・手芸裁縫師	12			
8	タイピスト	5						
9	美容師	4						
10	声楽家	3						
10	案内人（ガイド）	3						

（濱貴子「戦前期日本における職業婦人イメージの形成と変容に関する歴史社会学的研究」より作成）

ア　わたしの職業は、女性自身においても社会的にもあこがれのある職業でした。雑誌によく取り扱われる職業であり、また身近な職業として、イメージしやすいことが理由だと考えられます。

イ　わたしの職業は、女性に希望者が多い職業であったため、雑誌に継続的に取り上げられました。しかし、目新しい職業という一面もあり、社会的評価は当初低くなっていました。

ウ　わたしの職業は、明治時代からあります。大正時代に書かれた作品では低賃金・長時間労働と紹介されるなど課題も多く、就職したい職業には選ばれませんでした。

エ　わたしの職業は、女性の社会進出のシンボルとして注目を集めました。しかし、社会の見る目は厳しく、女性が就職したい職業にも選ばれませんでした。それが理由なのか、雑誌に取り上げられなくなってしまいました。

問6　波線部（6）について、**写真A**は終戦前の各学校に設置された奉安殿とよばれる施設で、**写真B**は奉安殿に向かって整列している様子です。記録にはこの後、校長や教員、児童全員が奉安殿に拝礼をしたと残っています。この奉安殿におさめられているものは教育勅語と何ですか。適当なものを１つ選び、**ア〜エ**の記号で答えなさい。

ア　その年に収穫された野菜や果物

イ　学校を運営するお金や学校に関する文書

ウ　天皇・皇后の写真

エ　仏像や経典

写真A

写真B

問7　波線部（7）について、子どもの権利条約が国連総会で採択された1989年に起こった出来事として、適当なものを１つ選び、**ア〜エ**の記号で答えなさい。

ア　第四次中東戦争をきっかけに第一次オイルショックが起こりました。

イ　東日本大震災が起こり、防災対策が見直されました。

ウ　アジア初のサッカーワールドカップが日本と韓国で行われました。

エ　元号が「昭和」から「平成」へと変わりました。

2 次の文章を読み、以下の問に答えなさい。

みなさんは高知県に行ったことがありますか。明治維新の立役者の一人、坂本龍馬の出身地であるだけでなく、輝く太陽、南国のような暖かさ、美しく広がる雄大な太平洋など、豊かな自然の魅力にあふれるところです。今日は、そのような高知県の魅力を見ていきましょう。

高知県は東西に広がる県で、太平洋に突き出している岬が２つあります。１つは県の東に位置する(1)□□岬、もう１つは西に位置する足摺《あしずり》岬です。□□岬は台風の上陸が多いことから、台風銀座とよばれることもあります。また、日本の中では南に位置することもあいまって、(2)温暖な気候と豊富な降水量ゆえに亜熱帯の植物が多く自生しており、まるで南国にいるような気分を味わうことができます。温暖な気候をいかした(3)農業もさかんに行われており、年間を通してスイカやメロンを食べることのできる施設もあります。

このような美しい自然は、県内のいたるところで目にすることができ、中でも四万十《しまんと》川はその美しさで有名です。(4)高知県の西部を流れ、「日本最後の清流」ともいわれる四万十川の下流域は、応仁の乱を避けてこの地に下り、戦国大名となった土佐一条氏によって整備されました。現在の四万十市にあたるこの地域は、四万十川を桂川に、支流の後川《うしろがわ》を賀茂川に見立て、碁盤《ごばん》の目状に町を区画するなど、その地形は京都を思い起こさせるつくりとなっています。以後、この地域では公家文化が長く栄え、「土佐の小京都」ともよばれました。

また、江戸時代初期から発達し、高知県の地形をいかした特産品として最も有名なものの１つがカツオ漁です。東西に長い高知県は、700kmを超える海岸線を有しており、その海岸線の全ての領域でカツオ漁が行われています。また、(5)高知県のカツオ漁は一本釣りの形態をとっており、そうした他県との違いも、高知のカツオを有名にしている要因となっています。

一方で、新たな観光資源を模索している地域もあります。高知県東部の北川村では、工業団地を誘致《ゆうち》する構想をくつがえし、2000年に(6)芸術と自然に触れることのできる「モネの庭」を開園しました。高知県は植物学の第一人者である牧野富太郎の出生地ということもあり、豊かな自然と共生することを目指しています。自然環境を重視した高知県の取り組みは、近年世界の注目が集まっているSDGsの観点からも、そして(7)高知県をより魅力ある県にするためにも、必要なことです。そのような高知の今を体感しに、ぜひ一度足を運んでみませんか。

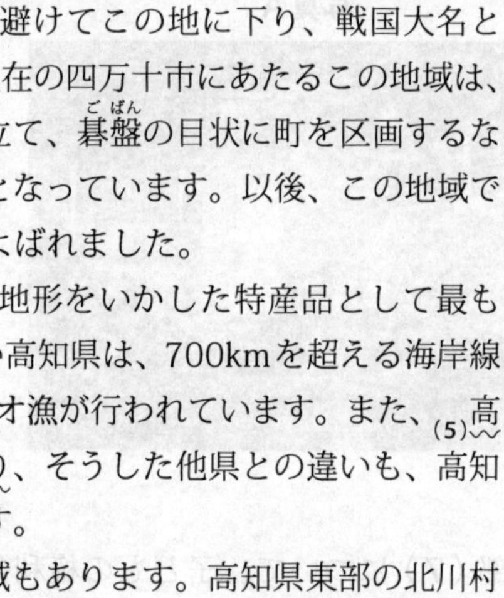

足摺岬と灯台
（土佐清水市観光協会HPより）

問１　波線部（**1**）について、文中の□□にあてはまる語句を、解答欄に合わせて答えなさい。

問２　波線部（**2**）について、高知市の雨温図はどれですか。適当なものを１つ選び、**ア〜エ**の記号で答えなさい。

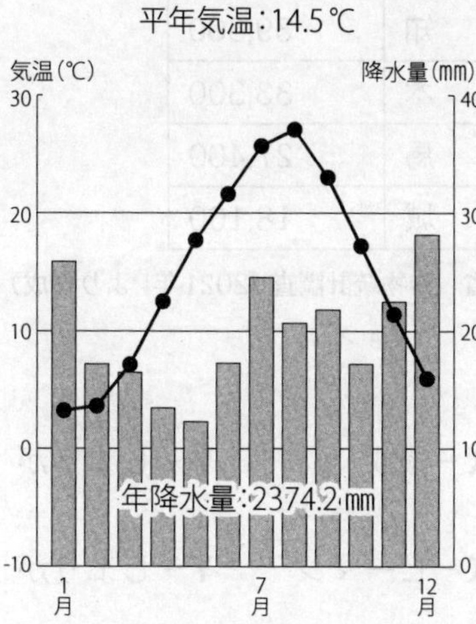

ア

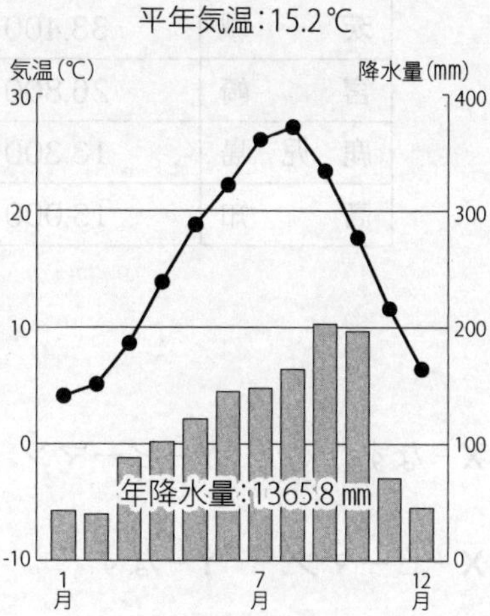

イ

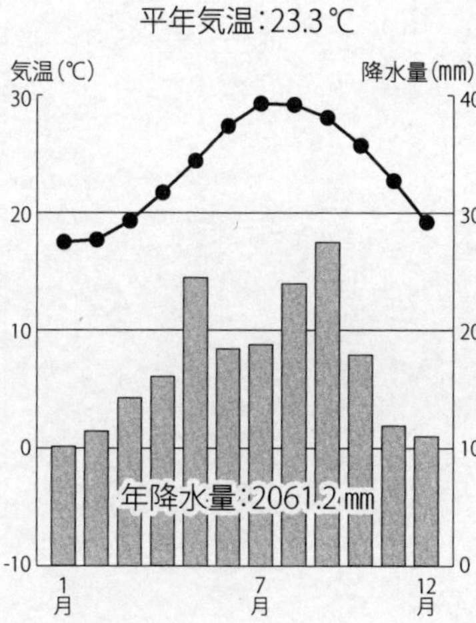

ウ

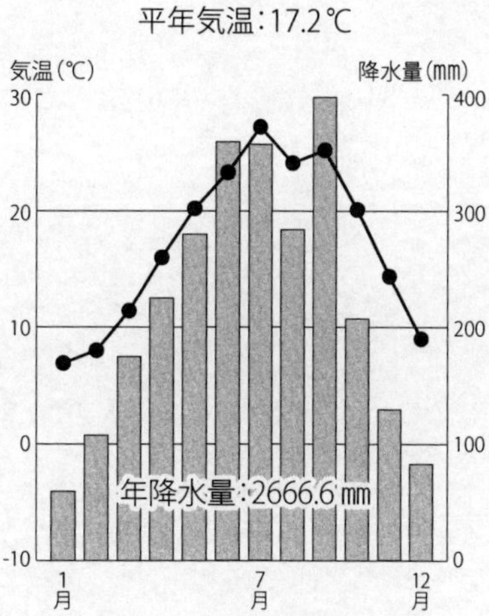

エ

問3　波線部（**3**）について、次の表はある野菜の収穫量トップ4の都道府県を表したものです。**X・Y**にあてはまる野菜の名称の組み合わせとして適当なものを1つ選び、**ア～エ**の記号で答えなさい。

X

都道府県名	収穫量（t）
茨　城	33,400
宮　崎	26,800
鹿児島	13,300
高　知	13,000

Y

都道府県名	収穫量（t）
高　知	39,300
熊　本	33,300
群　馬	27,400
茨　城	18,100

（農林水産省　作物統計調査《2021年》より作成）

ア　**X**－なす　**Y**－ピーマン　　**イ**　**X**－なす　**Y**－しょうが

ウ　**X**－ピーマン　**Y**－なす　　**エ**　**X**－ピーマン　**Y**－しょうが

問４　波線部（**４**）について、

①　次の**地形図**から読み取れることとして**適当でないもの**を１つ選び、**ア～エ**の記号で答えなさい。なお、下線部の情報は誤りではありません。

地形図

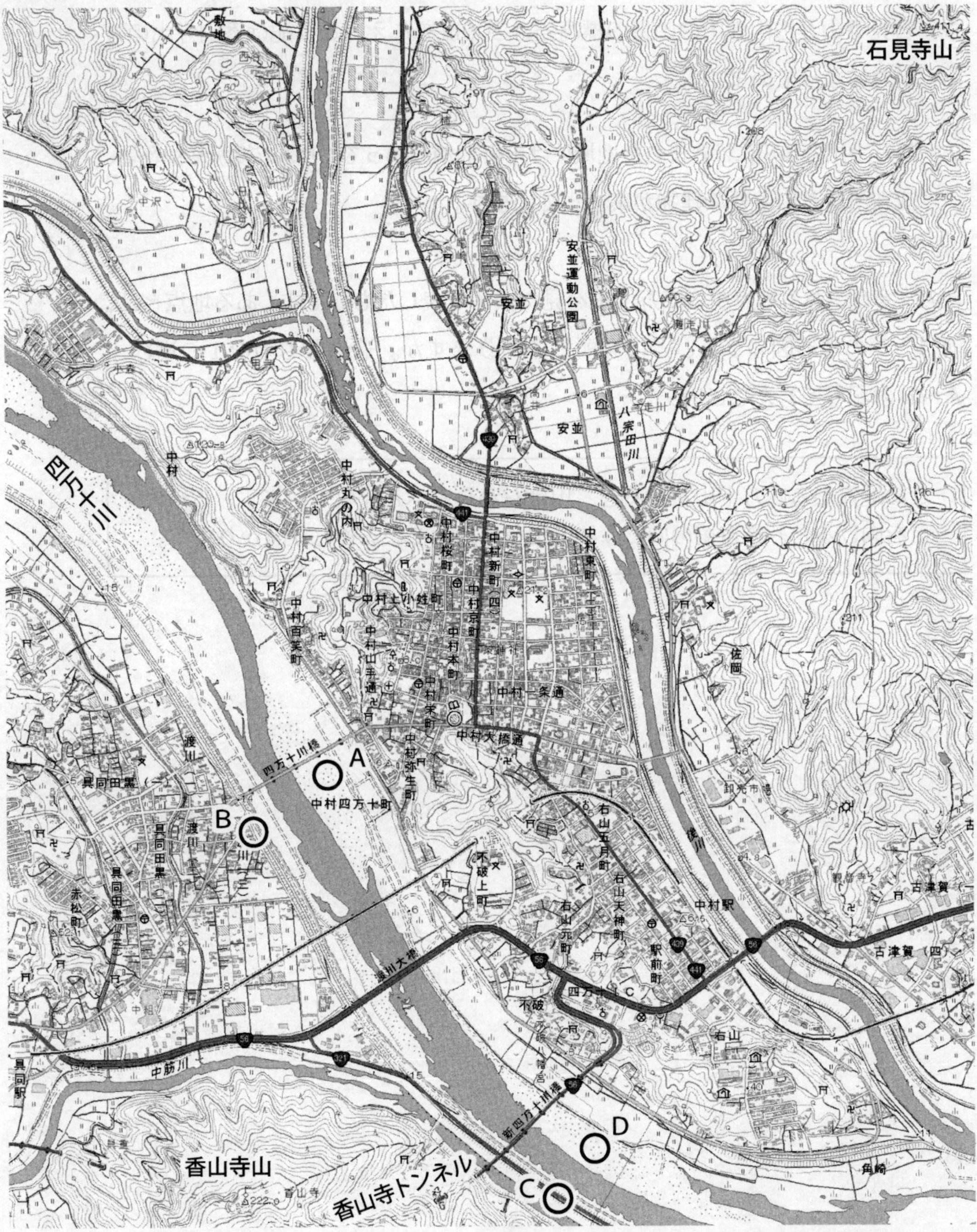

（国土地理院発行　２万５千分の１地形図「四万十」原寸より作成）

ア　具同駅から中村駅まで鉄道で移動しようとすると、トンネルを抜けたあとに大きく右にカーブします。

イ　香山寺トンネルの入り口から出口までの直線距離は地図上で6cmですので、実際の距離は約1500mです。

ウ　石見寺山と香山寺山の山頂の標高差は200mをこえ、こう配は香山寺山の方が急になっています。

エ　四万十川と後川にはさまれた地域には市街地が広がっており、市役所や税務署、裁判所などの主要な建物が集まっています。

②　次の文章は、ある地点から四万十川を見た様子を表したものです。ある地点とは、前ページの**地形図**のうち、どの場所にあたりますか。適当なものを１つ選び、**A～D**の記号で答えなさい。

この地点から四万十川を見ると、川は左から右へと流れています。下流に目を向けると、鉄道橋の向こうに、国道が通っていることが分かります。

問５　波線部（**５**）について、淑徳花子さんは、高知県の伝統的な漁法であるカツオの一本釣りについて調べるうちに、カツオ漁業がかかえる問題について興味を持ちました。そこで、**資料１・２**を用いて「高知県のカツオ漁業の現状と対策」というレポートを作成しました。これについて、以下の問に答えなさい。

資料１　太平洋中西部※におけるカツオ漁獲量の推移（漁法別）

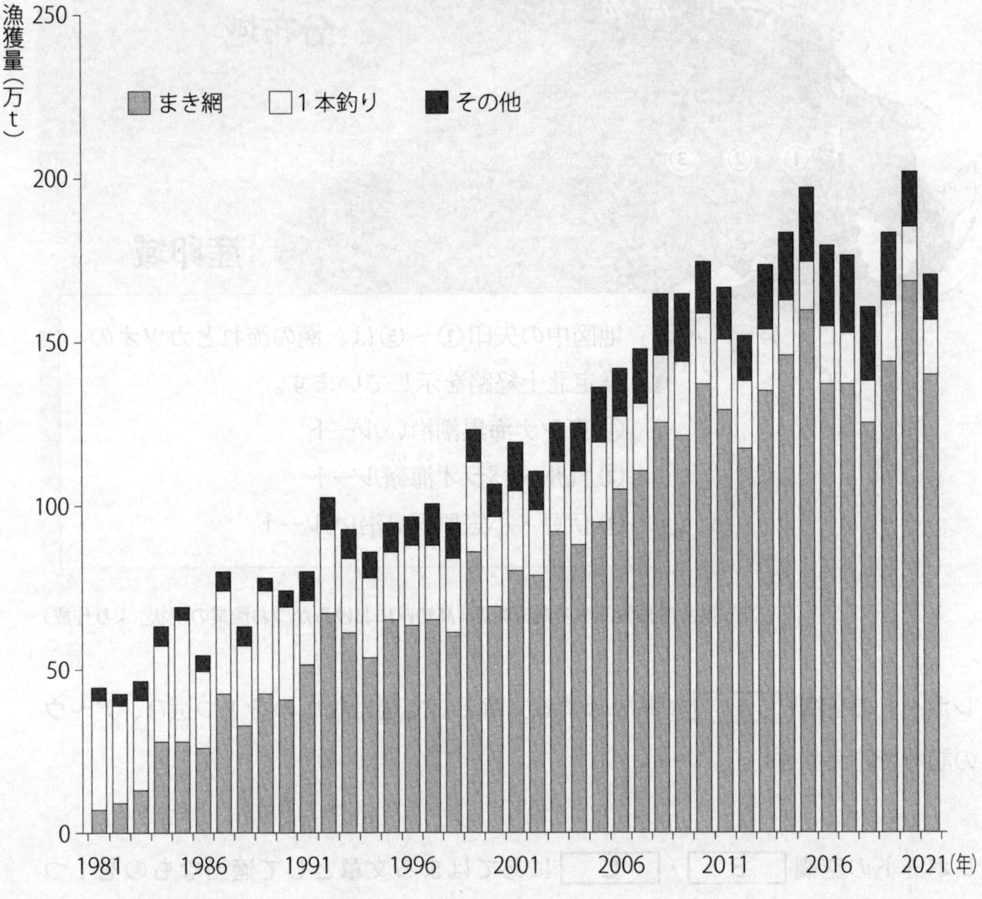

（高知県水産振興部水産業振興課「かつお資源の持続的利用に向けた資源管理の強化」より作成）
※日本、韓国、台湾、アメリカ、フィリピン、パプアニューギニアなどが太平洋中西部でカツオ漁を行っています。

資料２　太平洋におけるカツオの分布、産卵場、推定北上経路

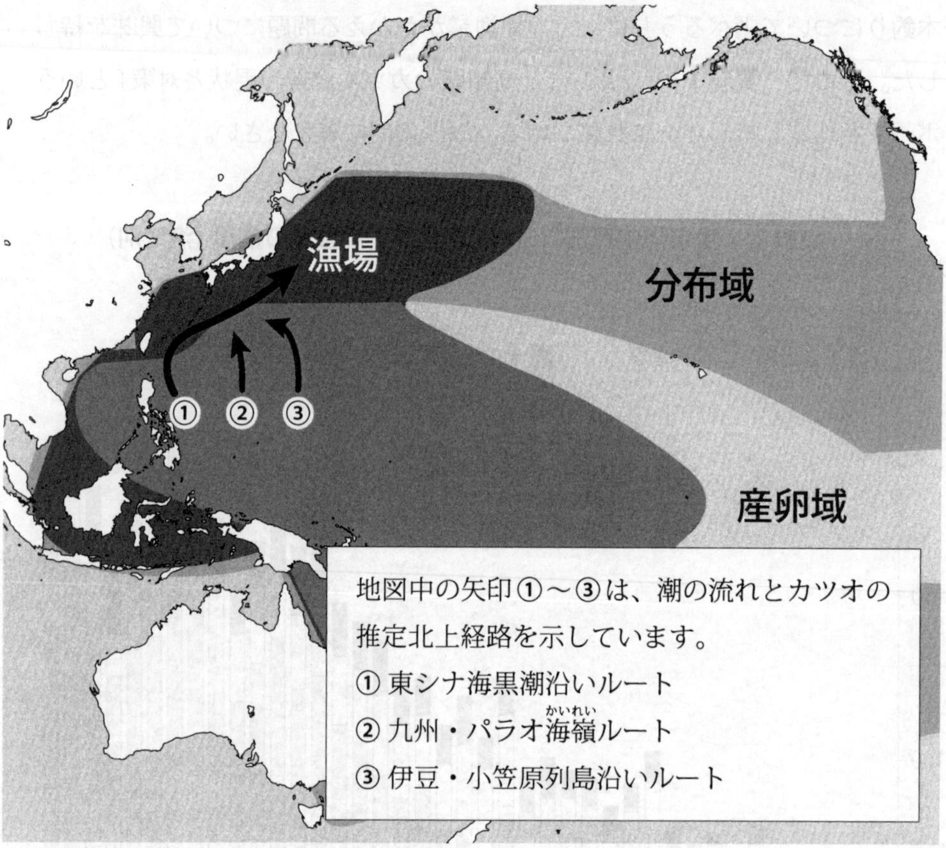

（高知県水産振興部水産業振興課「高知県におけるかつお漁業の現状」より作成）

①　レポートの空欄 A にあてはまる文章として適当なものを１つ選び、**ア～ウ**の記号で答えなさい。

②　レポートの空欄 B ・ C にあてはまる文章として適当なものを１つずつ選び、**エ～ク**の記号でそれぞれ答えなさい。

「高知県のカツオ漁業の現状と対策」

６年１組　淑徳花子

中西部太平洋でのカツオ漁獲量が年々増加する一方、高知県におけるカツオの一本釣の水揚げ量は減少しています。原因はさまざま考えられますが、そのうちの１つとして、［　A　］と考えられます。

高知県のカツオの漁獲量を増やすためには、［　B　］だと思います。一方で、SDGsの観点から、［　C　］だと思います。

［A］

ア　地球温暖化と海水温上昇により、寒流に乗って日本近海にやってくるカツオの量が減ったため

イ　カツオが産卵し育つ海域で、さまざまな国々がカツオを取ることにより、潮流にのって日本近海までやってくるカツオの量が減ったため

ウ　海面上昇によりそれまで養殖場として使用していたマングローブが水没し、生産量が減ったため

［B］、［C］

エ　潮流の流れを速くすることで、カツオが日本近海にたどり着きやすい環境をつくるべき

オ　漁船から出される排気ガスの量を減らして地球温暖化を食い止めるため、操業する漁船の数を減らすべき

カ　取るカツオのサイズを一定以上の大きさに限定することで、産卵する前のカツオを取らないようにするべき

キ　淡水で育てた稚魚を太平洋へと放流することで、カツオの数を増やすべき

ク　まき網を使って取るのではなく、竿を使用した一本釣りで取るようにすることで、漁獲量を制限するべき

問６　波線部（６）について、次の会話文を読み、空欄［　X　］、［　Y　］にあてはまる語句として適当なものを、それぞれ答えなさい。

担　任　：高知県北川村には、「モネの庭」という観光地があります。モネは知っていますか？

花子さん：「睡蓮《すいれん》」で有名なフランスの画家ですよね。

担　任　：そうです。モネは日本文化を好み、浮世絵もコレクションしていたのですよ。

花子さん：浮世絵は、海外でも人気ですよね。なぜ、海外で広まったのでしょうか。

担　任　：一説には、日本から輸出されていた割れ物である［　X　］の梱包《こんぽう》に、浮世絵が使われていたともいわれています。

花子さん：**表**を見てみると、1882年以降、［　X　］が徐々に輸出品としての順位を上げ続けていることが分かりますね。梱包材として使われていた説があるということは、明治時代の浮世絵は、［　Y　］価格で扱われていたものだったのですね。

表　神戸港における輸出品目別順位表

	1882年	1883年	1884年	1885年	1886年
1	茶	茶	茶	緑茶	緑茶
2	米	樟脳	米	銅	米
3	樟脳※	米	銅	米	銅
4	銅	銅	樟脳	樟脳	樟脳
5	ろう	ろう	寒天	ろう	磁器・陶器
6	寒天	小麦	磁器・陶器	磁器・陶器	マッチ
7	磁器・陶器	磁器・陶器	くず布	くず布	ろう

※樟脳《しょうのう》：防虫剤のこと　　　　（神戸税関HPより作成）

問７　波線部（７）について、さまざまな要因により、高知県などの地方から都市部へと人口が流出し問題となっています。このような、都市部への人口流出などによって人口が著しく減少することを何といいますか。**漢字２文字**で答えなさい。

3　以下の問に答えなさい。

問１　2023年５月、日本でG7［　　　］サミットが行われ、世界の平和をはじめ、環境や経済、人権など様々なことが話し合われました。［　　　］にあてはまる地名を答えなさい。

問２　日本国憲法には、「日本国民は、正当に選挙された国会における代表者を通じて行動」することが定められています。選挙について述べた文章として、適当なものを１つ選び、**ア〜エ**の記号で答えなさい。

ア　18歳になれば日本に住んでいる人は誰でも選挙権を行使できます。

イ　インターネットを使って投票することができます。

ウ　選挙運動として応援演説を行った人にはお礼にお金を渡すことができます。

エ　25歳以上の日本国民は衆議院議員総選挙の候補者になることができます。

問３　次の表は、衆議院議員総選挙における全候補者・当選者の女性の割合を示したものです。この表を年代が古い順に並べたものとして適当なものを１つ選び、**ア〜エ**の記号で答えなさい。なお、**A〜C**にはそれぞれ「1946年（昭和21年）」「1990年（平成２年）」「2021年（令和３年）」のいずれかがあてはまります。

年　代	A	B	C
候補者	6.9％	2.9％	17.7％
当選者	2.3％	8.4％	9.7％

（内閣府 男女共同参画局HPより作成）

ア　A → B → C　　　　**イ**　A → C → B

ウ　B → A → C　　　　**エ**　B → C → A

問４　日本銀行は日本の中央銀行としていくつかの役割を持っています。以下の説明の正誤の組み合わせとして適当なものを１つ選び、**ア～エ**の記号で答えなさい。

a　「発券銀行」としての役割を持っており、日本銀行券と硬貨を発行することができます。

b　「銀行の銀行」としての役割を持っており、普通銀行以外の企業と取引を行うことができます。

	a	b
ア	正	正
イ	正	誤
ウ	誤	正
エ	誤	誤

問５　誰にも知られたくないことを秘密にしておくことは基本的人権の１つですが、国民が知りたいと思うことを広く伝える権利も日本国憲法で認められています。この権利として適当なものを１つ選び、**ア～エ**の記号で答えなさい。

ア　報道の自由　　　**イ**　思想・良心の自由

ウ　教育を受ける権利　　　**エ**　プライバシーの権利

問６　あなたの身の回りの様々なことに税金が使われています。次の選択肢のうち、税金で運営されているものとして**適当でないもの**を１つ選び、**ア～エ**の記号で答えなさい。

ア　ごみの回収　　　**イ**　公園

ウ　警察・消防　　　**エ**　電気・水道

【理　科】〈第１回試験〉（社会と合わせて60分）〈満点：50点〉

1　以下の問いに答えなさい。

問１　水よう液に関する次の各問いに答えなさい。

（１）　水よう液の性質に関する次の記述について、誤りを含《ふく》むものはどれですか。（ア）～（オ）より選び、記号で答えなさい。

（ア）　水よう液の重さは、水の重さととけているものの重さを合計することで求めることができる。

（イ）　水よう液の体積は、水の体積ととけているものの体積を合計することで求めることができる。

（ウ）　水よう液は、どの部分をとっても同じこさである。

（エ）　水よう液はとう明で、液の中につぶやかたまりが見えない。

（オ）　よう解度は、温度によって変化する。

（２）　次の（ア）～（コ）の中で、気体がとけている水よう液はどれですか。（ア）～（コ）よりすべて選び、記号で答えなさい。

（ア）　アルコール　　（イ）　アンモニア水　　（ウ）　うすいさく酸

（エ）　ホウ酸水　　（オ）　石灰水　　（カ）　砂糖水

（キ）　塩酸　　（ク）　水酸化ナトリウム水よう液

（ケ）　炭酸水　　（コ）　食塩水

問２　発芽前の種子にはでんぷんを含む割合が多いものの他に、脂肪《しぼう》またはタンパク質を含む割合が多いものがあります。次の（ア）～（カ）の植物の種子のうち、脂肪を含む割合が多いものはどれですか。（ア）～（カ）より適当なものを２つ選び、記号で答えなさい。

（ア）　イネ　　（イ）　ムギ　　（ウ）　アブラナ　　（エ）　ツバキ

（オ）　ダイズ　　（カ）　エンドウ

問３　何もつるしていないときの長さが 50 cm のばねがあります。このばねに 30 g のおもりをつるすと 20 cm のびました。ばねののびはつるしたおもりの重さに比例するものとして、以下の問いに答えなさい。

（１）　おもりをつるしたところばねの長さが 80 cm になりました。おもりの重さは何 g ですか。

（２）　次に、水の入った容器を台ばかりにのせて重さをはかったところ水と容器の重さは合わせて 1000 g でした。

ここに、ばねにつるしたおもりを図のように水中にしずめると、台ばかりは 1015 g をしめしていました。

ばねを持ち上げておもりを水から出すと、ばねは水から出す前に比べて何 cm のびますか。

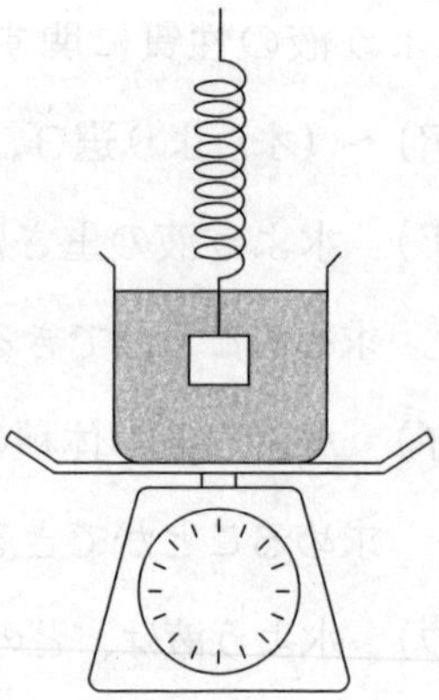

問４　以下の会話を読み、(　ア　)、(　イ　)、(　ウ　)に入る言葉や整数を答えなさい。

せし君：この前の夏は本当に暑かったね。もうあんな夏は二度とごめんだよ。

かし君：函館《はこだて》では観測史上最高気温を記録したらしいね。

せし君：海外でも暑い夏だったのかを調べてみたら、各地でこれまでの最高気温を上回ったみたいだよ。南米沖で（　ア　）現象が起きて海水温が上がっていたらしい。

かし君：それでアメリカの気温が“95 度”なんて信じられないことになっていたんだね。

せし君：95 度…は流石《さすが》にあり得ないんじゃないかな。その気温って横に℉って書いてなかった？

かし君：確かに書いてあった気がするな。

せし君：それは華氏《かし》って呼ばれる温度の表し方だからだね。日本の℃とはちがい、単位は℉で表すんだよ。32 ℉で水が凝固《ぎょうこ》して 212 ℉で水が沸騰《ふっとう》するから、気温を表すときの数字は自然と大きくなるね。

かし君：そうなると僕が見た華氏の 95 ℉は、日本でいえば（　イ　)℃ということになるのか。

せし君：こんな数字になったのには諸説あるけど、華氏を考えたファーレンハイト氏が、冬に自分の家の外の気温を測って 0 ℉の基準とし、自分の体温を 100 ℉の基準にしたからとも言われているね。

かし君：自分が基準ってすごい自信だね！

せし君：本人の体温が思ったより高めなのも面白いよね。でも水銀温度計やアルコール温度計を発明したのも彼《かれ》だと言われているから、科学への貢献《こうけん》度《ど》は大きいみたいだ。

かし君：水銀温度計って使ったことないけど、正確だって聞くよね。アルコール温度計と何がちがうんだろう？

せし君：正確さもそうだけど、アルコールと比べて沸騰する温度が高いから、測れる温度の範囲《はんい》がアルコール温度計よりも（　ウ　）みたいだね。

かし君：温度の表し方は国によってちがうんだね。他にもどんなものがあるか調べてみようかな。

2 淑子さんは筋肉について興味を持ち、色々な生物の筋肉について調べてみました。次の淑子さんとお母さんの会話を読み、以下の問いに答えなさい。

淑子：私たちは毎日たくさんの筋肉を使っているよね。

母　：そうね。筋肉や骨がないと体を動かせないわね。

淑子：筋肉って大切だね。人間以外の動物の筋肉ってどうなっているのだろう。

母　：ふだん私たちが食べている魚のおさし身も筋肉なのよ。

淑子：なるほど。おさし身には赤身と白身があるけど、何がちがうのかな？

母　：良いところに気づいたわね。赤身魚と白身魚の特ちょうを探して、比べてみたら？

淑子：赤身の魚はマグロやカツオで、白身はフグやヒラメかな。あ！赤身魚と白身魚の大きなちがいは、［　①　］かな？

母　：その通り！実は、筋肉にふくまれるミオグロビンというタンパク質の量のちがいが関係しているのよ。

淑子：へぇ～！どんな風にちがうの？

母　：赤身魚は泳ぎ続けるために酸素が必要で、泳ぎながら取り込む酸素では足りないみたい。だから、筋肉にミオグロビンがたくさんふくまれているの。一方、白身魚の筋肉にはミオグロビンはあまりふくまれていないのよ。

淑子：つまり、ミオグロビンは［　②　］というはたらきをしているってこと？

母　：さすがね！

淑子：魚ではなくて、貝にも筋肉ってあるのかな？

母　：二枚貝の場合は、開いたり閉じたりしているから、筋肉はあるわよ。

淑子：確かに！二枚貝ってなかなか開けることができないよね。

母　：一度閉じると、数日間は閉じた状態を保つことができるって聞いたことがあるわ。面白そうだから、調べてみましょう！

問１　文章中の下線部について、筋肉は骨とつながっています。筋肉と骨をつなぐものを何といいますか。

問２　文章中の［　①　］にあてはまる言葉として最も適当なものはどれですか。

(ア)～(エ) より選び、記号で答えなさい。

(ア)　エサの種類　　(イ)　体の大きさ　　(ウ)　運動量　　(エ)　住む場所

問３　文章中の［　②　］にあてはまる文として最も適当なものはどれですか。

(ア)～(エ) より選び、記号で答えなさい。

(ア)　水中から多くの酸素を吸収する

(イ)　血液中で多くの酸素を運ぱんする

(ウ)　筋肉で多くの酸素をたくわえる

(エ)　筋肉で酸素を作り出す

問４　図１はヒトの腕《うで》を示したものです。図１のように腕を曲げた状態から腕をのばしたときのヒトの筋肉の状態について説明した以下の文のうち、正しいものはどれですか。(ア)～(エ) より選び、記号で答えなさい。

(ア)　a の筋肉はゆるみ、b の筋肉は縮む。

(イ)　a の筋肉は縮み、b の筋肉はゆるむ。

(ウ)　a の筋肉も b の筋肉も縮む。

(エ)　a の筋肉も b の筋肉もゆるむ。

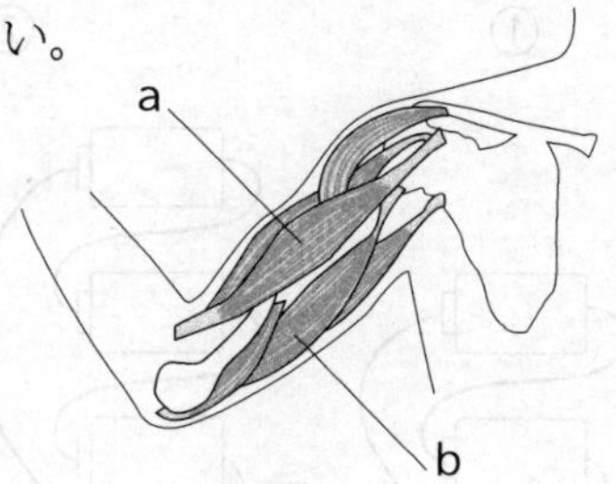

図１

問５　図２は二枚貝の内部の様子です。二枚貝が閉じるときに使う筋肉はどこですか。図２の(ア)～(ウ)より選び、記号で答えなさい。

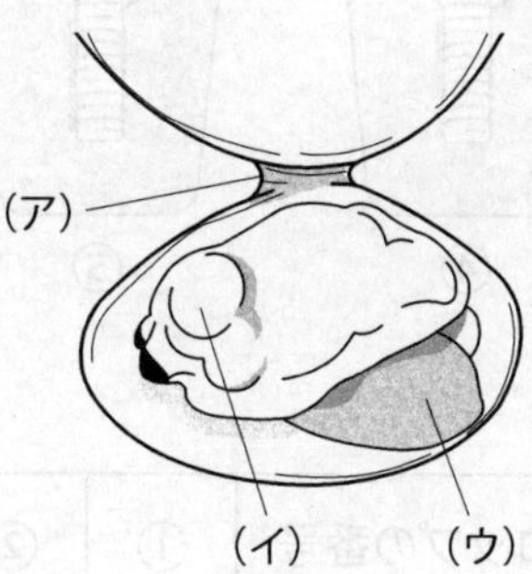

図２

問６　淑子さんとお母さんが二枚貝について調べた結果、閉じているときに使われている筋肉は、エネルギーの消費が少なく、つかれにくい筋肉であることがわかりました。私たちの体にも同じ様な性質を持つ筋肉があります。それはどこにありますか。(ア)～(エ) より最も適当なものを選び、記号で答えなさい。

(ア)　肺　　　(イ)　足　　　(ウ)　腕　　　(エ)　小腸

3　電池、ヒーター（電熱線）、水の入ったコップ、温度計、時計を用意し、ヒーターに電流を流して水温がどのくらい上昇《じょうしょう》するかを調べる実験を行いました。電池、ヒーター、コップに入っている水の量はどれも同じで、水の温度はヒーターによる熱のみで温められ、まわりの温度によって上がったり下がったりしないものとします。また、時間の経過で電流は変化しないものとします。

図に示すように、ヒーターと電池をつなぎ、同じ時間内に水温が何度上昇したかを測定した結果を表にまとめました。

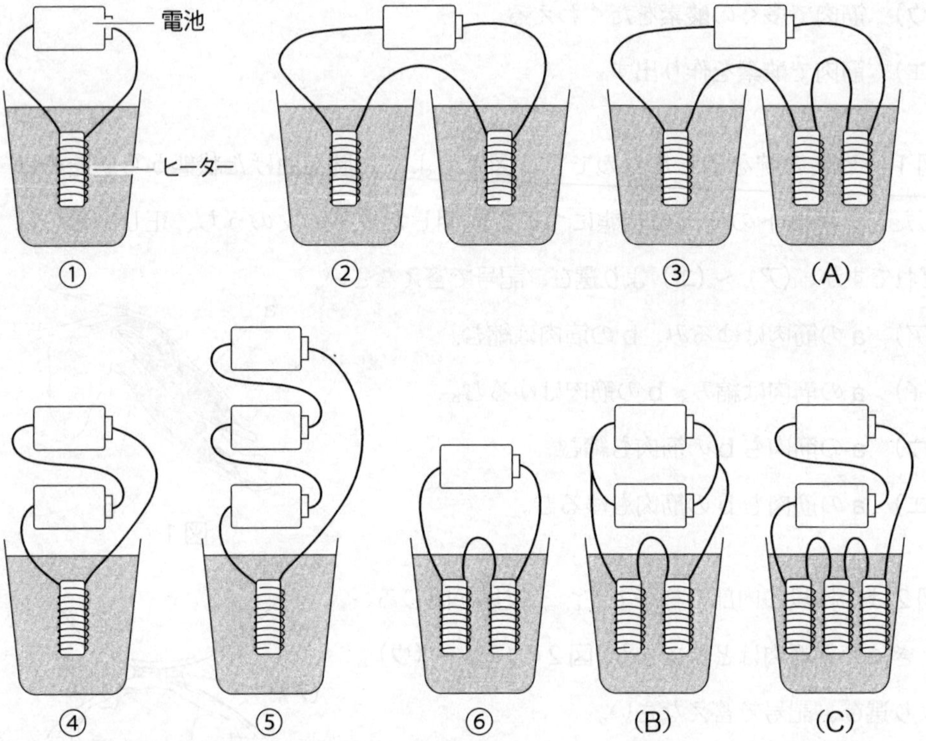

コップの番号	①	②	③	④	⑤	⑥	①	②	③
時　間（分）	10	10	10	10	10	20	20	30	40
水の温度上昇（度）	7.2	1.8	0.8	28.8	64.8	7.2	14.4	ア	3.2

表

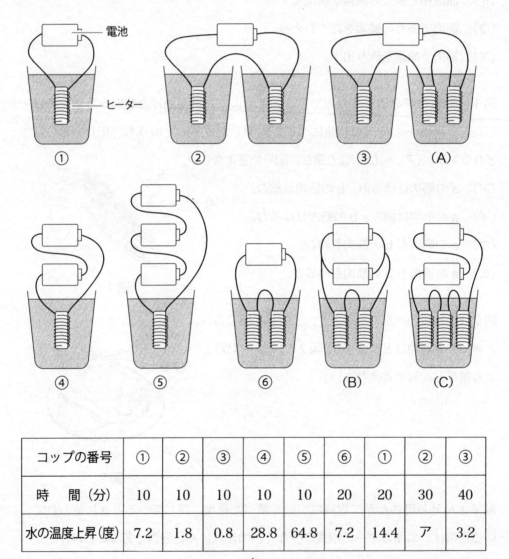

問１　表のアに入る値を答えなさい。

問２　(A) のコップの水の 10 分間での温度上昇は何度になりますか。

問３　コップの水の 10 分間での温度上昇が (B) と同じであるコップはどれですか。
①〜⑥より選び、番号で答えなさい。

問４　(C) のコップの水の 10 分間での温度上昇は①のコップの何倍ですか。分数で答えなさい。

4　次の文章を読んで、以下の問いに答えなさい。

ヘリウムやアルゴンは、他の物質とは反応しないという性質を利用して、日常で使われている気体の物質である。ヘリウムは燃えにくい気体であり、［ア］に次いで軽く、風船や飛行船に利用されている。また、アルゴンは、［イ］に含まれる物質の中で、３番目に多く含まれている物質であり、電球やケイ光管に利用されている。

表１、表２は０℃における、ヘリウムとアルゴンの圧力が 100 kPa、200 kPa、400 kPa のときの気体の重さと体積の関係を示したものである。

＊kPa（キロパスカル）は圧力の単位の一つである。

重さ (g)	100 kPa における体積(L)	200 kPa における体積(L)	400 kPa における体積(L)
2.0	11	5.5	2.75
4.0	22	11	5.5
6.0	33	16.5	8.25
10	55	27.5	13.75
①	②	38.5	19.25

表１　０℃におけるヘリウムの重さと体積の関係

重さ (g)	100 kPa における体積(L)	200 kPa における体積(L)	400 kPa における体積(L)
4.0	2.2	1.1	0.55
6.0	3.3	③	0.825
8.0	4.4	2.2	1.1
10	5.5	2.75	1.375
12	6.6	3.3	④

表２　0 ℃におけるアルゴンの重さと体積の関係

問１　ア と イ に入る適当な語句はそれぞれ何ですか。漢字２文字で答えなさい。

問２　表１、表２中の①～④に入る数値を答えなさい。

問３　温度・圧力が 0 ℃、50 kPa の状態で 8.0 g のヘリウムの体積は何 L ですか。

問４　温度・圧力が 0 ℃、300 kPa の状態で 0.55 L のアルゴンの重さは何 g ですか。

問５　1811 年イタリアの化学者アボガドロは、「同じ温度・同じ圧力のもとでは、すべての気体は、同じ体積中に同じ数の気体の粒子が含まれている。」という仮説を提案した。この仮説にしたがうと、アルゴンの粒子１個の重さは、ヘリウムの粒子１個の重さの何倍ですか。

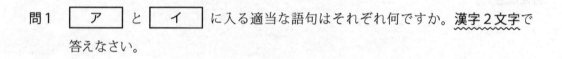

① 機械に湿気《しっけ》は禁物だ。

② けんかの仲裁に入る。

③ 拾得物を届ける。

④ 画期的な発見だ。

⑤ 計画を練る。

問三 次の各組の漢字の中で、熟語の成り立ちが他と異なるものをそれぞれ一つ選び、記号で答えなさい。

① **ア** 羊毛　**イ** 深海　**ウ** 若葉　**エ** 望郷　**オ** 砂丘

② **ア** 登山　**イ** 読書　**ウ** 改善　**エ** 延期　**オ** 洗顔

③ **ア** 天地　**イ** 攻守　**ウ** 進退　**エ** 利害　**オ** 否定

自分が得た承認が本物ではなかったという気づきにつながるということ。

エ　自身の承認欲求を満たすために相手を利用しようと思っていたのに、気がついたら相手に都合よく利用されていたということ。

問八　〰〰部「私たちは『他者からの承認』という事柄に対して、どのような態度をとるべきなのでしょうか」とあるが、筆者はどのような態度をとるべきだと述べていますか。ふさわしいものを、次の**ア**～**エ**から一つ選び、記号で答えなさい。

ア　他者への過度な期待や要求を放棄し、自分の考えよりも相手の意志を優先して考え、相手の自由を認めていくべきだ。

イ　他者に期待される自分になろうとせず、自分の感覚や考えを信じたうえで、利害関係抜きに他者とかかわり続けるべきだ。

ウ　自分の承認欲求を一方的に押し付けるのではなく、相手の承認欲求も積極的に受け入れようとするべきだ。

エ　承認欲求は私たちの自律性を奪う力を持っているので、自身の欲求が大きくなりすぎないように制御《せいぎょ》するべきだ。

問九　本文の内容に合致《がっち》するものを、次の**ア**～**エ**から一つ選び、記号で答えなさい。

ア　私たち一人一人のアイデンティティは他者とのやり取りを通じて徐々《じょじょ》に形成されていくものであり、自分一人の力で確立することには限界がある。

イ　承認欲求を実現させるためには、他者に見えているイメージから自らを解放し、自分自身で新たなイメージを一から作り上げる必要がある。

ウ　ＳＮＳとうまくつきあうためには、まず自分が自由に振《ふ》る舞《ま》うことで相手も自由に振る舞えるようにし、相互承認という行為から距離をとることが必要だ。

エ　自分自身を確信するためには他者による承認が最も効果的であるが、承認欲求は時として私たちを不安にさせるなど有害に作用する側面がある。

問十　本文の論の進め方として、ふさわしいものを、次の**ア**～**エ**から一つ選び、記号で答えなさい。

ア　現代人の多くが抱いている承認欲求に関する不安について、哲学的な問いを参照しながら論じることで、この問題が時代に関わらない普遍的《ふへんてき》な問題であることを示している。

イ　Twitter や Instagram などの具体例を挙げることで、承認欲求の病理がヘーゲルの時代よりもさらに深刻化していることを明らかにしている。

ウ　筆者はヘーゲルの言葉や理論を引用しつつ、相互承認という関わり方について現代のＳＮＳ社会を否定しながら筆者独自の論理を展開している。

エ　現代のＳＮＳ上の承認欲求は必然的に挫折するという事実を示したうえで、ＳＮＳ依存から抜け出せない社会の現状に警《けい》鐘《しょう》を鳴らしている。

三

問一　次の――部のカタカナを漢字に直しなさい。

① 飛行機をソウジュウする。
② エイセイ放送を受信する。
③ キンセイのとれた体。
④ 小説をシッピツする。
⑤ ナゴやかな表情。
⑥ 災害にソナえておく。

問二　次の――部の漢字の読みをひらがなで書きなさい。

（注５）ファボ…ＳＮＳ上の投稿に対して共感の意を示すこと。いわゆる「いいね」のこと。

（注６）即レス…投稿やコメントにすぐさま反応すること。

問一 ═══「泥沼」の本文中の意味としてふさわしいものを、次の**ア**〜**エ**から一つ選び、記号で答えなさい。

ア はまったら抜け出すことが困難な状態

イ 負の感情に支配されている状況《じょうきょう》

ウ いろいろな考え方が入り混じった様子

エ 多くの人が陥りやすい誤った考え方

問二 ──①「それを読んだときの友達の顔は、たいていの場合はうっすらとした驚きに包まれています」とあるが、それはなぜですか。その説明としてふさわしいものを、次の**ア**〜**エ**から一つ選び、記号で答えなさい。

ア 思ったようなアドバイスをもらえず、自分の存在を否定されたような気持ちになったから。

イ 他人にとっては当たり前でも、自分にとっては当たり前ではないことがあると気づいたから。

ウ 今までは明確に意識することがなかった自分自身の一面を指摘され意外に思ったから。

エ 他人にはわからないと思っていた自分の個性をあまりにもあっさりと見抜かれてしまったから。

問三 ──②「人はどのようにして自分自身を確信するのか」とあるが、この問いに対する答えと同じ内容を含《ふく》む一文を、**これより前**の本文から探し、初めの五字を答えなさい。

問四 ──③「そのように確信することは、同時に『私』を疎外された状態に陥らせてしまう」とあるが、それはどういうことですか。その説明としてふさわしいものを、次の**ア**〜**エ**から一つ選び、記号で答えなさい。

ア 自身の望ましい姿を他者と共有しようとする行為《こうい》は、自分自身には自信をもたらすが、周囲の人々はかえって違和感を覚え、次第に自分が孤立化してしまうということ。

イ 他人が思い描いているイメージに自分自身を合わせていくことで、そのほかにありえたはずの自身の在り方が結果的に否定されてしまうということ。

ウ 理想の自分に近づきたいという欲求を優先するあまり、本来持ちえたはずの自分への多様な解釈《かいしゃく》の可能性が失われてしまうということ。

エ 多くの人から承認を得るために自分自身の在り方を一つの型にはめ込む必要があり、それは自分という存在を見失ってしまう危険性があるということ。

問五 空欄《くうらん》**Ｘ**にあてはまる言葉を**これより後の**本文から二字で抜き出しなさい。

問六 ──④「ところがこの挫折は、これだけでは終わりません」とあるが、「承認欲求」のさらなる「挫折」の内容を「本来承認は」に続く形で、九十字以内で説明しなさい。

問七 ──⑤「ここに、承認欲求の陥る根本的な矛盾がある」とあるが、それはどのようなことですか。その説明としてふさわしいものを、次の**ア**〜**エ**から一つ選び、記号で答えなさい。

ア お互いにファボをつけあう中で双方《そうほう》が認め合っていると思っていたのに、それは「私」の思い込みでしかなかったということ。

イ 自尊心を満足させるために相手を道具のように扱うと、結果として自分が罪悪感を抱いてしまうということ。

ウ 相手の投稿にファボをつけるという承認を得るための行為が、

このような関係に本人たちが納得《なっとく》しているなら、それはそれでよいのかもしれません。しかしヘーゲルは、少なくともこのような形では承認が実現されることはなく、自分自身を確信することもできない、と考えていました。とはいえ、だからといって他者との関係を断《た》ち、ひとりぼっちになれと言ったわけでもありません。

ヘーゲルによれば、承認をめぐる矛盾を乗り越《こ》え、承認を実現させるためには、「私」は他者から見えている「私」のイメージを自ら捨てなければなりません。つまり、それまで他者から認識されている「私」のイメージを通して自分を確信しようとしていた「私」が、その「私」のイメージにこだわることから、自分を解放するということです。

たとえば、Instagramのなかでキラキラしている自分は自分のすべてではない、それは一つの可能性にすぎないということを、自ら積極的に受け入れるということです。

そしてそれは、自分だけではなく、他者を自由にすることをも意味します。「私」は、他者からどう見られているかを気にしなくなることで、「自分をこう見てほしい」「自分を認めてほしい」という他者への期待や要求を放棄《ほうき》し、他者をも解放することができるのです。

ヘーゲルはここで、一方的な承認欲求のぶつけあいではない「相互《そうご》承認」という承認のあり方を提案しています。相互承認において「私」が相手（他者）に伝えるのは、「自分をこういう存在として認めてほしい」という承認欲求ではありません。そうではなく、「あなたは私にとって、単なる便利な存在ではない」というメッセージであり、「役に立つかどうかは関係なく、私はあなたとかかわっていたい」というメッセージです。

相互承認というかかわり方において、まず「私」は相手（他者）の自由を認めます。そのとき「私」もまた、自分があくまでも自由であることを、はじめて他者から承認されることになります。「私」は自由であり、相手にどう見られるか、相手に承認されるかどうかを気にすることなく、自分の感じ方や考え方を尊重してよいのであって、それでも「私」は他者とのかかわりのなかにいることができるのです。それが、相互承認によって得られる承認にほかなりません。

では、SNSにおいて相互承認はどのように実現できるのでしょうか。

そのためには、まず、SNS上の自分が実際の自分とイコールではないということを、受け入れることでしょう。その上で、あなたが友達にSNS上の自分を承認するように求めることをやめるなら――つまり、ファボや（注6）即《そく》レスを期待することをやめるなら――、それは友達の自由を尊重することにつながります。そしてその尊重はブーメランのように跳《は》ね返ってきて、あなたもまた友達から、あなた自身の自由を尊重されることになるのです。

「承認欲求を捨てろ」と言っているのではありません。相互承認を求めることもまた、承認欲求であることにはちがいないからです。重要なのは、相手の自由を尊重し、相手からも自由を尊重されるという形での承認を求めることです。私たちには、そうしたワンランク上の承認欲求をめざすこともできるのではないでしょうか。そしてそれが、「SNS疲れ」から距離《きょり》をとり、風通しのよいSNSとのつきあい方を可能にする――そう考えることもできるように思います。

（戸谷洋志『SNSの哲学　リアルとオンラインのあいだ』より）

（注1）アイデンティティ…ここでは自分らしさのこと。
（注2）SNS…インターネット上で人々がコミュニケーションを取れる場を提供するサービス。
（注3）Instagram…SNSの一種。
（注4）Twitter…SNSの一種。

したイメージを持つだけではなく、「よし、これが自分なんだ！」と自信を持って断言できるような、そうした状態になることです。ヘーゲルによれば、人間は自分ひとりでは自分のことを確信することができません。そうした確信を得るためには、他者から承認されることが必要なのです。

たとえば、まわりの人が「私」を「キラキラした人」として承認するとしましょう。すると「私」は、そのように承認されることで、自分が「キラキラした人」だということを確信します。ところが、③そのように確信することは、同時に「私」を疎外された状態に陥《おちい》らせてしまう、と彼は言います。なぜでしょうか。

理屈《りくつ》は単純です。この場合、「私」は他者からの承認に基《もと》づいて、自ら「キラキラした人」であろうとします。実際には「キラキラした人」としてではない生き方もできるはずなのに、まわりの人から認めてもらえる「キラキラした人」を演じようとするのです。このとき「私」は、「キラキラした人」以外でもありえる自分と、他者から承認されている「キラキラした人」としての自分との間で、引き裂《さ》かれることになります。そして、いつの間にか自分を偽《いつわ》り、見失うことになってしまうのです。

このようにして承認欲求は必然的に挫折《ざせつ》します。④ところがこの挫折は、これだけでは終わりません。

他者による承認によって自分自身を確信しようとすることは、他者を、自分自身を確信するための手段として、いわば道具として扱《あつか》うことを意味します。このとき、相手は「私」にとって「私をキラキラした人として認めてくれる人」としてのみ現れ、それ以上の存在ではなくなってしまいます。

ある人による承認が「私」にとって有効であるためには、その人は自由でなくてはいけません。自由な相手が、自分自身の意志で「私」を承認してくれるのでなければ、「私」は満足できないのです。しかし、そうだとすると、「私」が相手を、自分の承認欲求を満たすための手段として――つまり、相手の自発性や自由を無視する形で――扱っている限り、「私」は相手から満足のいく承認を得られない、という矛盾《むじゅん》に陥ることになります。つまり「私」は、他者に承認を求めることで、その欲求が満たされるために必要な条件を自ら掘《ほ》り崩《くず》してしまうのです。

それだけではありません。ヘーゲルは「承認」の問題を、あくまでも[X]的な関係の問題として捉《とら》えていました。つまり、「私」が他者に承認を求めるとき、その他者もまた「私」に対して承認を求める、ということです。

（注3）Instagramや（注4）Twitterにおける（注5）ファボを例にとってみましょう。「私」は自分の投稿にファボがつくと、自分が認められている気持ちになります。そして、その気持ちをもっと味わいたくて、多くの人にファボをつけてもらうために、自分も他者の投稿に積極的にファボをつけていきます。このとき「私」は、「私」にファボをつけてくれるように相手に働きかけているのであり、相手を自分の承認欲求を充足《じゅうそく》させるための手段として扱っているのだと言えます。そして、相手もまた、自分の投稿にファボをつけてほしいから、「私」の投稿に対してファボをつけてくるのです。

このとき「私」は、自分に寄せられるファボが、「私」の存在を承認するためにつけられたものではなく、相手が「私」に承認してほしくて（＝その人の投稿にファボをつけてほしくて）つけられたものだということに気づきます。そのとき「私」は、自分が他者の承認欲求を満たすための道具に成り下がっていると感じ、自尊心を傷つけられることになります。――⑤ここに、承認欲求の陥る根本的な矛盾があるのです。

ウ　妻と母との共通点を情景描写によって示し、この後の展開において妻が母と同じように不幸な運命をたどることを暗示している。

エ　自分自身に厳しかった母も、晩年には今のだらしない妻のように堕落《だらく》していたことに気付いた勝呂の失望が描写されている。

問八　――㋐～㋕のできごとを、起こった順に並べ替《か》えなさい。

問九　主人公の勝呂についての説明として、ふさわしいものには○、ふさわしくないものには×を書きなさい。

ア　勝呂は、芸術に対しての唯一《ゆいいつ》の理解者であった母を亡くし孤《こ》独感《どくかん》を抱いている。

イ　勝呂は、芸術に対する姿勢が理解できない妻を凡庸《ぼんよう》な存在として軽んじている。

ウ　勝呂は、経済的な価値基準でしか物事を見ない父の考え方を過去も現在も認めていない。

エ　勝呂は、自分の小説に対する情熱を母から譲《ゆず》り受けたものとして誇《ほこ》りに思っている。

二

次の文章を読んで、後の問いに答えなさい。なお、出題の都合により一部本文を改めた箇所《かしょ》があります。

みなさんは、受験や、クラブなどへの申し込《こ》み、何かの活動などのために、自分の性格や長所を書類に書いて提出しなければならなくなったとき、何を書いたらいいのかわからなくなることはありませんか。そんなときに有効な対処法の一つは、友達にアイデアを書いてもらう、という方法です。そうして書かれたものを見て、「なるほど、自分にはこういう長所があるのか」と、はじめて自分の個性に気づかされることはよくあることです。

反対に、私が友達に長所を書いてあげたことも何度かあります。私としては、その友達の長所としてはあまりにもあたりまえなことを書いているつもりなのに、①それを読んだときの友達の顔は、たいていの場合はうっすらとした驚《おどろ》きに包まれています。それくらい、私たちは自分のことをよくわかっていないのです。

おそらく、ここに「承認」の持つもっとも基本的な働きが表れています。すなわち、「自分が他人にどのような人として見られ、受け入れられているかを知ることによって、自分が何者であるかを知る」ということです。そうした形で「自分が何者であるのかを知りたい」と望むことこそ、承認欲求にほかならないのではないでしょうか。

とはいえ、承認欲求は依存《いぞん》・不安・疎外《そがい》の泥沼《どろぬま》に人をひきずりこんでいく力も持っています。そのなかで苦しみ、疲《つか》れ果ててしまって、自分の(注1)アイデンティティがわからなくなり、自律性を奪《うば》われ、自尊心を傷つけられている人も多いかもしれません。

ここに、別の問いが立ち現れることになります。

私たちは生きていく上で他者からの承認を必要とします。しかし、承認欲求はときとして有害なものになります。では、私たちは「他者からの承認」という事柄《ことがら》に対して、どのような態度をとるべきなのでしょうか。自分の承認欲求をどのようにコントロールしていけばよいのでしょうか。

実はこの問いは、(注2)ＳＮＳが登場するずっと前から、哲学《てつがく》の世界では大問題として論じられてきたものでした。ここでひとりの哲学者を召喚《しょうかん》したいと思います。近代ドイツの哲学者、フリードリヒ・ヘーゲル（１７７０―１８３１）です。彼《かれ》は、主著『精神現象学』のなかで、②人はどのようにして自分自身を確信するのか、と問いかけました。

「自分自身を確信する」とは、言い換《か》えるなら、自分に関して漠然《ばくぜん》と

狂気《きょうき》じみたものを感じ、怖ろしくなったから。

イ　腭の皮膚が次第に真っ赤に色が変わっていく様子を見て、母の体が心配でいてもたってもいられなくなったから。

ウ　いくら呼びかけても反応しない母に、本当に自分の声が聞こえなくなったのではないかと気が気でなくなったから。

エ　母の愛情が自分よりヴァイオリンに向けられているのを感じ、母を独占《どくせん》できない淋《さび》しさに耐えられなくなったから。

問三　――②「いえ、いえ、そんなことじゃないの」の部分で勝呂と妻の心情には行き違《ちが》いがあります。勝呂と妻はそれぞれ母をどうとらえ、どう感じていますか。その違いを六十字以内で説明しなさい。

問四　――③「嬉しそうに笑う妻の顔が勝呂をいらいらさせる」とあるが、それはなぜですか。この時の勝呂の心情としてふさわしいものを、次の**ア**～**エ**から一つ選び、記号で答えなさい。

ア　父の適当な発言をそのまま真に受けて、息子をほめられて得意になっている妻の単純さが気に入らないから。

イ　父の言葉はその場限りのお世辞に決まっているのに、それを見抜けない妻の思考の浅さにあきれているから。

ウ　自分が嫌悪する父に気を遣《つか》って会話をする妻に対して、その丁寧な態度をやめさせたいと思っているから。

エ　息子の絵にはそれほど才能が感じられないのに、それを理解しない父と妻の感性の低さを改めて感じたから。

問五　――④「勝呂は膝の上で手をそっと握りしめた」とあるが、それはなぜですか。この時の勝呂の心情としてふさわしいものを、次の**ア**～**エ**から一つ選び、記号で答えなさい。

ア　これから始まるであろう父の説諭がいつものように長くなることを予期して、その時間を耐えようと心構えをしたから。

イ　子供の芸術的才能を伸ばすのが親の義務と言っているが、過去の父には芸術を評価する気はなく、その矛盾《むじゅん》に腹が立ったから。

ウ　芸術に理解のあるふりをしているが、母の音楽の才能を決して認めなかった父にあらためて憎《にく》しみの感情がわき起こったから。

エ　孫の芸術的な才能は簡単に認めるのに、過去の自分にはなぜ小説家になることを認めてくれなかったのかと悔《くや》しくなったから。

問六　――⑤「父の説教」とあるが、この時の父の説明としてふさわしいものを、次の**ア**～**エ**から一つ選び、記号で答えなさい。

ア　妻が経済的に厳しくみじめな晩年を迎《むか》えたのは、妻や母としての役割を放棄《ほうき》したからであり当然の報いであると考えている。

イ　息子が音楽によって人生に失敗した妻と同じ末路をたどることを望まず、芸術の道へ進むことを心配している。

ウ　養育してきた自分ではなく、家庭をかえりみなかった妻の生き方のほうに息子が惹《ひ》かれていることを受け入れられない。

エ　子供の生き方に対し支配的な考えを抱《いだ》いており、息子が意志をもち自分の価値観に逆らう行動をとることを不満に思っている。

問七　――⑥「ゴムの葉が黄色く枯れ、その根元にもゴミ屑や糸が落ちていた」とあるが、この表現についての説明としてふさわしいものを、次の**ア**～**エ**から一つ選び、記号で答えなさい。

ア　情熱を傾《かたむ》けたヴァイオリンも世間からの評価が得られず、成功できずに貧しいまま死んでいった母の人生を象徴《しょうちょう》している。

イ　俗人《ぞくじん》と変わらない一面を思い起こしても妻に対するようには客観的に批判しきれない、母に対する勝呂の甘さがうかがえる。

どうかわからなかった。だがその父の言葉は、母への侮辱《ぶじょく》のように勝呂に思えた。

「お前はまだ世間を知らんから、そう言うことを考えるんだろう。小説や絵など、そういう世界に入る奴《やつ》は結局、みじめったらしく死んでいくもんだ。平凡《へいぼん》が一番いい、平凡が一番幸福だ」

なるほど、母はみじめったらしく死んでいった。おそらく父の眼から見れば、父をみとめる社会の眼からみれば、みじめったらしい晩年だった。それを**B**暗に、父は指しているにちがいなかった。

「お前はわしと同じように教師になるのが一番いいんじゃないかな」

「でも、ぼくは、自分で自分の職業を選ぶ権利があると思う」

「馬鹿《ばか》言うな。親に食べさせてもらい、学資をもらっている以上、そういう我儘《わがまま》なことは許さんぞ。もし、お前が自分で小説家になりたいなら、明日からでも自分でかせいで食ってみるがいい」

それらの言葉一つ一つをそれから十数年間、勝呂は決して忘れていない。普通《ふつう》の子供ならばやがては記憶の底に埋《う》もれてしまう、そんな単純な叱責《しっせき》を今日も恨《うら》みに思っているのは、それがたんに息子にたいする説諭ではなく、母にたいする軽蔑が暗にふくまれているような気がしたからだ。「小説や絵など、そういう世界に入る奴は結局、みじめったらしく死んでいくもんだ」

そう、母は彼女《かのじょ》の住んでいる貧しいアパートで誰《だれ》からも看《み》とられず死んでいった。知らせを聞いて勝呂が駆《か》けつけた時は、母のそばには電話をかけてくれた管理人のおばさんが一人、おろおろとして坐《すわ》っているだけだった。㋔血の気もなく紙より青白くなったその死顔の眉《まゆ》と眉との間に、苦しそうな暗い影《かげ》が残っていた。

「この子が絵かきになりたいと言ったら、そうさせますが」

㋕勝呂は、顔だけは庭先の八つ手のほうにむけて皮肉に唇をゆがめた。

「そう、それがいい。この頃は絵かきなんかと言っても商業デザインなどで随分《ずいぶん》、儲《もう》かるそうだからな。お前みたいな翻訳業よりずっとかせぐらしいぞ」

なにを調子のいいことを言ってやがる、と勝呂は心のなかで舌打ちをしていたが、妻は、

「この人のお友だちにも、その方の仕事をしてらっしゃる方なんか、別荘《べっそう》まで買ってるんですよ」

「ほう、別荘をねえ」

庭の八つ手の根元に、小さな紙きれや糸屑《いとくず》がきたなく散らばっていた。掃除《そうじ》の時、部屋の埃《ほこり》を庭に掃《は》きだすのではないとあれほど言っているのに、妻は今日も面倒《めんどう》臭くて怠《なま》けたにちがいない。母が死んだ部屋にもゴムの木の植木鉢《うえきばち》が一つあった。⑥ゴムの葉が黄色く枯《か》れ、その根元にもゴミ屑や糸が落ちていた。

（遠藤《えんどう》周作『影に対して　母をめぐる物語』より）

問一　＝＝＝**A**、**B**の本文中の意味としてふさわしいものを、後の**ア**〜**エ**からそれぞれ一つずつ選び、記号で答えなさい。

A「諭す」

ア　納得するよう教え聞かせる
イ　欠点を指摘《してき》していましめる
ウ　論理的に相手を追いつめる
エ　丁寧な口調でたしなめる

B「暗に」

ア　いまいましげに　　**イ**　遠回しに
ウ　批判的に　　**エ**　無意識に

問二　――①「子供は母をゆさぶった」とあるが、それはなぜですか。ふさわしいものを、次の**ア**〜**エ**から一つ選び、記号で答えなさい。

ア　数時間にわたって、何十回と同じ旋律ばかりを繰り返す母に

の時のあの人の怒《いか》りがわかってたまるものか。

「あなたは亡くなったお母さまを立派に考えすぎるわ」それから妻はあわててつけ加えた。「もっともそりゃ男の場合、当り前でしょうけど」

妻の批判を勝呂は渋々《しぶしぶ》みとめざるをえない。むかし幾度《いくど》、彼は父と母のことを小説に書こうとしただろう。だが原稿《げんこう》用紙に筆を走らせながら、勝呂は父にたいしては意地悪な、母にたいしては甘《あま》い自分の眼からどうしても抜《ぬ》けきれぬのを感じて、書き続けるのを諦《あきら》めた。母の場合、おそらく他人から見れば耐《た》えがたい欠点とうつるものさえ、勝呂の心では美化されている。批評家がよくいう「突《つ》っぱねて書く」ことはどうしてもできない。

だが三十年前、子供だった彼の前で、三時間も四時間も一つの音を探り求めようとしていた母の姿や、まるで機械のように絃の上を休むことなく動きつづけていたその手や、皮のように潰れた指先を幾十回となく思い出すにつれて、それは勝呂にとってたんに懐《なつ》かしさ以上のものになってしまった。眉《まゆ》を不満そうにしかめ、飽《あ》くことなく一つの旋律を追い求めていた母。音の旋律ではなく、それ以上の旋律を自分の爪ではじき出そうとしていた母。

「渋谷まで買物に来たから、一寸、寄ったんだがね」

㋒父は買物包みをかかえながら庭から入って来た。縁側《えんがわ》に腰《こし》をかけて、長年、使っているパナマ帽子《ぼうし》を丁寧《ていねい》に背広の袖口《そでぐち》でふいた。汗《あせ》をかいた彼の額に帽子の痕《あと》が赤く残っている。

「どうしたね。稔《みのる》は」

「この頃《ごろ》、クレヨンで絵を描《か》くことを憶えたんですよ。今も、あっちで夢中ですわ」

「呼んでおいで」

稔を膝《ひざ》の上にのせた父は、片手で包装紙の紐《ひも》を解きながら、

「生クリームだが、今日、作ったものだから大丈夫《だいじょうぶ》だろう。そうかそうか。稔は絵を描けるようになったか。稔、おじいちゃんの顔をいつか描いて頂戴《ちょうだい》」

妻は、父の機嫌《きげん》をとるためか、子供がクレヨンでなぐり書きをした画用紙を二、三枚もってきて、

「これなんですよ」

「ほう」

上衣の内ポケットから眼鏡サックをとり出して老眼鏡をかける。その仕草がいかにも老人臭《くさ》く、

「うまいじゃないか。五才にしては」

「そうでしょうか」

③嬉《うれ》しそうに笑う妻の顔が勝呂をいらいらさせる。

「この子には芸術的な才能があるかもしれんぞ。あるならばうんと伸《の》ばしてやるのがお前たちの義務だな」

④勝呂は膝の上で手をそっと握《にぎ》りしめた。十数年前の思い出が胸を不意に突きあげてくる。彼はあの「仏教訓話」などを書棚《しょだな》に並べてある書斎《しょさい》で父と向きあっていた。

「なあ、小説など書こうと思うなよ。ああ言うものは趣味《しゅみ》としてやるのはいいが、職業などにしちゃあいかんぞ」

いつもの癖《くせ》で⑤父の説教は、始めは相手を諄々《じゅんじゅん》とA諭《さと》すような調子で始まる。相手が黙《だま》っている限り父は自分の声にいつまでも酔《よ》っている。㋓膝の上に手をおきながら勝呂は眼を伏《ふ》せて黙って聞いていた。

「ああいう職業は危険が多い。第一、食えんようになったらどうするんだ。大体、芸術などというもんは、まともな人間なら手をつけぬもんだ」

まともな人間という言葉を、父が母のことを思いだして使ったのか

2024年度 淑徳与野中学校

【国　語】〈第一回試験〉（五〇分）〈満点：一〇〇点〉

一　主人公の勝呂《すぐろ》は小説家を志していたが大成しておらず、今は海外小説の翻訳《ほんやく》をして生計を立てている。勝呂の父母は幼い時に離《り》婚《こん》しており、当時十歳《さい》だった勝呂は父に引き取られて育った。次の文章を読んで、後の問いに答えなさい。

　㋐雪が降っていた。凍雪《とうせつ》の上にまた雪が降る。雪の上に風に送られた黒い煙《けむり》が流れていく。手首と五本の指が機械のように動きつづける。絃《げん》の端《はし》から端をたえ間なく這《は》いまわる。指はヴァイオリンの絃を押《お》さえているのではなく、爪先《つめさき》で鋭《するど》い音を強く空間にむけてはじき出しているのだ。それも繰《く》りかえし三時間、たった一つの旋律《せんりつ》だけを繰りかえしている。腭《あご》だけでヴァイオリンを支え、歯で下唇《したくちびる》を強く噛《か》みしめている。その母のきびしい顔を子供は怖《おそ》ろしそうに窺《うかが》っていた。

「なにかくれない」と彼《かれ》は言った。「なにか果物ない？」

　本当は果物などが欲しいのではなかった。ただ彼は、眼前の母の心をこちらに向けたかったのである。自分に話しかけてもらいたかったのである。

「なにか、くれない。ねえ……」

　しかし彼女には子供の声は全く聞こえないようにヴァイオリンの弓を動かしていた。彼女の心は五本の指にだけ集中していたから、求めているたった一つの音を指が探りあてるまでは子供の声など耳に入らなかった。

「果物がないかって、聞いているんだけど……」

　①子供は母をゆさぶった。ヴァイオリンを弾《ひ》いている間は決して話しかけたり、騒《さわ》いだりしてはいけないと平生からきつく言われたのに、彼はその言いつけを忘れるほど不安にかられた。

「何するの」

　母は怖ろしい顔で勝呂を睨《にら》みつけ叱《しか》りつけた。弓で廊下《ろうか》をさし、あっちに立っていなさいと言った。腭の下が真赤に色が変っている。ヴァイオリンを三時間もはさみつづけたために、皮膚《ひふ》が充血《じゅうけつ》したのだ。

「言いつけを聞けないなら、雪の中に立ってらっしゃい」

　子供は眼に泪《なみだ》をためたまま、すごすごと後ずさりをする。これが勝呂の幼年時代の母の思い出の一つだ。

「とてもできないわ。あたしには」

　その話を妻にきかせた時、妻はふうっと溜息《ためいき》をついた。

「なんだか、こわくなかった。あなた」

「そんな時はお袋《ふくろ》はこわかった」と勝呂はうなずいた。「それにお袋の右腕《みぎうで》は左腕にくらべると太くてね、五本の指先はヴァイオリンの絃で潰《つぶ》されて固い灰色の皮のようになっていたのを今でもはっきりと憶えている」

「②いえ、いえ、そんなことじゃないの。子供がお腹がすいているのに、叱りつけることができるなんて、あたしにはできないわ、とても」

　㋑勝呂は妻が母のことを非難しているのだと思って、顔を強張らせた。自分以外の者が母を批判するのは許せない。お前などにお袋のことなど理解できてたまるか。と彼はうつむいて心の中で呟《つぶや》いた。お前は俺《おれ》が小説を書こうとした時でも、大きな足音をたてて周りを歩きまわった。いくら言いきかせてもつまらない近所の噂《うわさ》などを急に話しかけてきた。その足音、その声が、小説を考えている俺の力をどんなに傷つけ、乱したか今でも少しもわかっちゃいない。そんなお前に、あ

2024年度

淑徳与野中学校　▶解説と解答

算　数　＜第１回試験＞（50分）＜満点：100点＞

解　答

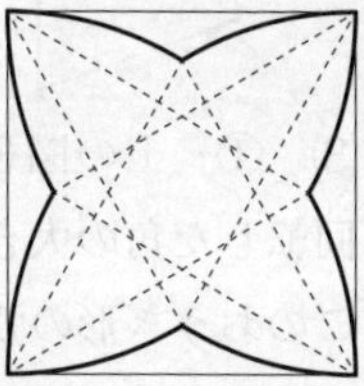

1 (1) $\frac{3}{7}$　(2) 1　(3) 2.8L　(4) 4個　(5) **中央値**…3.5，**最頻値**…2　2 (1) 106度　(2) 17.875cm^2　(3) ① 36度　② 70.65cm^2　(4) 8 cm　3 (1) 時速82km　(2) 9時16$\frac{4}{11}$分　(3) 20人　(4) 30.4　4 (1) 右の図　(2) 12.56cm　5 (1) 54990円　(2) 36420円　6 (1) 339.12cm^3　(2) 339.12cm^3

解　説

1 四則計算，計算のくふう，単位の計算，整数の性質，条件の整理

(1)　$A\times C+B\times C=(A+B)\times C$となることを利用すると，$\left(1-\frac{1}{3}\right)\times\frac{1}{2}+\left(\frac{1}{3}-0.2\right)\times0.5+\left(0.2-\frac{1}{7}\right)\div2=\left(1-\frac{1}{3}\right)\times\frac{1}{2}+\left(\frac{1}{3}-0.2\right)\times\frac{1}{2}+\left(0.2-\frac{1}{7}\right)\times\frac{1}{2}=\left(1-\frac{1}{3}+\frac{1}{3}-0.2+0.2-\frac{1}{7}\right)\times\frac{1}{2}=\left(1-\frac{1}{7}\right)\times\frac{1}{2}=\frac{6}{7}\times\frac{1}{2}=\frac{3}{7}$

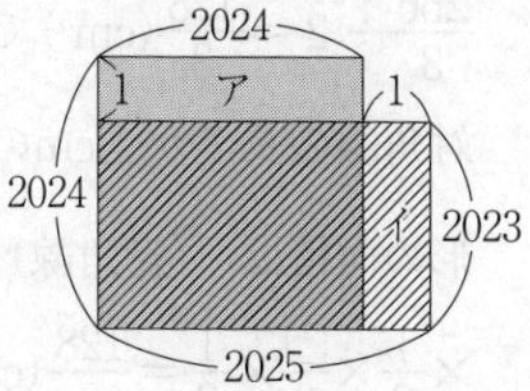

(2)　右の図のかげの部分と斜線《しゃせん》部分の面積の差を求めればよい。両方から共通部分を除くと，アとイの部分の面積の差と等しくなるから，2024×2024－2023×2025＝１×2024－2023×１＝2024－2023＝１と求められる。

(3)　１L＝1000mL＝1000cm^{3}より，870mL＋1.6L＋330cm^3＝0.87L＋1.6L＋0.33L＝2.8Lとなる。

(4)　2024÷８＝253となる。また，253＝11×23より，2024＝８×11×23と表せることがわかる。よって，2024の約数のうち８の倍数は，８×１＝８，８×11＝88，８×23＝184，８×11×23＝2024の４個あることがわかる。

(5)　12個のデータの中央値は，小さい方から６番目の値と７番目の値の平均になる。また，12個のデータを小さい順に並べかえると，１，２，２，２，２，３，４，４，４，５，６，６となるので，小さい方から６番目の値は３，７番目の値は４とわかる。よって，中央値は，（３＋４）÷２＝3.5と求められる。次に，最も多くあらわれる値は２だから，最頻値《さいひんち》は２である。

2 角度，面積，図形の移動，体積

(1)　向かい合う角（対頂角）の大きさは等しいから，角イの大きさを①，角アの大きさを②とすると，下の図１のように表すことができる。図１で，かげをつけた四角形の内角の和は360度なので，①＋②＝③にあたる角の大きさが，360－(45＋165)＝150（度）とわかる。よって，①にあたる角の大きさは，150÷３＝50（度）だから，太線で囲んだ三角形に注目すると，角ウの大きさは，180－(24＋50)＝106（度）と求められる。

(2)　下の図２で，太線で囲んだ台形の面積から，かげをつけた四分円の面積をひいて求める。台形の面積は，$(5+10)\times5\div2=37.5(\text{cm}^2)$，四分円の面積は，$5\times5\times3.14\div4=19.625(\text{cm}^2)$なので，斜線部分の面積は，$37.5-19.625=17.875(\text{cm}^2)$とわかる。

図１
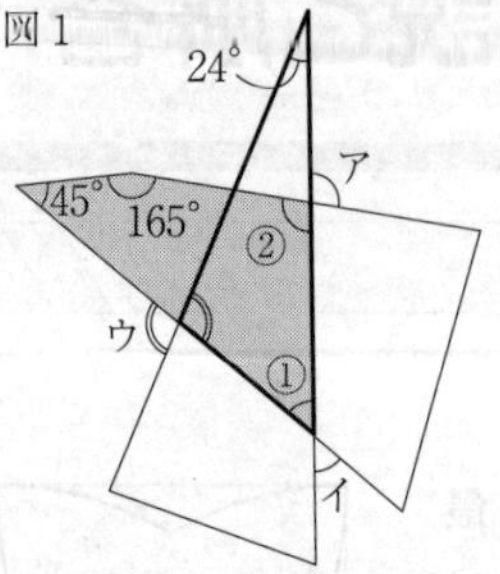

図２
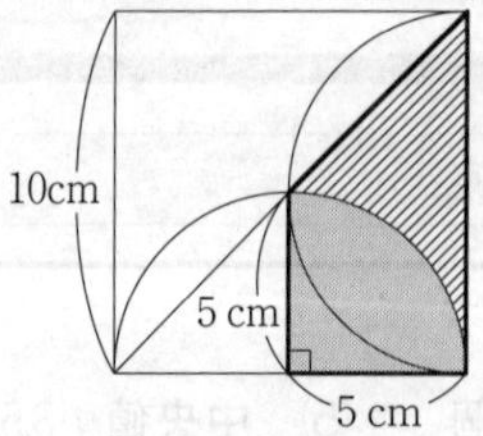

図３
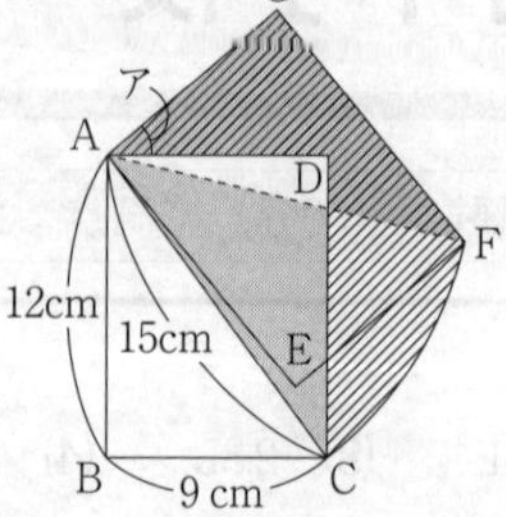

図４
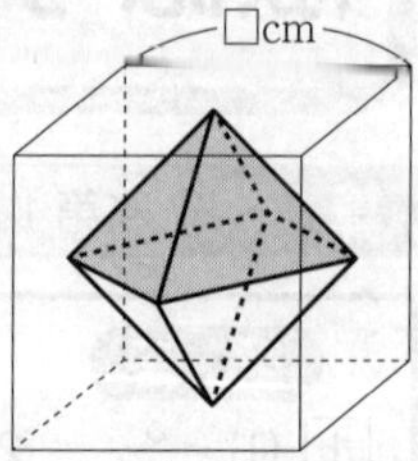

(3)　①　上の図３で，長方形ABCDが回転した角の大きさがア度だから，長方形の対角線ACが回転した角の大きさもア度になる。つまり，おうぎ形ACFの中心角の大きさはア度である。また，このおうぎ形の弧CFの長さが9.42cmなので，$15\times2\times3.14\times\frac{ア}{360}=9.42(\text{cm})$と表すことができる。よって，$3.14\times\frac{ア}{12}=9.42$，$\frac{ア}{12}=9.42\div3.14=3$より，ア＝$3\times12=36$(度)と求められる。　②　三角形ADCと三角形AGFは合同だから，両方から共通部分の三角形を除くと，かげをつけた部分の面積が等しくなる。よって，斜線部分の面積はおうぎ形ACFの面積と等しいので，$15\times15\times3.14\times\frac{36}{360}=22.5\times3.14=70.65(\text{cm}^2)$とわかる。

(4)　上の図４で，太線の立体の体積が$\frac{256}{3}\text{cm}^3$だから，上半分のかげをつけた四角すいの体積は，$\frac{256}{3}\div2=\frac{128}{3}(\text{cm}^3)$である。また，立方体の１辺の長さを□cmとすると，この四角すいの底面は対角線の長さが□cmの正方形になる。さらに，この四角すいの高さは$\frac{□}{2}$cmとなる。ここで，正方形の面積は，(対角線)×(対角線)×$\frac{1}{2}$で求めることができるので，この四角すいの体積は，$□\times□\times\frac{1}{2}\times\frac{□}{2}\times\frac{1}{3}=\frac{128}{3}(\text{cm}^3)$と表すことができる。よって，$□\times□\times□\times\frac{1}{12}=\frac{128}{3}$，$□\times□\times□=\frac{128}{3}\div\frac{1}{12}=512=8\times8\times8$より，□＝８(cm)と求められる。

3　通過算，時計算，平均とのべ，条件の整理

(1)　下の図１のように表すことができるから，自動車が９分で走った長さは，$12296.6+3.4=12300$(m)，$12300\div1000=12.3$(km)とわかる。また，９分＝$\frac{9}{60}$時間＝$\frac{3}{20}$時間なので，この自動車の速さは時速，$12.3\div\frac{3}{20}=82$(km)と求められる。

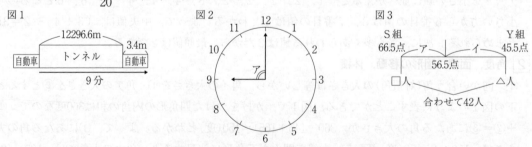

図１
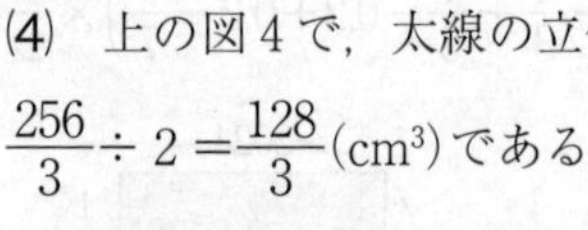

図２
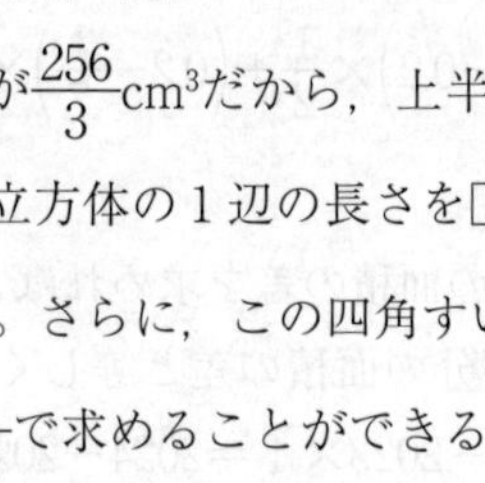

図３
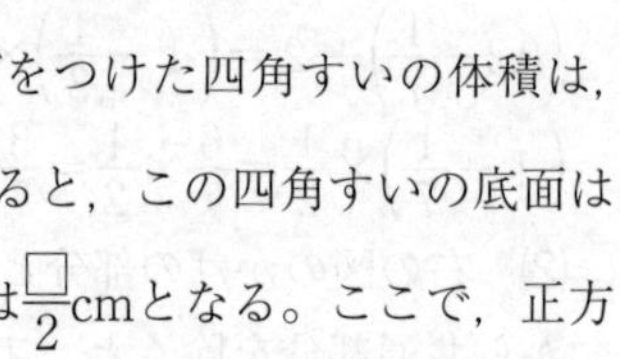

(2)　上の図２で，角アの大きさは90度である。この後，長針は１分間に，$360\div60=6$(度)，短針は１分間に，$360\div12\div60=0.5$(度)の割合で動くから，角アの大きさは１分間に，$6-0.5=5.5$

(度)の割合で大きくなる。また，長針と短針が初めて一直線になるのは，角アの大きさが，180−90＝90(度)大きくなるときなので，図２の時刻の，90÷5.5＝$\frac{180}{11}$＝16$\frac{4}{11}$(分後)とわかる。よって，その時刻は９時16$\frac{4}{11}$分となる。

(3)　Ｓ組の人数を□人，Ｙ組の人数を△人として図に表すと，上の図３のようになる。図３で，ア：イ＝(66.5−56.5)：(56.5−45.5)＝10：11だから，□：△＝$\frac{1}{10}$：$\frac{1}{11}$＝11：10となる。この和が42人なので，Ｙ組の人数は，△＝42×$\frac{10}{11+10}$＝20(人)と求められる。

(4)　わかっていることを図に表すと，下の図４のようになる。図４から，ア＝6.2−4.5＝1.7，イ＝5.1−1.7−1.8＝1.6，ウ＝4.5−1.8−1.6＝1.1，エ＝6.1−4.5＝1.6のように，各駅の間の距離《きょり》を求めることができる。これをまとめると下の図５のようになり，かげをつけた部分の距離をすべて足し合わせると，30.4になる。

図４

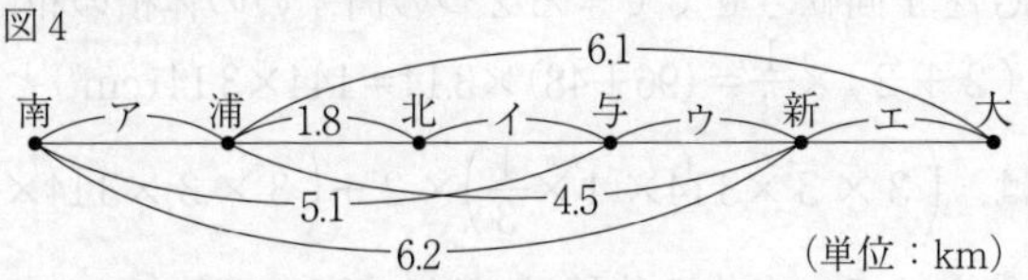

図５

					大宮
				新都心	1.6
			与野	1.1	2.7
		北浦和	1.6	2.7	4.3
	浦和	1.8	3.4	4.5	6.1
南浦和	1.7	3.5	5.1	6.2	7.8

4　平面図形―図形の移動，長さ

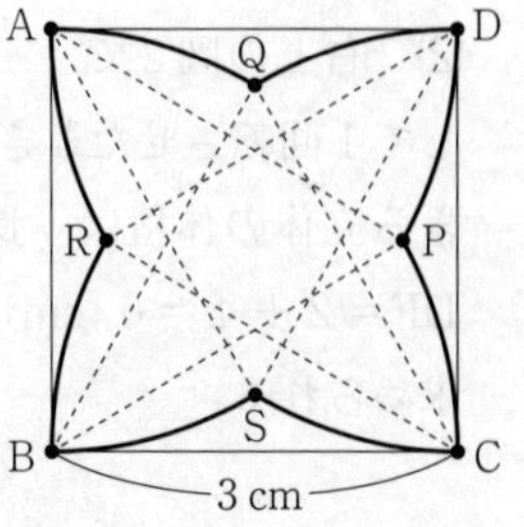

(1)　右の図で，はじめに三角形PABがBを中心として回転し，三角形CQBの位置にくる。このとき，点ＰはＰからＣまで動く。次に，三角形CQBがＣを中心として回転し，三角形CDRの位置にくる。このとき，点Ｐは動かない。さらに，三角形CDRがＤを中心として回転し，三角形SDAの位置にくる。このとき，点ＰはＣからＳまで動く。以下同様に考えると，点Ｐが動いたあとの線は太線のようになる。

(2)　角PBCの大きさは，90−60＝30(度)だから，弧PCの長さは，３×２×3.14×$\frac{30}{360}$＝0.5×3.14(cm)である。これと同じものが全部で８か所あるので，点Ｐが動いたあとの線の長さは，0.5×3.14×８＝４×3.14＝12.56(cm)と求められる。

5　条件の整理

(1)　23−７×２＝９より，１月23日火曜日の２週間前は１月９日火曜日とわかる。すると，１月６日は着用希望日より２週間以上前の土曜日だから，「早割り」と「土曜日割り」を利用することができる。よって，１枚あたりの値段は，1500−70−20＝1410(円)になるので，合計金額は，1410×39＝54990(円)と求められる。

(2)　２組と３組の合計人数は，35＋33＝68(人)だから，「いっしょ割り」を利用することができる。はじめに予定の合計金額を求めると，予定の１枚あたりの値段は，1500−70−20−20＝1390(円)になるので，合計金額は，1390×68＝94520(円)とわかる。次に実際の合計金額を求める。１月10日は着用希望日から２週間以内の水曜日だから，「早割り」と「土曜日割り」を利用することはできない。また，デザインの追加料金が必要なので，１枚あたりの値段は，２組の場合は，1500＋300−20＝1780(円)，３組の場合は，1500＋300×２−20＝2080(円)となる。よって，合計金額は，1780×35＋2080×33＝130940(円)だから，予定よりも，130940−94520＝36420(円)多くなる。

6 立体図形ー体積

⑴　右の図１のように，BA，BCを延長した直線が直線 l と交わる点をそれぞれH，Iとする。図１の図形を直線 l を軸《じく》として１回転させると，三角形HBGと三角形IBGを１回転させてできる２つの円すいから，三角形HAF，FEG，ICD，DEGを１回転させてできる４つの円すいを取り除いた形の立体になる。また，三角形HAFと三角形FEG，三角形ICDと三角形DEGはそれぞれ合同だから，HF＝４cm，ID＝２cmである。さらに，BG＝３＋３＝６(cm)なので，三角形HBGと三角形IBGを１回転させてできる２つの円すいの体積の和は，$6\times6\times3.14\times(4+4)\times\frac{1}{3}+6\times6\times3.14\times(2+2)\times\frac{1}{3}=(96+48)\times3.14=144\times3.14$(cm³)となる。次に，取り除く４つの円すいの体積の和は，$\left(3\times3\times3.14\times4\times\frac{1}{3}\right)\times2+\left(3\times3\times3.14\times2\times\frac{1}{3}\right)\times2=24\times3.14+12\times3.14=36\times3.14$(cm³)なので，立体の体積は，$144\times3.14-36\times3.14=108\times3.14=339.12$(cm³)と求められる。

図１

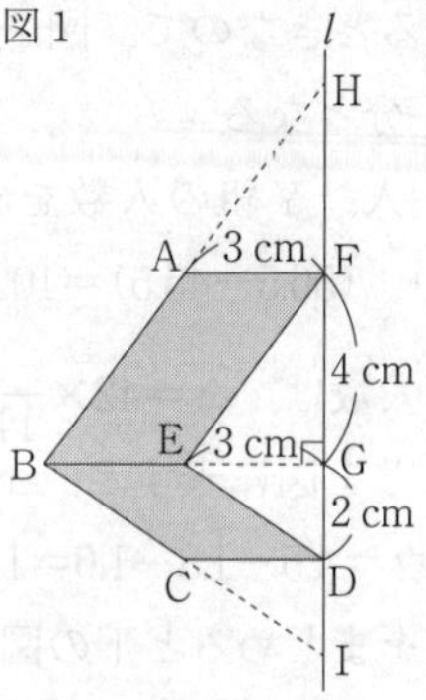

図２

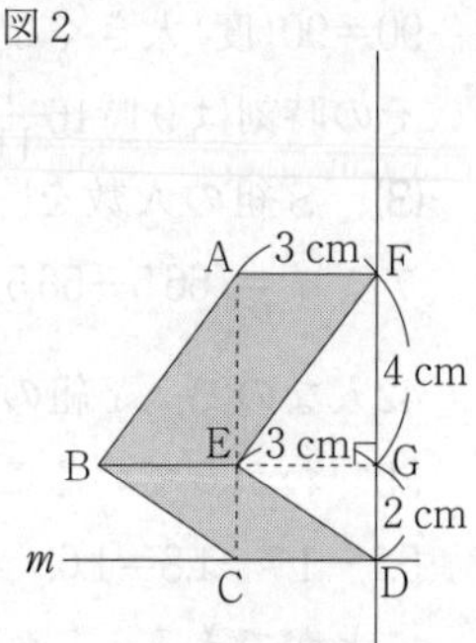

⑵　右上の図２で，三角形ABCと三角形FEDは合同だから，この２つの三角形を直線 m を軸として１回転させたときにできる立体の体積は等しい。よって，図２の図形を１回転させたときにできる立体の体積は，長方形ACDFを１回転させたときにできる円柱の体積と等しくなる。また，DF＝２＋４＝６(cm)なので，この円柱の体積は，$6\times6\times3.14\times3=108\times3.14=339.12$(cm³)と求められる。

社 会　＜第１回試験＞（理科と合わせて60分）＜満点：50点＞

解 答

1 問１　大宝律令　　問２　ア　　問３　①　イエズス会　　②　醤油(しょう油)　　問４　①　イ　　②　エ　　問５　イ　　問６　ウ　　問７　エ　　2 問１　室戸　　問２　エ　　問３　ウ　　問４　①　ウ　　②　B　　問５　①　イ　　②　B　カ　　C　ク　　問６　X　磁器・陶器　　Y　(例)　安い　　問７　過疎　　3 問１　広島　　問２　エ　　問３　ウ　　問４　エ　　問５　ア　　問６　エ

解 説

1 学校教育の歴史を題材とした問題

問１　701年に制定され，律令による政治の仕組みを整えたのは，大宝律令である。大宝律令は文武天皇の時代に，刑部《おさかべ》親王や藤原不比等らによって編さんされた。

問２　X　律令制の下で整備された地位や身分を表す位を位階という。平安時代には，正一位《しょういちい》，従一位《じゅいちい》，正二位(正四位以下の位階には正と従に加えて，上と下の差があった)と続く位階の制度が整えられた。位階は家柄《いえがら》や功績に応じて与えられ，資料１にあるように，地位によって朝廷内で就くことのできる役職が決まっていた。また，資料２にあるように，父や祖父の位階に応じて，子や孫に一定の位階が与えられる制度があった。本文に「光源氏は太政大臣であった」とあるので，資料１から，光源氏の位階は正一位か従一位であったことがわかる。さらに資料２から，父の位階が正一位か従一位である場合，その嫡子《ちゃくし》(正妻の長男)は自動的に従五位下に就くことができるとあるので，光源氏の嫡子である夕霧も，従五位下の位階を与えられると考えられていたとわかる。

Ｙ『源氏物語』は，11世紀初めごろまでに紫式部によって著された，国風文化を代表する長編小説である。遣唐使は894年に停止されているので，中国へ留学させたいから大学に入学させると決めたとは考えられない。

問３　①　絵の人物はフランシスコ＝ザビエルで，カトリック修道会のイエズス会を結成した人物の一人である。宗教改革を始めたプロテスタントに対抗《たいこう》して，カトリック教会の中でもイエズス会を中心に改革がすすめられた。　②　利根川の下流域にあたる千葉県の野田と銚子は，江戸時代から続く醤油《しょうゆ》の産地として知られる。醤油は，大豆と小麦に麹《こうじ》と食塩水を加えて発酵《はっこう》させてつくる調味料である。資料の図は，明治時代初めに３代目歌川広重が描いた『大日本物産図会　下総国醤油製造之図』である。

問４　①　寺子屋は江戸時代に全国各地で見られた庶民《しょみん》の子どものための教育機関で，僧や神官，浪人《ろうにん》などが百姓・町人の子どもに「読み・書き・そろばん」などを教えた。さまざまな年齢の子どもが一緒に学んでおり，図からわかるように一人ひとり学習進度が異なっていた(イ…○)。なお，図ではそろばんを使っている子どもはいない(ア…×)。寺子屋では男子と女子が一緒に学んでいた(ウ…×)。スペイン風邪とは1910年代末期に世界的に流行したインフルエンザのことである(エ…×)。　②　19世紀前半，出島のオランダ商館の医師として来日したドイツ人シーボルトは，長崎郊外の鳴滝《なるたき》に私塾を開いた。鳴滝塾と呼ばれたこの学問所兼診療《しんりょう》所で，シーボルトは全国から集まった日本人の弟子たちに医学など西洋の学問を教え，高野長英など多くの人材を育てた。

問５　タイピストは和文タイプライターが発明された大正時代に生まれた職業である。資料２より，タイピストは『婦人公論』という女性雑誌で第１期から第２期にかけて記事に取り上げられていることがわかる。また，資料１より，タイピストが「自分が選択した就職したい職業」にはふくまれているものの，「社会的な点において就職したい職業」にはふくまれていない。以上のことから，タイピストは目新しい職業で，当初は社会的評価があまり高くなかったと考えられる(イ…○，ウ…×)。なお，資料１より，「社会的な点において就職したい職業」の上位にタイピストは入っていないので，「社会的にもあこがれのある職業」とはいえない(ア…×)。資料１より，タイピストは「自分が選択した就職したい職業」で上位に入っている(エ…×)。

問６　奉安《ほうあん》殿とは終戦まで全国の小学校などに設置されていた施設で，建物の中には御真影《ごしんえい》と呼ばれる天皇と皇后の写真と，教育勅語などがおさめられていた。

問７　1989年１月７日，昭和天皇が亡くなられ，翌日に昭和から平成へと改元された(エ…○)。なお，アは1973年，イは2011年，ウは2002年の出来事である。

２　高知県の地理についての問題

問１　高知県には太平洋に突《つ》き出している岬が２つあり，東側は室戸岬，西側は足摺《あしずり》岬という。室戸岬は台風が通ることが多く，台風の被害を受けやすい場所を指す台風銀座と呼ばれることがある。

問２　太平洋側の気候に属する高知市では，夏に高温多雨となり，冬でも比較《ひかく》的気温が高いため，エの雨温図があてはまる。

問３　なすは高知平野での生産がさかんで，高知県が都道府県別収穫量の全国第１位となっている。また，ピーマンは近郊農業がさかんな茨城県や，宮崎平野での促成栽培がさかんな宮崎県で多く生産されている。

問４　①　山頂の三角点(△)を比べると，「石見寺山」は「△411.4」，「香山寺山」は「△222.0」とあるので，「石見寺山」と「香山寺山」の標高差は189.4mで，200mに満たない。また，等高線の間隔がせまいほど傾斜《けいしゃ》は急になるので，おおむね「石見寺山」よりも「香山寺山」の方が少しだけ傾斜はゆるやかである(ウ…×)。なお，鉄道で「具同駅」から「中村駅」に向かう途中にはトンネル(⇹---⇹)があり，トンネルを抜けると，線路は右に曲がっている(ア…○)。地形図上の長さの実際の距離は，(地形図上の長さ)×(縮尺の分母)で求められる。この地形図の縮尺は25000分の１なので，地形図上で約６cmの長さの実際の距離は，６×25000＝150000(cm)＝1500(m)となる(イ…○)。「四万十川」と「後川」にはさまれた地域には市役所(◎)や税務署(◇)，裁判所(⚖)が見られる(エ…○)。　②　地形図で鉄道橋が「四万十川」にかかっているのは，「四万十川橋」と，国道56号線が通る「渡川大橋」の間である。文章に，「下流に目を向けると，鉄道橋の向こうに，国道が通っている」とあり，鉄道橋よりも国道の方がより下流にあるため，「四万十川」はおよそ北西(左上)から南東(右下)に流れているとわかる。以上のことから，Ｂだと判断できる。

問５　①　資料２より，カツオは熱帯また亜熱帯の海域で産卵することから，日本近海に寒流に乗ってくることはない(ア…×)。マングローブとは，海水と淡《たん》水が入り交じる沿岸に生育する植物のことなので，太平洋沖で産卵するカツオの養殖場にマングローブが利用されるとは考えにくい(ウ…×)。　②　カツオの漁獲《ぎょかく》量を増やすためには，カツオを増やすことが必要であるため，産卵する前のカツオはとらないようにすることが必要だと考えられる(**Ｂ**…カ)。SDGs(持続可能な開発目標)の目標14に「海の豊かさを守ろう」がある。まき網《あみ》漁は魚の種類や大きさにかかわらず，一度に多くの魚を捕まえてしまうため，海の豊かさを守るためには一本釣《づ》りで魚をとりすぎないことが大切である(**Ｃ**…ク)。

問６　**Ｘ**　会話文から「割れ物」であることと，表から1882年以降，徐々に輸出品としての順位を上げ続けているということから，「磁器・陶器」であるとわかる。　**Ｙ**　梱包《こんぽう》材として用いられていたことから，浮世絵は安い価格であったと考えられる。

問７　都市部への人口流出などにより人口が著しく減少し，地域社会の活力が減っていくことを過《か》疎《そ》化といい，過疎化した地域は過疎地域と呼ばれる。過疎地域では，農地や森林の管理が難しくなることや，医師不足などといった問題が起こりやすく，社会問題となっている。

3　現代の日本の社会についての問題

問１　2023年５月19日から21日にかけて，第49回主要国(先進国)首脳会議が広島市で開かれた。Ｇ７広島サミットとも呼ばれるこの会議には，Ｇ７と呼ばれるアメリカ・イギリス・フランス・ドイツ・イタリア・カナダ・日本の７か国の首脳とEU(欧州連合)の代表のほか，韓国やオーストラリアなどの国々の首脳，国連などの国際機関の代表なども出席した。

問２　衆議院議員総選挙の被選挙権は，25歳以上の国民に与えられる(エ…○)。なお，18歳以上の日本国民には選挙権が認められているが，日本国籍がない人には選挙権は認められていない(ア…×)。インターネットを用いた一部の選挙運動は認められるようになったが，2024年現在ではインターネットを利用した投票は認められていない(イ…×)。選挙運動を手伝った人や応援演説を行った人などに謝礼としてお金を渡すことは，公職選挙法によって禁止されている(ウ…×)。

問３　1946年４月に行われた戦後最初の衆議院議員総選挙では，初めて女性に参政権が与えられ，39名の女性議員が誕生した。このときの当選者における女性の割合は8.4％だったが，これ以降2000年の総選挙まで当選者における女性の割合は５％を下回った。また，女性の候補者の割合は1946年以降，おおむね少しずつ増えていったが，現在も20％に満たない低い水準である。

問４　日本銀行券(紙幣)は日本銀行が発行するが，硬貨は財務省が発行し，造幣局が製造している(ａ…誤)。「銀行の銀行」である日本銀行に口座を持っているのは主に金融機関で，個人や一般企業は取り引きできない(ｂ…誤)。

問５　マスコミなどの報道機関が国民の知りたいと思うことを広く伝える権利は，報道の自由と呼ばれる。日本国憲法第21条が保障する表現の自由にもとづく権利と考えられている。

問６　ごみの回収や公立公園の管理，警察・消防の設置は，国や都道府県などの地方公共団体の仕事であるので，税金が使われている。しかし，電気の供給は民間企業である電力会社が行っている(エ…×)。なお，上下水道の整備は地方公共団体が行う仕事である。

理　科　＜第１回試験＞（社会と合わせて60分）＜満点：50点＞

解　答

[1] **問１** (1) (イ)　(2) (イ)，(キ)，(ケ)　**問２** (ウ)，(エ)　**問３** (1) 45ｇ　(2) 10cm　**問４** ア　エルニーニョ(現象)　イ　35℃　ウ　広い　[2] **問１** けん　**問２** (ウ)　**問３** (ウ)　**問４** (ア)　**問５** (イ)　**問６** (エ)　[3] **問１** 5.4　**問２** 1.6度　**問３** ⑥　**問４** $1\frac{1}{3}$倍　[4] **問１** ア　水素　イ　空気　**問２** ①　14　②　77　③　1.65　④　1.65　**問３** 88L　**問４** 3.0ｇ　**問５** 10倍

解　説

[1] 小問集合

問１　(1)　水よう液では，とけているもののつぶが水のつぶの間に入り込《こ》むように混ざるので，その体積は，水の体積ととけているものの体積の和と同じにはならない。　(2)　アンモニア水には気体のアンモニア，塩酸には気体の塩化水素，炭酸水には気体の二酸化炭素がとけている。なお，アルコールとうすいさく酸には液体が，ホウ酸水，石灰水，砂糖水，水酸化ナトリウム水よう液，食塩水には固体がとけている。

問２　アブラナやツバキの種子は脂肪《しぼう》を多く含《ふく》み，アブラナの種子からは菜種油，ツバキの種子からは椿《つばき》油が作られている。イネ，ムギ，エンドウの種子にはでんぷんが多く含まれ，ダイズの種子にはタンパク質が多く含まれている。

問３　(1)　ばねの長さが80cmになったときのばねののびは，80－50＝30(cm)である。このばねは30ｇのおもりをつるすと20cmのびるので，30cmのびたときにつるしたおもりの重さは，$30 \times \frac{30}{20} =$ 45(ｇ)となる。　(2)　水におもりをしずめると，おもりには浮力《ふりょく》がはたらき，ばねばかりにかかる力は浮力の分だけ小さくなる。このとき，台ばかりには浮力の分だけ下向きに力がかかる。よ

って，おもりを水中に完全にしずめたときにおもりにはたらく浮力の大きさは，1015－1000＝15(g)とわかる。よって，水からおもりを出したとき，ばねには水から出す前と比べて15g分重さが多くかかることになり，ばねは水から出す前に比べて，$20\times\frac{15}{30}$＝10(cm)のびることになる。

問４　**ア**　2023年は６月ごろからエルニーニョ現象が起き，南アメリカのペルーとエクアドルの沿岸から東太平洋赤道域にかけて，海面水温が平年より高い状態が続いた。　**イ**　32°Fが０℃で，212°Fが100℃にあたるので，212－32＝180(°F)の変化が100℃の変化にあたる。95°Fは０℃(32°F)より，95－32＝63(°F)温度が高いので，このときの気温は，$100\times\frac{63}{180}$＝35(℃)となる。　**ウ**　水銀が沸騰《ふっとう》する温度は約358℃で，アルコール(エタノール)が沸騰する温度(約78℃)より非常に高く，水銀温度計の方が特に高温を測れる範囲《はんい》が広い。なお，固体になる温度は水銀が約－39℃，エタノールが約－114℃のため，アルコール温度計の方が低い温度まで測れる。

２　動物の筋肉についての問題

問１　骨についている筋肉を骨格筋といい，この筋肉と骨をつないでいるものをけんという。筋肉が縮むことで，けんを通して骨が引っ張られ，体が動く。

問２　赤身のマグロやカツオは広く海を周回する大型の回遊魚で，白身のフグは陸地に近い浅瀬，ヒラメは比較的《ひかくてき》浅い海底であまり動かないで生息している。会話中で，「赤身魚は泳ぎ続ける」と述べられているように，フグやヒラメと比べて，マグロやカツオの運動量は非常に多い。

問３　マグロやカツオは泳ぎ続けるために，筋肉にたくさんの酸素を必要とするが，泳ぎながら取り込む酸素では足りないと述べられている。そのため，ミオグロビンのはたらきで筋肉に酸素を多くたくわえていると考えられる。なお，ふつう動物は筋肉で酸素を作り出すことはできない。

問４　図１のように腕《うで》を曲げた状態からのばすときは，ａの筋肉がゆるんで，ｂの筋肉が縮む。逆に，腕を曲げるときは，ａの筋肉が縮んで，ｂの筋肉がゆるむ。

問５　図２のような二枚貝は(イ)の貝柱の筋肉が縮むことで貝殻を閉じることができる。なお，(ア)は２枚の貝殻《かいがら》をつなぐ部分，(ウ)はのび縮みさせて砂にもぐるための足である。

問６　(ア)について，肺には筋肉がなく，自分の力ではのび縮みができない。そのため，ろっ骨についている筋肉と横かくまくのはたらきで，空気の出し入れを行う。(イ)，(ウ)について，足や腕の筋肉は自分の意志で自由に動かせる筋肉で，大きな力を出すことができるがつかれやすい。(エ)について，小腸の筋肉は，自分の意思では動かしたり止めたりすることはできないが，つかれにくく，長い時間動くことができる。

３　電熱線の発熱についての問題

問１　表で，①のコップの時間が10分のところと20分のところ，③のコップの時間が10分のところと40分のところを見ると，電流を流した時間と水の温度上昇《じょうしょう》が比例していることがわかる。よって，②のコップで30分電流を流したときは，温度が，$1.8\times\frac{30}{10}$＝5.4(度)上昇する。

問２　(A)のコップでは，１個の電池に３本のヒーターが直列につながっているもののうち，２本がコップに入っている。よって，(A)のコップの発熱量は３本のうち１本のヒーターが入っている③のコップの２倍になり，10分間での水の温度上昇は，0.8×２＝1.6(度)となる。

問３　(B)のコップでは，電池が並列つなぎになっているので，電熱線に流れる電流の大きさは電池１個のときと同じになる。よって，ヒーターが２本直列につながっていて，電池１個の⑥のコップと同じ発熱量になる。

問４　①のコップと④のコップを比べると，電池が２個直列につながると水の温度上昇が，28.8÷7.2＝４(倍)になることがわかる。また，①のコップと③のコップを比べると，ヒーターが３本直列につながると，ヒーター１本あたりの発熱量は，0.8÷7.2＝$\frac{1}{9}$(倍)になる。よって，(C)のコップで10分間電流を流したときの水の上昇温度は，7.2×４×$\frac{1}{9}$×３＝9.6(度)になる。これは①のコップの，9.6÷7.2＝$\frac{4}{3}$＝１$\frac{1}{3}$(倍)である。

4　気体の体積についての問題

問１　**ア**　ヘリウムより軽く，最も軽い物質は水素である。　**イ**　アルゴンは空気中に約0.9％含まれ，ちっ素，酸素の次に空気中に多く存在する気体である。

問２　①　表１から，同じ圧力のとき，ヘリウムの体積と重さは比例していることがわかる。よって，200kPaにおけるヘリウムの体積が38.5Lのとき，その重さは，2.0×$\frac{38.5}{5.5}$＝14(g)となる。
②　表１から，ヘリウムの重さが同じとき，ヘリウムの圧力と体積は反比例していることがわかる。よって，200kPaにおけるヘリウムの体積が38.5Lのとき，100kPaでは，38.5×$\frac{200}{100}$＝77(L)となる。
③　表２から，圧力が同じとき，アルゴンの体積は重さに比例しているので，1.1×$\frac{6.0}{4.0}$＝1.65(L)となる。　④　表２から，アルゴンの重さが同じとき，圧力と体積は反比例しているので，6.6×$\frac{100}{400}$＝1.65(L)になる。

問３　０℃で，8.0gのヘリウムの100kPaにおける体積は，11×$\frac{8.0}{2.0}$＝44(L)となる。ヘリウムの重さが同じとき，ヘリウムの圧力と体積は反比例するので，50kPaにおける体積は，44×$\frac{100}{50}$＝88(L)となる。

問４　アルゴンの300kPaにおける体積が0.55Lのとき，100kPaにおける体積は，0.55×$\frac{300}{100}$＝1.65(L)となる。重さ4.0gのとき，100kPaにおける体積が2.2Lなので，1.65Lのときの重さは，4.0×$\frac{1.65}{2.2}$＝3.0(g)となる。

問５　０度，100kPaにおける体積が11Lのときのヘリウムの重さは2.0g，アルゴンの重さは，4.0×$\frac{11}{2.2}$＝20(g)である。ここで，同じ体積中には同じ数の気体の粒子《りゅうし》が含まれるとすると，気体全体の重さと粒子１個の重さは比例するので，アルゴンの粒子１個の重さはヘリウムの粒子１個の重さの，20÷2.0＝10(倍)と求められる。

国語　＜第１回試験＞（50分）＜満点：100点＞

解答

一　**問１**　**Ａ**　ア　**Ｂ**　イ　**問２**　エ　**問３**　（例）　勝呂は母の芸術家としての厳しい姿勢を敬愛しているが，妻は音楽を優先し子供をないがしろにする母を異常だと感じている。
問４　ア　**問５**　イ　**問６**　エ　**問７**　イ　**問８**　㋐→㋔→㋓→㋑→㋒→㋕　**問９**　**ア**　×　**イ**　○　**ウ**　○　**エ**　×　**二**　**問１**　ア　**問２**　ウ　**問３**　すなわち，
問４　イ　**問５**　相互　**問６**　（例）　(本来承認は)相手が自分の意志で自由に行うことで成り立つが，他者に承認を求めてしまうと，相手を利用し自由意志を無視してしまうことになるので，満足のいく承認が得られなくなるということ。　**問７**　ウ　**問８**　イ　**問９**　エ

問10　ア　三　問１　下記を参照のこと。　問２　①　きんもつ　②　ちゅうさい
③　しゅうとく　④　かっきてき　⑤　ね(る)　問３　①　エ　②　ウ　③　オ

●漢字の書き取り

三　問１　①　操縦　②　衛星　③　均整　④　執筆　⑤　和(やかな)
⑥　備(えて)

解　説

一　**出典：遠藤周作《えんどうしゅうさく》『影《かげ》に対して　母をめぐる物語』**。音を追い求める芸術家として一人貧しく死んだ母をしのぶ勝呂《すぐろ》のようす，芸術を理解しない父や妻に苛立《いらだ》つようすが描《えが》かれている。

問１　**Ａ**　「諭《さと》す」の類義語には「説き聞かせる」がある。よって，アが選べる。　**Ｂ**　「暗に」の類義語には「それとなく」などがある。よって，イがよい。

問２　すぐ前の，子供の言動・心情に注目する。「果物」をねだり続けたのは，ヴァイオリンに熱中する「母の心をこちらに向けたかった」からなので，エがふさわしい。

問３　妻は普通《ふつう》の母親として，ヴァイオリンにかまけて空腹な子供を叱《しか》るなんてできないと言っており，勝呂の母の常軌《じょうき》を逸《いっ》したようすに怖《お》じけたのがわかる。一方勝呂は，母を「美化」しており，演奏をじゃましたときの母の「怒《いか》り」も，執筆《しっぴつ》中の勝呂を噂《うわさ》話でじゃまする妻にはわからないと思っている。つまり，母が「こわかった」というのは，音を追求する母への畏怖《いふ》と賛美がないまぜになった感情である。対比して「勝呂はヴァイオリンの音を追求する母に尊敬と賛美の感情を持っているが，妻は子供より音楽を優先する態度を異様に思っている」のようにまとめる。

問４　稔《みのる》の絵を五才にしては「うまい」と父がほめ，妻が喜んでいることへの苛立ちである。この後勝呂が，芸術に冷淡《れいたん》だった父を回想している。暗に「母に対する軽蔑《けいべつ》」をこめながら，「まともな人間なら」芸術などに手をつけないと言っていた父，「儲《もう》かる」こと第一の父が稔の絵をほめても，勝呂は皮肉に感じることしかできない。一方，妻は，問３でみたように，音を追求し続けた勝呂の母を理解していない。つまり，父の発言にも，芸術を理解できない妻が父の言葉ひとつで簡単に気をよくしていることにも苛立つのだから，アがよい。

問５　勝呂が膝《ひざ》の上で手を「握《にぎ》りしめた」のは，稔の「芸術的な才能」を伸《の》ばしてやるのが親の「義務だ」と父が言ったとき，「十数年前の思い出が胸を不意に突《つ》きあげ」たからである。この後，勝呂は父が「芸術」など「まともな人間」はやらないと言ったことを回想しており，手のひらを返した発言に怒りを覚えたのだから，イが合う。イ以外は，状況《じょうきょう》と父の豹変《ひょうへん》ぶりを正しくとらえていない。

問６　父の説教のようすを整理する。勝呂が「黙《だま》っている限り」は「諄々《じゅんじゅん》と諭す」ように「芸術」を否定し，「お前はわしと同じように教師になるのが一番いい」と自説を押《お》しつけてくる。反論すると一転，「馬鹿《ばか》言うな〜自分でかせいで食ってみるがいい」と叱りつけるのだから，エの「支配的」な人物像が合う。エ以外は，父の説教に一貫《いっかん》する押しつけをとらえていない。

問７　勝呂は妻が庭に「小さな紙きれや糸屑《いとくず》」を掃《は》き出すと「きたなく」，「怠《なま》け」ていると感じている。他方，亡き母の部屋にあった「ゴムの木の植木鉢《うえきばち》」の根元にも「ゴミ屑や糸が落ちていた」が，そのことに対して怠けている，きたないと思っているようすは読み取れないので，イがよい。イ以外は，妻に厳しく母に甘《あま》い点を反映していない。

問８　まず回想と現在に分ける。現在は時間経過の順に進むが，回想は前後していることに注意する。回想は，母が家にいたころの㋐，家を出た母が亡くなった㋔，母の死後，父が説教している㋓の順に並ぶ。現在は，妻への反応を表す㋑，父が訪れた㋒，父への不満を表す㋕の順になる。

問９　**ア**，**エ**　勝呂にとって母は芸術の「理解者」や「情熱」を譲《ゆず》り渡《わた》してくれた存在ではなく，音を追求し続けた尊敬の対象なので，合わない。　**イ**　音を追求し続けた母のことなど妻に「わかってたまるものか」と勝呂は思っており，これに合う。　**ウ**　父は「商業デザインなどで随分《ずいぶん》儲かる」という価値観から「絵かき」という職業を肯定《こうてい》しており，勝呂はそれに対して「心のなかで舌打ちをしていた」とあるので，合う。

二　**出典：戸谷洋志《とやひろし》『SNSの哲学《てつがく》　リアルとオンラインのあいだ』。**「承認」というものの基本的な働きを説明し，承認欲求がはらむ依存《いそん》・不安・疎外《そがい》から自由になる道筋を示す。

問１　「泥沼《どろぬま》」は比喩《ひゆ》的に“一度落ちこむとなかなかぬけられない悪い状況”を表す。よって，アが選べる。

問２　筆者にとっては「あまりにもあたりまえ」な友達の長所を，友だちに頼《たの》まれて書いてあげると，友達は「うっすらとした驚《おどろ》き」の表情を見せる。その理由を第一段落で，指摘《してき》されて「はじめて自分の個性に気づかされる」からと説明しているので，ウがよい。

問３　次の段落でヘーゲルによる答えが示されている。人が「自分のことを確信する」には「他者から承認されることが必要」だというのが答えで，これと同じ内容が第三段落に「すなわち，『自分が他人にどのような人として見られ，受け入れられているかを知ることによって，自分が何者であるかを知る』ということ」だと述べられている。

問４　「疎外」とは，人間がみずからつくり出したものごとによって支配され，本来あるべき自己の本質を見失った状態。「そのように確信する」とは，周りの人が「私」を「キラキラした人」と承認したことで「私」が自分を「キラキラした人」と確信することを指す。次の段落で，それが「私」を疎外することの説明がなされている。「私」は周りから認めてもらえる「キラキラした人」を演じ，「『キラキラした人』以外でもありえる自分」を見失うのが「疎外」された状態なので，イがよい。イ以外は，人のイメージに合わせることで自分を見失うという内容を正しくまとめていない。

問５　ヘーゲルの捉《とら》えていた「承認」の「関係」は，直後の文で説明されている。「『私』が他者に承認を求めるとき，その他者もまた『私』に対して承認を求める」とあるので，「相互《そうご》」が適する。「相互」という言葉は，七つ後の段落にある。

問６　この後，さらに訪れる「挫折《ざせつ》」を説明している。「承認」とは「自由な相手が，自分自身の意志」によって行うもので，そのとき初めて「私」は「満足」できる。しかし「私」が「相手を，自分の承認欲求を満たす」手段として扱《あつか》うとき他者は，たとえば「キラキラした人として認めてくれる人」としてのみ現れ，承認の満足が得られなくなる。これが，さらなる挫折である。整理して「(本来承認は)相手が自由意志で行うときにのみ「私」に満足をもたらすが，自分を承認してくれることを他者に求めると相手の自由意志をうばうため，人は他者から承認の満足を得られなくなるということ」のような趣旨《しゅし》でまとめればよい。

問７　すぐ前で，SNSのファボ(いいね)を例に説明している。自分の投稿《とうこう》にファボがほしくて他者の投稿に積極的にファボをつけるうち，他者からのファボも同様に，ファボがほしくてつけたものにすぎないと気づく。つまり，問６でも検討した自由意志による本来の承認ではなく，「道具」に成り下がっていることに気づくのだから，ウが選べる。ファボによる承認を積極的に行うほど，自由意志による本物の承認ではなくなることを，ウ以外は正しくおさえていない。

問８　後半の「ヘーゲルによれば」で始まる段落から「相互承認という」で始まる段落まで，五つの段落で説明している。まず，他者が見る「私」のイメージと，「自分をこう見てほしい」「自分を認めてほしい」という他者への期待や要求を放棄《ほうき》する。次に「自分の感じ方や考え方」と他者の「自由」を尊重しつつ，「私はあなたとかかわっていたい」というメッセージを伝える。この内容を反映しているのはイである。イ以外は，「相互」に自由を認め合う関係に合わない。

問９　本文ではアイデンティティの確立を問題にしていないので，アは合わない。自分のイメージを自分でつくりあげる必要があるとは述べていないので，イも正しくない。本文では相互承認自体を否定しているのではなく，他者とかかわるうえでの要点にしているので，ウも合わない。エは最初の四つの段落の内容に合う。

問10　本文では承認欲求について「哲学的」に論じた後，現代のSNSにおける「承認欲求」という問題をとりあげているので，アが合う。ヘーゲルの時代でも承認をめぐることがらは「大問題」だったとあるので，イは合わない。最後に，ワンランク上の承認欲求で「風通しのよいSNSとのつきあい方を可能にする」こともあり得ると述べているので，ウもふさわしくない。SNS依存からぬけ出す方法として「相互承認」というあり方を説明しているので，エも正しくない。

三　漢字の書き取りと読み，熟語の組み立て

問１　①　自由にあやつること。特に，飛行機や自動車などの機械を動かすこと。　②　衛星放送は，人工衛星からの送信電波を各家庭で直接受信して視聴《しちょう》できる放送。　③　全体のつりあいがとれて整っていること。　④　文章を書くこと。　⑤　音読みは「ワ」で，「平和」などの熟語がある。訓読みにはほかに「やわ(らぐ)」などがある。　⑥　音読みは「ビ」で，「準備」などの熟語がある。

問２　①　してはならないものごと。　②　対立し争っているものの間に入って仲直りさせること。　③　落とし物を拾うこと。　④　今までになかった独創的なことを始めたり，優れたものをつくったりして，その分野で新時代を開くようす。　⑤　音読みは「レン」で，「練習」などの熟語がある。

問３　①　エの「望郷」は“はるかに故郷を望む・故郷を懐《なつ》かしむ”ことで，後の漢字が前の漢字の目的語である。ほかは，「羊の毛」「深い海」「若い葉」「砂の丘」と読め，前後の漢字は修飾《しゅうしょく》関係になっている。　②　ウの「改善」は，類義語を重ねた組み立て。ほかは，「山に登る」「書を読む」「期を延ばす」「顔を洗う」と読め，後の漢字が前の漢字の目的語・補語である。　③　オの「否定」は，打消しの接頭辞がついた熟語。ほかは，対義語どうしの漢字を重ねた組み立てである。

2024年度 淑徳与野中学校

【算　数】〈第２回試験〉（50分）〈満点：100点〉

※　円周率は3.14で計算してください。鉛筆，消しゴム以外は使用しないでください。また，問題用紙を折ったり，やぶったりしないでください。

1　下の□にあてはまる数をそれぞれ求めなさい。

(1)　$\frac{2}{3} \div 0.25 \times \left\{1\frac{1}{2} \div \frac{1}{5} - \left(2\frac{1}{3} - \frac{5}{6}\right)\right\} \times 1.5 = \square$

(2)　$64 \div 3\frac{1}{5} - \left(3 - \frac{1}{3}\right) \times \square = 10$

(3)　352 と 368 と 2024 の最小公倍数は□です。

(4)　連続する５つの整数の和が 1000 であるとき，この５つのうち最大の整数は□です。

2 次の問いに答えなさい。

(1) 右の図で，四角形 ABCD は正方形であり，
三角形 EFG は EF ＝ EG の二等辺三角形です。
このとき，角アの大きさは何度ですか。

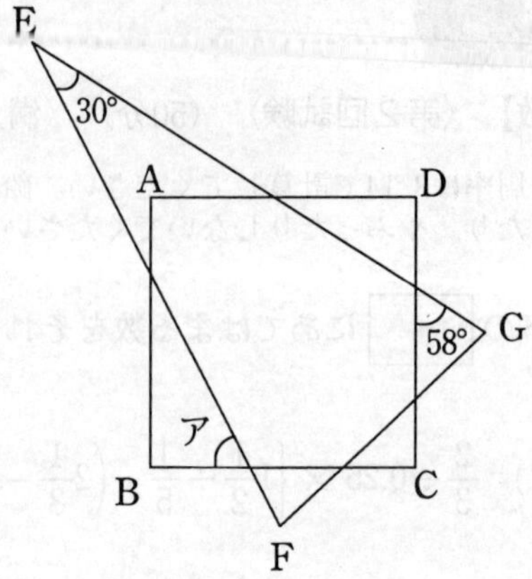

(2) 右の図で，１辺の長さが 10 cm の正方形の中に円がぴったりと入り，さらにその円の中に正方形がぴったりと入っています。斜線部分の面積の和は何 cm^2 ですか。

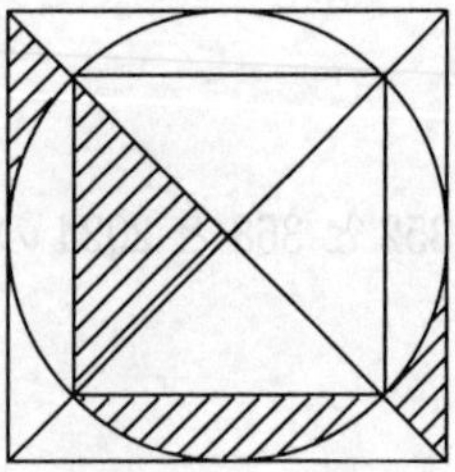

(3) 下の図の斜線部分の面積は何 cm^2 ですか。

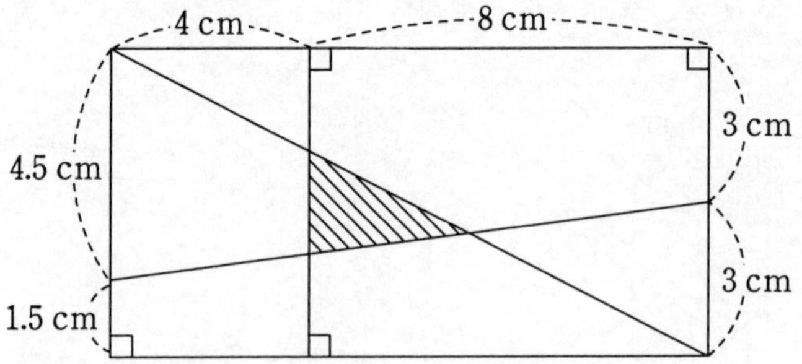

3 次の問いに答えなさい。

(1) 濃度が６％の食塩水から，240 g の水を蒸発させたところ，濃度が９％になりました。濃度が６％の食塩水は何 g ありましたか。

(2) クラスの生徒全員にチョコを配布します。１人 38 個ずつ配るとちょうど４人分が余り，１人 44 個ずつ配るとちょうど２人分が不足します。クラスの生徒の人数は何人ですか。

(3) 下の図のように，ある規則にしたがって偶数が並んでいる表があります。34 は上から３段目の左から１番目の数で，56 は上から４段目の左から５番目の数です。2024 は上から何段目の左から何番目の数ですか。

2	4	6	8	10	12	14	16
32	30	28	26	24	22	20	18
34	36	38	40	42	44	46	48
64	62	60	58	56	54	52	50
66	68	…	…	…	…	…	…

(4) よし子さんは家から駅に歩いて向かいました。途中のＰ地点で忘れ物に気づき，歩く速さの２倍の速さで走って家に戻り，同じ速さで走って駅へ向かったところ，最初に予定していた時刻と同じ時刻に駅に到着しました。家から駅までの道のりは，家からＰ地点までの道のりの何倍ですか。

4 24 km 離れた上流のＡ地点から下流のＢ地点へ川が流れています。Ａ地点を出発してＢ地点に到着する船Ｐと，Ｂ地点を出発してＡ地点に到着する船Ｑがあります。船Ｐ，Ｑがそれぞれ A 地点，Ｂ地点を同時に出発しました。２つの船がＡ地点から 15 km のＣ地点ですれちがったとき，船Ｐは故障してエンジンが止まってしまいました。その後，船ＰはＢ地点まで川の流れだけで進みました。船Ｐ，Ｑの静水での速さは，どちらも時速 18 kmです。このとき，次の問いに答えなさい。

(1) ２つの船がＣ地点ですれちがうのは出発してから何分後ですか。

(2) 川の流れの速さは時速何 km ですか。

(3) 船ＰがＢ地点に到着するのは出発してから何時間何分後ですか。

(4) 船Ｐが故障せずに進んだ場合，船ＰがＢ地点に到着してから何分何秒後に船ＱがＡ地点に到着する予定でしたか。

5 図１のように，底面の縦の長さが 15 cm，横の長さが 20 cm で，高さが 30 cm の直方体の水そうに，深さ 15 cm まで水が入っています。このとき，次の問いに答えなさい。

(1) 図２のような直方体のおもりを，面アが水そうの底面にぴったりつくように入れたとき，水面の高さは何 cm になりますか。

(2) 図３のような直方体のおもりを，面イが水そうの底面にぴったりつくように入れたとき，水面の高さは何 cm になりますか。

図１

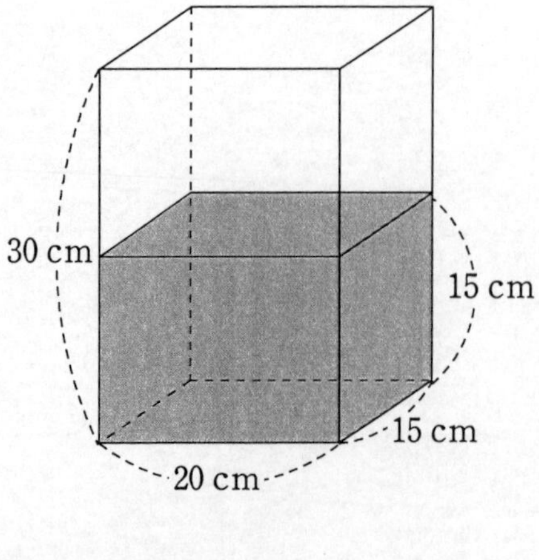

図２

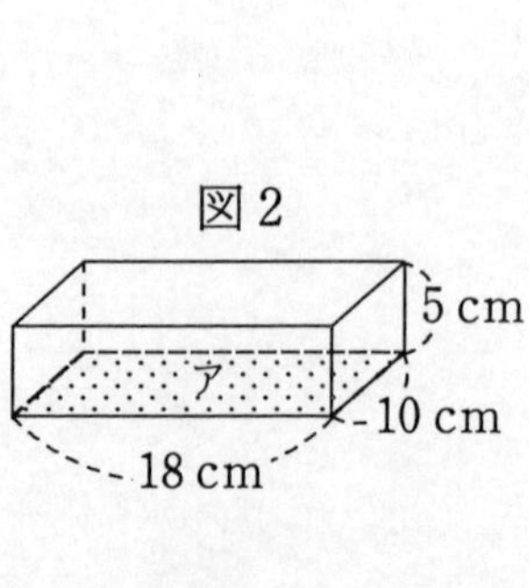

図３

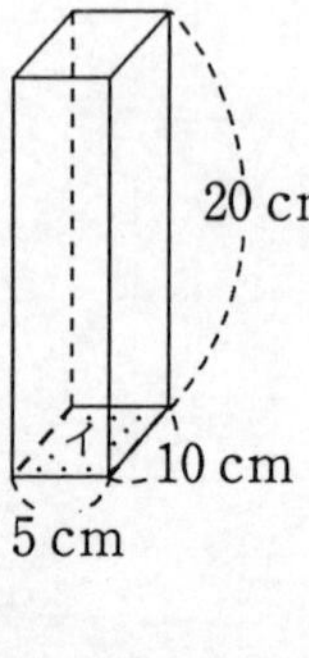

6 下の図のように，1辺の長さが7 cmの正方形ABCDの中に，1辺の長さが2 cmの正三角形PQRがあります。この位置から正三角形PQRを正方形の辺にそって，矢印の方向にすべらないように転がします。点Pが初めて辺CDと重なるまで動かすとき，次の問いに答えなさい。

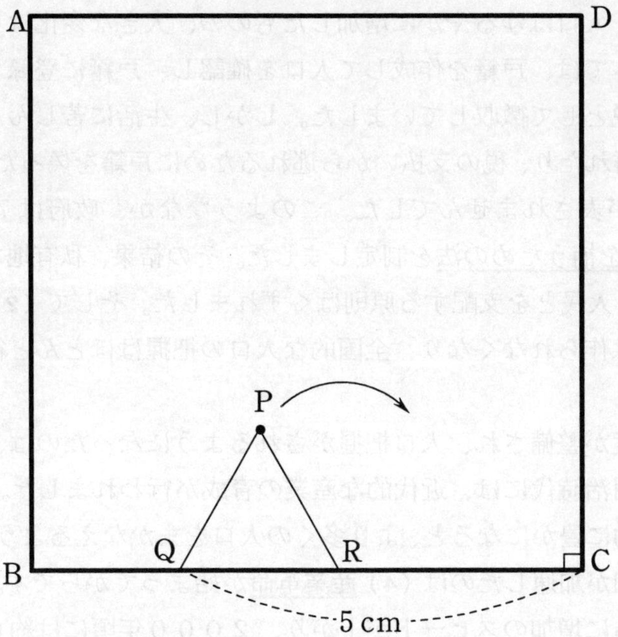

(1) 点Pが動いたあとの線を図にかきなさい。

(2) 点Pが動いたあとの線の長さは何 cmですか。小数第3位を四捨五入して小数第2位まで求めなさい。

(3) 正三角形PQRが通過したあとの部分の面積は何 cm^2 ですか。必要なら，1辺2 cmの正三角形の面積を1.73 cm^2 として計算しなさい。

【社　会】〈第２回試験〉（理科と合わせて50分）〈満点：50点〉

1　次の文章を読み、以下の問に答えなさい。

２０２２年、世界の総人口が８０億人を突破しました。人口は、地域の特徴を表す重要な指標です。

人類の誕生以降、人口はゆるやかに増加したものの、大きな変化は見られませんでした。古代の日本では、戸籍を作成して人口を確認し、戸籍に登録した人々に口分田を与え、稲を税として徴収していました。しかし、生活に苦しんだ農民が戸籍に登録された地を離れたり、税の支払いから逃れるために戸籍を偽ったりしたため、戸籍に正確な実態が表されませんでした。このようななか、政府は７４３年に（１）口分田の不足を補うための法を制定しました。その結果、私有地である荘園が増加し、国が土地と人民とを支配する原則はくずれました。そして（２）中世になると、統一的な戸籍は作られなくなり、全国的な人口の把握はほとんど行われなくなりました。

本格的な戸籍制度が整備され、人口把握がされるようになったのは、明治時代になってからです。明治時代には、近代的な産業の育成が行われました。（３）産業の発達によって経済的に豊かになると、より多くの人口をまかなえるようになります。

世界的に人口増加が加速したのは（４）産業革命が始まってからです。（５）第二次世界大戦後にはさらに増加のスピードが上がり、２０００年頃には約６０億人となりました。２０６０年には世界人口が１００億人を突破するという予測も立てられています。

世界の国々の中でも特に、発展途上国や、（６）インドなどの新興工業国で人口が増加しています。しかし、これらの国々では、政府が正確な人口を把握できていないことが報道されています。最近まで一人っ子政策が行われていた（７）中国では、２人目以降の子どもが戸籍を与えられない事例が多く見つかり、教育や医療を受けられないという問題が残されています。

現在では戸籍への登録によって、政府は地域の人口の実態を把握し、税収を確保することができます。一方、国民は、戸籍に登録されることで様々な公共サービスを受けることができます。ですが、国内で暮らしているのはその国に戸籍を持つ人々だけではありません。近年では、外国人労働者や訪問客が次々と日本へ入ってきています。彼らの人数を正確に把握することが、今求められています。

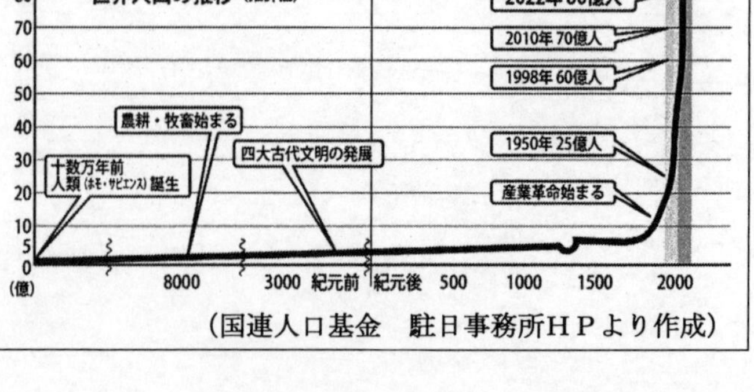

（国連人口基金　駐日事務所ＨＰより作成）

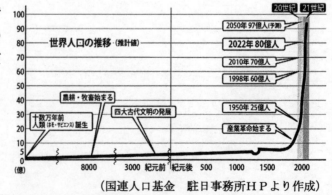

問１　波線部（**１**）について、

①　この波線部が示す法では、開墾した土地は永久に国に返さなくてもよいことが定められました。この法を何といいますか。<u>**漢字７文字で**</u>答えなさい。

②　次の**資料Ａ**は、口分田の支給についてのきまりです。また、**資料Ｂ**は、奈良時代のある家族の構成を示したものです。この家族に与えられた口分田の合計はどれだけですか。ただし、身分による支給面積の差は問わないものとします。解答欄に合わせて答えなさい。

資料Ａ

口分田は男子には２段、女子にはその３分の１を
減らして支給すること。５歳以下の者には与えない。

※段《たん》、歩《ぶ》…土地の面積を表す単位
※１段＝３６０歩

資料Ｂ

男４３歳	女４１歳	男２０歳
男１４歳	女１２歳	女３歳

問２　波線部（**２**）について、鎌倉幕府と室町幕府がそれぞれの地におかれた理由として最も適当な組み合わせを１つ選び、**ア～エ**の記号で答えなさい。

Ａ　鎌倉幕府が鎌倉におかれたのは、山と海に囲まれており、防衛しやすかったためです。

Ｂ　鎌倉幕府が鎌倉におかれたのは、源氏の守護神として創建された石清水八幡宮があったためです。

Ｃ　室町幕府が京都におかれたのは、南北朝の動乱による混乱があり、京都を離れることができなかったためです。

Ｄ　室町幕府が京都におかれたのは、蔵屋敷がおかれて経済の中心地となっていたためです。

ア　**Ａ・Ｃ**　　**イ**　**Ａ・Ｄ**　　**ウ**　**Ｂ・Ｃ**　　**エ**　**Ｂ・Ｄ**

問３　波線部（**３**）について、江戸時代には農業生産技術が大きく発達しました。次の農具を使用する順番に並べ替えたとき、**３番目にくるもの**はどれですか。適当なものを１つ選び、**ア～エ**の記号で答えなさい。

ア

イ

ウ

エ

（第一学習社『最新日本史図表』より作成）

問４　波線部（**４**）について、

①　世界で初めての産業革命はイギリスで始まりました。このころの日本は、どのような時代でしたか。次の**表**から適当なものを１つ選び、**ア～エ**の記号で答えなさい。

表

元寇
⇓　**ア**
日明貿易の開始
⇓　**イ**
豊臣秀吉の朝鮮出兵
⇓　**ウ**
「鎖国」の完成
⇓　**エ**
日本の開国

②　日本では、日清・日露戦争のころに産業革命が進みました。この２つの戦争の間に日本で起こった出来事はどれですか。適当なものを１つ選び、**ア～エ**の記号で答えなさい。

ア　綿糸生産量が輸入量を上回りました。

イ　官営八幡製鉄所が操業を開始しました。

ウ　工業生産額が農業生産額を上回りました。

エ　貿易額が急増し、輸出額が輸入額を上回りました。

問5　波線部（**5**）について、次の文章は、日本と関係する戦争史料の現代語訳の一部です。第二次世界大戦中の史料として**適当でないもの**を１つ選び、**ア〜エ**の記号で答えなさい。

ア　締結国のいずれかが欧州戦争や日中戦争に参加していない国によって攻撃された場合、三国は政治的・経済的・軍事的方法によって相互に援助することを約束する。

イ　臨時ニュースを申し上げます。臨時ニュースを申し上げます。大本営陸海軍部、１２月８日午前６時発表。帝国陸海軍は、本８日未明、西太平洋において、アメリカ・イギリス軍と戦闘状態に入りました。

ウ　もし日本国またはイギリスの一方が（中略）第三国と戦争を行った場合は、他の一方の締結国は厳正中立を守り、加えてその同盟国に対し他国が戦争に参加することを防止するよう努める。

エ　我らは、日本政府が直ちに日本軍の無条件降伏を宣言し、それに伴い政府が誠意ある保障を提供することを要求する。これを受け入れない場合は迅速かつ完全な日本壊滅のみが待っている。

問6　波線部（**6**）について、インドの人口と中国の人口を合わせると、世界の総人口の約何％になりますか。人口はいずれも２０２２年時点のものとします。適当なものを１つ選び、**ア〜エ**の記号で答えなさい。

ア　１５％　　**イ**　３５％　　**ウ**　５５％　　**エ**　７５％

問7　波線部（**7**）について、かつて中国国内では共産党と国民党が内戦をしており、勝利した共産党が中華人民共和国を建国しました。敗れた国民党が中華民国政府を維持するために移った場所はどこですか。**漢字で**答えなさい。

2 次の文章を読み、以下の問に答えなさい。

日本列島は、世界の活火山の約１割が集中している世界有数の火山国です。西日本では鹿児島県に活火山が集中しており、火山数は東京都・北海道に次ぐ第３位で、日本全国の活火山の１割を占めます。特に、霧島山、□□、薩摩硫黄《さつまいおう》島、口永良部《くちのえらぶ》島、諏訪之瀬《すわのせ》島の５火山は、気象庁が２４時間体制で火山活動を観測・監視を行っている「常時観測火山」と呼ばれる５０の活火山にも含まれています。

(1) 鹿児島市街からほど近い□□は、かつては離島でしたが、１９１４年に起きた大正噴火で溶岩が海へ流れ出し、大隅《おおすみ》半島と陸続きになったといわれています。現在でも毎日のように小規模な噴火を繰り返している□□ですが、縄文時代から人々が生活していたと考えられており、□□にある縄文時代の貝塚にも人々が火山灰と共生していた跡が残っています。こうして長きにわたって火山と人々が共に生きて来た背景として、この地の **(2)** 温暖な気候に加え、火山の恵みの大きさに目を向けてみましょう。

火山のふもとに広がる扇状地は、水はけが良いため **(3)** 野菜や果物の栽培に適した環境となります。高温の火山灰が溶け合い結合してできた岩石は、適度な強度を保ちながらも少し柔らかく加工がしやすいため **(4)** 歴史的建造物にもみられる鹿児島の石の文化を発達させました。また、鹿児島県では火山地形を利用した独自の城の構造が発展し、中世の代表的な山城である知覧《ちらん》城は、堀が深く規模が大きい南九州特有の築城の在り方を今に伝えています。知覧は名産の **(5)** 知覧茶でも知られる場所ですが、温泉地の一つでもあります。鹿児島県は霧島温泉や指宿《いぶすき》温泉など全国的に有名な温泉地があり、温泉が湧《わ》き出る源泉の数も全国第２位を記録する全国屈指の温泉地です。**(6)** これらの温泉は、活火山の地熱で地下水が温められ地表に湧き出てきたものであり、温泉もまた、火山の恵みの一つといえます。

大きな噴火が発生すると、噴石や火砕流《かさいりゅう》、溶岩流、火山灰、火山ガスなどによる災害がもたらされます。人々に大きな脅威《きょうい》と恩恵を与える火山に対し、日本人は古代から時に恐れ、時に感謝しながら向き合ってきました。日本列島は、いずれの場所であっても火山と無関係ではいられません。人類が生まれるずっと前からそこにあった火山という自然を敬《うやま》い、適切に理解していくことが、自然災害の被害を軽減することにもつながるでしょう。

大正噴火で火山灰に埋もれた鳥居
（鹿児島県観光サイトＨＰより）

問１　文中の□□にあてはまる活火山は何ですか。漢字２文字で答えなさい。

問２　波線部（１）について、

①　□□の大正噴火は、日本が２０世紀に経験した最大の火山噴火災害です。その経過の一部についてまとめた、次の報告書から考えられることとして**適当でないもの**を１つ選び、**ア～エ**の記号で答えなさい。

・１９１３年１１月ごろ～　□□の一部集落で井戸水の水位が低下。

・１９１４年１月９日　□□東部・北部で地震発生。

・１９１４年１月１０日　□□全域で地震発生。
＊井戸水や地震に不安を感じた一部住民が避難準備を開始。

・１９１４年１月１１日　鹿児島市内で地震発生。□□での地震強まる。
＊測候所（観測所）は「避難必要なし」と回答。
＊一部集落が自主避難開始。
（※東□□村地域での避難準備計画の例（避難順）
①船を所持しない者の家族（老・幼・婦女）
②船を所持する者の家族
③船を所持しない者の家長および成人男性）

・１９１４年１月１２日　早朝から井戸の水位上昇や海岸で湯水の流出が見られる。
＊一部集落を除き避難開始。
午前１０時過ぎ、西山腹が噴火開始。遅れて東山腹も噴火。
＊鹿児島市内全域に津波や毒ガスが来るとの噂《うわさ》が拡大。
＊噴火開始直後から船舶《せんぱく》による救助活動開始。
＊降灰などで電信電話が不通となり、新聞社も損壊。

・１９１４年１月１３日　溶岩流流出開始。

ア　噴火によって新聞社が被害を受けたため、正確な情報が伝わらなかったと考えられます。

イ　□□の住民は、噴火に関する知識を身につけていたと考えられます。

ウ　自主的な助け合い、老人やこども、女性を優先した計画的な避難が、被害の軽減につながったと考えられます。

エ　鹿児島市と住民が一体となった、秩序が保たれた状態での避難が行われたと考えられます。

② 次の地形図は鹿児島市のものです。地形図から読み取れることとして**<u>適当でないもの</u>**を１つ選び、**ア～エ**の記号で答えなさい。なお、下線部の情報には誤りはないものとします。

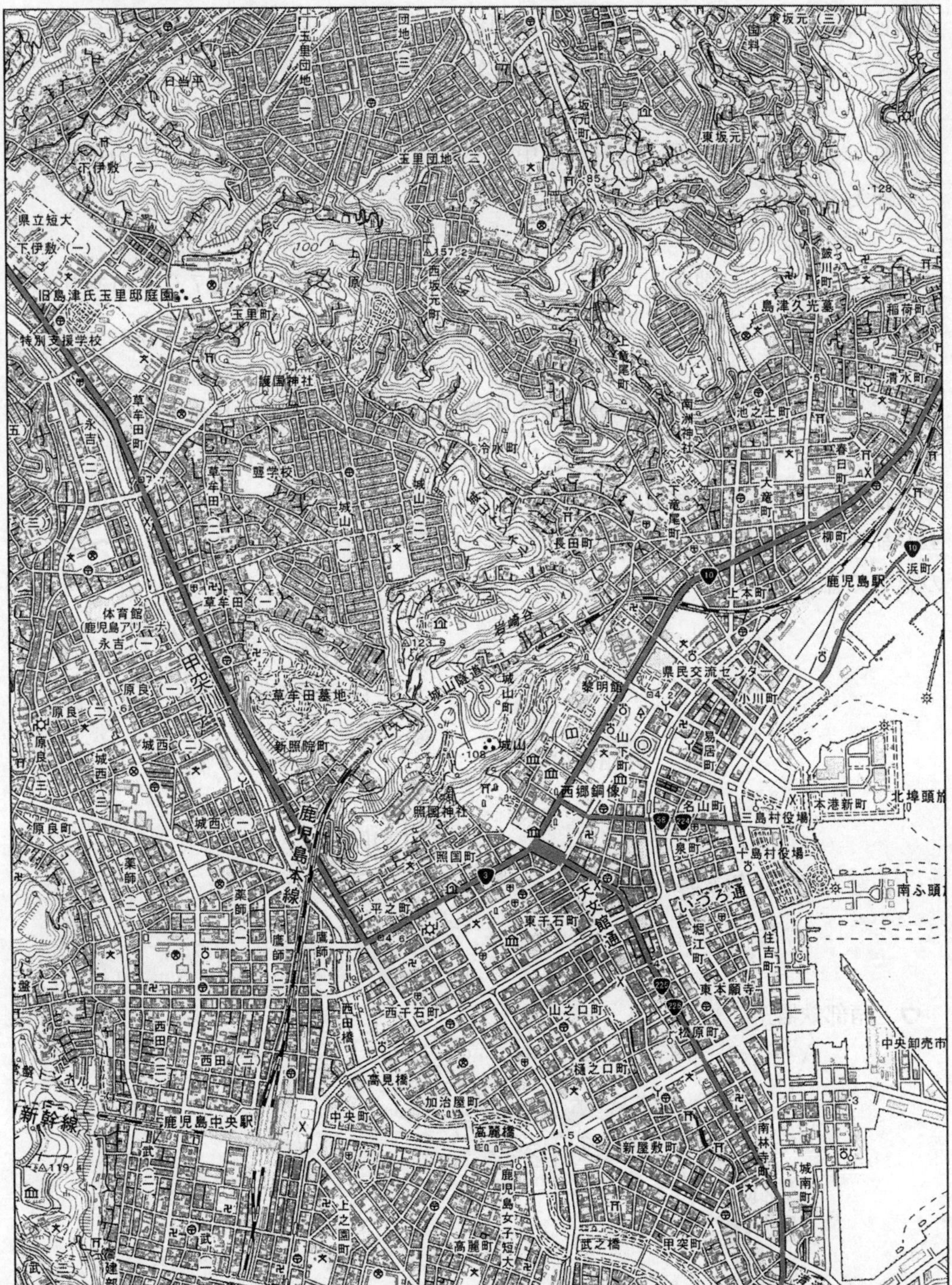

（国土地理院発行　２万５千分の１地形図「鹿児島北部」原寸より作成）

ア　西坂元町は新興住宅地と考えられ、鹿児島駅方面に向かって上り坂になっています。

イ　体育館(鹿児島アリーナ)から甲突川に向かい、河口に向かって川沿いを歩くと、進行方向の左手に草牟田墓地が見えてきます。

ウ　官公署は鹿児島本線の東側に集中しており、市役所の周辺には多くの博物館も立ち並んでいます。

エ　城山トンネルは地図上で約２．８ｃｍあるため、実際には約７００ｍあります。

問３　波線部（２）について、鹿児島県の奄美大島には、温暖な地域に自生する常緑低木のテーチ木（車輪梅《しゃりんばい》）が多く自生し、これを使った染色を行う「大島紬《おおしまつむぎ》」と呼ばれる伝統工芸品の織物があります。日本の伝統工芸品について、次の地図上の都道府県と伝統工芸品の組み合わせとして適当なものを１つ選び、**ア～エ**の記号で答えなさい。

問４　波線部（３）について、

①　鹿児島県で栽培された植物を原料として製造される製品の１つに、［　　］があります。次の資料を参考にして、［　　］に共通してあてはまる語句として適当なものを１つ選び、**ア～エ**の記号で答えなさい。

資料　国内［　　］供給割合（令和元年［　　］年度*）

＊［　　］年度　…様々な年度の一種。原料となる作物の収穫期に合わせた１年間の区切りで、日本では毎年１０月１日から翌年９月３０日までの期間をさす。

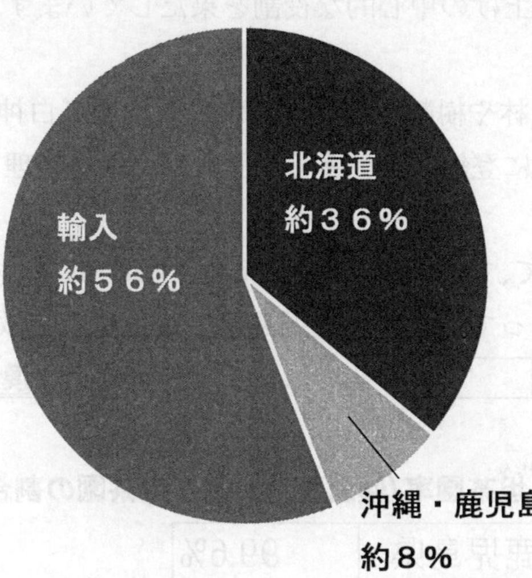

（農林水産省ＨＰより作成）

ア　砂糖　　　**イ**　菜種油　　　**ウ**　酒　　　**エ**　味噌

②　鹿児島県は田よりも畑の方が耕地面積が広く、全体の約７割を占めています。その背景として、鹿児島県の本土面積の約６割が軽石や火山灰など火山の噴出物で覆《おお》われていることがあげられますが、こうした堆積物《たいせきぶつ》を何といいますか。**カタカナ３文字で**答えなさい。

問５　波線部（**４**）について、現在の鹿児島県の地域における出来事として**適当でないもの**を１つ選び、**ア～エ**の記号で答えなさい。

ア　戦国時代、中国船に乗ったポルトガル人によって鉄砲が伝えられ、国産の鉄砲が作られるようになりました。

イ　江戸時代、天草四郎を大将としたキリシタン農民による一揆が起こり、鎮圧後は幕府による禁教がさらに強化されました。

ウ　昭和時代、日本最大のロケット発射場が建設され、日本の宇宙開発において人工衛星打ち上げの中心的な役割を果たしています。

エ　平成時代、原生林や樹齢数千年の杉が残る地域が白神山地とともに日本初の世界自然遺産に登録され、多くの固有種が保全管理されています。

問６　波線部（**５**）について、日本茶の栽培面積と生産量は、いずれも１位が静岡県、２位が鹿児島県となっています。鹿児島県の茶生産の特徴について、次の資料から考察した文章の□にあてはまる語句を考え、**漢字で**答えなさい。

資料　平坦《へいたん》茶園率（傾斜度０～５度の茶園の割合）の状況

鹿児島県	99.6%
静岡県	36.5%
全国	52.3%

（公益社団法人日本茶業中央会「平成３０年度版 茶関係資料」より作成）

考察
鹿児島県の茶園は全国的にみても平坦な地が多いので、□化を進めやすく、大量生産を効率的に進められているのではないだろうか。

問７　波線部（６）について、脱炭素社会に向けた再生可能エネルギーの１つとして近年、地熱発電の一種である「温泉発電」が注目されています。地熱発電や温泉発電の特徴について、次の**資料１・２・３**から読み取れることとして<u>**適当でないもの**</u>を１つ選び、**ア～エ**の記号で答えなさい。

資料１　一般的な地熱発電の仕組み（フラッシュ発電[*1]）

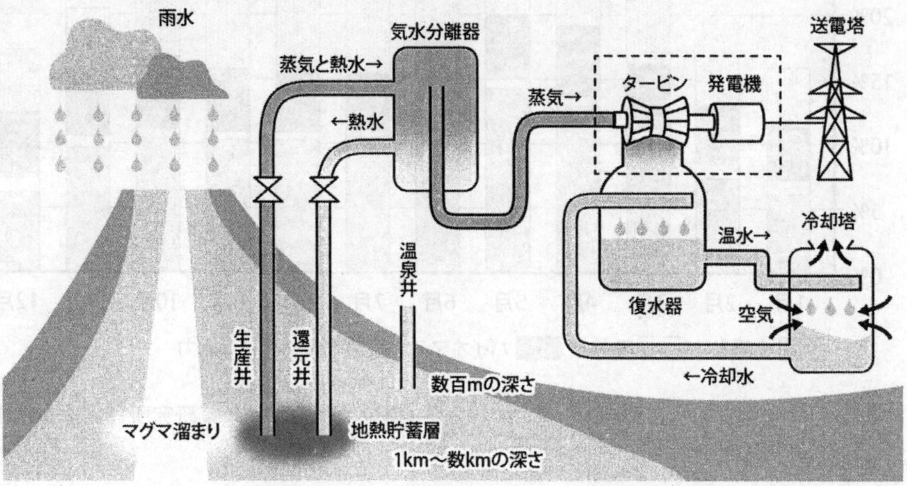

（関西電力グループＨＰより作成）

資料２　温泉発電の仕組み（バイナリー発電[*2]）

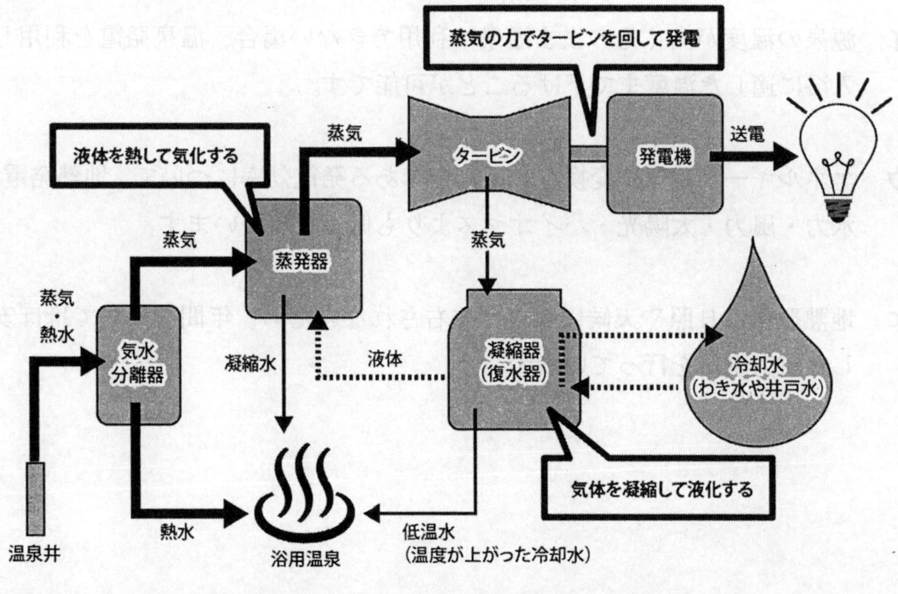

＊１フラッシュ発電　…蒸気を利用し、発電機を回して発電する方式。

＊２バイナリー発電　…２つの熱の循環サイクルを用いて発電する方式。

資料３　日本国内の全発電量に占める月別の自然エネルギー割合（２０２２年）

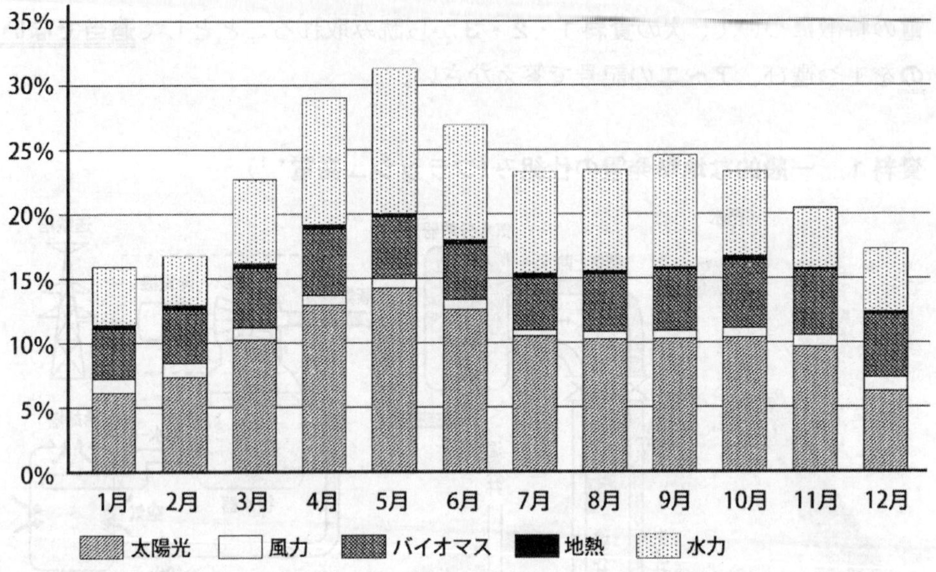

（環境エネルギー政策研究所ＨＰより作成）

ア　温泉発電は、一般的な地熱発電とは異なり、新たな深い掘削《くっさく》が不要なので、開発コストを低く抑えられます。

イ　源泉の温度が高くそのまま温泉に利用できない場合、温泉発電を利用して入浴に適した温度まで下げることが可能です。

ウ　エネルギーが電気に変換される割合である発電効率について、地熱発電は、水力・風力・太陽光・バイオマスよりも低くなっています。

エ　地熱発電は日照や天候に大きく左右されないため、年間を通してほぼ安定した電力供給を行っています。

3　以下の問に答えなさい。

問１　次の少子化や子育てに関する新聞記事を読み、以下の問に答えなさい。

出生　最少77万人

昨年　出生率も最低1.26

２０２２年に生まれた日本人のこども（出生数）は77万７４７人で、統計を始めた１８９９年以降で最少となり、初めて80万人台を割り込んだ。

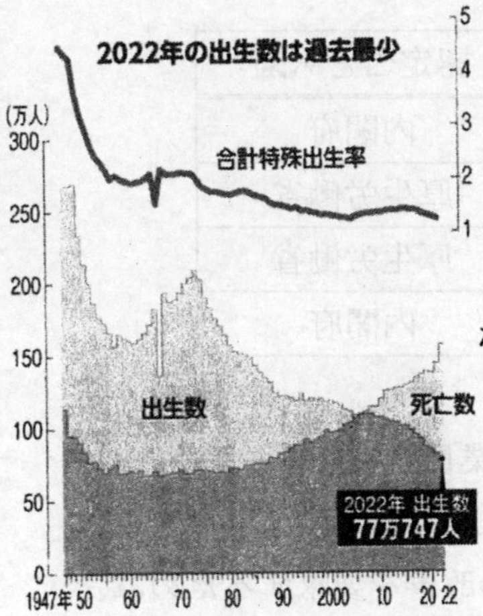

（朝日新聞　２０２３年６月３日）

こども未来戦略　3.5兆円決定

財源の捻出　年末に

岸田文雄首相は13日、首相官邸で記者会見し、児童手当の拡充などを盛り込んだ少子化対策の「こども未来戦略方針」を発表した。２０２８年度までに取り組む「加速化プラン」で年３・５兆円規模を投じ、急激に進む少子化に歯止めをかけたい考え。歳出改革などで捻出する財源の詳細は年末に示す。将来にわたる安定財源を確保できるかが今後の焦点となる。

（朝日新聞　２０２３年６月１４日）

①　少子化対策の実現に向けて、岸田首相は「こども未来戦略」を閣議で決定し発表しました。２０２４年１０月から段階的に実施されるものの正誤の組み合わせとして適当なものを１つ選び、**ア～エ**の記号で答えなさい。

X　こどもの数に応じた児童手当の拡充

Y　給食費や修学旅行費の無償化

ア　**X**－正　**Y**－正　　**イ**　**X**－正　**Y**－誤

ウ　**X**－誤　**Y**－正　　**エ**　**X**－誤　**Y**－誤

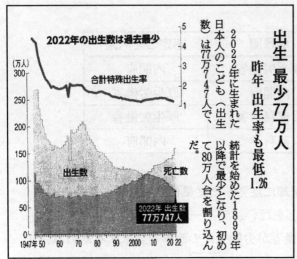

② ２０２３年４月１日、内閣府の外局として「こども家庭庁」が設置されました。その目的の１つは、縦割り行政の弊害《へいがい》を解消するためですが、これまでこどもを取り巻く次の施設は、それぞれどこが管轄《かんかつ》してきましたか。適当なものを１つ選び、**ア～エ**の記号で答えなさい。

	保育園	幼稚園	認定こども園
ア	文部科学省	厚生労働省	内閣府
イ	文部科学省	内閣府	厚生労働省
ウ	内閣府	文部科学省	厚生労働省
エ	厚生労働省	文部科学省	内閣府

問２ ２０２３年８月末、大手デパートの売却に反発した従業員からなる労働組合が、業界として６１年ぶりとなるあることを行い、デパートは臨時休業となりました。この行為は、団体行動権として労働者が労働条件の改善を要求するために、団結して労働を拒否するものです。下の写真の□に共通してあてはまる行為は何ですか。答えなさい。

（ＮＨＫ解説委員室　ＨＰより作成）

問３ 近年、コロナ禍《か》で経営悪化に苦しむ事業者や災害の復興を支援するために、ある税の制度が全国で活用されています。このような、納税先の自治体を自分で選べる税の制度を何といいますか。答えなさい。

問４　日本の憲法や政治に関する説明として**適当でないもの**を１つ選び、**ア～エ**の記号で答えなさい。

ア　憲法には、国会が立法権、内閣が行政権、裁判所が司法権をそれぞれ担当することが規定されています。

イ　平和主義の三原則は、戦争の放棄、戦力の不保持、交戦権の否認です。

ウ　政府は核兵器について、持たず、作らず、持ち込ませずを三原則としています。

エ　国民が守らなければならない３つの義務は、教育を受けさせる義務、税金を納める義務、勤労と奉仕の義務です。

問５　次のグラフは、ドル円の為替相場の変化をあらわしたものです。

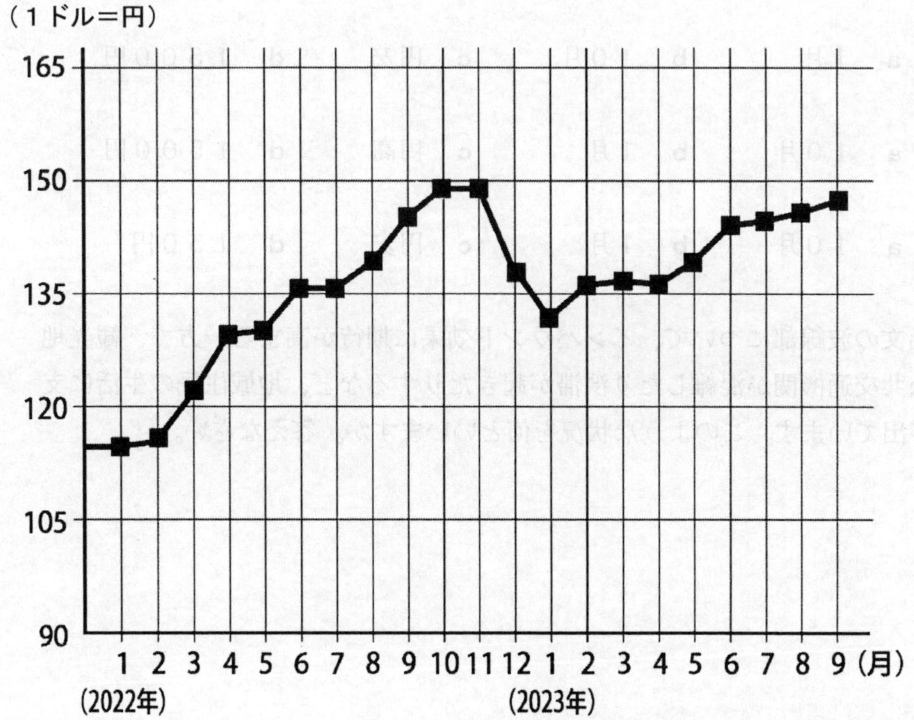

① このグラフを見た生徒**Ａ**と**Ｂ**の会話文を読み、正しい会話となるよう、**（ａ）**～**（ｄ）**に語句や数字をあてはめる場合、その組み合わせとして適当なものを１つ選び、**ア～エ**の記号で答えなさい。

生徒**Ａ**：コロナ禍の収束によって自由に海外との往来が可能になったから、日本にやってくる外国人観光客の数が増えているよね。
生徒**Ｂ**：この期間中に、アメリカからの観光客が一番得をしたのはいつなのだろう。
生徒**Ａ**：少なくとも２０２２年の（　**ａ**　）に来日するよりも、その年の（　**ｂ**　）の方が（　**ｃ**　）なので、お得だったと思うよ。
生徒**Ｂ**：２０２３年はどうだろう。１ドルの両替が１３０円だった1月よりも１４５円で両替できた８月なら、１００ドルのお金は（　**ｄ**　）増えたことになるね。

ア　**ａ**　1月　　**ｂ**　１０月　　**ｃ**　円高　　**ｄ**　１５０円

イ　**ａ**　1月　　**ｂ**　１０月　　**ｃ**　円安　　**ｄ**　１５００円

ウ　**ａ**　１０月　　**ｂ**　1月　　**ｃ**　円高　　**ｄ**　１５００円

エ　**ａ**　１０月　　**ｂ**　1月　　**ｃ**　円安　　**ｄ**　１５０円

② 会話文の波線部について、インバウンド効果に期待が高まる一方で、観光地の公共交通機関が混雑したり渋滞が起きたりするなど、地域住民の生活に支障が出ています。このような状況を何といいますか。答えなさい。

【理　科】〈第２回試験〉（社会と合わせて50分）〈満点：50点〉

1　以下の問いに答えなさい。

問1　体積が 220cm³ のプラスチックの直方体を水にしずめたところ、右図のように一部がしずみました。同様にして、今度は食塩水にしずめた場合、しずんだ部分の長さは何 cm になりますか。ただし、このプラスチックの重さと食塩水の重さはそれぞれ、同じ体積の水の重さの 0.9 倍、1.1 倍とします。

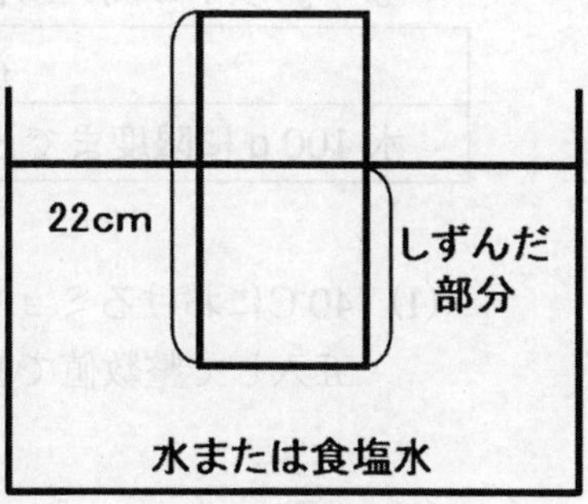

問2　右の図は、月の位置と月の満ち欠けの関係を表した図です。図の地球は北極側から見たものとして、以下の問いに答えなさい。

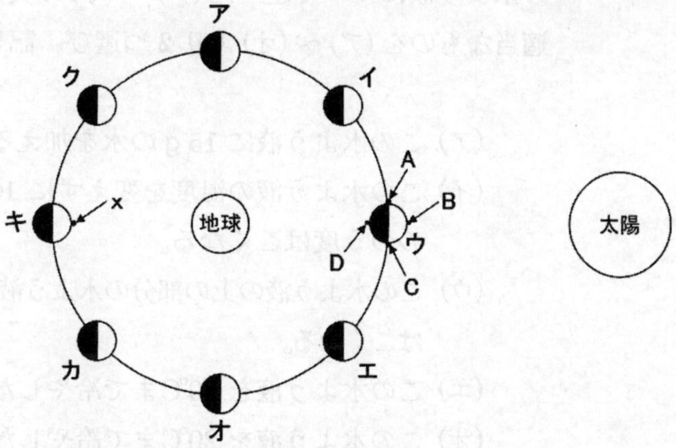

(1)　アの月が午後９時ごろに見えたとき、月が見えたのはどのあたりですか。①～⑥より選び、番号で答えなさい。

①　東の空　　②　南東の空　　③　南の空

④　北の空　　⑤　南西の空　　⑥　西の空の地平線

(2)　キの月にある x の地点は、ウの月のとき、どの位置になっているはずですか。図中の A～D より選び、記号で答えなさい。

問3　森林伐採《ばっさい》や地球温暖化、密りょうや乱かくなどが原因で、現在、多くの動物が絶滅《ぜつめつ》しつつあります。日本に生息している野生動物で、絶滅危惧種《きぐしゅ》に指定されている動物はどれですか。①～⑥より２つ選び、番号で答えなさい。

①　アライグマ　　②　レッサーパンダ　　③　ラッコ

④　ホッキョクグマ　　⑤　ジュゴン　　⑥　ジャイアントパンダ

問4 下の表は、それぞれの温度で水 100 g に限度までとかしたミョウバンの重さを表しています。以下の問いに答えなさい。

温度〔℃〕	20	40	60
水 100 g に限度までとかしたミョウバンの重さ〔g〕	11.4	23.8	57.4

(1) 40℃におけるミョウバンの飽和《ほうわ》よう液ののう度は何%ですか。小数第1位を四捨五入して整数値で答えなさい。

(2) 60℃の水 100 g にミョウバン 18 g を入れ、よくかきまぜ完全にとかしました。この水よう液について述べた(ア)～(オ)の文のうち、**誤りをふくむ文**はどれですか。適当なものを(ア)～(オ)より 2 つ選び、記号で答えなさい。

(ア) この水よう液に 15 g の水を加えると、60℃でののう度はうすくなる。
(イ) この水よう液の温度を変えずに 10 g のミョウバンをとかすと、60℃でののう度はこくなる。
(ウ) この水よう液の上の部分の水よう液を 15 g とりのぞくと、60℃でののう度はこくなる。
(エ) この水よう液を 40℃まで冷やしたとき、のう度は変わらない。
(オ) この水よう液を 20℃まで冷やしたとき、のう度はこくなる。

2 銅とマグネシウムを十分に加熱する実験を行いました。以下の問いに答えなさい。ただし、銅と酸素は４：１の質量比で結びつき、マグネシウムと酸素は３：２の質量比で結びつくものとします。

問1 銅が空気中の酸素と結びつく変化を何といいますか。漢字２文字で答えなさい。

問2 1.2 g のマグネシウムと銅はそれぞれ何 g の酸素と結びつきますか。

問3 マグネシウムと銅を２：１の質量比で混ぜた粉末 7.2 g を十分に加熱したとき、結びついた酸素は何 g になりますか。

問4 十分に加熱したマグネシウム 1.2 g に結びついた酸素と同じ質量の酸素と銅 2.0 g を密閉容器に用意し、十分に加熱したとき、残った固体の質量は何 g になりますか。

問5 酸素と結びついた銅をある気体とともに十分に加熱すると、銅は酸素と結びつく前の銅にもどり、同時に水が生じました。ある気体は何ですか。

3 オオカナダモとメダカを用いて、次の実験を行いました。以下の問いに答えなさい。ただし、フラスコ内の温度はすべて25℃に保たれているとします。

実験１　２つの三角フラスコＡ、Ｂを用意し、それぞれに青色の BTB よう液に二酸化炭素をふきこんで緑色にしたよう液とオオカナダモを１本入れ、ゴム栓《せん》をした。三角フラスコＡは光が当たらないように容器のまわりをアルミニウムはくでおおい、２つの三角フラスコに同じ強さの光をしばらく当てたあと、よう液の色を調べた。

問1 次の文章は、**実験１**の結果を考察した文章です。空欄《らん》ア～オに当てはまる語句は何ですか。①～⑨より選び、それぞれ番号で答えなさい。ただし、同じ番号を何度選んでもよいものとします。

三角フラスコＡは光が当たらないため、（　ア　）ができず、（　イ　）のみを行った。その結果、三角フラスコＡ内の（　ウ　）が増加したため、よう液は（　エ　）色に変化したと考えられる。三角フラスコＢは、光が当たるので（　ア　）と（　イ　）の両方を行ったが、（　ア　）の方を多く行ったため、よう液は（　オ　）に変化したと考えられる。

①　呼吸　　②　光合成　　③　酸素　　④　二酸化炭素　　⑤　ちっ素
⑥　赤色　　⑦　緑色　　⑧　青色　　⑨　黄色

実験２　**別の三角フラスコＣを用意し、青色の BTB よう液に二酸化炭素をふきこんで緑色にしたよう液とオオカナダモ３本とメダカ２ひきを入れ、ゴム栓をした。三角フラスコＡ、Ｂに当てたときと同じ強さの光をしばらく当てたあと、よう液の色を調べた。ただし、オオカナダモとメダカはどちらも個体差はないものとする。**

問2 次の文章は、**実験２**の結果を考察した文章です。空欄カ～ケに当てはまる語句は何ですか。①～⑧より選び、それぞれ番号で答えなさい。ただし、同じ番号を何度選んでもよいものとします。

よう液は（　カ　）に変化した。これは、オオカナダモが排出《はいしゅつ》した（　キ　）とメダカが排出した（　ク　）の和と、オオカナダモが吸収した（　ケ　）が同じであるからだと考えられる。

①　酸素量　　②　二酸化炭素量　　③　ちっ素量　　④　でんぷん量
⑤　赤色　　⑥　緑色　　⑦　青色　　⑧　黄色

実験３　**別の三角フラスコＤを用意し、青色の BTB よう液に二酸化炭素をふきこんで緑色にしたよう液とオオカナダモ５本とメダカ３びきを入れ、ゴム栓をした。三角フラスコＡ、Ｂに当てたときと同じ強さの光をしばらく当てたあと、よう液の色を調べた。ただし、オオカナダモとメダカはどちらも実験２で使用したものと個体差はないものとする。**

問3 このとき、三角フラスコＤのよう液の色は何色になりますか。最も適当なものを①～④より選び、番号で答えなさい。

①　赤色　　②　緑色　　③　青色　　④　黄色

4 淑子さんは学校の授業で習ったふりこの実験を、自宅で試してみようと考え、図1のようなふりこを作りました。重さの無視できる糸のはしにおもりをつけ、もう一方のはしを天井に固定して、**実験**を行い、その条件と結果を表にまとめました。以下の問いに答えなさい。

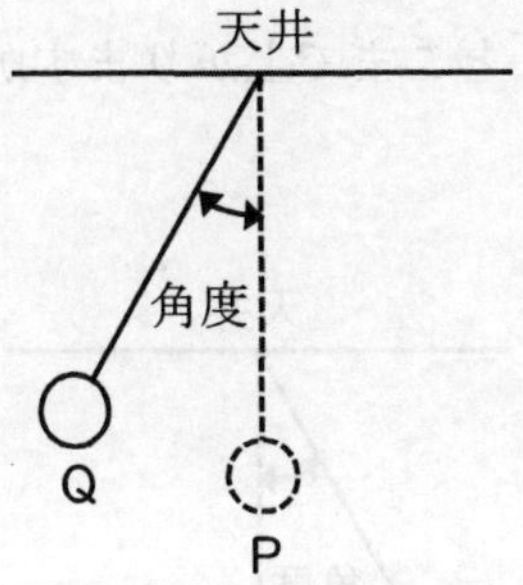

図1

＜実験＞

- **表のA～Gのように条件を変えて行う。**
- **おもりを自然に垂らして静止したときの位置をPとし、そこから糸をピンと張ったまま引き上げて位置Qで手をはなし、そのときの角度と、10往復するのにかかる時間を記録する。**

	A	B	C	D	E	F	G
引き上げたときの角度（度）	10	10	10	15	15	15	20
ひも（ふりこ）の長さ（cm）	10	10	40	10	10	40	ウ
おもりの重さ（g）	100	200	200	100	200	200	300
10往復にかかる時間（秒）	6.4	6.4	12.8	6.4	ア	イ	25.6

表1

問1 10往復にかかる時間に最も強く関係しているのはどの条件ですか。①～④より選び、番号で答えなさい。

① 引き上げたときの角度　　② ひも（ふりこ）の長さ
③ おもりの重さ　　④ それ以外

問2 問1の考えをもとにして、表中の**ア〜ウ**にそれぞれ当てはまる数値を答えなさい。

問3 下の図2のように、天井の支点から真下30 cmの位置Rに棒を置いて、ふりこのひもが棒にひっかかるようにしました。この状態でCと同じ条件で実験を行った場合、おもりはPを通過したのち、どこまで上がりますか。①〜③より選び、番号で答えなさい。

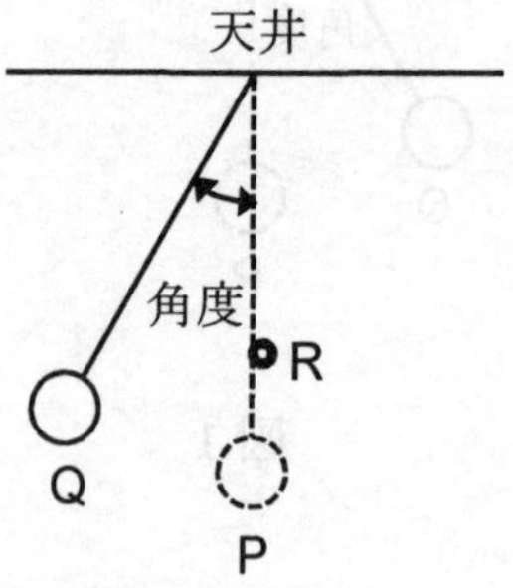

図2

① Qより低い位置　② Qと同じ高さ　③ Qより高い位置

問4 問3の棒の代わりにカッターを位置Rに置いて、おもりが位置Pに来たと同時に糸を切ったとすると、おもりはどんな動きをしますか。①〜⑤より選び、番号で答えなさい。

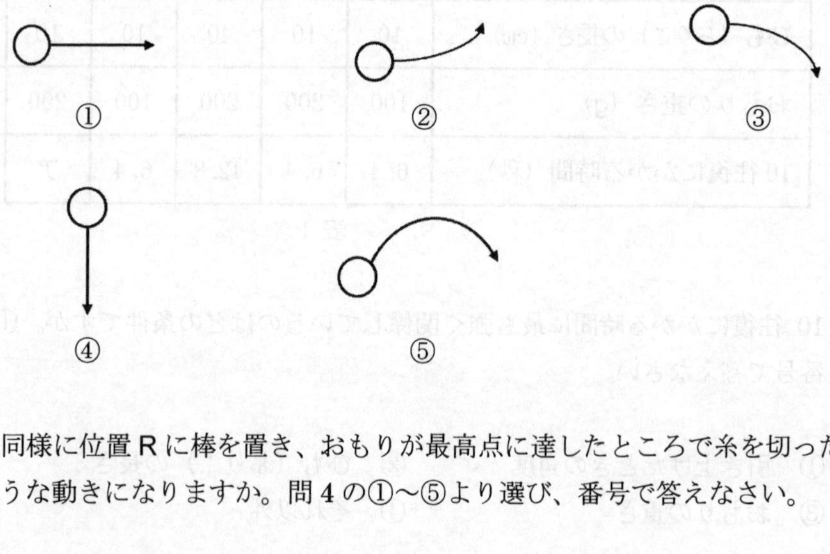

問5 問3と同様に位置Rに棒を置き、おもりが最高点に達したところで糸を切った場合はどのような動きになりますか。問4の①〜⑤より選び、番号で答えなさい。

① 軽く会釈をかわす。
② 医療《いりょう》の分野で功名をあげる。
③ 日本屈指の名作だ。
④ 子どもたちの弾んだ声。
⑤ やっとのことで難を逃れる。

問三 次の各組の漢字の中で、熟語の成り立ちが他と異なるものをそれぞれ一つ選び、記号で答えなさい。

① ア 子犬　イ 四季　ウ 着席
　エ 茶道　オ 初夢

② ア 採寸　イ 防災　ウ 乗車
　エ 和解　オ 投票

③ ア 往復　イ 暖冬　ウ 優劣
　エ 因果　オ 収支

ウ　協力関係が強固になったことで、人間という種が個人の意志に反して増え続けていくということ。

エ　子孫を残せるかどうかは、個人の能力ではなく他との協力関係によるところが大きいということ。

問六　――④について、「やさしさの進化」とはどういうことですか。その説明としてふさわしいものを、次の**ア**～**エ**から一つ選び、記号で答えなさい。

ア　他と協力することでひとりでは成しとげられなかった多くのことができるようになり、誰にとっても生きやすい社会になったということ。

イ　周囲の人の協力を得て子どもを大切に育てるようになったことで、人間以外の動物にも同様に愛情を注げるようになったということ。

ウ　狩猟採集生活の中で生まれた協力の必要性が、言語能力や認知能力によって互《たが》いの存在を認め合う人間独自の社会をつくりあげたということ。

エ　人間が生き残って増えるための協力関係が続くうちに、自分の命だけでなく他者を思いやったり大切にしたりする能力が高まったということ。

問七　――⑤「他者との協力の弊害」として考えられるものを、次の**ア**～**エ**から一つ選び、記号で答えなさい。

ア　他者と協力するのが当然であるという圧力がかかり、周囲と協力的な関係を築けないことがストレスになる。

イ　周囲の人と共同作業を行うことが一般的《いっぱんてき》になり、一人一人が状況に応じて主体的に判断する能力が衰える。

ウ　協力関係によって人間が増えることには成功したが、人口が増えすぎて快適な生活を維持することができなくなる。

エ　それぞれが特定の職業によって社会生活に貢献するようになり、狩猟採集生活で求められていた多方面に及ぶ能力が低下することになる。

問八　次の文章は、本文における「協力関係」について説明したものです。空欄Ａ・Ｂに入る漢字二字の語を、それぞれ本文から抜《ぬ》き出しなさい。また、空欄Ｃ・Ｄに入る語としてふさわしいものを、それぞれ下の**ア**～**エ**から一つずつ選び、記号で答えなさい。

　筆者は［Ａ］を例に私たちが［Ｂ］という大きな協力関係によって快適な生活を送れていると述べている。この協力関係は、単に生活レベルだけでなく、［Ｃ］にもつながるような大規模なものである。さらに現代ではもはやこの関係なしに生きていくことが難しく、［Ｄ］にも影響《えいきょう》を与《あた》える高度なものになっている。

Ｃ　**ア**　仕事の本質　**イ**　生物の多様性
　　ウ　他の生物との共存　**エ**　人間の繁栄

Ｄ　**ア**　個性の多様化　**イ**　人々の倫理観
　　ウ　生き残り戦略　**エ**　やさしさのあり方

三　漢字に関する次の各問いに答えなさい。

問一　次の――部のカタカナを漢字に直しなさい。

①　緑化運動をスイシンする。
②　ゲキジョウでダンスを見る。
③　ダンペン的な記憶。
④　ボウケン小説を読む。
⑤　試合にヤブれてくやしい。
⑥　機械を自在にアヤツる。

問二　次の――部の漢字の読みをひらがなで書きなさい。

自足の生活にもどったら今の人口はもう維持《いじ》できません。たとえば、1万年前までの人類は狩猟採集生活を送っていましたが、この生活スタイルでは地球上でせいぜい５００万人程度しか維持できなかったようです。もし、今の社会を捨てて狩猟採集生活に戻るとすると、現在生きている約80億人のほとんどはすぐに死んでしまうことになります。多くの人にとってこれは耐《た》えられることではないでしょう。

したがって、私たちが現代の高度な協力関係で結ばれた社会を維持することは、もはや義務になっています。これは協力することで増えてきた人間という生物にとっては当然の結果です。私たちは協力しないと、今の人口も快適な生活も維持することはできません。協力することが増えることに貢献すればするほど、協力を善いものとみなし、他人《ひと》にもそれを強いる性質が子孫の中で強化されていきます。そして私たちはますます協力するような性質と倫理観《りんりかん》を持つようになってしまっています。人間が協力関係を増やすことによって大成功したことが、現代人の抱《かか》える他者との関わりの悩みを生み出しています。

（市橋伯一《のりかず》『増えるものたちの進化生物学』より）

（注1）アイデンティティ…自分とは他と区別されたこのような人間であるという意識。自分らしさ。

（注2）少産少死の戦略…少なく産んだ子どもをできるだけ死なせないようにして、最終的にたくさんの子孫を残す仕組みのこと。

問一 ══A・Bの本文中の意味としてふさわしいものを、後の**ア**～**エ**からそれぞれ一つ選び、記号で答えなさい。

A「最たるもの」

ア 広く知られているもの

イ 重要性が高いもの

ウ 度合いがいちじるしいもの

エ 望ましい関係のもの

B「踏破し」

ア 歩きとおし　**イ** 行きつくし

ウ 探検し　**エ** 荒らしまわり

問二 空欄《くうらん》Xに共通して入る語を、次の**ア**～**オ**から一つ選び、記号で答えなさい。

ア さらに　**イ** そして　**ウ** たとえば

エ では　**オ** もし

問三 ――①について、「職業」に「　」がついているのはなぜですか。その理由の説明としてふさわしいものを、次の**ア**～**エ**から一つ選び、記号で答えなさい。

ア 単なる仕事を指すのではなく、社会において特別な役割を果たすものであることを伝えるため。

イ 職業を持っているということが、社会で生きるうえで不可欠であることを強調するため。

ウ この文章における話題の中心が、職業であることを始めに明らかにしておくため。

エ 専門的な知識や技術を備えた人たちだけが関《かか》われる、特定の職種であることを示すため。

問四 ――②について、筆者の考える「社会の歯車になる」とはどのようなことか、説明しなさい。

問五 ――③「増える単位が自分の体を超えて広がっている」とはどういうことですか。その説明としてふさわしいものを、次の**ア**～**エ**から一つ選び、記号で答えなさい。

ア 人間の数が増えることで、個性や能力を発揮して協力できる場も拡大されているということ。

イ 一人一人の幸福よりも、生物としての人間が多くの子孫を残し繁栄《はんえい》することの方が重要であるということ。

役割(歯車)が見つかる可能性が高いように思います。

こうした他人との協力からなる社会を形成するようになると、人間という生物が増える単位も変わってきます。人間以前の生き物は自分の力で自分だけを増やしていました。細菌《さいきん》も線虫もカエルも虫もサルも、増えることができるかどうかは自分の能力や運によって決まっていました。優れた能力を持っていれば生殖《せいしょく》に成功し、子孫を作ることができますし、そうでなければ血統は途絶《とだ》えてしまいます。

ところが協力関係の網の目の中にいる人間は違います。自分が生き残って増えるためには他の人の能力も重要です。また自分の能力もほかの人が生き残って増えることに貢献《こうけん》しています。自分の命が大事なのと同じように、他の人の命も大事になっていきます。③増える単位が自分の体を超《こ》えて広がっているといってもいいかもしれません。

このような大規模な協力関係は人間ならではの特徴《とくちょう》です。人間以外の生物が非血縁《けつえん》個体と協力することは、特殊《とくしゅ》なケースを除いてほとんどありません。なぜ人間のみでこのような特殊な能力が生まれたのかについてはいろいろな説があります。人間の持つ高度な言語能力や認知能力や寿命《じゅみょう》の長さが大事だったと言われています。また、それらの能力が生まれた背景には、狩猟採集生活の中で協力する必要性があったことや、子どもが成長するまでに時間がかかることから子育てに他の個体の協力が必要だったことなどが指摘《してき》されています。

このような性質のどれが直接的な原因だったのかはわかりませんが、いずれにせよ、このような他の個体との協力を可能とする人間の性質は、元をたどれば(注２)少産少死の戦略によってもたらされたものです。命を大事にして長く生きるようになり、他個体と付き合うことが可能になったために協力することが有利になりました。

しかも、人間には他者を認識する知能や、他者の気持ちを察することのできる共感能力も備わっています。結果として協力関係がどんどん発展していきました。私たち人間は地球上の他のどんな生物よりも協力的な、いわば「やさしい」生物です。④このようなやさしさの進化は少産少死の戦略を極めてきた生物にとって必然だったように思えます。

現在の人間は他人と協力することでより生き残りやすく増えやすくなっています。この他者と協力をする効果は圧倒的《あっとうてき》です。地球上の人口が２０２２年現在約80億人に達し、このまま進めば１１０億人くらいに落ち着くと予想されています。同じくらいのサイズの類人猿《るいじんえん》であるチンパンジーは17～30万頭、ニシローランドゴリラは32万頭しかいないことを考えると、これはこのサイズの大型生物としては破格の数に達しています。生息域も広がり、地球上のすべての場所を**B**踏破《とうは》し、宇宙にまで進出するようになりました。それもすべて、多くの人間が協力したからこそなしえた成果です。人間が衣食住をすべて個人で賄っていたら、決して宇宙には到達《とうたつ》できなかったことでしょう。

⑤ただ、この他者との協力には弊害《へいがい》もあります。協力関係が増えることに対してきわめて有効であったために、人間はもはや他者の協力なしでは生きていけなくなってしまっています。もし、１人で無人島に流れ着いたとしたら生きていけるでしょうか。衣食住をすべて自分で賄わなければなりません。毎日、水と食べ物を心配しないとならず、おなか一杯《いっぱい》になることはなく、トイレもなく、寝《ね》るときは虫に悩《なや》まされ、病気や怪我《けが》をしても誰も助けてくれないそんな生活です。頑張《がんば》ったらしばらくは生きていけるかもしれませんが、そんな生活だったら死んだ方がましな気がしてきます。

私たちは自分を含《ふく》む多くの人との共同作業によって、効率的で快適な社会に住むことができています。ほとんどの人はこの社会を捨てて自給自足の生活に戻《もど》ることは望んでいないでしょう。そもそも、自給

エ　時折軽妙《けいみょう》な会話を入れ込《こ》むことで、芸術という難解なテーマを分かりやすく描いている。

二　次の文章を読んで、後の問いに答えなさい。

①現在の人間たちの協力のA最たるものは「職業」です。多くの人は職を持っていて、特定の仕事をするだけで生きていけるようになっています。私の場合であれば大学教員ですので、大学で講義をしたり、研究をしているだけで給料をもらって、衣食住を賄《まかな》うことができます。私が身に着けている衣服も毎日食べている食料も、住んでいる家も、自分で作ったものではありません。作ろうと思っても質の高いものは作ることができません。その代わりに他のもっと技術のある人間が仕事として作ってくれたものを買っています。

現代人には当たり前すぎて普段《ふだん》はあまり意識しないかもしれませんが、これは大きな協力関係です。皆《みな》が自分以外の誰《だれ》かのために質の高い仕事をすることで、全員が安全で快適な生活を送ることができています。

職業という協力関係の重要さは、誰かが仕事を辞めたらどうなるかを考えるとすぐにわかります。［Ｘ］、衣服を作る仕事の人が全員辞めてしまったら、みんな自分の服は自分で作らないといけなくなります。きっと粗末《そまつ》な衣服しか作れないことでしょう。忙《いそが》しい人は全く作れないかもしれません。着替《きが》えを用意しておくのも大変ですし、洗っているうちにぼろになるでしょうから、洗濯《せんたく》もあまりしなくなるでしょう。衣服は汚《よご》れ、感染症《かんせんしょう》も広まりやすくなるかもしれません。現代人が安く品質の高い衣服を手に入れることができているのは、作ることに特化した人が専門に作ってくれるおかげです。

そしてそれは一方的な関係ではありません。衣服を作る人も食料や住居は別の専門家に作ってもらっています。私たち人間は、現在、社会という大きな協力関係の網《あみ》の目の中に組み込《こ》まれています。

「社会の中に組み込まれる」ということは②「社会の歯車になる」ということです。この言葉にはあまりいい印象はないかもしれません。自分の個性とか(注1)アイデンティティがおびやかされていると感じるかもしれません。しかしそれは誤解だと私は思います。むしろ社会の歯車になることでほとんどの人は個性を発揮して、みんなの役に立てるのだと思います。

［Ｘ］、社会が全く存在しない状況《じょうきょう》を考えてみましょう。父親、母親、小さい子どもの3人家族だけで無人島で暮らしているような状況です。この場合、生きていくために必要な仕事はすべて3人だけで分担しないといけません。狩《か》りをするのは、生物的に力の強い大人の男性である父親になるでしょう。植物や果物を採集したり、調理したりするのは、狩りに不向きな女性や子どもの仕事になるでしょう。たとえ、狩りなんて荒《あら》っぽいことが嫌《きら》いな男性や、採集よりも狩りの方が好きな女性だったとしても、飢《う》えないためには身体的に向いている方をやらざるをえません。狩りに失敗したり、食べ物を見つけることに失敗したりすれば、すぐに命の危機が訪れます。また、この世界では、勉強が得意とか、絵をかくのが得意とか、コミュニケーション能力が高いとか低いなどの個性が役に立つことはありません。なにより必要なのは、獲物《えもの》をしとめたり、食料を確保する能力です。力や体力が何よりも重要です。強く丈夫《じょうぶ》で健康な人間だけが生き残れる世界です。それ以外の個性には出番はありません。

一方で私たちの社会は違《ちが》います。力や体力が必要な職業もあれば、勉強や絵を描《か》くことやコミュニケーション能力が必要な職業もあります。どれか1つの能力が優れていれば、十分に活躍の場が見つかります。少なくとも狩猟《しゅりょう》採集社会よりは、今の社会の方が自分に合った

聞きたいと思う反面、厳しい評価を伝えられるのではないかと思い緊張している。

ウ　異国の依頼主が作品に対して報酬《ほうしゅう》を払わず返品してきたら、それは日本の商取引の習慣にそぐわないということを説明しなければならないので面倒だと思っている。

エ　何人もの客に対応しなければならない忙《いそが》しい依頼主に対して、とても見せられないような不出来な絵を持ってきてしまったことに申し訳なさを感じている。

問七　――⑥とあるが、「川原」はなぜこのような行動をとったのですか。その説明としてふさわしいものを、次の**ア**～**エ**から一つ選び、記号で答えなさい。

ア　自分は西洋画の描き方を学んでいるので、北斎たちの描いた西画の欠点がどうしても目に付いてしまうのだが、それをそのまま尊敬する北斎の弟子に話していいものかどうかためらっているから。

イ　自分は西洋画よりも日本画が良いと思っているので、北斎たちがどんなに素晴らしい西画を描いたとしても、日本画には遠く及《およ》ばないとつらいながらも思っているから。

ウ　尊敬する北斎やその弟子が、西洋画の手法を取り入れようと努力して描いたことはとてもよく分かるのだが、自分としては実は絵の出来に満足できていないことを伝えるのが心苦しかったから。

エ　本当は依頼主から絵の出来について厳しい言葉をもらったのだが、その言葉をそのままお栄に伝えてよいものかどうかためらっているから。

問八　――⑦とあるが、「お栄」はどのようにして何を「目指そうとした」のか、説明しなさい。

問九　――⑧とあるが、この時の「お栄」の気持ちの説明としてふさわしいものを、次の**ア**～**エ**から一つ選び、記号で答えなさい。

ア　外を出歩き人や物を観察したあげく真実からはほど遠い失敗作を描いてしまったが、もっと時間があればよいものが描けたはずだと内心では考えてしまい、自分の職業絵師としての覚悟《かくご》のなさに腹を立てている。

イ　光のあたり方が物の色や形をつくることを発見し、世界をつくりあげている光の複雑さを表現したつもりだが、その自分なりの試みが川原に評価されたかどうかばかりが気になってしまう自分の虚栄心《きょえいしん》の強さに腹を立てている。

ウ　職業絵師として注文主の期待に応えようとするあまり、西画の表現技法の習得にこだわりすぎて、父北斎に代表される日本の絵の自由な描写をないがしろにしてしまった自分の浅はかさに腹を立てている。

エ　日本の絵師や西画が使っている技法を駆使《くし》して世界の真の姿を探究したはずだったが、結果として絵から生命力が失われてしまい、そんなことにも気づけない自分の絵師としての未熟さに腹を立てている。

問十　本文の説明としてふさわしいものには○を、ふさわしくないものには×を書きなさい。（四つとも同じ記号にした場合は不正解となります。）

ア　方言を効果的に用いることで、登場人物の姿が生き生きと表現されている。

イ　無精髭、顔に刻まれた皺などの描写によって、「親父どの」の芸術への厳しさが象徴《しょうちょう》されている。

ウ　絵が完成するまでのお栄の迷いと、完成した絵を前にしたお栄の緊張とが、時間を前後して描かれている。

ア　自らを軽蔑《けいべつ》したような
イ　自らの言葉に満足したような
ウ　相手を見下したような
エ　思いが伝わり安心したような

問二　――①とあるが、この時の「お栄」の気持ちの説明としてふさわしいものを、次の**ア**〜**エ**から一つ選び、記号で答えなさい。

ア　自分の絵がよく描けたのかどうかよく分からないので、北斎の評価に素直に従おうと思っている。
イ　自分なりに工夫を凝《こ》らして描いた絵なので、その工夫したところを北斎に気づいてほしいと願っている。
ウ　自分の描いた絵の出来に自信が持てないので、北斎から厳しい言葉が出るのではないかと恐《おそ》れている。
エ　絵に対する北斎の真剣《しんけん》さに他の弟子たちが皆圧倒《あっとう》されているので、自分も同じように緊張《きんちょう》している。

問三　――②とあるが、これはどういう意味ですか。その説明としてふさわしいものを、次の**ア**〜**エ**から一つ選び、記号で答えなさい。

ア　うまく遠近を出して描き、形を墨で縁取りせず味わい深く描いたとしても、北斎が描くような真の絵の世界にはほど遠い、ということ。
イ　この世界がすべて色の集まりでできていることを絵師ならだれもが知っているが、それを知っていたところで優れた作品を書けるわけではない、ということ。
ウ　形を描くのに墨を用いず、描かれたものと同じ色で縁どりして描いてみたところで、自分の考える世界を表わすことはできない、ということ。
エ　色や描き方をさまざま工夫したところで、形を縁取ってしまったら、今ある世界をそのまま描いたことにはならない、ということ。

問四　――③とあるが、この表現とほぼ同じ内容を表わしている「川原」の言葉を六字で抜き出しなさい。

問五　――④とあるが、この時の「親父どの」の説明としてふさわしいものを、次の**ア**〜**エ**から一つ選び、記号で答えなさい。

ア　弟子たちの描いたものはどれもこれも売り物にはならない不出来なものばかりで、これが北斎の描いたものとして依頼主《ぬし》に届けられると、自分の評判を落としてしまうと残念に思っている。
イ　職業人の絵師たるもの、いったん師匠《ししょう》に見せた作品をもう一度描き直したいなどという言葉は絶対に言ってはいけないことであり、そういう言葉をすがるように言ってくる弥助を情けないと思っている。
ウ　日数をかけて上手に描くのは素人でもできるが、絵を描くことで生計を立てている職業人の絵師は、限られた日数でしかも完成度の高いものを作り上げるのが当然の務めであることを弟子たちに教え諭《さと》そうとしている。
エ　職業人の絵師は期限内にやり遂《と》げることが当然で、不出来な作品を描いて評判を落としたとしても、それにくじけることなく自分の仕事を続けていかねばならない、という心構えを弟子たちに持たせようとしている。

問六　――⑤とあるが、この時の「お栄」の気持ちの説明としてふさわしいものを、次の**ア**〜**エ**から一つ選び、記号で答えなさい。

ア　作品の出来が自分としてはあまり自信がなく、できればもう一度描き直したいと思っていたが、結局そのまま納品してしまったことを後悔している。
イ　自信がないながらも異国の依頼主の目にはどう映ったのかを

んとです。正しくあろうてすればすっほど、真から遠ざかる。近頃、そがんな気のして、そいで北斎漫画《まんが》ば模写するごとなったとです。こげん姿態は実際には取られん、手足はここまで曲げられん、最初はそがんことにばかり気づいたばってん、やがて楽しゅうてたまらんごとなったとですよ。子供時分に夢中で筆ば遣《つこ》うた、あん頃ん気持ちの甦《よみがえ》ったとです」

川原は深々と溜息《ためいき》を吐《つ》いた。

「正直に申して、あん西画はうもう行ったとは思えません。とくに端《たん》午《ご》の節句と花見の絵は肩に力の入り過ぎて、硬か。何の感興も催《もよお》さんとです。いや、遠近法も陰影法もちゃんと取り入れられとりますけん、先生は本当に満足しとられました。ばってん、私はやっぱい日本の絵師ですけんね。己がふだんどげん物ば描いとろうが、日本の絵のありようの身に沁《し》みついとるでしょう。ただ、あん花魁と禿の絵はちょっと気んなりました」

どきりと胸が鳴る。

「気に、なった」

「はい。あん絵も、想に手の追いついとりません。たぶん色ん濃淡にこだわるあまり、着物ん柄《がら》も大雑把《おおざっぱ》になってしもうたとでしょう。花魁と禿ん配置も近過ぎて、広がりも動きもなか。息ばしとらん絵です」

急に身の裡《うち》が冷えた。不出来を百も承知で問うてみたことなのに、同じ絵師の評は痛いほどこたえる。

「⑦ばってん、何かば目指そうとした、そんことだけはわかりましたけん」

そして川原は頭を下げた。

「すんません。生意気なことば申しました。北斎先生とそのお弟子さんらがたった十日であれほどの西画ば仕上げられたていうことは、大変かことです。私にはしぬごとできる業《わざ》じゃあ、なかとです」

拳《こぶし》を作って、脚や脇腹を叩《たた》きながら歩く。時折、向こうからやってくる者が奇妙《きみょう》な顔をしてこっちを見るが、それでも己を撲《う》つのをやめられない。

あたしは失敗したのだ。

何かを目指そうとしたことが伝わったからと言って、それが何になる。素人じゃあるまいに。

己の腕が口惜《くちお》しくて、腹が立つ。

工房《こうぼう》に戻ったらもう忘れよう。忘れて、とっとと次の仕事にかかろう。だから今、精々、己を怒るのだ。

⑧時々、わっとわめきそうになりながら、お栄は歩いた。

両国橋《りょうごくばし》を渡ると、ようやく気が鎮《しず》まってきた。空も川面《かわも》も憎《にく》らしいほど晴れている。

（朝井《あさい》まかて『眩《くらら》』より）

（注1）花魁と禿…花魁は江戸時代の位の高い遊女のこと。豪華《ごうか》な着物姿をしていた。禿は花魁に仕えて見習いをしている少女のこと。

（注2）翼を持つ子供の絵…お栄が以前見た西洋画のこと。

問一 ══A・Bの本文中の意味としてふさわしいものを、後のア〜エからそれぞれ一つ選び、記号で答えなさい。

A「狐につままれたような」

ア だまされて腹を立てた

イ いきなり出てきて驚《おどろ》いた

ウ すっかり疲《つか》れきってしまった

エ わけがわからず呆然《ぼうぜん》とした

B「自嘲めいた」

川原は風呂敷《ふろしき》包みのまま持ち上げ、部屋を出て行った。

あまりにあっけなくて、お栄は気が抜《ぬ》けたように尻から腰掛けに坐《すわ》り込んだ。しばらくすると女中が茶を運んできた。咽喉を湿《しめ》すと少し落ち着いて、部屋の中を見回す。

足許《あしもと》は板間だが、壁《かべ》にも腰の辺りまで濃い色の板が張り巡《めぐ》らせてあり、その上には襖《ふすま》のように白茶色の紙が張ってある。そこには草花の文様が微細《びさい》に描き込まれていた。近づいて指先で触《ふ》れてみる。それは間違いなく、お栄がふだん慣れ親しんでいる岩絵具だった。と、お栄は何かに思い当たって、首を傾《かし》げた。あの、(注2)翼《つばさ》を持つ子供の絵は何で描かれていたのだろう。もしかしたら異国は絵具が違うのかもしれない。

川原が戻ってきたらそれを訊《たず》ねてみようと思ったが、待てど暮らせど姿を見せない。

だんだん不安になって、お栄は立ったり坐ったりを繰《く》り返した。赤ら顔の異人が眉《まゆ》を弓なりにして怒《おこ》っている姿が目に泛《うか》ぶ。川原は叱られているのではないかと案じ始めると、もしや絵を突《つ》き返されるのではないかとまで想像する。

そうなれば一大事だ。とてもあたしだけでは捌《さば》けない。親父どのに来てもらうしかないだろうか。いや、納品を任されたのだ。返すと言われても、それはきっぱりと断らねばならない。そして画料の百五十両を耳を揃《そろ》えて払《はら》ってもらう。異国はいざ知らず、日本の注文絵はそういう約束で成り立っている。

いろんな文言を忙《せわ》しなく揉《も》んでいると、川原が戻ってきた。

「お待たせしました。今日は先生の外出《そとで》ばなさらん日て、皆、知っとりますけんね。客の次から次へと引きも切らんで、なかなか見てもらうごとならんかったとです」

「それで。あの、どんな具合で」

⑤口の中が乾《かわ》いて、ひしゃげたような声が出た。

「しぬごと喜んどられました。先日、前金で五十両の為替《かわせ》ばお渡ししとりますけんが、残金の百両は明日じゅうにお届けするておっしゃってました。また為替でよろしかとですね」

そのことは何も言いつけられていなかったが、お栄は承諾《しょうだく》した。

何も悶着《もんちゃく》は起きなかったのだ。ほっと胸を撫《な》で下ろしながらも席を立てなくて、膝《ひざ》の上で両の掌《て》を丸める。

川原はあの西画をどう見たのか、それを無性に聞きたかった。注文主が喜んでいたとしか触れなかったのも、何となく引っ掛かる。褒《ほ》めてもらいたいわけではないが、言いようが素っ気ない。絵の出来について触れることを、川原があえて避《さ》けているような気さえする。

「川原さんもご覧になったんですか、あの西画」

「拝見しました」

「いかがでしたか」

思い切って訊ねると、⑥川原はつと目を逸《そ》らして顎を上げた。やがてお栄に眼差《まなざ》しを戻したが、しばらくしてから遠慮《えんりょ》がちに口を開く。

「私は、阿蘭陀《おらんだ》商館に雇《やと》われとる絵師です。求められれば商館員の顔姿ば描き、出島《でじま》の景色ば描き、野山に入って草木や鳥、虫も描きます。ことに三年前、シーボルト先生が長崎に来らしてからは、身の回りのありとあらゆる物ば正しく写すことば教えられました。魚も花も大工道具も、徹底《てってい》して生《しょう》写しばする。そいは何のためか、わかりますか、お栄さん」

「それが、真の景だから、ですか」

すると、川原はB自嘲《じちょう》めいた笑みを頬《ほお》に広げた。

「そん通りです。一切の心情ば脇に置いて、ひたすら目ん前にあるものば正しく写し取れて、先生にそげん教わりました。……でん、真の景に正しくあろうてする絵の果たして絵と言えるとか、私にはわから

まんまを描くんだ。頭の先から爪先《つまさき》まで濃く薄く、時にはぼかしを入れて彩色する」

　弥助もようやく得心したようで、それからは脇目《わきめ》も振《ふ》らずに取っ組んでいた。

　ところが今はひどく不安げな様子で目を伏《ふ》せている。お栄も同じだった。

　花魁と禿の絵は、ちゃんと遠近も陰影もついている。そこだけを見れば真の景に近い。けれどまるで③コクがないのだ。こんなひどい代《しろ》物《もの》、とてもじゃないが納められない。

　親父どのはまだ何も口にせぬまま、腕《うで》を組んでいる。こらえ切れなくなって口を開きかけると、弥助が先に身を動かした。ふらりと肩《かた》だけを前に出す、そんな動き方だ。

「描き直させてもらえやせんか。お頼み申します」

縋《すが》るような声だ。が、親父どのはすっぱりと首を横に振る。

「④それはならねえ。明日、納める」

「け、けど。こんな物を納めたら、親爺どのの名折れになりやす」

「それはお前が頓着《とんじゃく》することじゃねえ」

「日本の北斎が台無しだ」

と、親父どのが肩を持ち上げ、「弥助」と厳しい声を出した。

「なら、お前《め》ぇはどれだけの日数があればできる。あと三日ありゃあ出来るのか、それとも三十日か、三年かけたらきっと出来ると言うか」

　だんだん声が大きくなって、弥助も他の者も一様にうなだれる。

「いいか、俺《おれ》たちゃ遊びじゃねぇんだぞ。これが稼業《かぎょう》だ。限りある時でいかに描くか、その肚《はら》が括《くく》れねぇんなら素人《しろうと》に戻れ。その方がよっぽど気楽だ」

　そして親父どのは皆を見回し、お栄にも顔を向けた。

「だが、たとえ三流の玄人《くろうと》でも、一流の素人に勝る。なぜだかわかるか。こうして恥《はじ》をしのぶからだ。己が満足できねぇもんでも、歯ぁ喰《く》いしばって世間の目に晒《さら》す。やっちまったもんをつべこべ悔いる暇《ひま》があったら、次の仕事にとっとと掛《か》かりやがれ」

　お栄は己がごくりと咽喉《のど》を鳴らしたのが聞こえた。

「明日の納めはお栄、お前ぇが行って来い」

　親父どのはそう命じた。

　翌朝、弥助は同行を申し出てくれたが、お栄は断った。

「行っつくるよ」

　土間で下駄《げた》に足を入れながら声を掛けると、親父どのは「おう」とだけ答えた。

　長崎屋を訪ねると噂《うわさ》通り、入口付近に見物人がたむろしていた。

「ちょいと、通しておくんなさい」

　人だかりを掻《か》き分けるようにして中に入り、川原慶賀《かわはらけいが》を呼んでもらう。宿の者はすでに言いつけられていたのか、土間を入ってすぐの小《こ》間《ま》に案内してくれた。そこは脚《あし》のついた大きな円卓《えんたく》が置かれていて、土足のままでいいという。背のついた腰掛《こしか》けを勧《すす》められたが、何とも身の置きようがわからない。

「お早うございます。出来ましたか」

　初対面の日と変わらぬ穏《おだ》やかな笑みで、しかも前より親しげに話しかけてくる。お栄は己の顔が曇《くも》りそうになるのをこらえて

「はい」とうなずいた。

「検分《けんぶん》願います」

「私が検分ごと、とんでもなかことです。今日はちょうど先生もおられますけんが、いっときお待ちくださいますか。そいは楽しみにしておられたとですよ。お見せしてきます」

2024年度

淑徳与野中学校

【国　語】〈第二回試験〉（五〇分）〈満点：一〇〇点〉

一　「お栄」は江戸《えど》時代の高名な浮世絵《うきよえ》師である葛飾北斎《かつしかほくさい》（本文では「親父《おやじ》どの」）の娘《むすめ》で、父親の仕事の手伝いをしている。本文はオランダ人シーボルトから依頼《いらい》された西画《せいが》（西洋の手法を用いて描《か》いた絵）を弟子たちが完成させ、北斎がその絵の出来を確認する場面である。これを読み、後の問いに答えなさい。

親父どのは十五枚の絵を並べさせると、立ったまま黙《だま》って見渡《わた》した。いつものように月代《さかやき》は先がちぎれたような毛が不揃《ふぞろ》いに生え、顎《あご》は白混じりの無精髭《ぶしょうひげ》でおおわれている。若い頃《ころ》は彫《ほ》りが深かった顔立ちは皺《しわ》によって目尻《めじり》が下がり、川柳《せんりゅう》仲間と戯言《ざれごと》を交わしている時は好々爺《こうこうや》に見えなくもない。が、こうして絵を前にすると顔貌《がんぼう》が変わるのだ。目の奥《おく》が鋭《するど》くなって、弟子らは息継《いきつ》ぎもできないほどすくみ上がる。①お栄もいつになく身を硬《かた》くして、親父どのの斜向《はすむ》かいに立っていた。絵を挟《はさ》んだ向こう側には一番弟子の弥助《やすけ》が、その並びに他の四人が並んでいる。

お栄が手掛《てが》けたのは（注１）花魁《おいらん》と禿《かむろ》の図である。花魁の身をひねって顔は右を向かせ、足は一歩前に踏《ふ》み出すことで、幾重《いくえ》にも重ねた小《こ》袖《そで》と襠《うちかけ》を広く大きく描いた。同道する禿の女の子は画面の奥にやや小さく添《そ》わせることで、遠近を出した。顔と躰《からだ》の向きは真正面である。

描線《びょうせん》は墨《すみ》を用いず、緋色《ひいろ》の襠は緋で、松葉色の帯は同じ緑の線を引いた。墨色で縁取《ふちど》られた物など、真の世界にはないからだ。顔も手足も着物も、すべては色の集まりなのだ。むろん、それはお栄が発見したことではなく絵師なら誰《だれ》もが承知していることで、描線を色で塗《ぬ》り潰《つぶ》して埋没《まいぼつ》させてしまう手法も時折、用いる。一枚の絵の中でそれを混在させ、最も目を惹《ひ》きたい中心部にのみ墨色の線を残すこともあるほどだ。

②けれど、それは真じゃない。

目を凝《こ》らせば、この世のどこもかしこもが色の濃淡《のうたん》で出来ていた。光が強く当たっているところは色が薄《うす》く、暗い場では色が沈《しず》む。

そうか、光だ。光が物の色と形を作ってる。一瞬《いっしゅん》、わかったような気になって意気込《いきご》んだ。が、いざ手を動かそうとしたら二進《にっち》も三進《さっち》も行かない。呻吟《しんぎん》して外を出歩き、人を見、物を見た。それでも闇雲《やみくも》に下絵を描き続けるうち、目で見た通りの陰《いん》影《えい》は色の濃淡で表せるんじゃないかと考えついたのだ。

一番弟子の弥助も同じように苦しんでいたらしく、「吐《は》きそうでさ」と蒼褪《あおざ》めていた。

「遠くの物は小さく、手前になるほど大きく描くってのは親爺《おやじ》どのが昔っからやってなすってたからあたしも躰でわかってやす。が、陰影ってのがどうにもわからねぇんで。……親爺どのが皆《みな》に指図《さしず》をなすった十二枚をとっくりと見たら、ああ、なるほどと思うんですがね。けど、いざ、描こうと思うとどうにもならねえ。こんなの初めてだ」

それでお栄が考えを話すと、弥助も外に出てしばらく帰って来なかった。日が暮れる前に戻《もど》ってきた時、A狐《きつね》につままれたような顔をしていた。

「よくよく考えたら、当たり前のことじゃねぇですか。陽の当たってるとこがあれば、陰もある。人の顔も躰も、光の当たり方で色が違《ちが》う。ひと色じゃねえ。あっしらはこれまで、いったい何を描いてきたんでしょう」

「あたしにも、わかんないんだよ。けど、ともかく西画ってのは見た

2024年度

淑徳与野中学校　▶解説と解答

算　数　＜第２回試験＞（50分）＜満点：100点＞

※算数の解説は編集上の都合により省略させていただきました。

解　答

1　⑴　24　⑵　$3\frac{3}{4}$　⑶　8096　⑷　202　2　⑴　62度　⑵　25cm^2　⑶　$3\frac{1}{5}$cm^2　3　⑴　720ｇ　⑵　40人　⑶　上から127段目の左から４番目　⑷　３倍　4　⑴　40分後　⑵　時速4.5km　⑶　２時間40分後　⑷　42分40秒後　5　⑴　18cm　⑵　18cm　6　⑴　右の図　⑵　11.51cm　⑶　14.61cm^2

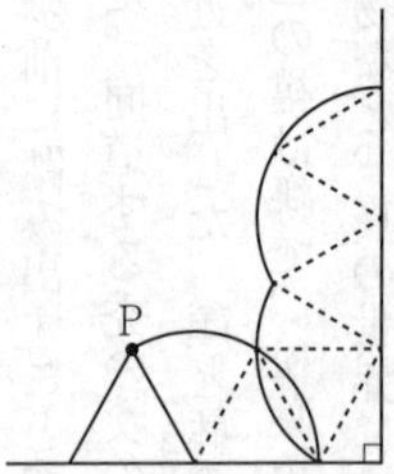

社　会　＜第２回試験＞（理科と合わせて50分）＜満点：50点＞

解　答

1　**問１**　①　墾田永年私財法　②　８段240歩　**問２**　ア　**問３**　エ　**問４**　①　エ　②　イ　**問５**　ウ　**問６**　イ　**問７**　台湾　2　**問１**　桜島　**問２**　①　エ　②　ア　**問３**　エ　**問４**　①　ア　②　シラス　**問５**　イ　**問６**　機械　**問７**　ウ　3　**問１**　①　イ　②　エ　**問２**　ストライキ　**問３**　ふるさと納税　**問４**　エ　**問５**　①　イ　②　オーバーツーリズム（観光公害）

解　説

1　人口と戸籍を題材とした問題

問１　①　口分田の不足を補うため，743年に墾田《こんでん》永年私財法が制定された。墾田永年私財法では，新しく開墾した土地は私有地（のちの荘園）として永久に国に返さなくてよいものとされた。　②　資料Ａに「口分田は男子には２段，女子にはその３分の１を減らして支給」するとあり，「１段＝360歩」とあるので，男子は１人あたり，２段＝720歩，女子は１人あたり720歩の３分の２にあたる480歩が支給されるとわかる。また，資料Ａに，口分田は「５歳以下の者には与《あた》えない」とあることから，資料Ｂの家族のうち，口分田の支給の対象となるのは男が３人（男43歳，男20歳，男14歳），女が２人（女41歳，女12歳）で，「女３歳」は支給の対象にはならないことがわかる。よって，資料Ｂの家族に与えられた口分田の合計は，（２段×３人）＋（480歩×２人）＝６段960歩＝８段240歩となる。

問２　鎌倉に幕府が置かれた理由として，鎌倉が三方を山に囲まれ，一方は海に面していたため，防衛がしやすかったことが考えられる（Ａ…○）。また，室町幕府が京都に置かれた理由として，南北朝の動乱(1336～92年)による混乱があり，京都を離れることができなかったことが考えられる(C…○)。なお，鎌倉には鶴岡八幡宮があるが，石清水八幡宮は現在の京都府八幡市にある(B…×)。蔵屋敷は江戸時代に「天下の台所」と呼ばれていた大阪に諸藩が置いたものであり，室町時代に京都に置かれていたわけではない(D…×)。

問３　アは唐箕《とうみ》と呼ばれる農具で，取っ手を回して風を起こし，穀物を選別する道具である。イは踏車《ふみぐるま》と呼ばれる農具で，水路から田んぼに水をくみ上げる道具である。ウは備中ぐわと呼ばれる農具で，田の荒おこしや深耕のための道具である。エは千歯《せんば》こきと呼ばれる農具で，脱穀《だっこく》のための道具である。米づくりは，田おこし(備中ぐわ)・代かき・苗つくり→田植え→水の管理(踏車)・草取り等→稲刈《か》り→脱穀(千歯こき)→選別(唐箕)の順に行われる。

問４　①　イギリスで起こった世界で初めての産業革命は18世紀後半に始まった。このころの日本は，オランダ商館を出島に移したことで鎖国が完成した1641年から，日米和親条約で開国した1854年の間にあたる。　②　日清戦争は1894～95年，日露戦争は1904～05年に起こった。イの官営八幡製鉄所は，日清戦争の講和条約である下関条約で日本が清(中国)から得た賠償《ばいしょう》金の一部を使用して建設され，1901年に操業を開始した。

問５　第二次世界大戦は，ドイツがポーランドに侵攻《しんこう》を開始した1939年９月に始まり，日本がポツダム宣言を受諾《じゅだく》した1945年８月に終わった。アは1940年に結ばれた日独伊三国同盟，イは1941年の太平洋戦争が始まったことを知らせる日本のラジオニュース，ウは1902年に結ばれた日英同盟，エは1945年に出されたポツダム宣言である。

問６　世界の人口は2022年に約80億人となっており，インドの人口と中国の人口はいずれも約14億人となっていることから，世界の総人口に占《し》めるインドの人口と中国の人口を合わせた割合は，(14億＋14億)÷80億×100＝35(％)となる。

問７　中国国内での共産党と国民党の内戦は，1949年に共産党が勝利して中華人民共和国を建国し，敗れた国民党は中華民国政府を維持するために台湾に移った。

[2] 鹿児島県の活火山を題材とした問題

問１　1914年に起きた大正噴火《ふんか》で大隅半島と陸続きになった火山は，桜島である。

問２　①　報告書からは，1914年１月11日に桜島の一部集落が噴火前に自主避難を開始しており，鹿児島市と住民が一体となっていたとは読み取れない(エ…×)。なお，報告書には，「新聞社も損壊」とあるので，噴火によって新聞社が被害を受けたため，正確な情報が伝わらなかったと考えられる(ア…○)。桜島の「井戸水や地震に不安を感じた一部住民が避難準備を開始」とあることから，桜島の住民は噴火に関する知識を身につけていたと考えられる(イ…○)。報告書からは，東桜島村地域での避難準備計画では老人やこども，女性を優先した計画的な避難が行われていたことが読み取れる(ウ…○)。　②　西坂元町は住宅地であるが，鹿児島駅方面に向かって下り坂になっている(ア…×)。なお，「体育館(鹿児島アリーナ)」から「甲突川」に向かい，河口に向かって川沿いを歩くと，進行方向の左手に「草牟田墓地」が見える(イ…○)。官公署(ö)は鹿児島本線の東側に集中しており，市役所(◎)の周辺には多くの博物館(🏛)が立ち並んでいる(ウ…○)。地形図上の長さの実際の距離は，(地形図上の長さ)×(縮尺の分母)で求められる。この地図の縮尺は２万５千分の１なので，地形図上で2.8cmの長さの実際の距離は，2.8cm×25000＝70000cm＝700mとなる(エ…○)。

問３　紅型《びんがた》とは琉球紅型とも呼ばれ，沖縄県の伝統的工芸品である染物のことである(エ…○)。なお，アは宮城県を示しているが，大館曲げわっぱは秋田県の伝統的工芸品である。イは京都府を示しているが，加賀友禅は石川県の伝統的工芸品である。ウは宮崎県を示しているが，南部鉄器は岩手県の伝統的工芸品である。

問４　①　北海道や鹿児島県，沖縄県で製造される製品で，鹿児島県で栽培《さいばい》された植物を原料として製造されるものとしては，アの砂糖があてはまる。砂糖はさとうきびやてんさいを原料としており，沖縄県や鹿児島県ではさとうきびが，北海道ではてんさいが栽培されている。　②　鹿児島県などで見られる，火山灰などの火山の噴出物が堆積《たいせき》したものをシラスという。

問５　1637年，キリスト教信者への迫害や厳しい年貢の取り立てに苦しんだ島原(長崎県)や天草(熊本県)の人々は，天草四郎を大将として島原・天草一揆(島原の乱)を起こした(イ…×)。

問６　資料から，鹿児島県は静岡県や全国平均に比べると平坦《へいたん》茶園率が高いことがわかり，大量生産を効率的に進めるための機械化が進めやすいと考えられる。

問７　資料１～３からは，地熱・水力・風力・太陽光・バイオマスの発電効率については読み取れない(ウ…×)。なお，資料１から温泉井の深さは一般的な地熱発電で利用される生産井や還元井の深さと比べて浅いところにあることが読み取れ，資料２から温泉発電は温泉井を利用することが読み取れる(ア…○)。資料２では，蒸発器から凝縮水を浴用温泉に送っているので，源泉の温度が高くそのまま温泉に利用できない場合，温泉発電を利用して入浴に適した温度まで下げることが可能であると考えられる(イ…○)。地熱発電は日照や天候に大きく左右されないため，資料３などからも年間を通してほぼ安定した電力供給が行われていることがわかる(エ…○)。

３　時事問題と政治・経済についての問題

問１　①　2024年10月からは，こどもの数に応じた児童手当の拡充が予定されている(X…正)。また，給食費の無償化を実現するための取り組みが行われているが，修学旅行費の無償化は予定されていない(Y…誤)。　②　保育園は児童福祉《ふくし》施設であることから厚生労働省が，幼稚園は学校であることから文部科学省が管轄《かんかつ》していた。認定こども園は内閣府が管轄し，文部科学省や厚生労働省と連携《れんけい》していた。

問２　団体行動権として労働者が労働条件の改善を要求するために，団結して労働を拒否《きょひ》することを，ストライキという。

問３　納税先の自治体を自分で選べる税の制度を，ふるさと納税という。ふるさと納税を行った納税者に返礼品として地域の特産物を送る取り組みを行っている自治体もある。

問４　日本国憲法が規定している国民の義務は，子女に普通教育を受けさせる義務(第26条２項)，納税の義務(第30条)，勤労の義務(第27条１項)であり，奉仕については規定されていない。

問５　①　１ドルを100円に交換できる状態から，１ドルを150円に交換できるようになることを円安ドル高といい，アメリカからの観光客は，同じ金額のドルでも円安のときの方が多くの円に交換できるのでお得になる。グラフの2022年の１月と10月を比較《ひかく》すると10月の方が円安なので，お得と考えられる。また，１ドル＝130円のときは100ドルは13000円になるが，１ドル＝145円のときは100ドルは14500円になるので，1500円の差が発生するため，ｄは1500円が当てはまる。　②　観光客の増加によって，地域住民の生活や自然環境に支障が出る状況を，オーバーツーリズム(観光公害)という。

理　科　＜第２回試験＞（社会と合わせて50分）＜満点：50点＞

※理科の解説は編集上の都合により省略させていただきました。

解　答

[1] 問１　18cm　　問２　⑴　⑤　　⑵　D　　問３　③，⑤　　問４　⑴　19％　　⑵　(ウ)，(オ)　　[2] 問１　酸化　　問２　マグネシウム…0.8ｇ　　銅…0.3ｇ　　問３　3.8ｇ　　問４　2.5ｇ　　問５　水素　　[3] 問１　ア　②　　イ　①　　ウ　④　　エ　⑨　　オ　⑧　　問２　カ　⑥　　キ　②　　ク　②　　ケ　②　　問３　③　　[4] 問１　②　　問２　ア　6.4　　イ　12.8　　ウ　160　　問３　②　　問４　③　　問５　④

国　語　＜第２回試験＞（50分）＜満点：100点＞

解　答

[一] 問１　A　エ　　B　ア　　問２　ウ　　問３　エ　　問４　息ばしとらん　　問５　エ　　問６　イ　　問７　ウ　　問８　（例）　人物の姿勢や配置によって遠近を表すとともに，色の濃淡によって陰影を描くという自分なりの工夫をしながら，見たままの世界をそのまま描くことを目指そうとした。　　問９　エ　　問10　ア　○　　イ　×　　ウ　○　　エ　×　　[二] 問１　A　ウ　　B　イ　　問２　ウ　　問３　ア　　問４　（例）　一人ひとりが自分の得意な分野を生かして仕事をすることで，社会全体を動かすために必要な役割をになうということ。　　問５　エ　　問６　エ　　問７　ア　　問８　A　職業　　B　社会　　C　エ　　D　イ　　[三] 問１　下記を参照のこと。　　問２　①　えしゃく　　②　こうみょう　　③　くっし　　④　はず(んだ)　　⑤　のが(れる)　　問３　①　ウ　　②　エ　　③　イ

●漢字の書き取り

[三] 問１　①　**推進**　　②　**劇場**　　③　**断片**　　④　**冒険**　　⑤　**敗(れて)**　　⑥　**操(る)**

解　説

[一] **出典：朝井《あさい》まかて『眩《くらら》』。**シーボルトの依頼《いらい》で西画《せいが》を描《か》いた北斎《ほくさい》の娘お栄《えい》は，自分の絵の出来に満足できずに，絵を納めに行った先で絵師の川原《かわはら》に出来をたずねる。

問１　**A**「狐《きつね》につままれる」は，“ことの意外さに，何が何だかわからず呆然《ぼうぜん》とする”という意味。　**B**「自嘲《じちょう》」は，自分で自分をつまらないものとしてばかにするようす。「めく」は，“そのような状態になる”“それに似た感じになる”という意味。

問２　お栄は，自分が描いた絵を「ひどい代物《しろもの》」だと思っており，父の北斎が，自分の絵を厳しく批判するのではないかと恐《おそ》れて，「身を硬《かた》くして」いたのである。

問３　絵画は，「描線《びょうせん》を色で塗《ぬ》り潰《つぶ》して埋没《まいぼつ》させてしまう手法」もあるが，「最も目を惹《ひ》きたい中心部」には「墨《すみ》色の線を残す」手法もあるとされている。しかし，実際には「墨色で縁取《ふちど》られた物など，真の世界にはない」のである。

問４　「コク」は，深い味わいや，濃厚《のうこう》な感じ。「コクがない」は，おもしろみがない，関心や興味がわかないようす。川原はお栄の絵を，「広がりも動き」もない，「息ばしとらん絵」だと言っている。「息ばしとらん」は，九州の方言で，「息をしていない」という意味。

問５　続く北斎の会話から読み取る。まず北斎は，自分たちは「遊び」ではなく，「稼業《かぎょう》」として絵を描いているのだから，「限りある時」のなかでやるべきだと言っている。さらに，「己が満足でき」ない絵であっても「世間の目に晒《さら》す」ことにたえ，悔《く》いずに次の仕事に掛《か》かるべきだと話しているので，エがふさわしい。

問６　納めた絵は「ひどい代物」であったため，お栄は，「赤ら顔の異人が眉《まゆ》を弓なりにして怒《おこ》っている姿」や，「絵を突《つ》き返される」ことを想像し，「不安になって」いる。そのため，シーボルトに絵を見てもらえたと知らされたときは，評価が気になるものの，厳しい評価だろうと思えてしまい，うまく声を出せないほど緊張《きんちょう》しているのである。

問７　川原は，「あん西画はうもう行ったとは思えません」と，お栄たちの絵がうまく描けたものとは思っていないと言っている。そのことを伝えるのが申し訳なかったので，川原は，お栄から目をそらしたのだと考えられる。なお，「私はやっぱい日本の絵師ですけんね」と言っているので，アは合わない。

問８　お栄は，花魁《おいらん》と禿《かむろ》を絵のどこに置き，どのような姿勢を取らせるかによって，「遠近を出」そうとした。また，「目で見た通りの陰影は色の濃淡で表」そうとした。お栄は，自分で考えた方法で，西画のように見たままを描くことを目指したのである。

問９　問８で見たように，お栄は，さまざまな技法を用いて，目で見た通りの世界の真の姿を描こうとした。しかし，「広がりも動き」もない，息をしていない絵だと川原に指摘《してき》されて，自分は「失敗した」のだと気づき，「己の腕が口惜《くちお》しくて，腹が立つ」状態になっているのである。

問10　**ア～エ**　人物どうしの会話に方言が使われていて，登場人物の姿が伝わりやすくなっているので，アは正しい。無精髭《ぶしょうひげ》や皺《しわ》は，むしろ北斎の，好々爺《こうこうや》のように見える一面を表しているため，イは合わない。「好々爺」は，優しくて，人のよい老人のこと。北斎の前に完成した絵が並べられ，緊張しているお栄のようすがまず描かれ，続いて，その絵を描いているときのお栄の悩みや苦しみが描かれているので，ウは正しい。この文章中で取り上げられているのは，日本画と西画の描き方や技法の違いであり，芸術そのものではないため，エは合わない。

二　**出典：市橋伯一《いちはしのりかず》『増えるものたちの進化生物学』**。職業を例に取って，互《たが》いに協力することが，人間にとって非常に重要であることを説明し，その利点と問題点について考察している。

問１　**Ａ**　「最たる」は，程度が最もはなはだしいようす。　**Ｂ**　「踏破《とうは》」は，困難な道や長い道のりを歩きぬくこと。ここでは，「地球上のすべての場所」に行ったという意味。

問２　一つ目の空らんの後では，「誰《だれ》かが仕事を辞めたらどうなるかを考える」さいの例として，「衣服を作る仕事の人が全員辞めてしまった」場合があげられている。二つ目の空らんの後では，「社会の歯車になることでほとんどの人は個性を発揮して，みんなの役に立てる」ことを考えるための例として，「社会が全く存在しない状況《じょうきょう》」をあげている。よって，具体的な例をあげるときに使う「たとえば」が入る。

問３　筆者は，「自分以外の誰かのために質の高い仕事をすることで，全員が安全で快適な生活を送ること」ができるため，「職業という協力関係」は「重要」だととらえている。「職業」が，ただの仕事という意味ではなく，重要な役割を持つものであることを強調するために，「　」がついていると考えられる。

問４　ぼう線②の二つ後の段落で，筆者は「自分に合った役割」を「歯車」にたとえている。また，「自分以外の誰かのために質の高い仕事をすることで，全員が安全で快適な生活を送ること」ができると筆者は述べている。つまり，「社会の歯車になる」とは，それぞれの人が「自分に合った役割」を果たすことによって，社会で「みんなの役に立てる」ようになることだとわかる。

問５　「人間以前の生き物は自分の力で自分だけを増やして」おり，それらの生き物が「増えることができるかどうかは自分の能力や運によって決まって」いた。しかし，ほかの生き物とは違って，「協力関係の網《あみ》の目の中にいる人間」にとっては，「自分が生き残って増えるためには他の人の能力も重要」であり，また，「自分の能力もほかの人が生き残って増えることに貢献して」いる。このように，人間が自分の子孫を増やすうえでは，自分だけではなく，他人との関わりが大きな役割を果たしているということができる。

問６　人間は，他者と協力して増えてきたために，「他者の気持ちを察することのできる共感能力」が発達し，その結果，さらに「協力関係がどんどん発展して」いった。「やさしさの進化」とは，人間が，他者との協力関係によって身につけた，自分の命と同じように他者の命も大事にし，他者を思いやる気持ちの進化のことである。

問７　最後の段落に注目する。「現代の高度な協力関係で結ばれた社会を維持《いじ》する」ために，「協力を善《よ》いものとみなし，他人《ひと》にもそれを強《し》いる性質」と倫理観《りんりかん》が強化されていった結果，「現代人の抱《かか》える他者との関わりの悩みを生み出して」いると説明されているので，アが合う。

問８　**Ａ，Ｂ**　筆者は，「職業」を例にあげて，人間は，「社会という大きな協力関係」のなかで，職業を持ち，特定の仕事をすることによって，「安全で快適な生活を送ること」ができていると説明している。　**Ｃ**　「人間は他人と協力することでより生き残りやすく増えやすく」なった結果，人口を増やし，地球上のすべての場所を踏破する，という繁栄《はんえい》をとげたと述べられている。　**Ｄ**　「現代の高度な協力関係で結ばれた社会を維持する」ために，「ますます協力するような性質と倫理観」を持つようになったことが説明されている。

三　漢字の書き取りと読み，熟語の成り立ち

問１　①　事業や運動などの目的を達成するように努めること。　②　映画や演劇，コンサートなどを観客に見せるための施設《しせつ》。　③　きれぎれで，まとまりがないさま。　④　何らかの目的のために，あえて危険を冒《おか》すこと。　⑤　音読みは「ハイ」で，「敗北」などの熟語がある。　⑥　音読みは「ソウ」で，「操作」などの熟語がある。

問２　①　軽く頭を下げて，あいさつや礼をすること。　②　手がらを立てて，名声を得ること。　③　多くのなかで，特にすぐれていること。　④　音読みは「ダン」で，「弾力」などの熟語がある。　⑤　音読みは「トウ」で，「逃走」などの熟語がある。

問３　①　「子犬」「四季」「茶道」「初夢」は，上の漢字が下の漢字を修飾《しゅうしょく》している熟語。「着席」は，下の漢字が上の漢字の対象・目的になっている熟語。　②　「採寸」「防災」「乗車」「投票」は，下の漢字が上の漢字の対象・目的になっている熟語。「和解」は，似た意味の漢字を重ねた熟語。　③　「往復」「優劣」「因果」「収支」は，反対の意味の漢字を重ねた熟語。「暖冬」は，上の漢字が下の漢字を修飾している熟語。

Memo

2023年度 淑徳与野中学校

【算　数】〈第１回試験〉（60分）〈満点：100点〉

※　円周率は3.14で計算してください。鉛筆，消しゴム以外は使用しないでください。また，問題用紙を折ったり，やぶったりしないでください。

１　次の問いに答えなさい。

（１）　2023＋4046＋6069＋8092＋10115＋12138 を計算しなさい。

（２）　$\square$ にあてはまる数を求めなさい。

$$\left(2\frac{7}{12}-1.25\right)\div\frac{4}{5}-\left\{\square\times\left(12\frac{1}{2}-3\frac{1}{3}\right)-1\right\}=\frac{5}{6}$$

（３）　32個の分数 $\frac{112}{144}$，$\frac{113}{144}$，$\frac{114}{144}$，$\frac{115}{144}$，…，$\frac{143}{144}$ の中で約分できないものは何個ありますか。

2　次の問いに答えなさい。

（１）　右の図のような正五角形ＡＢＣＤＥがあります。対角線ＢＤとＣＥの交点をＦとします。アの角度は何度ですか。

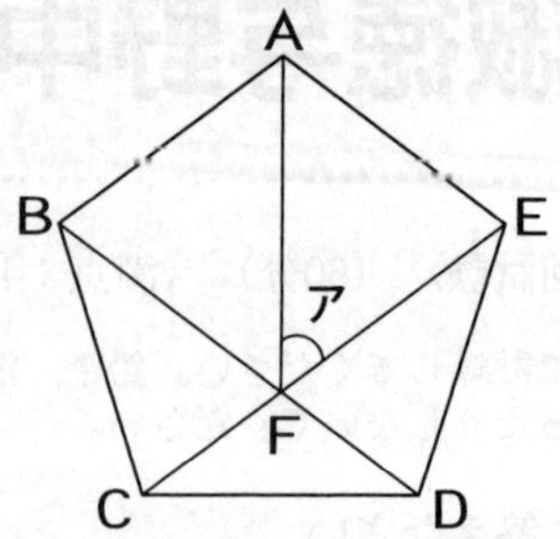

（２）　右の図のような平行四辺形ＡＢＣＤがあります。辺ＡＢ，ＢＣ，ＣＤを3等分，辺ＡＤを5等分する点をとります。平行四辺形ＡＢＣＤの面積が450cm^{2}のとき，斜線部分の面積は何cm^{2}ですか。

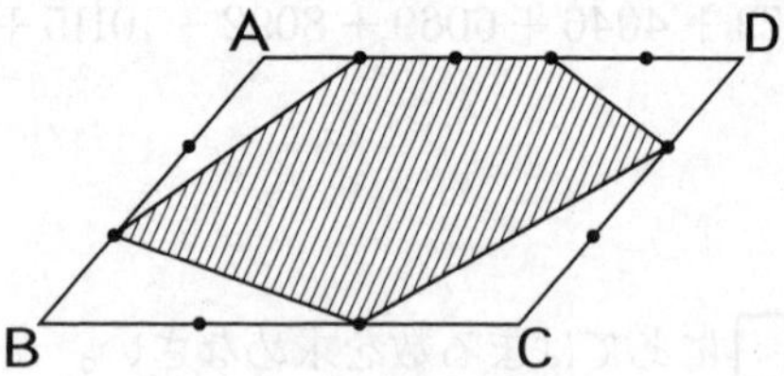

（３）　右の図で，四角形ＡＢＣＤと四角形ＦＢＧＥと四角形ＩＥＨＤは長方形であり，点ＥはＡＣ上の点です。ＡＦの長さが3cm，ＧＣの長さが16cmのとき，斜線部分の面積は何cm^{2}ですか。

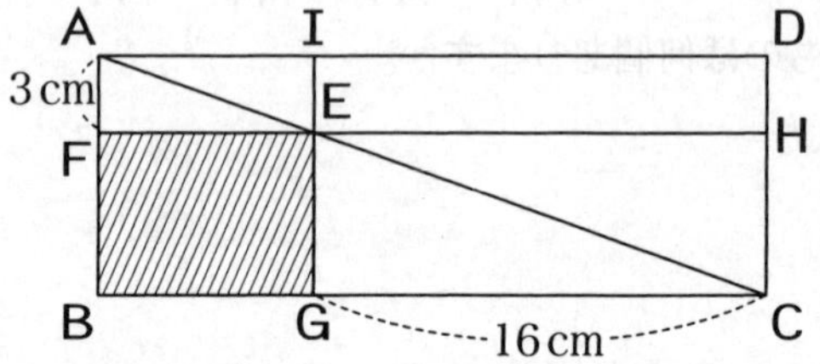

（４）　右の図のような直角三角形ＡＢＣを直線ℓのまわりに１回転させてできる立体の体積は何cm^{3}ですか。

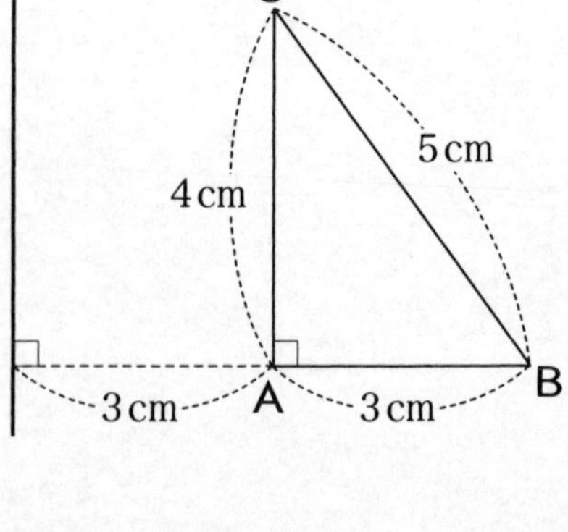

3 次の問いに答えなさい。

（1） 濃度の異なる食塩水Ａと食塩水Ｂがあります。食塩水Ａを200g，食塩水Ｂを200g取り出し，よくまぜたところ，5％の食塩水が400gできました。そこに水100gを加えてよくまぜたら，食塩水Ａと同じ濃度になりました。食塩水Ａ，Ｂの濃度はそれぞれ何％ですか。

（2） 同じ長さの木の棒を使って同じ大きさの正方形を作ります。木の棒を1辺とする正方形を左から作り，横に10個並んだら，下の段の左から同じように作ります。この作業を，正方形の個数が指定された個数になるまでくり返していきます。例えば12個の正方形を作ると下の図のように36本の木の棒が必要です。このとき，次の問いに答えなさい。

（12個の正方形を作る場合）

① 34個の正方形を作るとき，何本の木の棒が必要ですか。

② 2023個の正方形を作るとき，何本の木の棒が必要ですか。

③ 正方形を何個作ると，ちょうど10000本の木の棒を使うことになりますか。

4　Ｐ地点からＱ地点までの道のりは32kmであり，この２地点間をＡさんは自転車で，Ｂさんは自動車で，それぞれ一定の速さで移動します。Ａさんは９時にＰ地点を出発して11時にＱ地点に到着しました。Ｂさんは９時20分にＱ地点を出発し，10時にＰ地点に到着してすぐに折り返してＱ地点に戻り，すぐに折り返してＰ地点へと向かいます。次のグラフは２人の位置と時刻の関係を表したものです。このとき，次の問いに答えなさい。

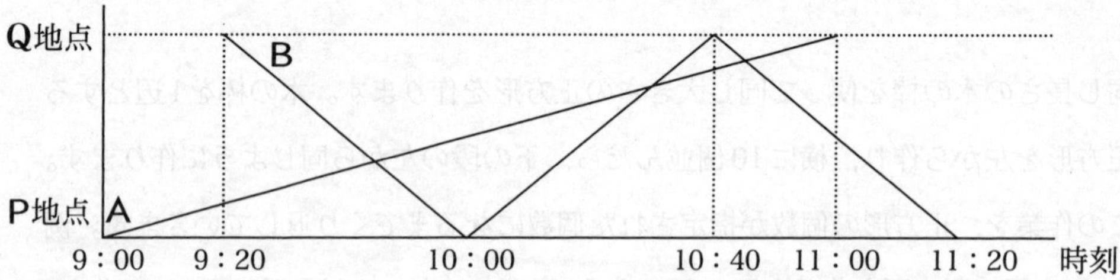

（１）　ＡさんとＢさんが１回目に出会う時刻は何時何分ですか。

（２）　ＡさんとＢさんが１回目に出会う時刻から３回目に出会う時刻までに２人が進んだ道のりの和は何kmですか。

5 右の図のように49個の電球からなる電光掲示板《けいじばん》があります。**洋子さん**と**孝太さん**がこの電光掲示板について話し合っています。会話文の ア から オ にあてはまる数を答えなさい。ただし，ア と イ，ウ と エ はそれぞれ小さい順とします。

3周目	3周目	3周目	3周目	3周目	3周目	3周目
3周目	2周目	2周目	2周目	2周目	2周目	3周目
3周目	2周目	1周目	1周目	1周目	2周目	3周目
3周目	2周目	1周目	真ん中	1周目	2周目	3周目
3周目	2周目	1周目	1周目	1周目	2周目	3周目
3周目	2周目	2周目	2周目	2周目	2周目	3周目
3周目	3周目	3周目	3周目	3周目	3周目	3周目

＜会話文＞

洋子さん：この電光掲示板は電源を入れて1秒後から電球が点滅《てんめつ》を始めるそうです。

孝太さん：どのように電球が点滅するのですか。

洋子さん：電球が点《つ》くときを○，消えるときを×で表すとします。真ん中の電球は1秒後に○，2秒後に×となり，そのあとの点滅の仕方は○×のくり返しになります。同じように1周目の電球は○○×○，2周目の電球は○○××，3周目の電球は×××○○をそれぞれくり返します。表にまとめると次のようになります。

	1秒後	2秒後
真ん中	○	×

	1秒後	2秒後	3秒後	4秒後
1周目	○	○	×	○

	1秒後	2秒後	3秒後	4秒後
2周目	○	○	×	×

	1秒後	2秒後	3秒後	4秒後	5秒後
3周目	×	×	×	○	○

孝太さん：なるほど。電球が場所によって規則的に点滅をくり返すのですね。

洋子さん：それでは電球の点き方について，具体的に調べてみましょう。電源を入れてから１秒後の様子は**図1**，２秒後の様子は**図2**のようになります。

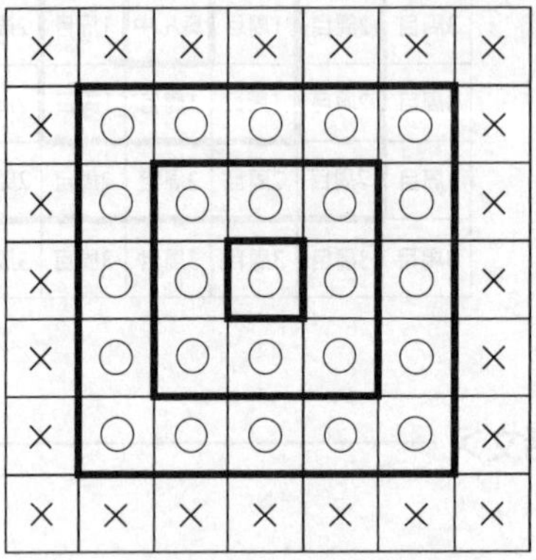

【図1】　1秒後

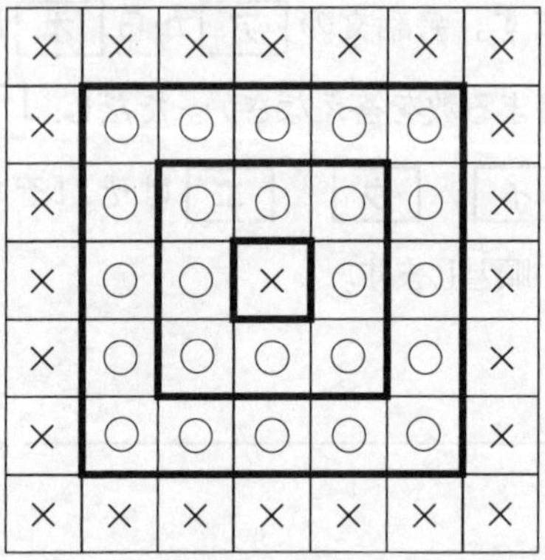

【図2】　2秒後

洋子さん：まず，電源を入れてから10秒後までに，すべての電球が同時に点くのは何秒後か調べてみましょう。

孝太さん：調べたら，[ア]秒後と[イ]秒後であることが分かりました。

洋子さん：次は電源を入れてから20秒後までを調べてみましょう。1秒後と同じ点滅の様子になるのは何秒後ですか。

孝太さん：調べました。すると，[ウ]秒後と[エ]秒後であることが分かりました。

洋子さん：このように調べて，電光掲示板の真ん中から3周目までの全体を見通してみるとくり返しのルールが見つかりませんか。

孝太さん：最小公倍数が関係しています。

洋子さん：よく気が付きましたね。では，2023秒後まで考えるとき，同時にちょうど25個の電球が点くのは何回ありますか。

孝太さん：[オ]回です。

6 図1のような直方体の水そうがあります。この水そうに長方形の仕切り板を側面に平行に取り付けました。2つの蛇《じゃ》口ア，イを同時に開いて水そうが満水になるまで水を入れます。Aの場所には蛇口アから，Bの場所には蛇口イから，それぞれ一定の割合で水が入るので，Aの場所の水面の高さは図2のように変化しました。水そうや仕切り板の厚《あつ》さは考えないものとして，次の問いに答えなさい。

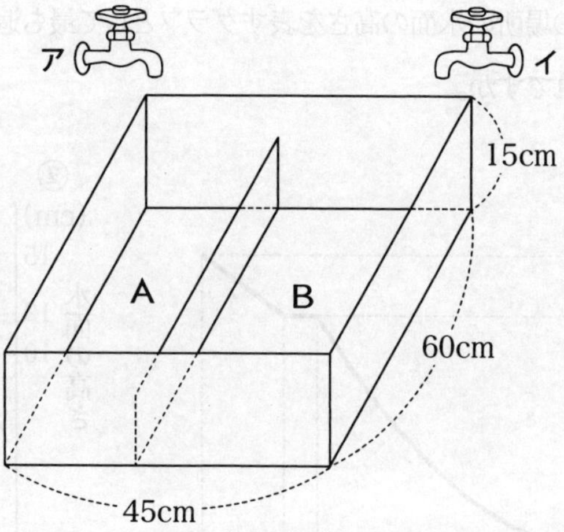

【図1】

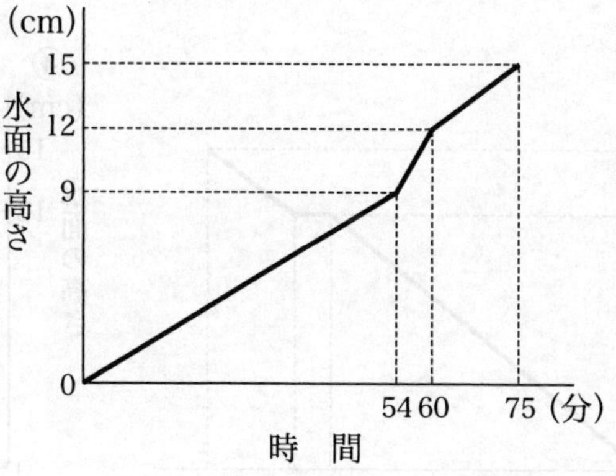

【図2】

（1）　仕切り板の高さは何cmですか。

（2）　蛇口ア，イの注水量はそれぞれ毎分何cm^3ですか。

（３）　Bの場所の水面の高さを表すグラフとして最も適しているものは，①から⑥のうち，どれですか。

①

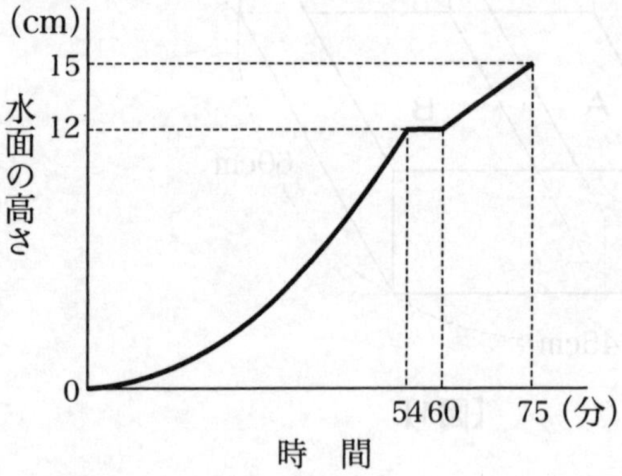

②

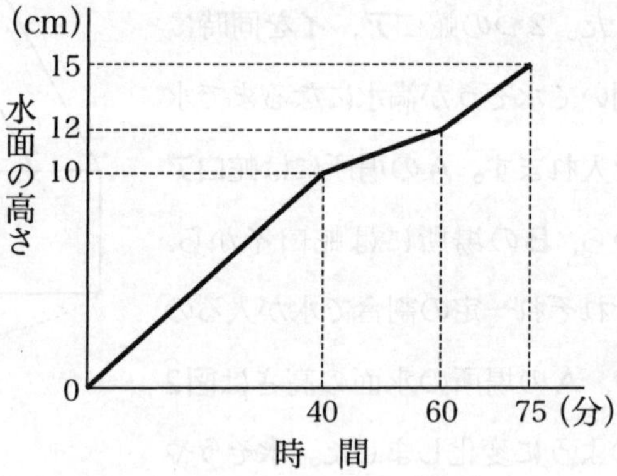

③

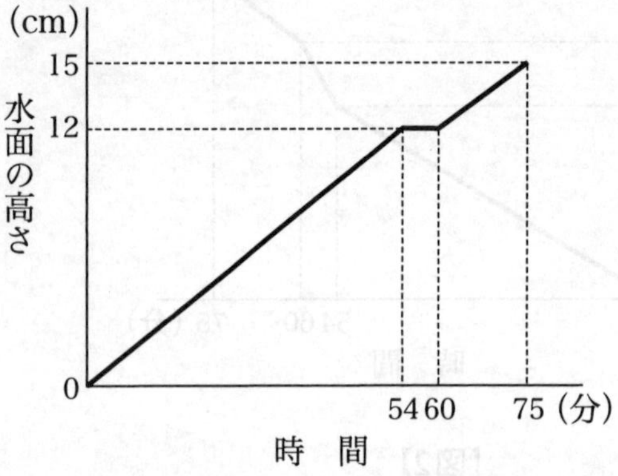

④

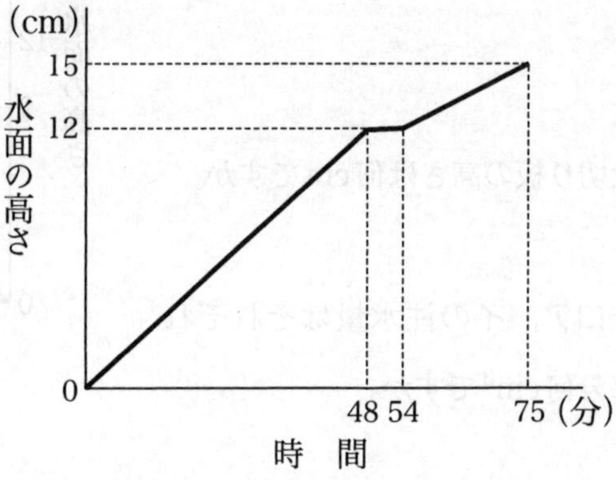

⑤

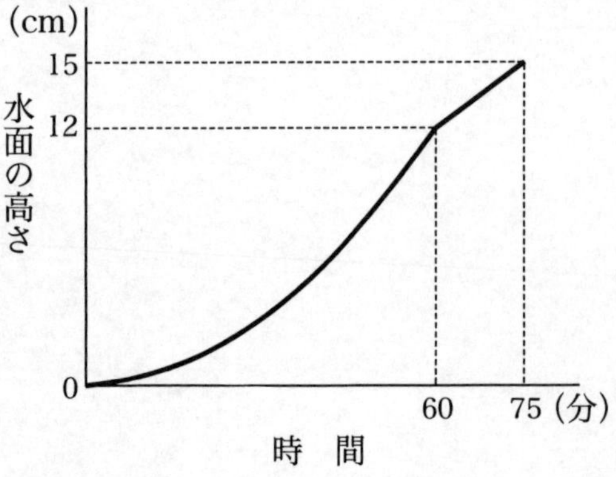

⑥

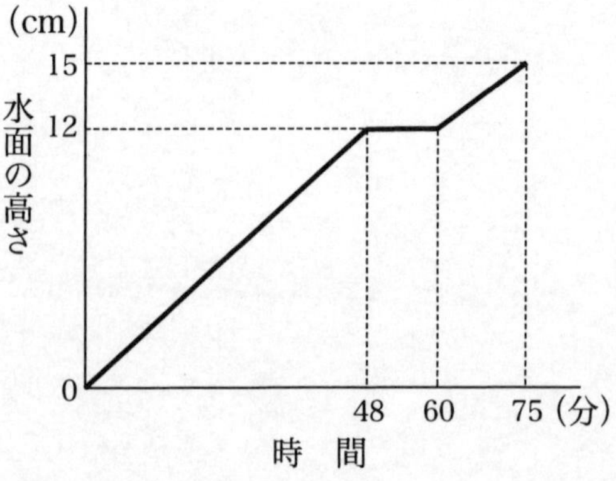

7 下の図の直角三角形ABCを，点Cを中心に時計回りに180°回転させます。

このとき，次の問いに答えなさい。

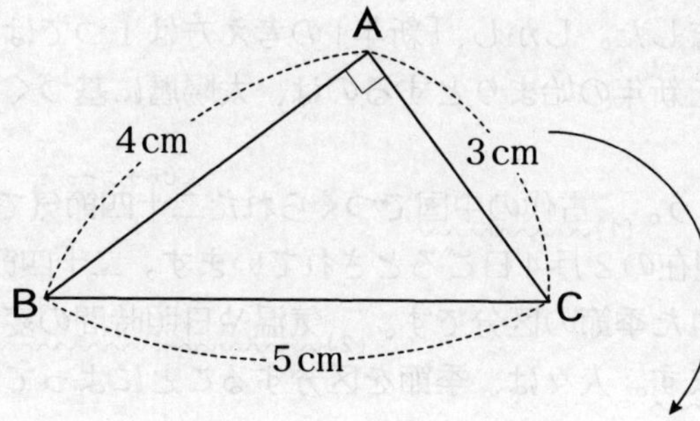

（１） 辺ABの通ったあとを図示し，斜線でぬりなさい。

（２） （１）の斜線部分の周の長さは何cmですか。

（３） （１）の斜線部分の面積は何cm^2ですか。

【社　会】〈第１回試験〉（理科と合わせて60分）〈満点：50点〉

1　次の文章を読み、以下の問に答えなさい。

今年も新たな年が始まりました。しかし、「新年」の考え方は１つではありません。現在のように１月１日を新年の始まりとするのは、太陽暦に基づく考え方です。

他の考え方も見てみましょう。(1)古代の中国でつくられた二十四節気《にじゅうしせっき》では、１年の始まりは立春とよばれ、現在の２月４日ごろとされています。二十四節気とは、生活に生かすためにつくられた季節の区分です。(2)気温や日照時間の変化は、植物の成長に大きくかかわります。人々は、季節を区分することによってそれらを把握し、農業を発展させていきました。

かつての日本では、中国から伝わってきた太陰太陽暦（旧暦）が使われていました。これは、月の満ち欠けを基準にしつつ、実際の季節とのずれを二十四節気で調整した暦です。日本に暦が伝わってきたのは、７世紀ごろとされています。その後、平安時代には年中行事や吉凶とともに文字で記され、貴族たちの日常で利用されるようになり、(3)鎌倉時代には、簡単な文字で書かれたカレンダーのようなものが、庶民の間にも広まりました。

太陰太陽暦を用いた暦は、中国とのずれを調整するためにたびたび変更されましたが、(4)江戸時代末期につくられた天保暦を最後に廃止され、明治政府により、現在と同じ太陽暦が導入されました。また、祝祭日に関する法令も定められました。この頃の祝祭日は、神を敬い祀《まつ》るものや皇室の祭事に合わせたもの、神武天皇即位の日や明治天皇の誕生日など、天皇中心の政治を反映したものが多かったことが特徴です。なお、現在の国民の祝日は、1948年に制定された祝日法に基づいて決められています。何度か改正が行われ、近年追加された(5)「山の日」を含め、全部で16の祝日がありますが、もともと収穫を感謝する新嘗祭《しんじょうさい》から転じた(6)勤労感謝の日など、古くからの行事や祝祭日に由来するものも残っています。

このように、わたしたちは１年間という期間を、暦や祝祭日といった特定の日で意識しながら過ごしています。さらには、記念日などにも目を向けると、季節を感じる以外にも、様々なことが見えてきます。例えば、(7)独立記念日などからは、その国の歴史を感じられますし、国際連合が定めている国際デーを見ると、世界の課題に気づくことができます。皆さんも、今日は何の日だろうかと興味を持つことで、その背景にある人々の生活や各国の歴史、国際情勢や流行に触れてみてください。

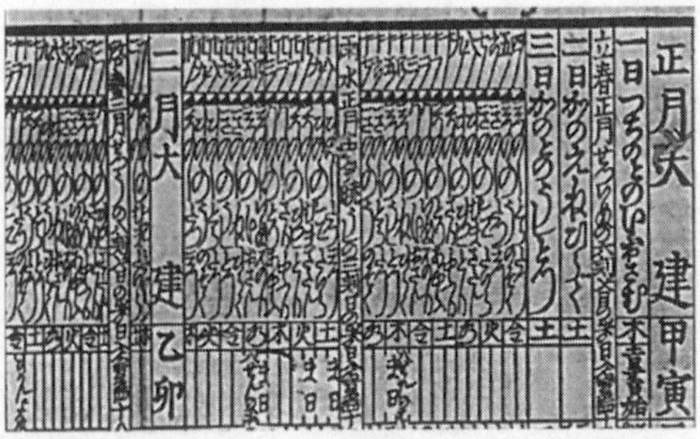

江戸時代に記された暦（国立天文台HPより）

問１　波線部(**1**)について、古代の中国で登場した思想家の１人である孔子を祖とし、のちに日本にも伝わって、江戸時代には幕府の政治などに大きな影響を与えた思想は何ですか。適当なものを１つ選び、**ア～エ**の記号で答えなさい。

ア　仏教　　**イ**　儒教　　**ウ**　神道　　**エ**　修験道

問２　波線部(**2**)について、日本で最も米の総生産量が多い都道府県は、2012年度以降毎年同じです。その都道府県の県庁所在地の雨温図はどれですか。適当なものを１つ選び、**ア～エ**の記号で答えなさい。

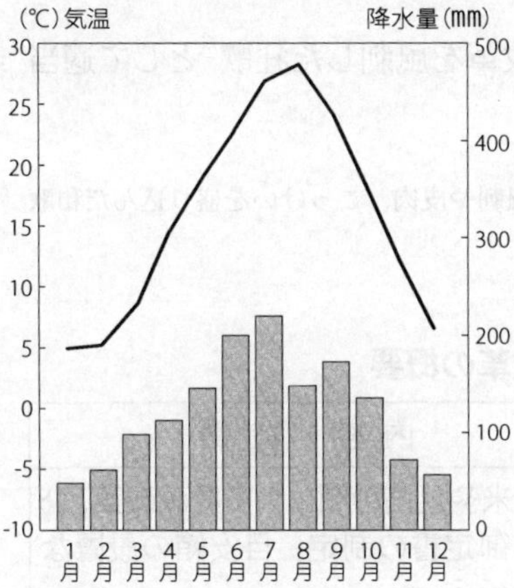

ア

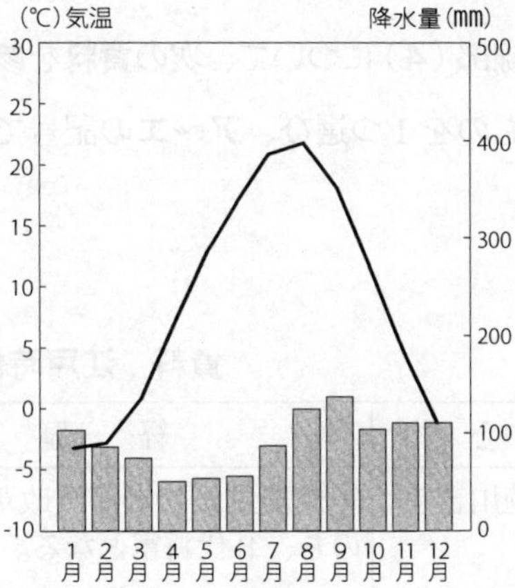

イ

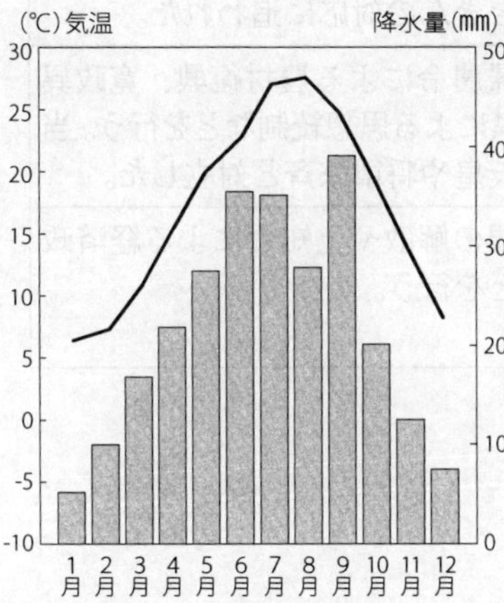

ウ

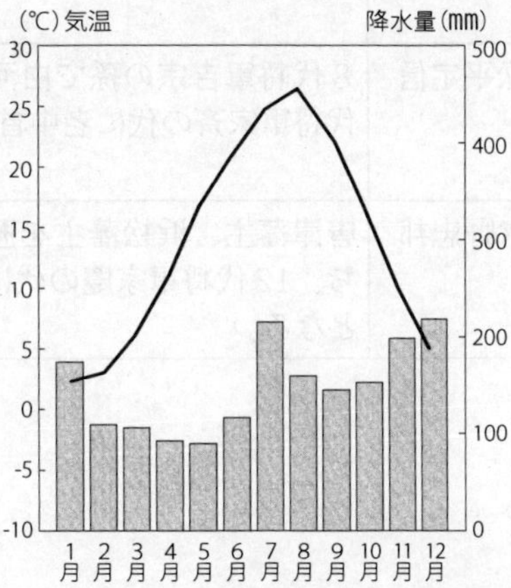

エ

(気象庁HP過去の気象データ(1991～2020の平均値)より作成)

問３　波線部（**３**）について、次の文章は鎌倉時代に始まり、室町時代には全国的に普及した、ある農法に関する記述です。どのような農法ですか。適当なものを１つ選び、**ア～エ**の記号で答えなさい。

> 諸国の百姓たちは、田稲を刈取ったのち、その跡に麦を蒔《ま》いて田麦とよんだ。領主たちは、この麦の税を徴収するという。租税の法として適当であろうか。いや、適当ではない。今後、田麦の税は徴収してはならない。

ア　二期作　　　**イ**　混合農業

ウ　二毛作　　　**エ**　促成栽培

問４　波線部（**４**）について、次の**資料**を参考に、天保の改革を風刺した狂歌※として適当なものを１つ選び、**ア～エ**の記号で答えなさい。

※狂歌：社会風刺や皮肉、こっけいを盛り込んだ和歌

資料　江戸時代の主な幕政改革の概要

中心人物	経　歴	内容・特徴
徳川吉宗	紀伊藩主として藩政改革を行ったのち、８代将軍となる。	上げ米や足高の制による財政政策、公事方御定書の制定、目安箱の設置などを行う。
田沼意次	９代将軍家重の小姓、10代将軍家治の側用人を経て、老中となる。	株仲間の積極的な公認、長崎貿易の活性化などを行う。浅間山の噴火、天明のききんの対応に追われた。
松平定信	８代将軍吉宗の孫で白河藩主。11代将軍家斉の代に老中首座となる。	旧里帰農令による農村復興、寛政異学の禁による思想統制などを行う。当時の天皇や将軍家斉と対立した。
水野忠邦	唐津藩主、浜松藩主を歴任したのち、12代将軍家慶の代に老中首座となる。	株仲間の解散や上知令による経済政策などを行う。

ア　上げ米といえ上米は気に入らず　金納ならばしじゅうくろうぞ

イ　白河の清きに魚の住みかねて　もとの田沼の水ぞ恋しき

ウ　浅間しや富士より高き米相場　火のふる江戸に砂のふるとは

エ　白河の岸打つ波に引き換えて　浜松風の音の激しさ

問５　波線部（５）について、次の図は平安時代以降、山岳信仰の対象となった寺院の所在地と、開山した人物の肖像画です。この寺院の山号にもなっている山の名前は何ですか。解答欄に合わせて、答えなさい。

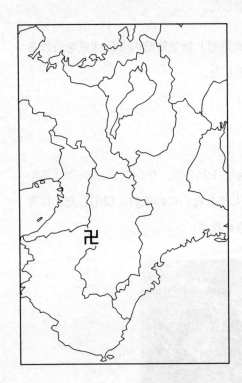

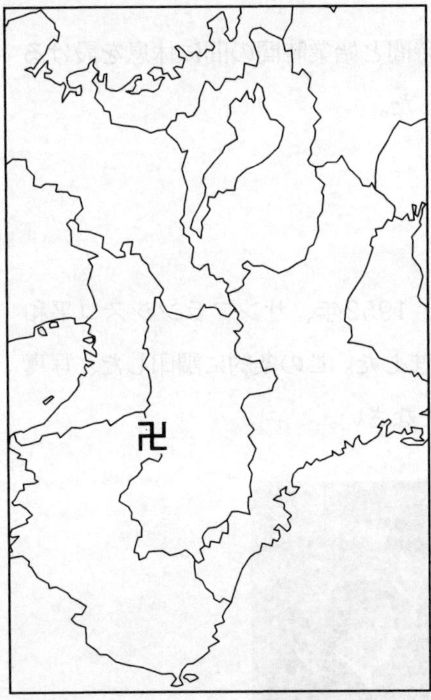

※出典は問題に関わるため省略。

問６　波線部（**６**）について、日本の労働について述べた文として**適当でないもの**を１つ選び、**ア〜エ**の記号で答えなさい。

ア　19世紀末、産業革命により工場労働者が増加し、劣悪な労働環境などからストライキが起こりました。

イ　20世紀前半、企業や官公庁で事務員の需要が高まり、職業婦人とよばれる女性労働者が増加しました。

ウ　20世紀半ば、労働者の保護を目標に、労働組合法、労働関係調整法、労働基準法のいわゆる労働三法が定められました。

エ　21世紀、働き方改革関連法により、終業時間と始業時間の間に休息を設けるフレックス制の導入が努力義務化されました。

問７　波線部（**７**）について、

①　戦後、日本は連合国の占領下におかれますが、1952年、サンフランシスコ平和条約の発効により、独立国として主権を回復しました。この条約に調印した、写真に写る当時の内閣総理大臣はだれですか。答えなさい。

② 日本は主権回復後、高度経済成長の時代を迎え、とりわけ1960年代の後半からは、カラーテレビが急速に普及しました。その理由は何ですか。**次の資料１、２およびグラフの空欄にあてはまる語句をすべて使い**、説明しなさい。

資料１　東芝テレビの広告

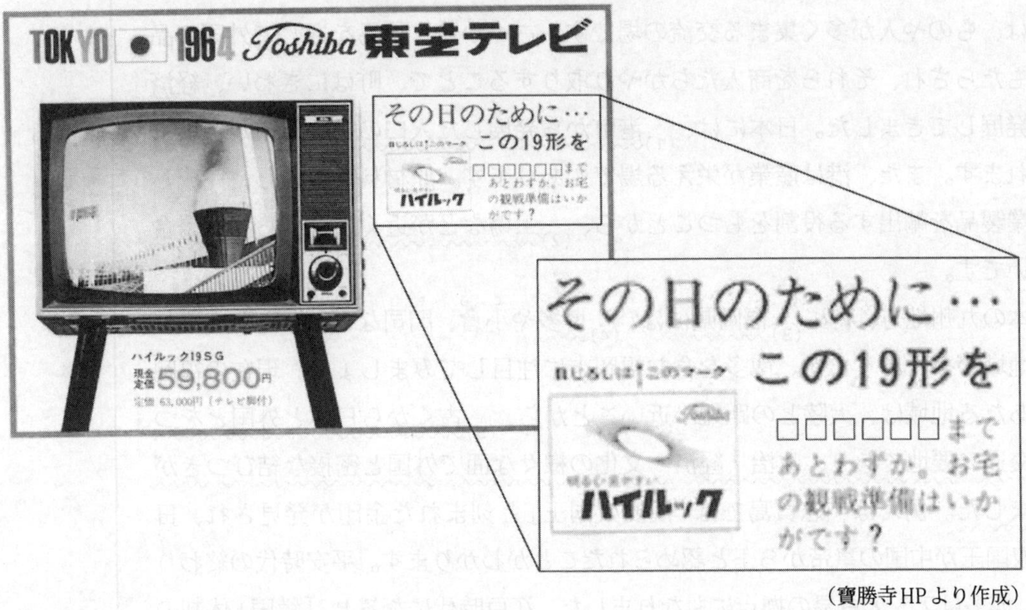

（寶勝寺HPより作成）

資料２　国民□□倍増計画の目的

国民□□倍増計画は、速やかに国民総生産を倍増して（中略）国民の生活水準を大幅に引き上げることを目的とする（後略）

（1960年12月の閣議決定より）

池田勇人首相

グラフ　家電製品等の普及

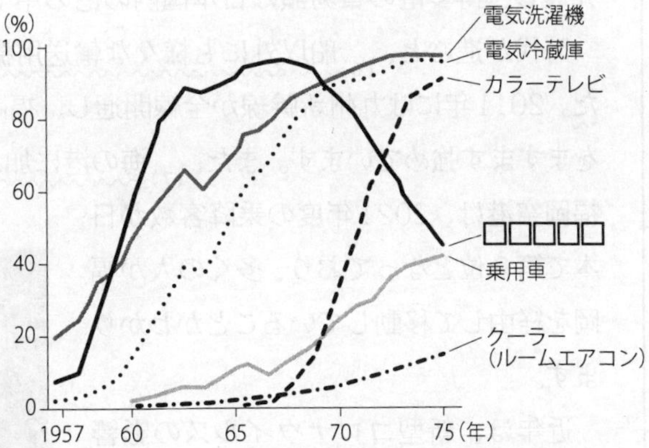

（内閣府『消費動向調査』より作成）

2　次の文章を読み、以下の問に答えなさい。

港と聞くとどのようなイメージをもつでしょうか。広大な海を前に、船が行き交い、人々が集まる様子が思い浮かびます。島国である日本には、各地に港町がつくられ発展してきました。港のもつ役割を考えてみましょう。

港は、ものや人が多く集まる交流の場です。古くから、貿易を通じて外国の品物がもたらされ、それらを商人たちがやり取りすることで、町はにぎわい、経済的に発展してきました。日本には、(1)港町から発展した人口の多い都市が各地に見られます。また、港は産業が栄える場でもあります。原材料を輸入し、完成した工業製品を輸出する役割をもつことから、(2)工場などが近くに建てられる場合も多いです。

日本の九州地方、特に(3)福岡県には、(4)博多や小倉《こくら》、門司《もじ》など、港町から発展した地域が多くあります。博多を含む福岡市に注目してみましょう。現在の福岡市にあたる地域は、大陸との距離が近いことから、(5)古くから日本と外国とをつなぐ交通の要地であり、政治・経済・文化の様々な面で外国と密接な結びつきがありました。例えば、志賀島では「漢委奴国王」と刻まれた金印が発見され、日本の奴国王が中国の皇帝から王と認められたことがわかります。平安時代の終わりには、博多はアジア貿易の拠点にもなりました。江戸時代になると、「鎖国」体制のもと貿易港としての役割は失われましたが、博多での商業の発展は進みました。明治時代になり博多港が開港され、第二次世界大戦後には重要港湾に指定されて発展し、博多港の貿易額は日本国内の港の中でも上位となっています。

時代が進むと、(6)船以外にも様々な輸送用機械が開発され交通手段が増えました。2011年には九州新幹線が全線開通し、福岡市は九州全体の拠点としての性格をますます強めています。また、(7)海の港に加えて空の港も発展していきました。福岡空港は、2021年度の乗降客数が日本で第２位となっており、多くの人が福岡を経由して移動していることがわかります。

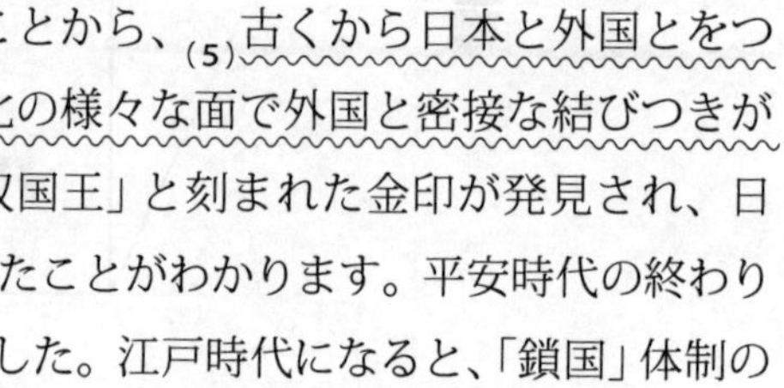

現在の博多港
（福岡市　港湾空港局HPより）

近年は、新型コロナウイルスの影響で、全国的に港の貨物取扱量や乗降客数が大幅に減少しました。社会の変化とともに、港のもつ役割が変わるかもしれません。

問１　波線部（**1**）について、次の政令指定都市のうち、港町から発展した都市として適当なものを１つ選び、**ア～エ**の記号で答えなさい。

ア　堺市　　**イ**　京都市　　**ウ**　相模原市　　**エ**　札幌市

問２　波線部（**2**）について、日本における工業と工場の立地条件の例として**適当でないもの**を１つ選び、**ア～エ**の記号で答えなさい。

ア　石油化学工業は、海外からの輸入をしやすくするため、臨海部に多く工場が建てられます。

イ　出版・印刷業は、大量の紙を必要とするため、木材と水を得やすい地域に多く工場が建てられます。

ウ　清涼飲料水製造業は、輸送費をおさえるため、消費地の近くに多く工場が建てられます。

エ　セメント工業は、原料の石灰岩を必要とするため、石灰岩の産出地に多く工場が建てられます。

問３　波線部（**３**）について、次のグラフは、九州地方にある４つの県における都道府県別の農産物生産額割合を表したものです。**A～D**の都道府県名の組み合わせとして適当なものを１つ選び、**ア～カ**の記号で答えなさい。

都道府県別の農業産出額割合（2020年）

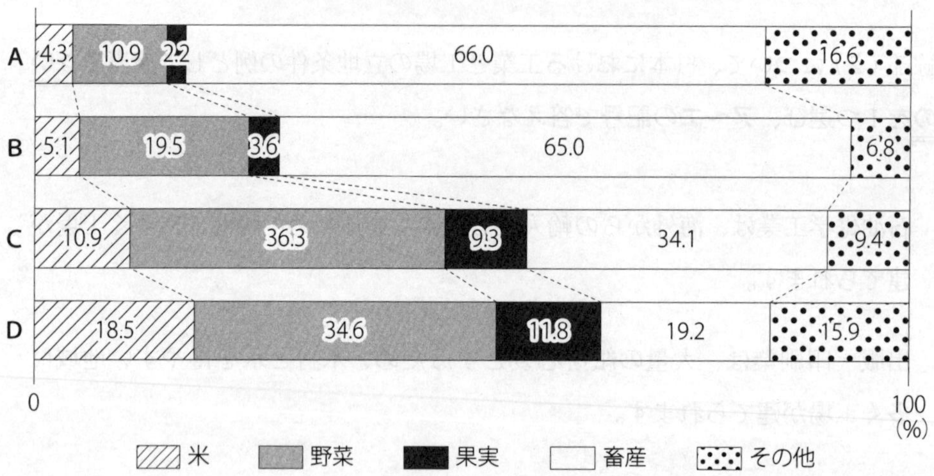

（『データブック　オブ・ザ・ワールド　2022年版』より作成）

ア　A－宮崎県　B－鹿児島県　C－福岡県　D－熊本県

イ　A－宮崎県　B－鹿児島県　C－熊本県　D－福岡県

ウ　A－宮崎県　B－熊本県　C－鹿児島県　D－福岡県

エ　A－鹿児島県　B－熊本県　C－福岡県　D－宮崎県

オ　A－鹿児島県　B－宮崎県　C－熊本県　D－福岡県

カ　A－鹿児島県　B－宮崎県　C－福岡県　D－熊本県

問４　波線部（**4**）について、次の**図１・２**は、1952年と2018年の博多駅周辺の同じ場所を示したものです。この２つの地形図を比較して読み取れることとして**適当でないもの**を１つ選び、**ア〜エ**の記号で答えなさい。

図１　1952年

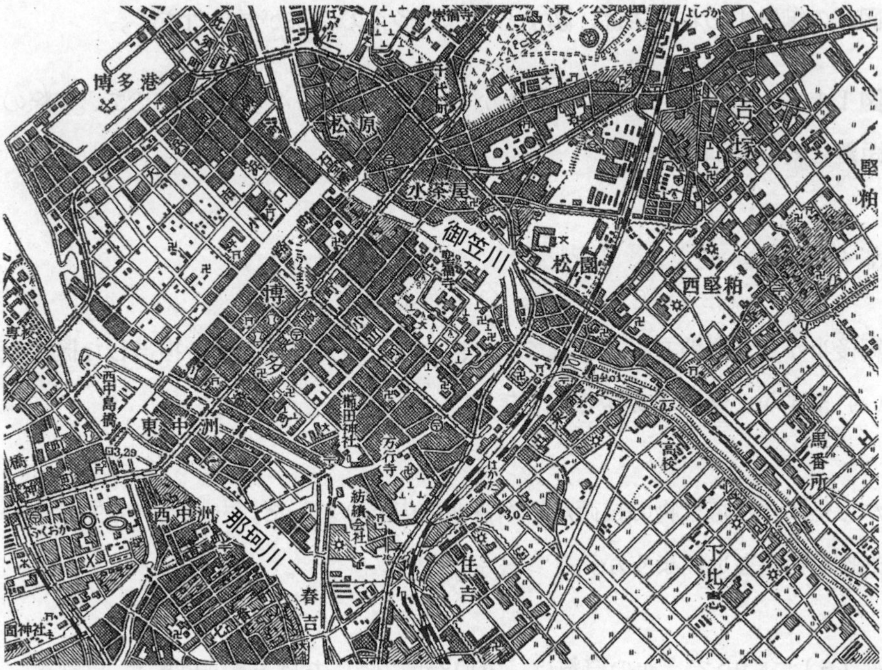

図２　2018年

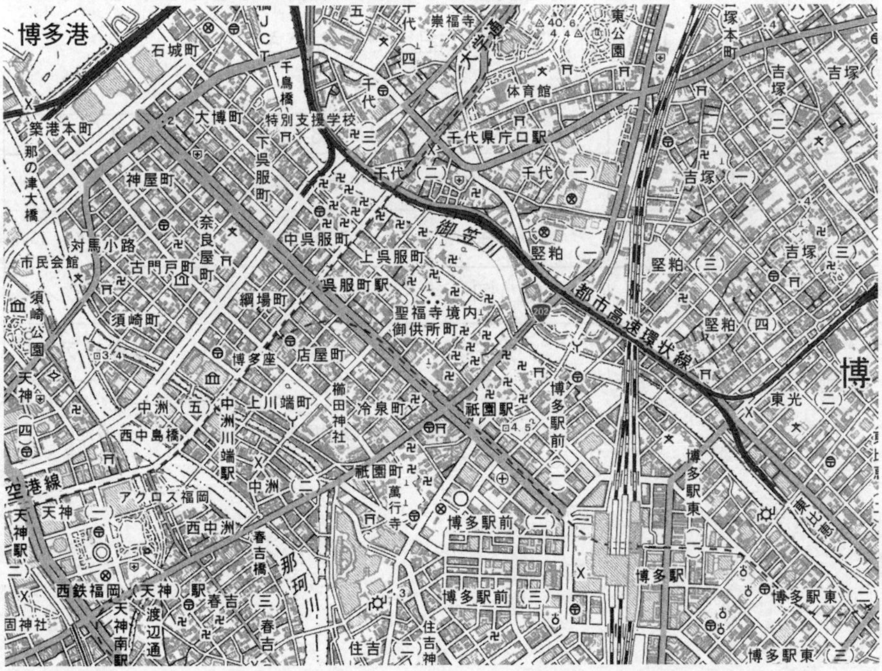

（国土地理院発行　２万５千分の１地形図「福岡」原寸より作成）

ア　**図１**で水田が広がっていた地域は、**図２**では市街地となっています。

イ　博多駅と線路の位置が変化しており、**図１**よりも**図２**では駅の位置が南東側に移動しています。

ウ　**図２**の御笠川の右岸には、**図１**と比べて多くの寺院が見られます。

エ　**図１**上でも**図２**上でも、西中島橋から御笠川までは4.5cmですので、実際の距離は約1125ｍです。

問５　波線部（**５**）について、

①　７世紀後半から九州地方におかれていた、大陸との外交や防衛を担当した機関を何といいますか。**漢字３文字で**答えなさい。

②　大陸から伝わった焼き物の技術が日本各地に広まりました。九州地方で生産される焼き物を何焼といいますか。１つ答えなさい。

問６　波線部（**６**）について、次の資料は、2008年以降における船舶（船）、自動車、自転車、オートバイの生産上位国を表しています。船舶にあてはまるものはどれですか。適当なものを１つ選び、**ア～エ**の記号で答えなさい。

	１位	２位	３位	４位
ア	中　国	アメリカ	日　本	ドイツ
イ	インド	中　国	インドネシア	タ　イ
ウ	中　国	韓　国	日　本	フィリピン
エ	中　国	インド	ブラジル	イタリア

（『データブック　オブ・ザ・ワールド　2022年版』より作成）
※生産量の単位は、船舶が万総トンで、その他は千台。

問7　波線部（**7**）について、次の**資料1・2**は、2020年における日本の航空貨物と海上貨物の主な品目を表したものです。品目にはそれぞれどのような傾向がありますか。**航空機と船舶の輸送費の違いにふれながら**、説明しなさい。

資料1　日本の主な航空貨物

	品　目	合計金額に対する割合（%）
輸出	半導体等電子部品	18.2
	カメラ・レンズなど	5.4
	金属および同製品	3.6
	医薬品	3.3
輸入	医薬品	13.8
	半導体等電子部品	11.1
	事務用機器	8.6
	カメラ・レンズなど	6.5

資料2　日本の主な海上貨物

	品　目	合計重量に対する割合（%）
輸出	鉄鋼	21.1
	セメント	7.3
	機械類	6.9
	乗用自動車	3.3
輸入	石炭	26.1
	原油	18.5
	鉄鉱石	15.0
	液化天然ガス	11.2

（『データブック　オブ・ザ・ワールド　2022年版』より作成）

3 以下の問に答えなさい。

問１ 現代の様々な問題の解決に向けて、政治の果たす役割が問われています。

① 政治の担い手である日本の各省と、その省に属する組織の組み合わせとして**適当でないもの**を１つ選び、**ア～オ**の記号で答えなさい。

ア 環境省 ― 原子力規制委員会

イ 経済産業省 ― 資源エネルギー庁

ウ 法務省 ― 特許庁

エ 国土交通省 ― 観光庁

オ 総務省 ― 消防庁

② １府12省庁からなる日本の行政機関は、内閣総理大臣とその他の国務大臣によって指揮監督されることになっています。それらについての説明として適当なものを１つ選び、**ア～エ**の記号で答えなさい。

ア 内閣総理大臣は、国民の直接選挙で選出されます。

イ 内閣総理大臣は、自衛隊の最高指揮監督権をもっています。

ウ 国務大臣は、参議院議員である場合、衆議院の審議に出席できません。

エ 国務大臣は、すべて国会議員でなければなりません。

問２　ロシアによるウクライナ侵攻もあって、国際紛争解決のために国際連合の安全保障理事会の果たすべき役割が議論されています。この理事会についての説明として**適当でないもの**を１つ選び、**ア〜エ**の記号で答えなさい。

ア　５の常任理事国と、10の非常任理事国で構成されます。

イ　非常任理事国の任期は２年で、毎年半数が改選されます。

ウ　議決にあたり、常任理事国や非常任理事国はどの国でも拒否権を行使できます。

エ　加盟国は、理事会による決定に従うことが原則です。

問３　次の文章は、コロナ禍における食事の変化についてまとめたものです。

　コロナ禍の影響により家庭の食生活が変化しました。感染拡大を防ぐため飲食店が自粛《じしゅく》や時短での営業を求められたことで（　**a**　）が減少しました。（　**b**　）が普及したことで、家庭では素材から調理した（　**c**　）をせず、デリバリーサービスの利用や、スーパーやレストランなどで販売される弁当などの購入により、自宅で食事をする人が増加しました。

① 文中の空欄（　a　）～（　c　）にあてはまる語句は何ですか。適当な組み合わせを１つ選び，**ア～エ**の記号で答えなさい。

ア　a－外食　b－テレワーク　c－内食

イ　a－内食　b－オフィスワーク　c－外食

ウ　a－外食　b－オフィスワーク　c－内食

エ　a－内食　b－テレワーク　c－外食

② 文中の波線部の食事のあり方を何といいますか。**漢字２文字で**答えなさい。

問４　コロナ禍の影響で冷え込んだ景気を回復させるため、2020年から政府は都道府県と協力して飲食店や宿泊施設の利用を増やそうと、あるキャンペーンを実施しました。これを何といいますか。解答欄に合わせて、答えなさい。

【理　科】〈第１回試験〉（社会と合わせて60分）〈満点：50点〉

1　以下の問いに答えなさい。

問１　以下は、淑子さんの夏休みの日記の一部です。

８月17日　水曜日

お母さんといっしょに、庭で採れたブルーベリーからジャムを作りました。

〈材料〉　ブルーベリー　800ｇ

砂糖　400ｇ

A　大さじ２

　ブルーベリーと砂糖を火にかけ、こげないように、とろみが出るまで煮《に》つめました。とろみが出てきたところで A を入れると、赤むらさき色をしたブルーベリーの煮じるがさらに赤くなり、とろみが増しました。その後、火にかけるのを止め、ビンにつめました。

下線部のような色の変化が見られたのは、ブルーベリーにふくまれる成分によるものです。ムラサキキャベツも同じ成分をふくんでいて、同様の色の変化をします。ブルーベリーにふくまれる成分と A に当てはまる材料の組み合わせとして正しいものはどれですか。①～⑥より選び、番号で答えなさい。

	ブルーベリーにふくまれる成分	A に当てはまる材料
①	葉緑体	ベーキングパウダー（重そう）
②	葉緑体	レモンじる
③	葉緑体	メープルシロップ
④	アントシアニン	ベーキングパウダー（重そう）
⑤	アントシアニン	レモンじる
⑥	アントシアニン	メープルシロップ

問２　1.2 g のスチールウールに同じ濃度《のうど》の塩酸を異なる分量で加えました。このときに発生した気体の体積は以下の表のようになりました。0.8 g のスチールウールに同じ濃度の塩酸を 200 mL 加えたときに発生する気体の体積は何 mL ですか。

加えた塩酸の分量（mL）	50	100	150	200	250
発生した気体の体積（mL）	150	300	450	480	480

問３　以下の文中の [ア] ～ [ウ] に入る適切な整数または分数を答えなさい。

生徒：ジェームズウェッブ宇宙望遠鏡で撮影《さつえい》した写真、すごかったですね。

先生：ハッブル宇宙望遠鏡よりさらに感度が上がったから、今まで見えなかった暗い星まで見えるようになって、少し宇宙が明るくなったみたいだね！

生徒：そうですね。でも、暗い星と明るい星のちがいは何で決まるのでしょうか？星が出す光の強さですか？

先生：そうとも言えないんだ。同じ強さの光が出ていても、遠くにあるとその分、光が分散して、暗く見えるようになる。例えばライトで壁《かべ》を照らす場合、１m 先の壁を照らしたときと２m 先の壁を照らしたときでは、１m 先の壁を照らしたときの方が明るく見えるだろう？

生徒：そうですね。距離《きょり》が２倍になると、明るさは $\frac{1}{2}$ 倍になりますか？

先生：いやいや、距離が２倍になると同じ量の光が [ア] 倍の面積に広がるから、明るさは [イ] 倍になると言えるよ。
ところで、星には等級があることは知っているかい？

生徒：１等星とか２等星とかは聞いたことがあります。数字が少ない方が明るいんですよね。

先生：そう、１等星は約１等級の星を表す呼び方だね。はくちょう座のデネブは１等星ということが多いけど、等級で表すと１等級になる。こと座のベガは０等級だよ。

生徒：０等級と１等級はどれくらい明るさがちがいますか？

先生 ： 1 等級ちがうと明るさは 2.5 倍になるよ。

生徒 ： 2.5 倍…イメージが難しいですが、つまりデネブよりベガの方が明るく光っているんですね。

先生 ： そうとも限らないんだ。今話した等級は、『見かけの等級』と呼ばれるもので、地球から見た場合の明るさを表している。実は、地球からの距離はデネブは 2500 光年、ベガは 25 光年だから、デネブの方が遠い。このことを考えると…

生徒 ： デネブとベガを同じ距離から見ると、本当の明るさを比べられるということになりますか？

先生 ： そうなるね。これまでの話から計算すると…、

生徒 ： デネブはベガの ［ ウ ］ 倍明るいと言えますね。

先生 ： そのとおり。ちなみに、同じ距離で比べた場合の等級を、『絶対等級』と呼ぶんだよ。

生徒 ： 星の明るさの比べ方には色々あるんですね。もっと調べてみたくなりました。

問４　図のように２枚の鏡Ａ、Ｂを 90°になるように合わせ、光を反射させたところ鏡Ａの点ａで反射した光は、鏡Ｂの点ｂで反射し、点ａから点ｂまでは 12 cm でした。点ｂから点ｃまでは何 cm ですか。

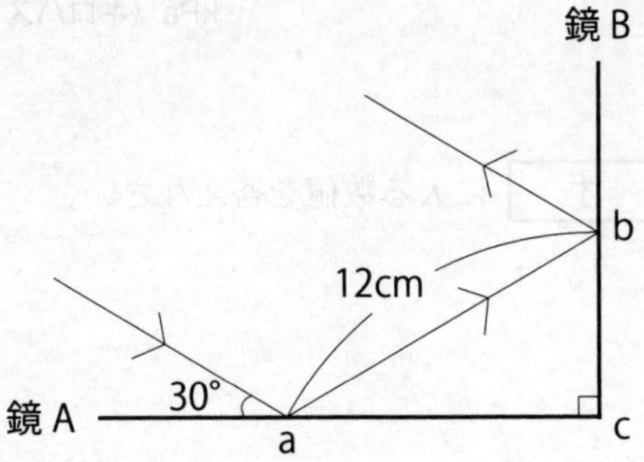

2　次の問いに答えなさい。

【Ⅰ】　ある質量の気体（ちっ素）がいろいろな圧力の下で、どれくらいの体積になるかを調べ、以下の表にまとめました。ただし、すべての測定は同じ温度で行われたものとします。

測定	気体の質量（g）	圧　力（kPa）	体　積（L）
1	20	100	18
2	20	ア	12
3	20	200	9
4	20	300	6
5	20	900	イ
6	40	100	36
7	10	100	ウ
8	60	エ	18
9	オ	20	9

kPa（キロパスカル）は圧力の単位

問１　表の中の ア ～ オ に入る数値を答えなさい。

【Ⅱ】　水に接している気体（ちっ素）は水に少しだけ溶《と》けることがわかっています。そこで、温度を変えずに、水と接しているちっ素の圧力を変えて水１Ｌに溶ける量を調べました。以下は、そのときの結果です。

結果１　100 kPa で接しているときに溶けた体積は 100 kPa で 14 mL だった。
結果２　200 kPa で接しているときに溶けた体積は 200 kPa で 14 mL だった。
結果３　50 kPa で接しているときに溶けた体積は 50 kPa で 14 mL だった。

問２　500 kPa で接しているちっ素が水１Ｌに溶ける体積は 500 kPa で何 mL ですか。

問３　ちっ素が水１Ｌに 300 kPa で接しているときに溶けている質量は、100 kPa で接しているときに溶けている質量の何倍になりますか。①～⑧より選び、番号で答えなさい。

①　0.3 倍　　②　0.5 倍　　③　1 倍　　④　1.2 倍
⑤　1.5 倍　　⑥　2 倍　　⑦　2.5 倍　　⑧　3 倍

3　次の文中の［ア］～［キ］に入る数字を答えなさい。

図１のように、両はしにそれぞれ60 g のおもりがついた長さ 50 cm の重さの無視できる棒があります。この棒の真ん中に糸を付けてつるすと、棒は水平になります。このとき、糸が棒を引く力の大きさは［ア］g です。

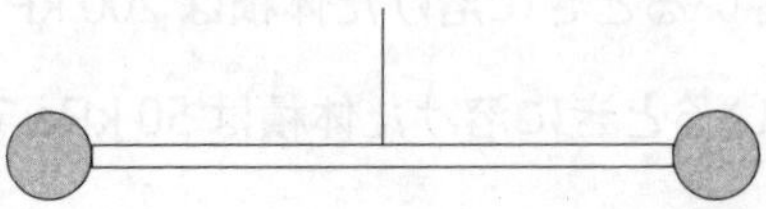

図１

しかし、糸の位置を真ん中からずらしてしまうと、棒は水平を保てなくなります。図２のように、糸の場所を左はしから 30 cm に変えたとき、棒を水平に保つようにするため、左側のおもりに上向きに［イ］g の大きさの力を加えます。

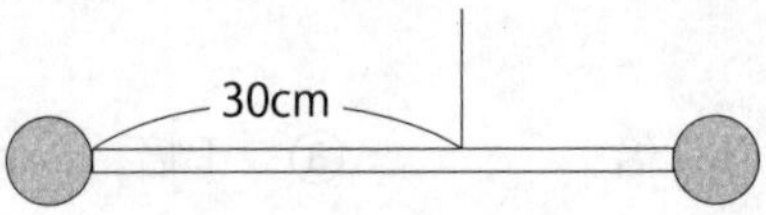

図２

図３に示すような３枚の板Ａ、Ｂ、Ｃを用意し、図４のように水平な台のはしに置いてみます。それぞれの板のはばと厚さは同じで重さは板の長さに比例しています。

また、板と同じはばの台を用意し、板をのせるときはすべての板と台のはばがそろうように置くものとします。

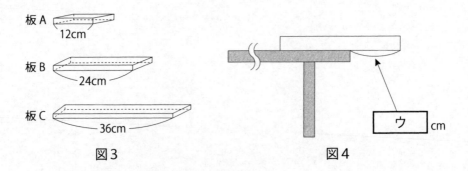

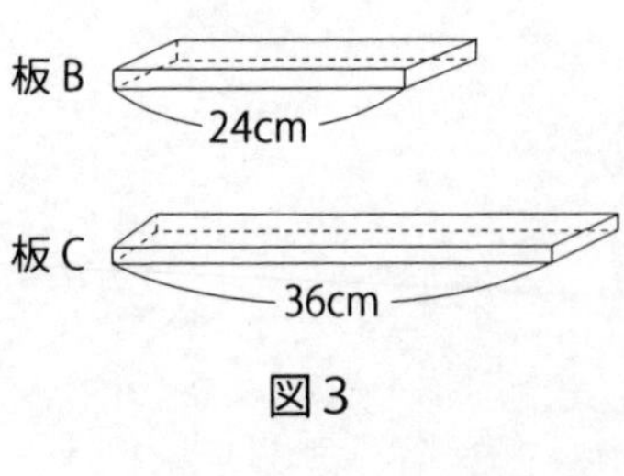

図３

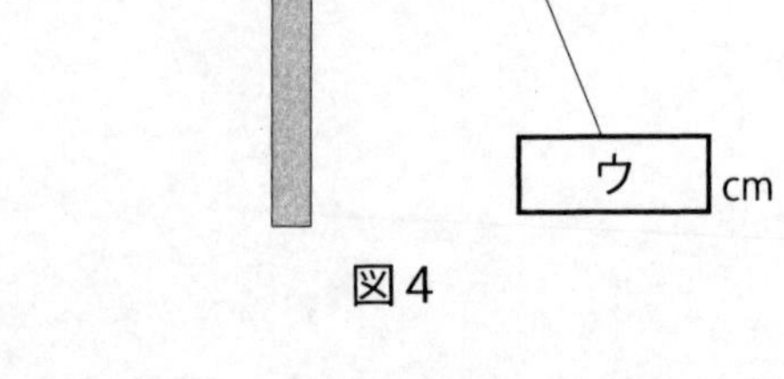

図４

板Ｃだけを置くとき、板の右はしは台のはしから［ウ］cm まで出すことができます。

図５のように、板Ａを板Ｃと左側が合わさるように置いたとき、板Ｃの右はしは［ エ ］cmまで出すことができます。

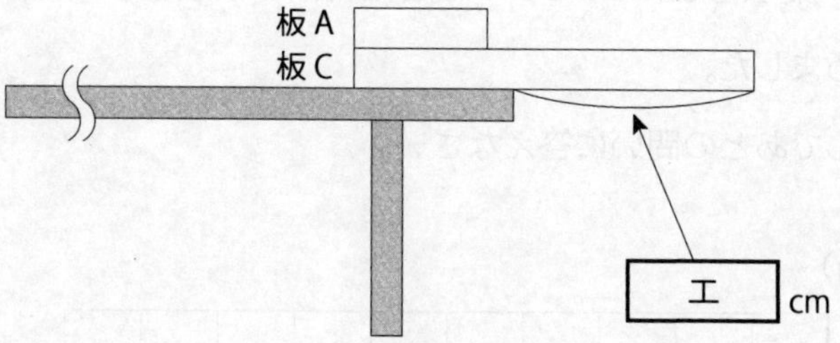

図５

３枚の板を図６のように重ねて、板Ａをできるだけ右に出した状態で板Ｃをできるだけ右に出すことを考えます。このとき、すべての板が水平になっていることから板Ｃの右はしと板Ｂの右はしの距離は［ オ ］cmとなります。また、板Ａをできるだけ右に出すためには板Ｂの右はしと板Ａの左はしとの距離は［ カ ］cmでなければならないので、板Ａは台のはしから［ キ ］cmまで右に出すことができます。

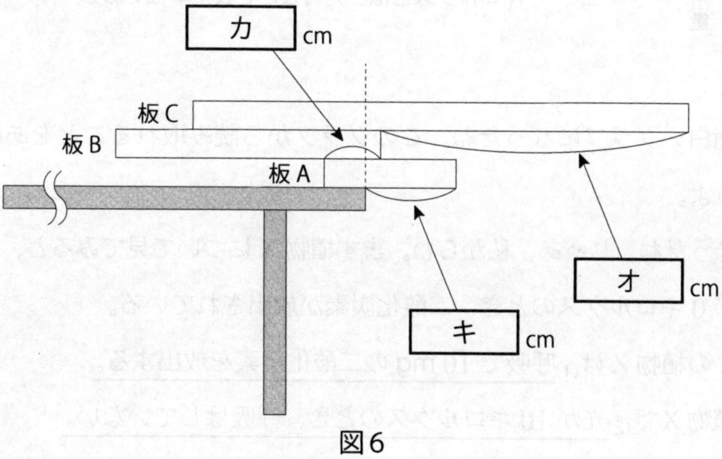

図６

4　光合成について学習した淑子さんと徳子さんは、光の強さと光合成の関係を調べるために温度一定のもとで、実験装置の中に置いた植物Ｘ、Ｙの葉に色々な強さの光を１時間当て、葉 100 cm^2 あたりの二酸化炭素の吸収量または放出量を測定し、グラフにまとめました。

２人の会話を読んであとの問いに答えなさい。

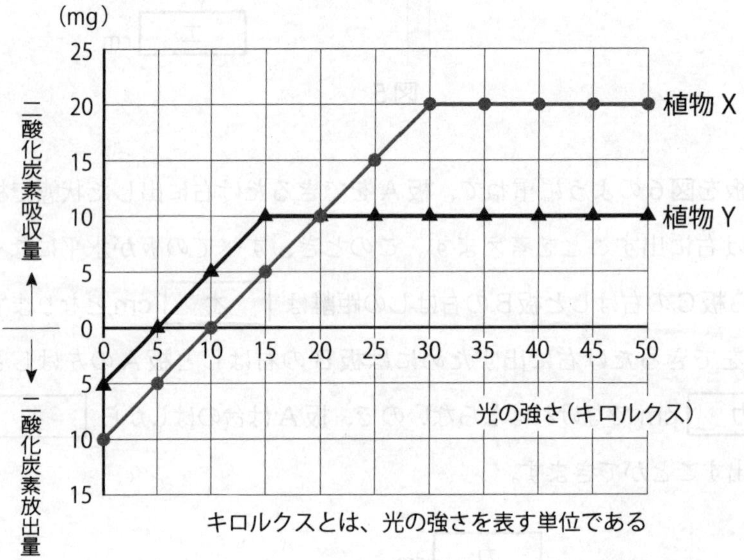

キロルクスとは、光の強さを表す単位である

淑子：面白いグラフになったね。このグラフから読み取れることをあげてみようよ。

徳子：そうだね。じゃあ、私からね。まず植物Ｘについて見てみると、光の強さが０キロルクスのとき、二酸化炭素が放出されている。

淑子：この植物Ｘは①呼吸で 10 mg の二酸化炭素を放出する。

徳子：植物Ｘは②光が 10 キロルクスのとき、呼吸はしていない。

淑子：20 キロルクスの光を当てたとき、③植物Ｘと植物Ｙでは、植物Ｘの方が光合成で二酸化炭素を多く吸収している。

徳子：植物Ｙでは、④15 キロルクス以上の光を当てても光合成で吸収する二酸化炭素の量は変化しない。

淑子：グラフから読み取れることはたくさんあるね。

徳子：おもしろいね！

問１　淑子さんと徳子さんの会話の中の下線部①～④のうち、誤ったことを言っているのはどれですか。①～④より選び、番号で答えなさい。

問２　植物Ｘでは、20キロルクスの光を１時間当てたとき、光合成で吸収する二酸化炭素の量は、葉100 cm^2 あたり何mgですか。

問３　植物Ｘでは、30キロルクスの光を１時間当てたとき、光合成で吸収する二酸化炭素の量は、20キロルクスのときの何倍になりますか。

問４　植物Ｘ、Ｙの葉に７キロルクスの光を当て続けて育てると、どのようになりますか。（ア）～（エ）より選び、記号で答えなさい。

（ア）　植物Ｘ、Ｙともに成長する。
（イ）　植物Ｘは成長するが、植物Ｙは成長しない。
（ウ）　植物Ｙは成長するが、植物Ｘは成長しない。
（エ）　植物Ｘ、Ｙともに成長しない。

問５　植物Ｘの葉に25キロルクスの光を６時間当てた後、光の当たらない暗い場所に数時間置きました。暗い場所に置いてから測定された二酸化炭素放出量が、光を当てている６時間の間に測定された二酸化炭素吸収量と同じになるまでに、何時間かかりますか。

しかし、風が吹《ふ》くこともまた自然の節理である。風は風で吹き抜《ぬ》けなければならない。自然の力に逆らうよりも、自然に従って自分を活《い》かすことが大切である。

この自然を受け入れられる「柔らかさこそ」が、本当の強さなのである。

（稲垣栄洋《いながきひでひろ》『植物はなぜ動かないのか　弱くて強い植物のはなし』より）

問　世の中には、――部のように「柔らかく見えるものが強い」ことがよくある。これにあてはまる具体例を自分で考え、「見るからに強そうなもの」と「柔らかく見えるもの」の両方をあげながら説明しなさい。

・本文中に出ている「ヨシ」、「柳」以外の具体例を考えること。

・具体例は、生物、人間、物、社会、どんな例でもかまいません。

で、集団がもつ知識はどのように変化しますか。空欄《くうらん》にあてはまるように説明しなさい。

分業が複雑化する前は、［ A ］。

それに対し、分業が複雑化すると、［ B ］。

問六 ――⑤「チンパンジー」の例からどのようなことが言えますか。ふさわしいものを次の**ア**〜**エ**から一つ選び、記号で答えなさい。

ア チンパンジーの集団のように、平等でなく理不尽《りふじん》な社会もあるということ。

イ 文明の恩恵を受けるには、公平性が保たれるシステムが必要だということ。

ウ 人間はチンパンジーとは異なり、知性が優れているということ。

エ 他人を認識し不正を判断するには、報酬と処罰が必要であるということ。

問七 本文の内容にあてはまるものを、次の**ア**〜**エ**から一つ選び、記号で答えなさい。

ア 真似をし続けていると自分の意志や主体性がなくなり、ヘアスタイルなど不必要なものまで真似しようとし始める。

イ 古代は現代のように情報伝達や交通の手段が発達していなかったにも関わらず、知識を遠隔地《えんかくち》まで伝えることができた。

ウ 4万5000年前の西ユーラシアで突然人口密度が上がったのは、高度な道具づくり、芸術、文化が発達したためである。

エ チンパンジーは毛繕いをしてくれない仲間から食べ物を要求されると、群れの決まりに従って攻撃的な反応をする。

三

次の――部のカタカナを漢字に直しなさい。

① 景気がテイメイする。

② 決定にイギを申し立てる。

③ ケイセイが不利になる。

④ おまじないをトナえる。

⑤ 委員長をツトめる。

四

次の文章を読み、あとの問いに答えなさい。

「柔《じゅう》よく剛《ごう》を制す」という言葉がある。

見るからに強そうなものが強いとは限らない。柔《やわ》らかく見えるものが強いことがあるかも知れないのである。

昆虫《こんちゅう》学者として有名なファーブルは、じつは『ファーブル植物記』もしたためている。その植物記のなかで、ヨシとカシの木の物語が出てくる。

ヨシは水辺に生える細い草である。ヨシは突風に倒れそうになったカシの木にこう語りかける。カシはいかにも立派な大木だ。しかし、ヨシはカシに向かってこう語りかける。

「私はあなたほど風が怖くない。折れないように身をかがめるからね」

日本には「柳《やなぎ》に風」ということわざがある。カシのような大木は頑強《がんきょう》だが、強風が来たときには持ちこたえられずに折れてしまう。ところが、細くて弱そうに見える柳の枝は風になびいて折れることはない。弱そうに見えるヨシが、強い風で折れてしまったという話は聞かない。柔らかく外からの力をかわすことは、強情に力くらべをするよりもずっと強いのである。

柔らかいことが強いということは、若い読者の方にはわかりにくいかも知れない。正面から風を受け止めて、それでも負けないことこそが、本当の強さである。ヨシのように強い力になびくことは、ずるい生き方だと若い皆さんは思うことだろう。

はどういうことですか。ふさわしいものを次の**ア**～**エ**から一つ選び、記号で答えなさい。

ア　集団内の人々の生まれもった能力には関係なく、接する人の数が多いほど優れたアイデアや技術を得られる機会が増え、それが文化や技術の差を生み出すということ。

イ　集団のもつ遺伝子の優劣《ゆうれつ》ではなく、単純に他の集団とどれほど接触があり交流しているかが影響《えいきょう》して、人口密度に差が生まれるということ。

ウ　優秀《ゆうしゅう》な遺伝子に接触する機会が多ければ多いほど、影響を受けて遺伝子が優性に進化していくので、結果的に他の人々との間に差が生まれていくということ。

エ　集団間の文化の差は、人々の才能の優劣ではなく、技能や知識の情報を他から進んで受容できるかどうかという柔軟性《じゅうなんせい》に関わるということ。

問四　――③「両方の分野であなたのほうが技能が高い場合ですら、どちらも取引で利益が得られる」とあるが、ボブとデイヴの例示について次の問いに答えなさい。

(1)　文章の内容に合うように、A～Lの中に適切な数字を入れなさい。

〈分業しない場合〉

	ボブ	デイヴ
労働時間	計３時間	計９時間
ナイフ	A本	C本
ウサギ	B羽	D羽

２人の総生産量は，ナイフE本
ウサギF羽

〈分業した場合〉

	ボブ	デイヴ
労働時間	計３時間	計９時間
ナイフ	G本	I本
ウサギ	H羽	J羽

２人の総生産量は，ナイフK本
ウサギL羽

(2)　例示の説明としてふさわしいものを、次の**ア**～**エ**から一つ選び、記号で答えなさい。

ア　ボブとデイヴとで仕事を分業すると、両方得意なボブは損をすることになるが、総体的な労働時間や努力は減らすことができる。

イ　ボブはナイフ作りもウサギ狩りも技能が優れているので、デイヴは何もせずにボブだけが労働に携《たずさ》わるほうが結局効率がよい。

ウ　ボブとデイヴがそれぞれ得意なほうの分野に専念すると、分業前よりも分業した後のほうが総生産量が大きくなる。

エ　ボブがウサギを狩り、デイヴがナイフを作って結果を持ちよると、少ない時間でより多くの生産物を作ることができる。

問五　――④「これが一変する」とあるが、分業が複雑化する前と後

ウ「私」はこの五年ずっと自分の家にいたと思いこんでいたが、そうではなく山にとられていたということ。
エ「私」がこの五年間で経験したと思っていたことは、すべて山で見ていた夢の中の出来事だったということ。

問八　この文章についての説明としてふさわしくないものを、次のア～エの中から一つ選び、記号で答えなさい。
ア「私」は桃のつぼみを見て五年前のことを思い出し、そこから母がなぜ崖から落ちたかを知り、亡くなった母の愛に気づく構成となっている。
イ　祖母の、「芳尾は、ひなまんじゅうは、きらいだったねぇ」（41ページ下段14行目）という言葉は、「私」が本当はいないのにそこに実在していると読者に思わせる効果がある。
ウ　この物語で重要なモチーフである「桃の花」を、「私」の回想部分では「みかけない花」（40ページ上段10行目）、「この花」（40ページ上段25行目）と表現し、その時の「私」がまだ「桃」だと認識していないことを表している。
エ「ツタ」は、利尾を山に連れて行こうとしていたが「私」の一言で雪のように消えて風になり山に帰ったというように、山の神秘的な力を象徴《しょうちょう》する存在として描《えが》かれている。

二

次の文章を読んで、後の問いに答えなさい。

〔編集部注：課題文は著作権上の問題により掲載できません。作品の該当箇所につきましては次の書籍を参考にしてください〕
・ヨハン・ノルベリ　著／山形浩生・森本正史　訳『OPEN ――「開く」ことができる人・組織・国家だけが生き残る』（株式会社ニューズピックス　二〇二二年四月第一刷発行）
四〇ページ八行目～四五ページ一行目
途中に省略されている箇所があります。

問一　＝＝＝A・Bの語の意味としてふさわしいものを、後のア～エからそれぞれ一つ選び、記号で答えなさい。
A「甘んじている」
ア　寛大《かんだい》な心で許している
イ　自ら進んで耐《た》え忍《しの》んでいる
ウ　現状のままで満足している
エ　仕方なく受け入れている
B「極意」
ア　隠《かく》されている意義　イ　すべての知識
ウ　すぐれた方法　エ　進んだ技術

問二　――①について、1歳児の文化学習についての説明としてふさわしいものを、次のア～エから一つ選び、記号で答えなさい。
ア　1歳児が新しい状況に際して親の顔色をうかがうのは、まだ幼いので自分の意思を持っておらず親の判断に依存しているためである。
イ　1歳児が新しい状況に際して親の顔色をうかがうのは、親の承認を得ずに行動すると罰せられるという恐怖のためである。
ウ　1歳児が母親よりも知らない人の顔色をうかがうことがあるのは、状況を最もよく分かっている人の行動を真似しようとしているためである。
エ　1歳児が母親よりも知らない人の顔色をうかがうことがあるのは、常に新しいものから情報を得ようとする人間の学習本能のためである。

問三　――②「人々の差をもたらすのは遺伝子ではない。他の人々に属する遺伝子にどれだけ近接しているかが差をもたらすのだ」と

うか。それとも、気にいった子がいなかっただけなのだろうかと。

（柏葉幸子「桃の花が咲く」より）

（注１）ねんねこ…幼児を背負った上から羽織る綿の入った半纏《はんてん》。
（注２）おかいこぐるみ…上から下まで絹物を身にまとうこと。ぜいたくな生活をいう。

問一 ＝＝Ａ・Ｂの意味としてふさわしいものを、後の**ア**～**エ**からそれぞれ一つ選び、記号で答えなさい。

Ａ「いまいましげに」
ア 残念そうに　**イ** 腹立たしそうに
ウ うっとうしそうに　**エ** 不吉《ふきつ》そうに

Ｂ「手ばなしで」
ア 表面的に　**イ** 満足げに
ウ 無条件に　**エ** 無責任に

問二 ――①とあるが、「女たちがかげ口をきく」理由を次の**ア**～**エ**の中から一つ選び、記号で答えなさい。
ア どこから来たかもわからないツタが、宿の仕事はしないのに女主人のようにふるまうことがしゃくにさわるから。
イ まだ十五やそこらのツタが、ほかの女たちの指示に従わず自分のやりたいようにしているのがおもしろくないから。
ウ ツタがいける桃の花を女主人がほめちぎって、ほかの女たちには手出しをさせないことに納得がいかないから。
エ ツタが利尾の母親によく似ていて、利尾がツタ以外の女たちにはまったくなつかないことが気にくわないから。

問三 ――②とあるが、このときの「祖母」の説明としてふさわしいものを、次の**ア**～**エ**の中から一つ選び、記号で答えなさい。
ア 利尾が甘えん坊《ぼう》になるのはよくないが、台所の仕事は火や刃物が危ないから、ツタが利尾をおんぶするのは仕方ないと思っている。
イ 自分の言うことを聞かないツタに手を焼いてはいるが、母を亡くした孫の面倒《めんどう》を見てくれることに感謝もしている。
ウ ツタが利尾にもう少し厳しく接してくれればよいのにと思う一方で、病弱な利尾を大切に育ててほしいとも願っている。
エ いつまでもツタに甘えて離《はな》れられない利尾を困ったものだと思いながらも、体の弱い孫娘につい甘くなってしまっている。

問四 ――③とあるが、なぜ「私」は雛祭りがきらいなのですか。その理由を説明しなさい。

問五 ――④とあるが、「母」が山に入ったのはなぜか、次の**ア**～**エ**の中からふさわしいものを一つ選び、記号で答えなさい。
ア 雛祭りに飾《かざ》る桃の花を庭に見にいったが、庭にはなかったので「私」といっしょに山で探そうと思ったから。
イ ひなまんじゅうをなげすてて山に行った「私」の思いをおしはかり、「私」がどうしているか心配になったから。
ウ 山は危ないところがたくさんあるので、万が一「私」がけがをするといけないと思ったから。
エ 突然不機嫌《ふきげん》になり山に行ってしまった「私」を探して、きれいな着物を着せて機嫌をとろうと思ったから。

問六 ――⑤とあるが、「私」が「母屋へかけだした」理由を説明しなさい。

問七 ――⑥からどんなことが読みとれますか。次の**ア**～**エ**の中からふさわしいものを一つ選び、記号で答えなさい。
ア 「山にとられる」とか「山から返してもらう」ということが、山が大好きな「私」には理解できないということ。
イ 「私」はちょっと山に行っていただけだと思っていたが、実際には山に行ってから五年もたっていたということ。

まつといった。利尾が丈夫になるのをまっているのは、ツタなのかもしれない。ツタは、利尾を山へつれていける日をまっているのだ。その日が今日だ。桃の花が咲く。

⑤私は、母屋へかけだした。

私の体をだきしめた、母の腕《うで》の感触《かんしょく》がよみがえった。はなせばよかったのに。私のことを山へやればよかったのに。母は、私をはなしはしなかった。青白い顔の、きれいな、おとなしい人だった。きらいなわけじゃなかった。どう甘えたらいいのかわからなかった。あんなことがなければ、時間がもっとあれば、いい親子になれたかもしれなかった。

勝手口の戸をあけた。ひなまんじゅうを蒸す湯気が、私のあけた戸からはいる風で、流れた。湯気のむこうにいた祖母が私をみつけて、もっていた大皿をおとした。皿のわれる音と、

「芳尾、芳尾かい。山から返してもらったんだね」

祖母の声が重なった。私は、⑥祖母がなにをいっているのか、わからなかった。私は、ずっと、この家に、祖母のそばにいたはずだった。

「利尾は、ツタは？」

台所に二人の姿はない。

「座敷だろうか？　おままごとするって――」

私は座敷へとびこんだ。

「利尾！」

利尾は、私を見て、きょとんとした顔をした。私を、初めて見るように見る。利尾は、助けをもとめるように、そばにいたツタを見た。

私は、利尾の手をひきずって、ツタからひきはなした。利尾は、火がついたように泣きだして、ツタの方へ逃げ出そうとする。私は、母が私にしたように、利尾を抱きとめた。母は、私をはなさなかった。

だから私は、絶対《ぜったい》に、利尾を山にとられるわけにはいかなかった。ツタが利尾の方へ手をのばした。

「利尾に、さわらないで！」

私のその一声で、ツタは雪がとけるように、消えていった。そして、風になって座敷をわたっていった。その風は、庭のゆきやなぎをゆらし、あとかたもなくなった。

私は、この五年、行方不明《ゆくえふめい》だったのだそうだ。私は、家にいたつもりだったのに。でも、頭のどこかに、別の場所にいる私が、いたような気もした。その記憶《きおく》は、どんどん薄《うす》れていくような、たまに、鮮明《せんめい》に思い出せそうな、つかみどころのないものだった。

「山が返してくれる時に、山でのことは、みんなとりあげたんだろうよ」

祖母はそういった。

そして、ツタは母だったのだろうと、祖母はいった。利尾が心配で、ツタになって家にきたのだと。ツタのいける花は、母のいける花に似《に》ていたといった。母は、小さい頃からお華《はな》をならった人だったそうだ。そして、私が利尾を守ってくれるとわかって、安心して消えていったのだろうといった。

私には、ツタが、なんだったのか、わからなかった。ただ、利尾を守らなければ、母にもうしわけができないと、それだけを思った。

私と利尾は、仲のいい姉と妹になった。利尾は、山へとられることもなく、裏庭の桃に花が咲き、実がみのるように、母に似た女の人になった。そして結婚《けっこん》し、子どももできた。

私も利尾も、私たちの子どもたちも孫たちも、山にとられることもなく無事にくらしている。

それでも桃の花が咲くたびに、思い出す。山は約束を忘れたのだろ

だ。でも、いくら花も実もつけないからといって、誰一人、家に桃があるのを知らないでいるということがあるものだろうか。

　この桃は、ツタが山からもってきたのだ。ほころびかけたつぼみをみて、そう思った。

　ツタは、山からきた。だから、私はツタがきらいなのかもしれない。母の死とツタは、何か関係がある。第一、④母は山になんの用があったのだろう。母が山に入ることなどなかったのに。山が好きなのは、私だ。

　私は、一日中、山にいた。山の湯につかり、草すべりをし、山ぶどうをとり――。そうだ。あの日は、みかけない花をみつけたと思った。このつぼみのような色だった。この色が、木々の間にみえた。

　私は、突然《とつぜん》思い出した。

　新しい母が家にきて、私がその母になれる間もなく、利尾が生まれた。私たちは異母姉妹《いぼしまい》だ。利尾の初めてのお雛様だった。私は、それまで家にお雛様があることさえ知らなかった。体の弱い利尾のためと、新しい母への気づかいもあったのだろう。大騒《おおさわ》ぎでお雛様をかざる大人たちが気にさわった。利尾のためにだけ、お雛様をかざっているようで、私は、蒸《む》しあがったひなまんじゅうを庭になげすてていた。いつものように山へ逃《に》げ出す私に、

「よしさん、いいかげんにおしよ。いまに、山にとられてしまう」

　祖母がさけんでいた。私は気にもしなかった。なにをとられるというのだろう。家の裏山《うらやま》だ。庭と同じだ。

　山の湯につかり、気分もおちついて、家へ帰ろうとした。その時、この花をみたと思った。花の方へ手をのばした時、母の声がした。

「よしさん、よしさん。帰ってらっしゃい」

　私の気持ちをさっして、母が自分でむかえにきたのだ。私は素直《すなお》になれなかった。

「いや。帰らない」

　帰るもんかと思った。

「山の子におなり。山がお好きなようだ」

と声がした。

「よしさん。どこ？　お雛様だもの、きれいな着物に着替《きが》えましょ」

「よしさんという名か。いい名だ。よしさん、山の子におなり」

　木の枝だと思っていたものが、人の手になった。その手は、私の手をつかんだ。私は、悲鳴をあげた。

「よしさん！」

　母が私をみつけて、私の体を抱《だ》きとめた。

「おっかさまか。この子は、だめです。この子をくれろ」

「だめです。この子は、だめです」

「この子は、山が好きだ」

「ちがいます。私がきらいなんです。それで、山へ逃げてきているだけです」

「おっかさまだろうが。乳《ちち》のにおいがする。そうか。それじゃ、おっかさまの子をくれろ」

　声は、なにかをさっしたようだった。

「生まれたばかりで、体の弱い子です」

「まつ。その子が丈夫《じょうぶ》になるまで、まつぞ。それまで、この子はあずかる」

　私は、ひきずられた。

「よしさん！」

　母は、私をはなさなかった。そして、崖からおちたのは母だけだ。私は、おちなかったのだろうか？　そして、崖の下でみつかったのは、母とツタだ。私はどこへいった？　ツタは、どこからきた？　山は、

うせいだろうか。その二人から、私は、はじきだされているからだろうか。

「ほんとに、ツタがいける花は、いい。ならったわけでもないのにねえ」

B手ばなしで、祖母がほめるせいだろうか。

「どこがいいかね」

「私らには、わかりはしない」

「どこの馬の骨《ほね》やらわかりもしない娘《むすめ》を」

「あれは、山からきた子だ」

ツタのいけた桃を遠まきにして、①女たちがかげ口をきく。

五年前、母は、山の崖《がけ》から落ちて死んだ。崖の下に母と、足に蔦《つた》をまきつけた女の子がたおれていた。その蔦のおかげで、おちる時に衝撃《しょうげき》がやわらいだらしく、女の子は、気を失っていただけだった。でも、意識《いしき》がもどっても、その子は、何も覚えていなかった。近隣《きんりん》の集落に、子どもがいなくなった家はなかったそうだ。その子がツタだ。ツタという名は、祖母がつけた。ツタは利尾の子守になった。祖母は、ツタをかわいがるが、女たちは、ツタは山からきたといって、気味悪がった。

「さあて、ひなまんじゅうをつくりますよ」

かざりおわったひな壇を満足げにみあげて、祖母がたちあがった。

「桃のかたちの？　私も、私も」

利尾が、ツタの背中《せなか》にはりついた。おぶってもらうつもりだ。

「としさん。いくつにおなりだ？　おんぶする年じゃなかろう」

祖母が、しかったが、

「台所は、火があったり、刃物《はもの》があったりしますから」

とツタは、たもとからおぶいひもをだして、利尾を自分の背中にくくりつけてしまった。

「ツタもいいかげんにおしよ。あんたの体だって、きつかろうに」

「いいえ。としさん、軽いですから」

ツタは、五歳にしては小さい利尾を、ゆすりあげた。

②祖母は、ため息をつきながら、ツタに、（注1）ねんねこをきせかけた。一歳まで生きられないだろうと医者にいわれた利尾だ。祖母にしてみれば、母もないのに、よくここまで育ったということなのだろう。

亀《かめ》の親子のようになったツタをみながら、私は、台所とは反対の縁《えん》側《がわ》に出た。（注2）おかいこぐるみとは利尾のことだ。利尾は、一日のたいはんをツタの背中ですごしている。みんな、利尾には、甘《あま》い。母を知らないというが、それは、私だって同じだ。

庭におりようとした私に、

「芳尾《よしを》は、ひなまんじゅうは、きらいだったねぇ」

と、つぶやく祖母の声が聞こえた。

祖母のいうとおり、私は、ひなまんじゅうはきらいだ。③雛祭《ひなまつ》りがきらいなのだ。

山の湯へいくつもりだったが、裏庭にまわった。雑木林《ぞうきばやし》のはじに桃の木が一本ある。ツタが、つぼみがついたといった。

ツタが家にきて間のないころ、利尾をおぶったまま姿《すがた》がみえず、みんなでさがしたことがあった。ツタと利尾はここにいた。

「としさん、桃の木が好きみたいで。ここにいるときげんがいいんです」

ツタがそういったので、みんな、この木が桃だと気がついた。

「花も実もつけないんじゃ、桃だってわかりませんよね」

ツタは、それから、この木の世話をしているようだった。

うちの庭は広い。とくにこのあたりは、裏庭でも、ほうりっぱなし

2023年度

淑徳与野中学校

【国語】〈第一回試験〉（六〇分）〈満点：一〇〇点〉

一　次の文章を読んで、後の問いに答えなさい。

あけはなした座敷《ざしき》に、出入りの大工たちが、ひな壇《だん》を組み上げている。女たちがたすきがけで、倉からお雛様《ひなさま》の箱をはこびだした。天井《てんじょう》までとどきそうなひな壇が、三つ。お雛様をかざるのは、一日がかりだ。

春とはいえ風はまだ冷たい。雪が残っているとみえたのは、庭のゆきやなぎだ。今年のゆきやなぎは、ずいぶん早い。

指図に忙《いそが》しい祖母《そぼ》の着物のそでを、利尾《としを》がひいた。

「ツタは？　ツタは？」

おひるねからおきたらツタがいないので、利尾のきげんがわるい。

「いまに、くるから。としさん、むこうへいっておいで」

祖母が利尾の背《せ》をおしやるが、利尾はうごこうとしない。そして、小さなせきをした。

「誰《だれ》か、ツタをよんでおくれ。それから、利尾に湿布《しっぷ》をしてやって」

女たちが二人、かけだしていった。

ねぎをまいた真綿《まわた》の湿布をみて、利尾がぐずりだした。

その声をききつけたように、ゆきやなぎをかすめて、ツタが庭を走ってくる。

「ツタ、うちの桃《もも》は咲《さ》いてなかったろう。とどけてもらったよ」

祖母がとどいたばかりの桃の枝《えだ》を指さした。ツタは、裏庭《うらにわ》に桃をみにいっていたらしい。

ツタは、祖母の声も聞こえていないようだ。座敷にあがってきたツタの目は、利尾をさがしている。ツタは湿布をもった女をおしのけるように、利尾のそばにすわった。

「としさん。また、せきが出たんですか」

ツタは、利尾の細い首に真綿をまきつける。利尾も、ぐずっていたのを忘《わす》れたように、されるままになっている。湿布をもぎとられた女は、ふんと鼻をならして立ちあがった。

ツタは、利尾の着物のひもを結びなおしてやりながら、

「つぼみが二つ、ついてました」

と、やっと祖母にこたえた。

女たちは、そんなツタにまゆをひそめるが、祖母は、しかりもしなかった。

五年前、母を亡《な》くした妹の、利尾の子守としてツタはやってきた。利尾は一歳《さい》にもなっておらず、私《わたし》は五歳だった。温泉宿《おんせんやど》をしている私の家では、女手はいくらあっても足りない。利尾から手がはなれたら、ツタには、宿の方で働いてもらうつもりでいたらしい。でも、利尾は五つになっても、ツタをはなそうとしない。母を知らない利尾を、大人たちは不憫《ふびん》がり、ツタは母屋《おもや》の用事だけをしていた。

「ツタ、おままごとしよ」

利尾がツタの手をひく。

「ツタはいまから、桃をいけますから。としさんも、いっしょにいけましょうね」

ツタは、祖母がだしてきたつぼの前に利尾も、すわらせてしまった。

「まるで、女将《おかみ》きどりだ」

女たちの一人が、Aいまいましげにつぶやくのが、私にもきこえた。

私も、ツタがきらいだ。

私より、五つ、六つ、年上のだけのツタを、利尾が母親のように慕《した》

2023年度

淑徳与野中学校

▶解説と解答

算　数　＜第１回試験＞（60分）＜満点：100点＞

解　答

[1] (1)　42483　(2)　$\frac{1}{5}$　(3)　11個　[2] (1)　54度　(2)　290cm²　(3)　48cm²　(4)　150.72cm³　[3] (1)　**食塩水Ａ**…４％，**食塩水Ｂ**…６％　(2)　①　82本　②　4259本　③　4757個　[4] (1)　９時45分　(2)　64km　[5] **ア**　５　**イ**　９　**ウ**　13　**エ**　17　**オ**　506　[6] (1)　12cm　(2)　**ア**…毎分180cm³，**イ**…毎分360cm³　(3)　③　[7] (1)　解説の図を参照のこと。　(2)　33.12cm　(3)　25.12cm²

解　説

[1] 計算のくふう，逆算，整数の性質，集まり

(1)　2023を１倍，２倍，３倍，４倍，５倍，６倍した数の和を求めるから，$2023\times(1+2+3+4+5+6)=2023\times\{(1+6)\times6\div2\}=2023\times21=42483$となる。

(2)　$\left(2\frac{7}{12}-1.25\right)\div\frac{4}{5}=\left(2\frac{7}{12}-1\frac{1}{4}\right)\div\frac{4}{5}=\left(\frac{31}{12}-\frac{5}{4}\right)\div\frac{4}{5}=\left(\frac{31}{12}-\frac{15}{12}\right)\div\frac{4}{5}=\frac{16}{12}\times\frac{5}{4}=\frac{5}{3}$，$12\frac{1}{2}-3\frac{1}{3}=\frac{25}{2}-\frac{10}{3}=\frac{75}{6}-\frac{20}{6}=\frac{55}{6}$より，$\frac{5}{3}-\left(\square\times\frac{55}{6}-1\right)=\frac{5}{6}$，$\square\times\frac{55}{6}-1=\frac{5}{3}-\frac{5}{6}=\frac{10}{6}-\frac{5}{6}=\frac{5}{6}$，$\square\times\frac{55}{6}=\frac{5}{6}+1=1\frac{5}{6}=\frac{11}{6}$　よって，$\square=\frac{11}{6}\div\frac{55}{6}=\frac{11}{6}\times\frac{6}{55}=\frac{1}{5}$

(3)　右の図１の計算から，144を素数の積で表すと，$144=2\times2\times2\times2\times3\times3$となるので，約分できるのは分子が２または３の倍数のときである。そこで，112～143の，143－111＝32(個)の整数について，２または３の倍数の個数を求める。143÷２＝71余り１，111÷２＝55余り１より，２の倍数は，71－55＝16(個)あり，143÷３＝47余り２，111÷３＝37より，３の倍数は，47－37＝10(個)ある。そのうち，２と３の最小公倍数である６の倍数は，143÷６＝23余り５，111÷６＝18余り３より，23－18＝５(個)ある。よって，右上の図２のように表すことができるので，２または３の倍数の個数は，16＋10－５＝21(個)と求められる。したがって，約分できる分数の個数は21個だから，約分できない分数の個数は，32－21＝11(個)である。

図１

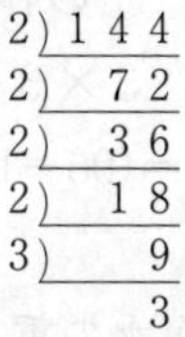

図２

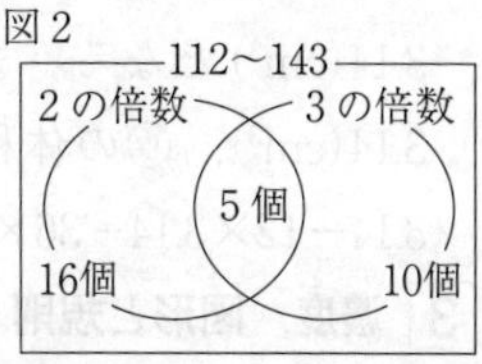

[2] 角度，辺の比と面積の比，面積，体積

(1)　下の図１で，N角形の内角の和は，$180\times(N-2)$で求められるから，五角形の内角の和は，180×（５－２）＝540(度)となり，正五角形の１つの内角は，540÷５＝108(度)とわかる。また，この図形は線対称《せんたいしょう》な図形なので，●印をつけた角の大きさは，108÷２＝54(度)である。さらに，三角形DECは二等辺三角形だから，角DECの大きさは，(180－108)÷２＝36(度)となり，角AEFの大きさは，108－36＝72(度)と求められる。よって，アの角度は，180－(54＋72)＝54(度)である。

(2)　下の図２で，三角形ABDと三角形CDBの面積はどちらも，450÷２＝225(cm²)なので，三角形AEIの面積は，$225\times\frac{2}{3}\times\frac{1}{5}=30$(cm^2)，三角形CGFの面積は，$225\times\frac{2}{3}\times\frac{1}{3}=50$(cm^2)とわかる。同様に，三角形ABCと三角形DACの面積も225cm^{2}だから，三角形BFEの面積は，$225\times\frac{2}{3}\times\frac{1}{3}=50$(cm^2)，三角形DHGの面積は，$225\times\frac{2}{5}\times\frac{1}{3}=30$(cm^2)となる。よって，斜線《しゃせん》部分の面積は，$450-(30+50+50+30)=290$(cm^2)と求められる。

(3)　下の図3で，三角形ABCと三角形CDAは合同である。また，★印をつけた三角形と☆印をつけた三角形もそれぞれ合同なので，斜線部分とかげの部分の面積は等しくなる。よって，斜線部分の面積は，$3\times16=48$(cm^2)とわかる。

図1

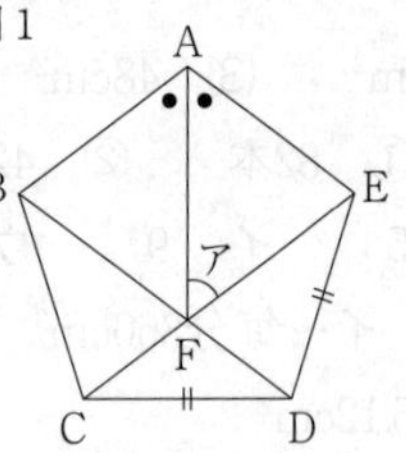

図2

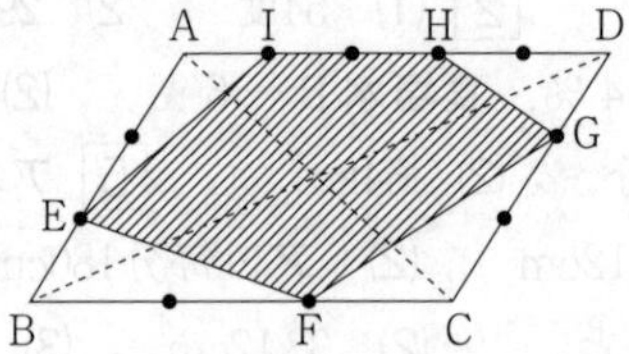

図3

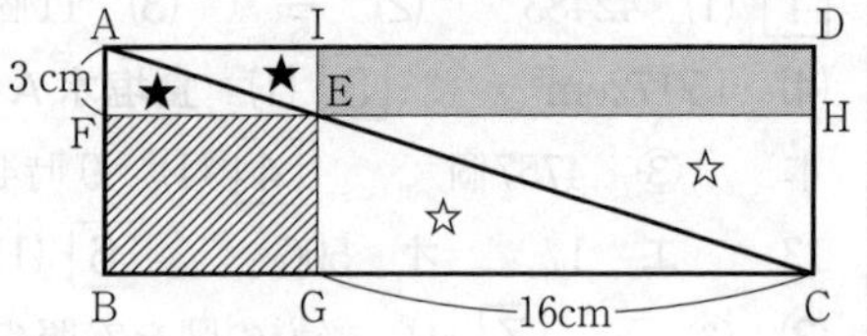

(4)　右の図4のように，AとCから直線lに垂直に引いた線をそれぞれAD，CEとし，BCを延長した直線が直線lと交わる点をFとすると，三角形ABCと三角形ECFは合同になる。また，三角形ABCを1回転させてできる立体は，三角形DBFを1回転させてできる円すい(㋐とする)から，三角形ECFを1回転させてできる円すい(㋑とする)と，長方形DACEを1回転させてできる円柱(㋒とする)を取り除いた立体である。DBの長さは，$3+3=6$(cm)，FDの長さは，$4+4=8$(cm)だから，㋐の体積は，$6\times6\times3.14\times8\div3=96\times3.14$(cm^3)となる。また，㋑の体積は，$3\times3\times3.14\times4\div3=12\times3.14$(cm^3)，㋒の体積は，$3\times3\times3.14\times4=36\times3.14$(cm^3)なので，求める立体の体積は，$96\times3.14-12\times3.14-36\times3.14=(96-12-36)\times3.14=48\times3.14=150.72$(cm^3)となる。

図4

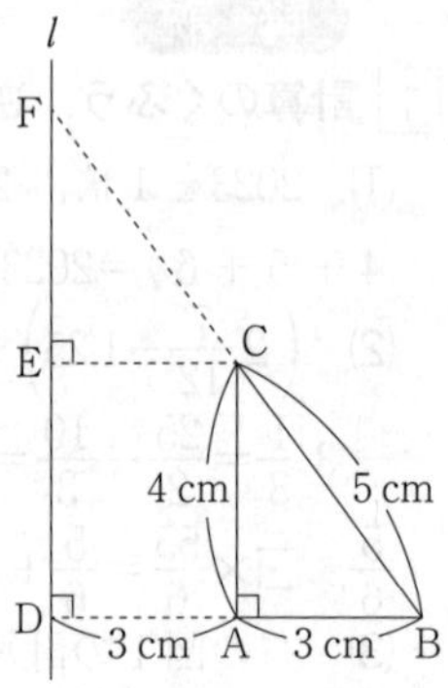

3　濃度《のうど》，図形と規則

(1)　(食塩の重さ)＝(食塩水の重さ)×(濃度)より，5％の食塩水400gに含《ふく》まれている食塩の重さは，$400\times0.05=20$(g)とわかる。そこへ水100gを加えると，食塩の重さは変わらずに食塩水の重さが，$400+100=500$(g)になるから，濃度は，$20\div500=0.04$，$0.04\times100=4$(％)になる。これが食塩水Aの濃度と同じなので，食塩水Aの濃度は4％である。また，はじめに食塩水Aと食塩水Bを同じ重さずつまぜたから，できた食塩水の濃度は，食塩水Aの濃度と食塩水Bの濃度の平均になる。よって，食塩水Bの濃度を□％とすると，$(4+□)\div2=5$(％)と表すことができるので，□$=5\times2-4=6$(％)と求められる。

(2)　①　右の図のように，4段目の4個目まで作ることになる。問題文中の図で2段目だけに使われている5本を除くと，1段目を作るときに使った棒の数は，$36-5=31$(本)とわかる。また，次の段を追加するとき，たて方向の棒を，$10+1=11$(本)と，横方向の棒を10本追加するから，1つの段を追加するのに，$11+10=21$(本)の

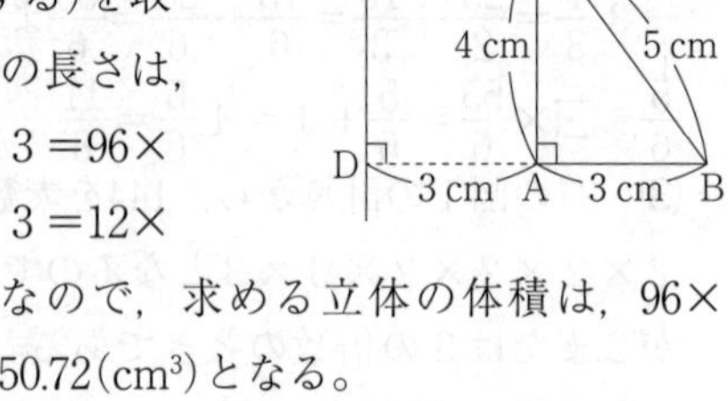

棒が必要になる。さらに，４段目の４個を作るのに，（４＋１）＋４＝９(本)必要なので，全部で，31＋21＋21＋９＝82(本)と求められる。 ② 2023÷10＝202余り３より，202＋１＝203(段目)の３個目まで作ることになる。202段目までに使う棒の数は，31＋21×(202－１)＝4252(本)であり，203段目の３個を作るのに，（３＋１）＋３＝７(本)必要だから，全部で，4252＋７＝4259(本)となる。 ③ １段目の後に追加する棒の数は，10000－31＝9969(本)なので，9969÷21＝474余り15より，474段追加し，さらに15本分の正方形を追加すると，ちょうど10000本になる。また，15＝８＋７＝(７＋１)＋７より，最後の15本で追加する正方形の数は７個だから，１＋474＝475(段)と７個の正方形を作ればよい。よって，正方形の数は，10×475＋７＝4757(個)と求められる。

４ グラフ―旅人算

⑴ 右の図のＸの時刻を求めればよい。図で，かげをつけた２つの三角形は相似であり，アの時間は，10時－９時＝１時間＝60分，イの時間は，11時－９時20分＝１時間40分＝100分だから，２つの三角形の相似比は，60：100＝３：５とわかる。よって，ウの部分とエの部分の時間の比も３：５になる。また，ウの部分とエの部分の時間の和は，11時－９時＝２時間＝120分なので，ウの部分の時間は，$120\times\frac{3}{3+5}$＝45(分)と求められる。したがって，Ｘの時刻は，９時＋45分＝９時45分である。

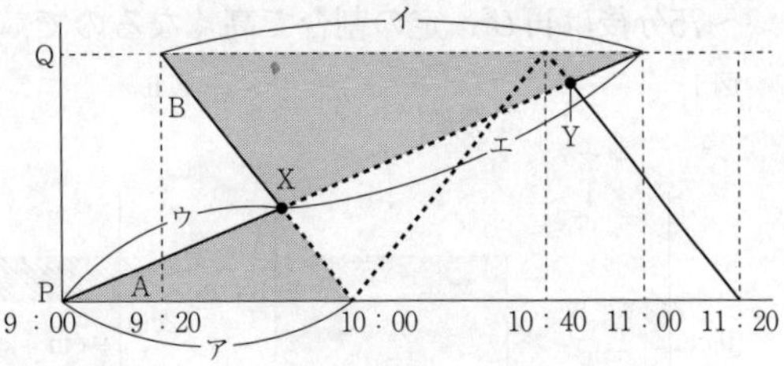

⑵ 図のＸの時刻からＹの時刻までに２人が進んだ道のりの和を求めればよい。図の太点線の部分に注目すると，Ｘの時刻からＹの時刻までに２人合わせて，PQ 間の２倍の道のりを進んでいるから，32×２＝64(km)と求められる。

５ 周期算，調べ

真ん中は２秒ごと，１周目と２周目は４秒ごと，３周目は５秒ごとに同じ点滅《てんめつ》をくり返す。また，２と４と５の最小公倍数は20だから，全体では20秒ごとに同じ点滅をくり返すことになる。そこで，20秒後までを調べると右上のようになる。

時間(秒後)	1	2	3	4	5	6	7	8	9	10	11	12	13	14	15	16	17	18	19	20
真ん中	○	×	○	×	○	×	○	×	○	×	○	×	○	×	○	×	○	×	○	×
１周目	○	○	×	○	○	○	×	○	○	○	×	○	○	○	×	○	○	○	×	○
２周目	○	○	×	×	○	○	×	×	○	○	×	×	○	○	×	×	○	○	×	×
３周目	×	×	×	○	○	×	×	×	○	○	×	×	×	○	○	×	×	×	○	○

よって，10秒後までにすべての電球が○になっているのは，５秒後(…ア)と９秒後(…イ)の２回ある。また，20秒後までに１秒後と同じ点滅になるのは，13秒後(…ウ)と17秒後(…エ)の２回ある。次に，同時に25個の電球が点《っ》くときについて考える。真ん中の電球の数は１個，１周目の電球の数は８個，２周目の電球の数は16個，３周目の電球の数は24個なので，25個の電球が点いているのは，{真ん中，３周目} が点いている場合と，{真ん中，１周目，２周目}が点いている場合の２通りある。つまり，20秒後までには，{15秒後，19秒後}と{１秒後，13秒後，17秒後}の５回ある。2023÷20＝101余り３より，2023秒後までにはこれが101回くり返され，その後の３秒のうち，{真ん中，１周目，２周目}が点いていることが１回あるから，2023秒後までには，５×101＋１＝506(回)(…オ)あることがわかる。

６ グラフ―水の深さと体積

⑴　Ａの水面の高さを表すグラフから，下の図Ⅰ～図Ⅲのように水が入ったことがわかる(54分後以降は，イの蛇口《じゃぐち》から出た水もＡの部分に入っている)。よって，仕切り板の高さは12cmである。

⑵　水そうの容積は，60×45×15＝40500(cm³)であり，水そうが満水になるまでの時間は75分だから，ア，イから１分間に入る水量の和は，40500÷75＝540(cm³)とわかる。また，図Ⅱの斜線部分にはアとイの両方から，60－54＝６(分)水が入ったので，この部分の容積は，540×６＝3240(cm³)となる。よって，Ａの部分の底面積は，3240÷(12－９)＝1080(cm²)とわかるから，アから54分で入れた水量は，1080×９＝9720(cm³)と求められる。したがって，アの注水量は毎分，9720÷54＝180(cm³)，イの注水量は毎分，540－180＝360(cm³)である。

⑶　Ｂの水面の高さは，０～54分後は一定の割合で高くなり，54～60分後は変わらない。また，60～75分後は再び一定の割合で高くなるので，最も適しているのは③である。

図Ⅰ

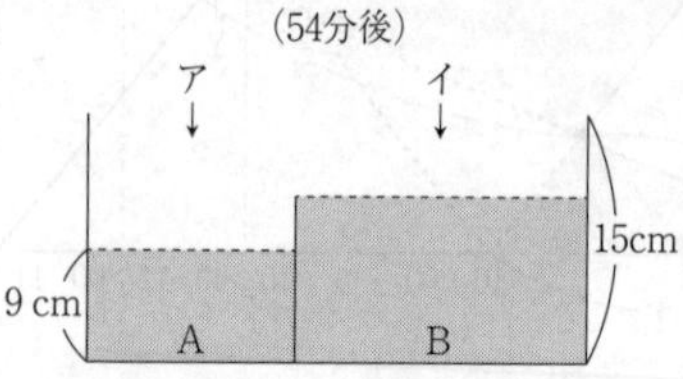

図Ⅱ

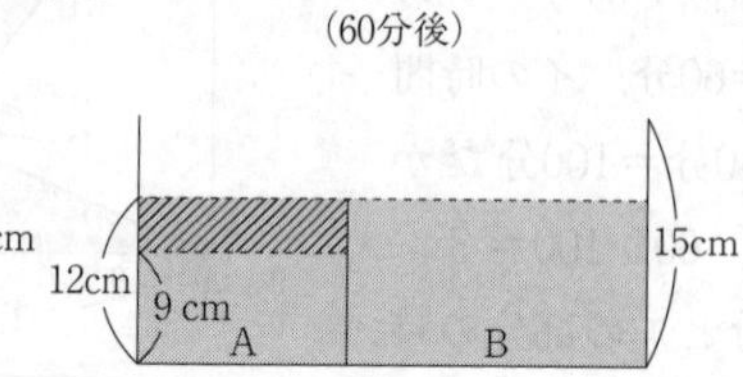

図Ⅲ

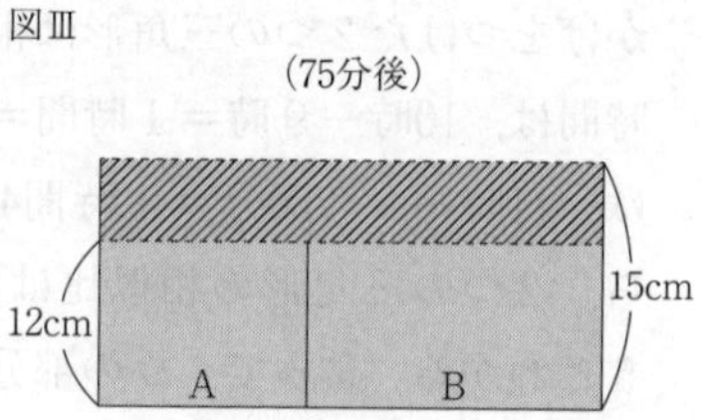

7　平面図形―図形の移動，長さ，面積

⑴　辺AB上の点で，点Cから最も近いのは点Aで，最も遠いのは点Bだから，辺ABの通ったあとは，点Aの通ったあとと点Bの通ったあとにはさまれた部分となる。また，180度回転するので，点A，点Bの通ったあとはそれぞれ点Cを中心とする半円の弧《こ》になる。よって，辺ABの通ったあとは，右の図の斜線部分になる。

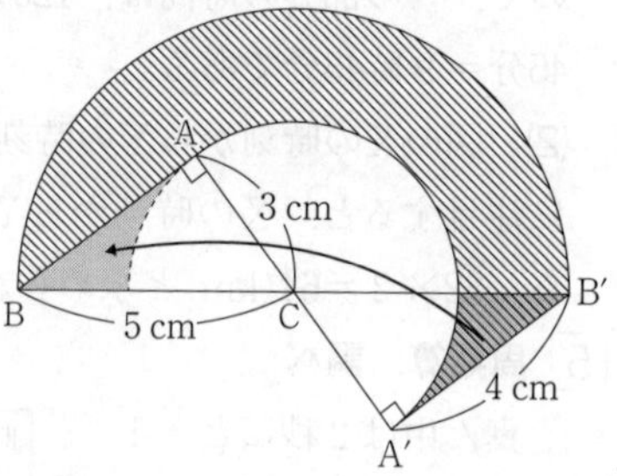

⑵　直線ABと直線A′B′の長さの合計は，４×２＝８(cm)である。また，半円の弧AA′とBB′の長さの合計は，３×２×3.14÷２＋５×２×3.14÷２＝(３＋５)×3.14＝８×3.14＝25.12(cm)となる。よって，斜線部分の周の長さは，８＋25.12＝33.12(cm)と求められる。

⑶　かげの部分を矢印のように移動すると，半径が５cmの半円から半径が３cmの半円を取り除いた図形になる。よって，斜線部分の面積は，５×５×3.14÷２－３×３×3.14÷２＝(12.5－4.5)×3.14＝８×3.14＝25.12(cm²)と求められる。

社　会　<第１回試験>(理科と合わせて60分)<満点：50点>

解　答

1　**問１**　イ　　**問２**　エ　　**問３**　ウ　　**問４**　エ　　**問５**　高野(山)　　**問６**　エ　　**問７**　①　吉田茂　　②　(例)　オリンピックに合わせた宣伝と所得の増加により購買意欲が高まり，白黒テレビから買いかえる人が増えたから。　　**2**　**問１**　ア　　**問２**　イ　　**問３**　オ　　**問４**　ウ　　**問５**　①　大宰府　　②　(例)　有田焼　　**問６**　ウ　　**問７**　(例)　航空機は輸送費が高いため，航空貨物は電子部品や医薬品などの重量が軽い割に高価なものが多い。一方，船舶は輸送費が安いため，海上貨物は重量が重い工業原料や工業製品が多い。 **3** **問１** ① ウ ② イ **問２** ウ **問３** ① ア ② 中食 **問４** Go To(ゴートゥー)(キャンペーン)

解　説

1 暦《こよみ》を題材にした問題

問１　儒教《じゅきょう》は，紀元前５世紀ごろの中国の思想家・孔子《こうし》が広めた教えで，これを弟子たちが『論語』としてまとめた。５～６世紀には，朝鮮半島の百済《くだら》からやってきた渡来人によって，日本に儒教や『論語』が伝えられた。江戸時代には，幕府が儒教をもとにした学問である儒学を奨励《しょうれい》し，なかでも身分の上下関係や主君に対する忠義を重んじる朱子《しゅし》学が重んじられた。なお，仏教は紀元前６世紀ごろにインドでブッダ(ガウタマ・シッダールタ)が開いた。神道は日本古来の宗教で，現在もさまざまな神々が神社にまつられている。修験道《しゅげんどう》は，山岳《さんがく》信仰をもとに発展した日本独自の宗教。

問２　米の総生産量は新潟県が全国第１位，北海道が第２位で，秋田・山形・宮城の東北各県がこれにつぐ年が続いている。新潟県の県庁所在地は新潟市で，北西の季節風の影響《えいきょう》で冬の降水量が多い日本海側の気候に属している。なお，アは京都市，イは札幌市(北海道)，ウは高知市の雨温図。統計資料は『データでみる県勢』2023年版および『日本国勢図会』2022／23年版による(以下同じ)。

問３　一年の間に，同じ耕地で二種類の作物を収穫《しゅうかく》する農法を二毛作という。文章からは，稲(米)と麦の二毛作が行われていたことが読み取れる。稲と麦の二毛作は鎌倉時代に西日本で広まり，室町時代には全国に普及《ふきゅう》した。なお，二期作は一年の間に同じ耕地で同じ作物を二回つくる農法，混合農業は食用作物と飼料作物，畜産を組み合わせて行う農業，促成《そくせい》栽培は作物の生育をはやめる農法。

問４　天保の改革は，19世紀前半に老中水野忠邦《ただくに》が行った改革である。資料から，水野忠邦が「浜松藩主」だったことがわかるので，「浜松」をよみこんだエが，天保の改革を風刺《ふうし》した狂歌《きょうか》だと判断できる。また，「白河」は18世紀後半に寛政《かんせい》の改革を行った老中松平定信をさしており，寛政の改革よりも天保の改革のほうが厳しいというなげきがよまれている。なお，アは江戸幕府の第８代将軍徳川吉宗が行った享保《きょうほう》の改革，イは寛政の改革，ウは田沼意次《おきつぐ》の政治を風刺した狂歌。

問５　寺院を表す(卍)の記号がある和歌山県北東部には，高野山がある。平安時代初め，遣唐使船で唐(中国)に渡って密教を学んだ空海は，帰国後，高野山に金剛峰《こんごうぶ》寺を建てて真言宗を開いた。

問６　フレックス(フレックスタイム)制は，一定の労働時間を定めたうえで，始業時間と終業時間を労働者が決められるしくみである。終業時間と始業時間の間に一定時間以上の休息を設ける制度は勤務間インターバル制度とよばれる。

問７　①　吉田茂《しげる》は外交官や外務大臣を歴任したのち，1946～47年と1948～54年に内閣総理大臣を務めた。在任中の1951年には日本代表としてサンフランシスコ講和会議に出席し，連合国48か国との間でサンフランシスコ平和条約を結んだ。　②　日本は1950年代後半から高度経済成長の時代を迎《むか》え，1960年に池田勇人《はやと》内閣が発表した国民所得倍増計画はこれを後押しした。国民の生活は豊かになり，1960年代前半には白黒テレビ・電気洗濯《せんたく》機・電気冷蔵庫という「三種の神器」が家庭に普及していった。1964年，アジアで初めての開催《かいさい》となる東京オリンピックが近づくと，家電メーカーはこれをカラーで見たいという需要《じゅよう》を満たそうと，資料１にあるように，カラーテレビを売りこむようになった。実際には，カラーテレビは1960年代後半から普及率が上がり始め，乗用車（カー），クーラー（ルームエアコン）と合わせて「３Ｃ（新三種の神器）」とよばれた。

２ 港を題材とした地理と歴史の問題

問１　堺《さかい》市は大阪府中部の大阪湾岸に位置し，古くから港町として発展してきた。15～16世紀には日明貿易や南蛮《なんばん》貿易で栄え，このころには有力な商工業者による自治が行われた時期もあった。現在は，伝統的に受け継《つ》がれている金属加工業のほか，鉄鋼業，化学工業もさかんで，2006年に政令指定都市となった。

問２　イは，「出版・印刷業」ではなく「製紙・パルプ工業」であれば，正しい文になる。出版・印刷業は，政治・経済・文化などの情報が集まり，これらをはやく大量に入手できる地域が適しており，製造品出荷額等と事業所数は東京都が全国で最も多い。

問３　九州地方では，筑紫《つくし》平野で稲作がさかんに行われている福岡県の米の収穫量が最も多く，同県の農業産出額に占《し》める米の割合も高くなっている。また，トマトやすいか（統計上は野菜に分類される）の収穫量がいずれも全国第１位の熊本県では，野菜が農業の中心となっている。畜産がさかんなことで知られる鹿児島県と宮崎県を比べた場合，きゅうりの収穫量が全国第１位，ピーマンの収穫量が全国第２位の宮崎県のほうが，鹿児島県に比べて野菜の割合が高い。一方，鹿児島県は茶（荒茶）の収穫量が全国第２位に入るなど，工芸作物をふくむ「その他」の割合が高い。

問４　川の右岸とは，上流から下流を向いた場合に右側にあたる岸をさす。図１・図２とも左上に博多湾が見えるので，こちら側が川の下流で，御笠川の北東側（右上）が右岸，南西側（左下）が右岸になる。図２で寺院（卍）が多く見られるのは，御笠川の左岸である。

問５　①　古代の律令体制のもとで，現在の福岡県には大宰府《だざいふ》という朝廷の出先機関がおかれた。大宰府は九州全体を治めたほか，外交や防衛も担当して大きな役割をはたし，「遠《とお》の朝廷《みかど》」ともよばれた。　②　16世紀末に豊臣秀吉が朝鮮出兵を行ったさい，九州地方の大名たちが朝鮮から多くの陶工《とうこう》を日本に連れて帰り，彼らによって焼き物の技術が伝えられた。なかでも，李参平《りさんぺい》が佐賀県で始めた有田焼（伊万里《いまり》焼）がよく知られる。同様にして九州地方で始められた焼き物づくりとしては，鹿児島県の薩摩《さつま》焼があげられる。このほか，九州地方でつくられる焼き物として，唐津焼，上野《あがの》焼，高取焼なども知られる。

問６　1970年代から重工業化が進み，造船業がさかんな韓国が生産上位国に入っているウが船舶《せんぱく》の生産上位国である。なお，アは自動車，イはオートバイ，エは自転車。

問７　航空機での貨物輸送は重くて大きなものには適さないが，長い距離をはやく運べる。そのため，半導体や医薬品など，軽くて小さい割に高価なものが，貨物輸送の中心となる。一方，船舶での貨物輸送は，時間はかかるものの，重いものや大きなものを大量に運べるので，石炭や原油，鉄鋼，自動車など，工業原料や重たい工業製品の輸送に適している。

３ 政治のしくみや現代の社会についての問題

問１　①　新しくものをつくり出したとき，その人の権利を保護するなどの目的から，一定期間，その技術やアイデアに独占権を認めることを特許という。特許庁はその審査《しんさ》などを行う機関で，経済産業省に属している。　②　ア　内閣総理大臣は，国会で国会議員の投票によって指名される。　イ　内閣総理大臣の権限として，正しい。　ウ　国務大臣は内閣の一員として，衆参両議院の審議に出席する。　エ　国務大臣は，過半数が国会議員であれば，民間から登用してもよい。

問２　国際連合の安全保障理事会では，アメリカ・イギリス・フランス・ロシア・中国の５常任理事国だけが，拒否《きょひ》権を行使できる。

問３　①，②　家で素材から調理したものを食べることを内食，飲食店で食事をすることを外食といい，これらの中間に位置し，調理済の惣菜《そうざい》や弁当などを自宅で食べることを中食という。コロナ禍《か》においては，飲食店が営業自粛《じしゅく》や営業時間の短縮を行い，消費者も感染をおそれて飲食店での食事をひかえるようになった。同時に，情報通信技術(ICT)を活用し，オフィス(会社)以外の場所で仕事をするテレワークが普及したことにより，自宅で仕事をする人が増えた。これらのことを背景として，外食の機会が減るかわりに中食が増え，料理の宅配サービスが発達した。

問４　コロナ禍で売り上げの落ちこんだ飲食店や観光業者を支援するため，2020年，政府は旅行代金や飲食費などの一部を負担するという取り組みを始めた。この取り組みは，Go《ゴー》 To《トゥー》トラベル，Go Toイート，Go Toイベント，Go To商店街事業として展開されたが，その後，感染拡大を受けて停止された。

理　科　＜第１回試験＞（社会と合わせて60分）＜満点：50点＞

解　答

[1]　問１　⑤　問２　320mL　問３　ア　4　イ　$\frac{1}{4}$　ウ　4000　問４　6 cm
[2]　問１　ア　150　イ　2　ウ　9　エ　300　オ　2　問２　14mL　問３　⑧
[3]　ア　120　イ　20　ウ　18　エ　21　オ　18　カ　4.8　キ　11　[4]　問１　②　問２　20mg　問３　1.5倍　問４　(ウ)　問５　9時間

解　説

[1]　水溶液《すいようえき》の性質，星の明るさ，光の進み方についての問題

問１　ブルーベリーやムラサキキャベツなどにふくまれるアントシアニンという色素には，酸性で赤色を示す性質がある。ブルーベリーの煮《に》じるにレモンじるを加えて酸性にしたことが，煮じるが赤色を増した原因である。

問２　表より，発生した気体の体積は最大で480mLだから，加えた塩酸の分量が200mLのとき1.2gのスチールウールがすべて反応している。したがって，0.8gのスチールウールに同じ濃度の塩酸を200mL加えると，スチールウールはすべて反応し，気体が，$480\times\frac{0.8}{1.2}=320$(mL)発生する。

問３　ア，イ　たとえば，ある円すいを半分の高さの位置で底面に平行に切ると，高さを半分にした円すいの底面の円の半径はもとの円すいの$\frac{1}{2}$になるので，底面積はもとの円すいの，$\frac{1}{2}\times\frac{1}{2}=\frac{1}{4}$になる。このことから，距離《きょり》が２倍になると，同じ量の光は４倍の面積に広がり，同じ面積当たりに当たる光の量が$\frac{1}{4}$になると考えられる。よって，明るさは$\frac{1}{4}$になる。　ウ　デネブをベガと同じ25光年の距離から見ると，距離が，$\frac{25}{2500}=\frac{1}{100}$になるので，明るさは，$100\times100=10000$(倍)になる。デネブのもとの見かけの明るさを１とすると，ベガの明るさは2.5，同じ距離から見たデネブの明るさは10000となるので，デネブの明るさはベガの，10000÷2.5＝4000(倍)となる。

問４　図で，角 bac は30度だから，三角形 abc は３つの角が30度，60度，90度の直角三角形とわかる。これは正三角形を半分にしたものだから，ab：bc＝２：１である。したがって，bc＝12×$\frac{1}{2}$＝6(cm)である。

2　圧力と気体の体積や水への溶解のしかたについての問題

問１　**ア**　測定の１，測定の３，測定の４より，圧力が２倍，３倍になると，体積は$\frac{1}{2}$，$\frac{1}{3}$となっている。つまり，気体の質量(重さ)が一定のとき，圧力と体積は反比例することがわかるので，100×$\frac{18}{12}$＝150(kPa)となる。　**イ**　アと同様に考え，18×$\frac{100}{900}$＝２(L)である。　**ウ**　測定の１と測定の６を比べると，圧力が同じならば気体の質量と体積は比例すると考えられるので，18×$\frac{10}{20}$＝９(L)とわかる。　**エ**　測定の８を測定の４と比べると，気体の質量も体積も３倍となっている。よって，測定の８の圧力は，測定の４と同じだとわかるから，300kPaである。　**オ**　測定の１の圧力を$\frac{1}{5}$の20kPaにした場合，体積は，18×５＝90(L)となる。つまり，(気体の質量・圧力・体積)＝(20g・20kPa・90L)になるので，これと測定の９を比べる。測定の９は体積が$\frac{1}{10}$の９Lなので，気体の質量は，20×$\frac{1}{10}$＝２(g)である。

問２　結果１～結果３より，ある圧力のもとで一定量の水に溶《と》ける気体の体積は，圧力を変えてもその圧力ではかる限り一定となることがわかる。よって，500kPaで水１Lに溶けるちっ素の体積は，500kPaではかれば結果１～結果３と同じ14mLである。

問３　300kPaで水１Lに溶けているちっ素の体積を300kPaではかると，問２に述べたように14mLである。これを100kPaではかると，14×$\frac{300}{100}$＝42(mL)になる。同じ100kPaで水１Lに溶けるちっ素の体積は100kPaで14mLであり，圧力が同じならば気体の質量と体積は比例するので，300kPaで水に溶けているちっ素の質量は，100kPaで溶けているちっ素の質量の，42÷14＝3(倍)である。

3　てこのつり合いについての問題

ア　糸には棒の両はしにつけたおもりの重さの合計がかかるので，120gである。

イ　右側のおもりが棒を右にかたむけるはたらきは，60×(50−30)＝1200，左側のおもりが棒を左にかたむけるはたらきは，60×30＝1800で，右にかたむけるはたらきの方が，1800−1200＝600小さい。よって，左側のおもりに上向きに加える力を，600÷30＝20(g)にすればよい。

ウ　ここでは板の重心が板の真ん中にあると考えてよい。この重心が台のはしから出なければ，板は台から落ちないので，板Ｃの右はしは台のはしから，36÷２＝18(cm)まで出すことができる。

エ　図５で，板Ａと板Ｃの重さの比は，12：36＝１：３で，板Ａの重心から板Ｃの重心までは，18−６＝12(cm)あるので，全体の重心の位置は板Ｃの重心から，12×$\frac{1}{3+1}$＝3(cm)のところにある。全体の重心が台のはしから出なければ，板は台から落ちないので，板Ｃの右はしは台のはしから，36÷２＋３＝21(cm)まで出すことができる。

オ　板Ｃの重心が板Ｂの右はしの上に来るまでは板Ｃを右に出せるから，36÷２＝18(cm)まで出すことができる。

カ　まず，板Ｃを板Ｂの右はしから18cm出したときの，板Ｂと板Ｃを合わせた重心を考える。板Ｂと板Ｃの重さの比は，24：36＝２：３で，板Ｂと板Ｃの重心間の距離は，24÷２＝12(cm)なので，合わせた重心は板Ｂの右はしから，12×$\frac{2}{3+2}$＝4.8(cm)の位置にある。この合わせた重心が板Ａの左はしにあるときに，板Ａがもっとも右に出る。

キ　３枚の板を合わせた重心を求める。板Ａにおいて，その左はしに板Ｂと板Ｃを合わせた重さ，３＋２＝５がかかり，左はしから，12÷２＝6(cm)の位置にある重心に重さ１がかかっているので，３枚の板を合わせた重心は板Ａの左はしから，$6\times\frac{1}{1+5}$＝1(cm)のところにある。この重心が台のはしから出なければよいので，Ａの右はしは台のはしから，12－１＝11(cm)まで出すことができる。

４　光の強さと光合成の関係についての問題

問１　植物Ｘのグラフにおいて，光の強さが０キロルクスのときは光合成を行わないので，このときの二酸化炭素放出量10mgは，呼吸で放出した二酸化炭素の量である。そして，呼吸はつねに行っているので，光の強さが10キロルクスのときも，呼吸で10mgの二酸化炭素を放出している。このときの二酸化炭素の放出量(吸収量)が０になっているのは，光合成で吸収する二酸化炭素の量が10mgあり，差し引きで０になるからである。

問２　植物Ｘのグラフで，光の強さが20キロルクスのとき，二酸化炭素の吸収量は10mgとなっている。これは光合成で吸収する二酸化炭素の量と呼吸で放出する二酸化炭素の量(10mg)の差であるから，光合成で吸収する二酸化炭素の量は，10＋10＝20(mg)である。

問３　植物Ｘのグラフで，30キロルクスでの二酸化炭素の吸収量は20mgだから，このとき光合成で吸収する二酸化炭素の量は，20＋10＝30(mg)となる。よって，30÷20＝1.5(倍)と求められる。

問４　光の強さが７キロルクスの場合，植物Ｘは二酸化炭素を放出していて，光合成よりも呼吸の方がさかんであることがわかるので，成長しない。一方，植物Ｙは，二酸化炭素を吸収していて，呼吸よりも光合成の方がさかんであることがわかるので，成長する。

問５　植物Ｘのグラフで，25キロルクスのときの二酸化炭素の吸収量は15mgとなっている。これは１時間の量であるから，６時間では，15×６＝90(mg)になる。そして，暗い場所に置くと，呼吸により１時間当たり10mgずつ二酸化炭素を放出するので，二酸化炭素放出量が90mgになるのにかかる時間は，90÷10＝9(時間)とわかる。

国語　＜第１回試験＞（60分）＜満点：100点＞

解答

一　**問１**　**Ａ**　イ　　**Ｂ**　ウ　　**問２**　ア　　**問３**　エ　　**問４**　（例）　自分は雛祭りを祝われたことがないので，大人たちが妹のためにだけお雛様をかざろうとしているように見えて不ゆ快だから。　　**問５**　イ　　**問６**　（例）　母が自分を助けようとしたことを思い出し，五年後の今日，山にとられてしまう利尾を守らなければと思ったから。　　**問７**　ウ　　**問８**　エ

二　**問１**　**Ａ**　エ　　**Ｂ**　ウ　　**問２**　ウ　　**問３**　ア　　**問４**　⑴　**Ａ**　１(本)　　**Ｂ**　１(羽)　　**Ｃ**　１(本)　　**Ｄ**　１(羽)　　**Ｅ**　２(本)　　**Ｆ**　２(羽)　　**Ｇ**　０(本)　　**Ｈ**　３(羽)　　**Ｉ**　３(本)　　**Ｊ**　０(羽)　　**Ｋ**　３(本)　　**Ｌ**　３(羽)　　⑵　ウ　　**問５**　**Ａ**　（例）　個人のもつ情報量は多いが，それらはほとんど同じものなので，集団の総知識は限られている　　**Ｂ**　（例）　それぞれの分野で各人の知識や技能が向上するので，集団の知識の総体が爆発的に増える　　**問６**　イ　　**問７**　イ　　**三**　下記を参照のこと。　　**四**　（例）　ゆるが

ない意見をもったリーダーよりも，明確な意見は持っていないが，広く他の人の意見を聞き入れるリーダーの方が，多様な意見をとり入れてよりよい方向を模索して集団を率いることができる。

●漢字の書き取り

三 ① 低迷　② 異議　③ 形勢　④ 唱(える)　⑤ 務(める)

解 説

一 **出典は『柏葉幸子《かしわばさちこ》が選ぶファンタジー集』所収の「桃《もも》の花が咲《さ》く(柏葉幸子作)」による。**大人たちが，母がちがう妹の利尾《としを》ばかり大事にしているのにいらだち，裏庭《うらにわ》に逃《に》げ出した「私」(芳尾《よしを》)が，あることを思い出して妹を守ろうとする物語である。

問１　**A**　類義語に「にくらしい」などがある。　**B**　疑いもせず，信じこんでいるようす。

問２　ツタのふるまいと女たちの会話を整理する。ツタは利尾の子守役で，その役目が終わったら温泉宿の仕事をするはずだった。しかし，利尾がツタを慕《した》ってはなさないため「母屋《おもや》の用事」だけをしていること，祖母がツタをほめることが女たちは気に入らず，「まるで，女将《おかみ》きどりだ」「どこの馬の骨《ほね》やらわかりもしない娘《むすめ》を」と悪く言っている。これらをまとめているのはアである。「どこの馬の骨」かわからないというのは，素性《すじょう》のはっきりしない者をあざけっていう言葉。

問３　「ため息」と「ねんねこをきせかけた」ことに着目する。「ため息」には，もう「おんぶする年」ではない利尾がツタにおんぶをせがみ，ツタがそれをかばうことに対して，困り，がっかりする気持ちが表れている。一方，利尾を背負うツタに「ねんねこをきせかけた」行動からは，「一歳《いっさい》まで生きられないだろうと医者にいわれた」体の弱い利尾のことがいじらしく，いたわる心情が読み取れる。よって，エが合う。

問４　読み進めると，「私」が思い出したこととして，「利尾の初めてのお雛様《ひなさま》」に「大騒《おおさわ》ぎでお雛様をかざる大人たちが気にさわった」，「私は，それまで家にお雛様があることさえ知らなかった」とある。自分はないがしろにされているのに，利尾のために大人が大騒ぎでお雛様をかざるのが腹立たしかったのである。

問５　「私」が思い出した内容として，「新しい母」が「私」を追いかけて山に入った経緯《けいい》が描《えが》かれている。問４でみたように，ひがんだ「私」が，ひなまんじゅうを庭になげすてて山へ逃げ出したため，「私の気持ちをさっして，母が自分でむかえにきた」のである。

問６　ぼう線⑤の直前に「その日が今日だ。桃の花が咲く」とある。桃の花が咲く今日，何が起きると考えたのかを読み取る。「山」にとられかけた「私」を守ろうとした母に，「山」は，利尾を代わりにもらうが，「丈夫《じょうぶ》になるまで，まつ」と言っていた。これを思い出した私は，「山」に利尾がとられるのは「桃の花が咲く」今日だと直感し，「とられるわけには」いかないと，助けるために「かけだした」のである。

問７　前後の，祖母の言葉と私の疑問に着目する。祖母は「芳尾～山から返してもらったんだね」と言い，私は「ずっと，この家に，祖母のそばにいたはずだ」と思っているので，ウが選べる。

問８　ツタが消えてから，祖母がツタの正体について推測している。ツタは亡《な》くなった利尾の母であり，利尾が心配で「家にきた」が，芳尾が利尾を守ってくれるとわかって「安心して」消えたのだろうと言っている。エが，この内容に合わない。

二 **出典はヨハン・ノルベリの『OPEN―「開く」ことができる人・組織・国家だけが生き残る』に**

よる。人間は真似《まね》によって文化を学習すること，有益なアイデアや技術を生むには人との接触《せっしょく》や分業が役立つこと，文明の恩恵《おんけい》のことなどを説明している。

問１　**Ａ**　“やむをえず”受け入れるという意味。　**Ｂ**　学問や芸事などの，大事なことがらのこと。

問２　親といる１歳児《さいじ》は，新しいものごとに直面したとき親の顔色をうかがう。親以外に知らない人もいて，なじみのない物体があるときの１歳児は，知らない人の顔色をうかがう。親もこの状《じょう》況《きょう》になじみがなく，判断があてにならないと見ぬくからである。これは「文化学習」，つまり，本文の最初で述べている「人のやることを見て，その通りにする」行動にあたるので，ウがよい。

問３　「差」をもたらすのは「遺伝子」ではなく，「他の人々」への「近接」の度合いだというのが，ぼう線②が表すことである。「差」とは，「文化」，「有益なアイデアや技術」の差で，そういう「アイデアや技術」は，他者と接するほど生まれるのだから，アが合う。

問４　直後の段落の内容を整理する。　⑴　**Ａ**，**Ｂ**　ボブは３時間のうち，「２時間」でナイフを「１本」つくり，「１時間」でウサギを「１羽」捕《つか》まえられる。　**Ｃ**，**Ｄ**　デイヴは９時間のうち，「３時間」でナイフを「１本」つくり，「６時間」でウサギを「１羽」捕まえられる。　**Ｅ**，**Ｆ**　２人とも，できたナイフは１本ずつで，合計「２本」。捕《と》ったウサギは１羽ずつで，合計「２羽」になる。　**Ｇ**，**Ｈ**　ボブが受け持つのは得意な狩猟《しゅりょう》だから，ナイフは「０本」。ウサギは１時間で１羽捕れるので，３時間で「３羽」である。　**Ｉ**，**Ｊ**　デイヴが受け持つのは，苦手な狩猟ではなく製造業だから，ウサギは「０羽」。ナイフは３時間で１本つくれるので，９時間で「３本」である。　**Ｋ**，**Ｌ**　分業しない場合と同じ時間で，ナイフはデイヴがつくった「３本」，ウサギはボブが捕った「３羽」になる。　⑵　⑴で完成した表を見ると，それぞれ得意な方の仕事をすれば，同じ時間でナイフは１本多くつくれ，ウサギも１羽多く捕れるので，ウである。

問５　**Ａ**　「これ」が指す，近代以前の人の「知識」が入る。前の段落の説明に注目し，各個人の「情報量」は驚愕《きょうがく》するほど多いが，ほとんどの人が「同じ知識」しか持たないため，「文化におけるノウハウの総体」が限られるという内容をとらえる。　**Ｂ**　「分業が複雑化」した後の知識が入る。ぼう線④を含《ふく》む段落に注目し，人々それぞれが「自分独自の作業」について学び「技能を向上させる」ため，集団全体で「知識の総体」が爆発《ばくはつ》的に増えることをとらえる。

問６　チンパンジーの「毛繕《けづくろ》い」，「サボり屋」の話は，「気まぐれに応じて生産し，他人から奪《うば》えるだけ食べる」という分配の仕方の例である。この前後の段落で，だれもが文明の「恩恵」を受けられるよう，「発達した協力が機能する」ためには，何が必要かを述べているのに着目する。高度な協力には「協力に報い，インチキを罰《ばっ》する系統的な仕組みが必要」で，そういう公平さを保障する仕組みは人の社会にはあるが，チンパンジーの集団にはないのだから，イが合う。

問７　イが，五つ目の段落の内容に合う。なお，アは，本文では，真似は「文化学習」の方法で，「人間の本性」だと述べているので合わない。ウは，原因と結果の関係が逆である。人口が増えたことで高度な文化が発達した。エは，分配に関して「群れの決まり」はないので誤り。

三　漢字の書き取り

①　よくない状態からぬけ出せないこと。　②　反対意見。　③　その時その時の勢力関係。　④　音読みは「ショウ」で，「合唱」などの熟語がある。　⑤　音読みは「ム」で，「事務」などの熟語がある。

四　出典は稲垣栄洋《いながきひでひろ》の『植物はなぜ動かないのか―弱くて強い植物のはなし』による。植物のヨシや柳《やなぎ》が風に逆らわないことを例に，自然を受け入れる「柔《やわ》らかさ」が本当の強さだと語る。

問　「見るからに強そうなもの」と「柔らかく見えるもの」をあげ，「柔らかく見えるものが強い」という内容でまとめる。たとえば，「『自説を主張し，それを曲げない』強い人に対し，『柔軟《じゅうなん》に人の話を聞く人』の方が，多くの意見を取り入れ，よい方向へ組織を導ける」，「『強く見える重機を用いた土地開発のやり方』は自然環境《かんきょう》を傷《いた》めるが，『環境と共生してきた柔軟な住民の知恵《ちえ》』の方が，長い目で見れば人のためになる」，などのように，対比をはっきりさせて書く。

2023年度　淑徳与野中学校

【算　数】〈第２回試験〉（50分）〈満点：100点〉

※　円周率は3.14で計算してください。鉛筆，消しゴム以外は使用しないでください。また，問題用紙を折ったり，やぶったりしないでください。

1　次の問いに答えなさい。

(1)　$\left(0.75+\frac{1}{12}\right)\times\frac{2}{15}+\left(3\frac{1}{3}-0.5\right)\div11\frac{1}{3}$ を計算しなさい。

(2)　$\frac{1}{3\times5}+\frac{1}{5\times7}+\frac{1}{7\times9}+\frac{1}{9\times11}+\frac{1}{11\times13}+\frac{1}{13\times15}$ を計算しなさい。

(3)　$\frac{1}{3}\div\frac{3}{5}\div\frac{5}{7}\div\frac{7}{9}\div\cdots\div\frac{995}{997}\div\frac{997}{999}$ を計算しなさい。

(4)　1から9までの整数から，次の $\square$ にあてはまる数を答えなさい。

$2023=\boxed{ア}\times10\times\left(100+\boxed{イ}\right)+\boxed{ウ}$

(5)　次の $\square$ にあてはまる数を答えなさい。

$\frac{55}{16}$ 時間は３時間26分 $\square$ 秒である。

2 次の問いに答えなさい。

(1) 右の図のような図形があります。角ア の大きさが，角イの大きさの２倍であるとき，アの角度は何度ですか。

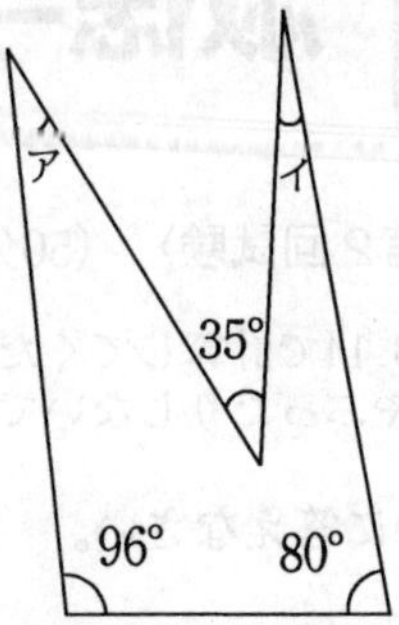

(2) 右の図のような図形があります。ただし，曲線部分は半径４cm の円周の一部です。このとき，アの部分とイの部分の面積の差は何 cm^2 ですか。

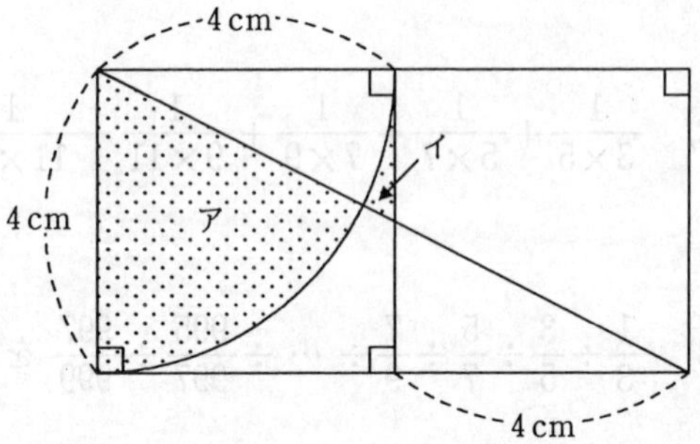

(3) 図１には１辺の長さが１cm のひし形が４個，１辺の長さが２cm のひし形が１個，合計で５個のひし形があります。図２には１辺の長さが１cm のひし形が９個，１辺の長さが２cm のひし形が４個，１辺の長さが３cm のひし形が１個，合計で 14 個のひし形があります。図３には合計で何個のひし形がありますか。

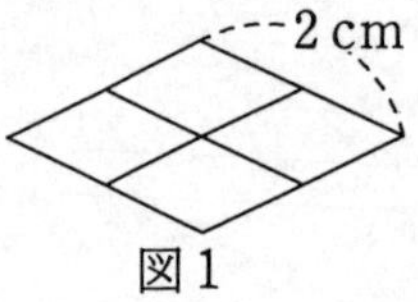

図１

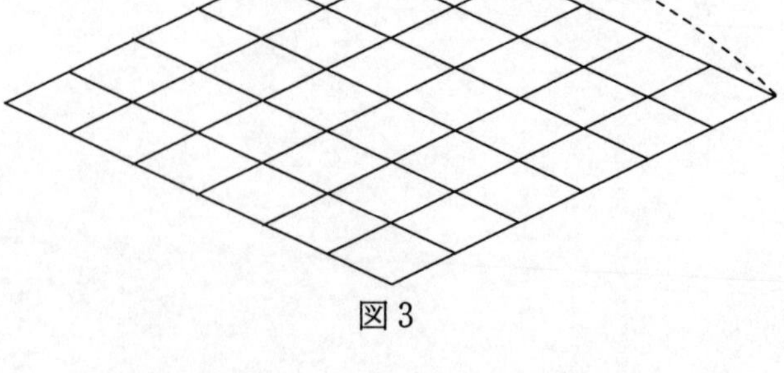

図３

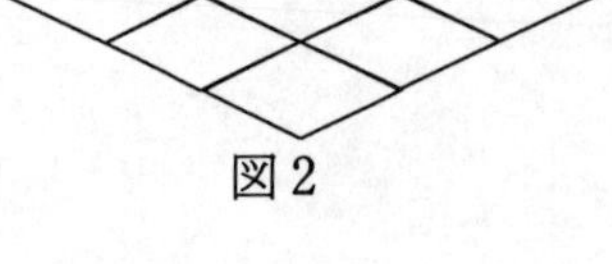

図２

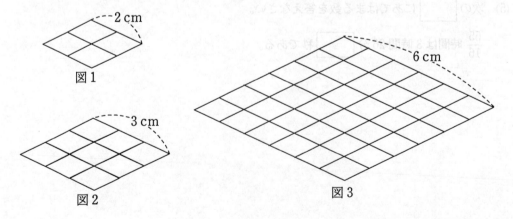

3 次の問いに答えなさい。

(1) ある船が川を 8400 m上るのに 42 分，下るのに 30 分かかりました。この川の流れの速さは分速何mですか。

(2) ある学校の宿泊行事で旅館に泊まります。１部屋２人ずつにすると 24 人の生徒が部屋に入れません。１部屋３人ずつにすると６部屋が余ります。このとき，生徒の人数は何人ですか。

(3) ３つの数 4，12，18 のどれで割っても余りが 3 となる数で 2023 に最も近い数は何ですか。

(4) ある牧場では 100 頭の牛を放すと 15 日間で草を食べつくし，120 頭の牛を放すと 10 日間で草を食べつくします。この牧場で 80 頭の牛を 10 日間放した後，さらに何頭か牛を加えたところ，加えてから４日間で草は食べつくされました。後から加えた牛は何頭ですか。ただし，１日に生える草の量は一定とし，また，どの牛も１日で食べる量は同じであるとします。

(5) 容器Ａには６％の食塩水が 300 g，容器Ｂには 12 ％の食塩水 100 g が入っています。この２つの容器から等しい量の食塩水を同時に取り出し，容器Ａから取り出した食塩水は容器Ｂへ，容器Ｂから取り出した食塩水は容器Ａに入れます。容器Ｂの食塩水の濃度が 10.8 ％になったとき，容器Ａの食塩水の濃度は何％になりますか。

4 下の図のように，36 cmの糸ABが１辺の長さが６cm の正六角形の頂点の１つに結ばれています。この糸を，図の位置から，たるまないように時計と反対回りに回転させ，正六角形にまきつけます。このとき，次の問いに答えなさい。

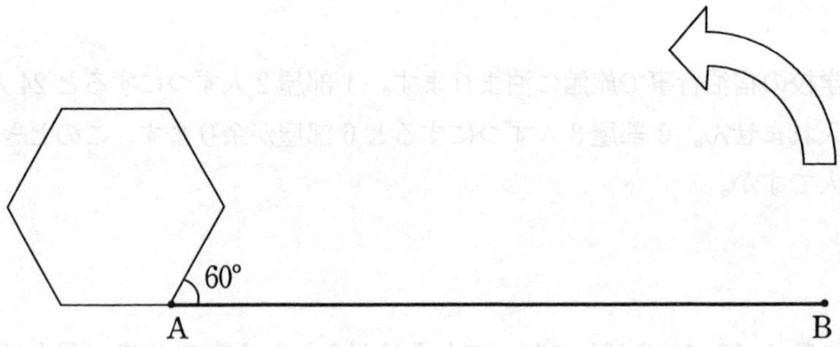

(1)　点Bの動いたあとの長さは何 cm ですか。

(2)　糸ABが動いたあとの図形の面積は何 cm^2 ですか。

5 淑子さんは歩いて，徳子さんは走って，花子さんは自転車で池のまわりの１周２kmのコースを周回します。３人は９時に同時にＳ地点から時計回りに出発します。淑子さんが１分で進む距離を徳子さんは30秒で進みます。徳子さんが２周進む時間で花子さんは３周進みます。10時40分に花子さんはちょうど10周していました。このとき，次の問いに答えなさい。

(1)　淑子さんの速さは時速何 km ですか。

(2)　９時から10時40分の間に花子さんは淑子さんを何回追い抜きますか。

(3)　さらに与太郎さんが９時５分にＳ地点から時計と反対回りに時速9.6 kmで走り始めました。９時５分から10時40分の間に与太郎さんは徳子さんと何回すれ違いますか。

6 下の図のように，たて，横，高さの長さがそれぞれ３cm，３cm，６cmの直方体があります。点Ｐは辺AE上にあり，APの長さは２cmです。点ＱはＢを出発し，辺BF上を毎秒１cmの速さでＦまで移動します。点ＲはＨを出発し，辺HD上を毎秒２cmの速さでＤまで移動し，すぐに折り返してＨまで戻ります。点Ｑと点Ｒは同時に出発します。このとき，次の問いに答えなさい。

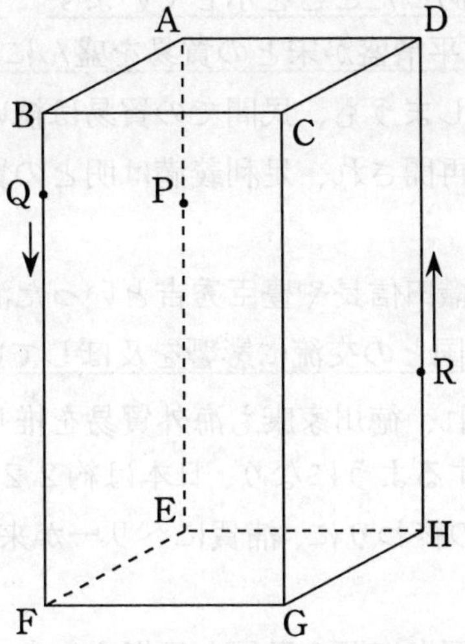

(1)　２秒後に３点Ｐ，Ｑ，Ｒを通る平面で直方体を切った場合，切り口の平面図形の面積は何 cm^2 ですか。

(2)　３秒後に３点Ｐ，Ｑ，Ｒを通る平面で直方体を切った場合，頂点Ａを含む立体の体積は何 cm^3 ですか。

(3)　５秒後に３点Ｐ，Ｑ，Ｒを通る平面で直方体を切った場合，切り口の平面図形は何角形ですか。

【社　会】〈第２回試験〉（理科と合わせて50分）〈満点：50点〉

1　次の文章を読み、以下の問に答えなさい。

（1）日本人は、太古の昔から海と深く関わってきました。大小無数の島によって形成された自然条件から、日本では海上交通が盛んに行われてきました。船に関する記述は奈良時代に記された『古事記』や『日本書紀』にも多く見られ、**（2）**朝鮮半島を迂回《うかい》して中国に達する航路があったことを示しています。

平安時代の終わりに、**（3）**平清盛が宋との貿易を盛んにしました。その後、鎌倉時代に国家間の交流は途絶えてしまうも、民間での貿易は続いていました。室町時代に入ると、国家同士での交流が再開され、足利義満は明との貿易での利益を独占しようとしました。

安土・桃山時代になると、織田信長や豊臣秀吉といった海外貿易に熱心な武将も現れました。**（4）**豊臣秀吉は外国との交流に影響を及ぼしていた倭寇を取り締まり、この政策は江戸時代まで継続され、徳川家康も海外貿易を推《お》し進めます。しかし、３代将軍家光のころ、貿易を制限するようになり、日本は約２２０年にわたる**（5）**「鎖国」の時代を迎えます。江戸時代の終わりに、浦賀にペリーが来航したことをきっかけに、日本は開国しました。

明治時代には、明治政府は国内海運の発展を目指す一方、近代海軍の建設を進め、**（6）**積極的に海外に進出していきました。日本は開国後わずか４０年ほどで世界の代表的な海運国の１つにまで成長しました。日本の海運は第二次世界大戦の敗戦で大きな打撃を受けましたが、１９６０年ごろには世界的な石油輸送の増大、先進国間での貿易量の増加を受け、復活していきました。

現在、海は交易の場だけでなく資源としての重要性も増し、自然環境との関係も考えなければならなくなりました。日本の**（7）**□□□□□□□の大きさは世界第６位です。□□□□□□□は、１９８２年に国際連合が定めた条約に基づいており、この条約は、**（8）**アメリカ大統領トルーマンが戦後に出した海洋資源の管理に関する宣言から始まります。

周囲を海に囲まれた日本は、海からの恩恵を最も受けている国の１つであり、また、海に守られていることで、領土の安全と海洋資源の確保ができていました。現在、持続可能な世界を実現するための目標であるＳＤＧsには、「海の豊かさを守ろう」という目標があります。日本は、海との深いつながりのなかで、政治、経済、文化を築いてきました。世界有数の海洋国家である日本は、「海に守られる日本から、海を守る日本へ」と変わっていかなければならないでしょう。

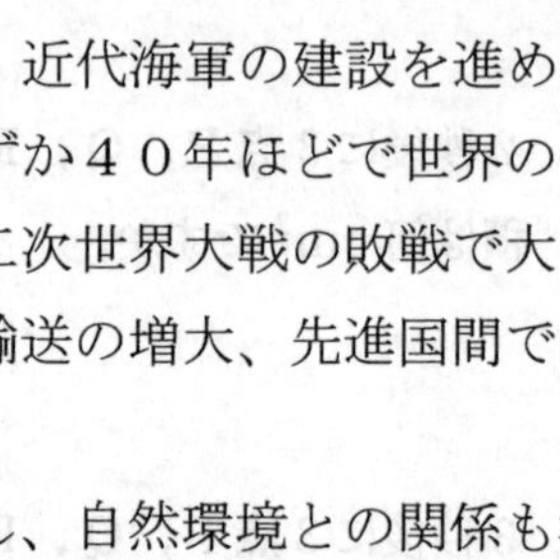

（日本ユニセフ協会ＨＰより）

問１　波線部（１）について、次の写真は約３万年前に使用されていた丸木舟を、国立科学博物館のプロジェクトチームが復元したものです。当時の丸木舟の使い方として適当な組み合わせを１つ選び、**ア～エ**の記号で答えなさい。

（国立科学博物館ＨＰより）

a　稲作で使用し、水田の上を移動しました。

b　交易のため、航海に使用しました。

c　漁労の際に使用し、貝や魚を運びました。

d　食べ物を貯え、保存するために使用しました。

ア　**a**と**c**　　**イ**　**a**と**d**　　**ウ**　**b**と**c**　　**エ**　**b**と**d**

問２　波線部（**２**）について、日本は遣唐使を派遣することで、多くのものを取り入れました。次の図のうち、遣唐使に関連した図として**適当でないもの**を１つ選び、**ア～エ**の記号で答えなさい。

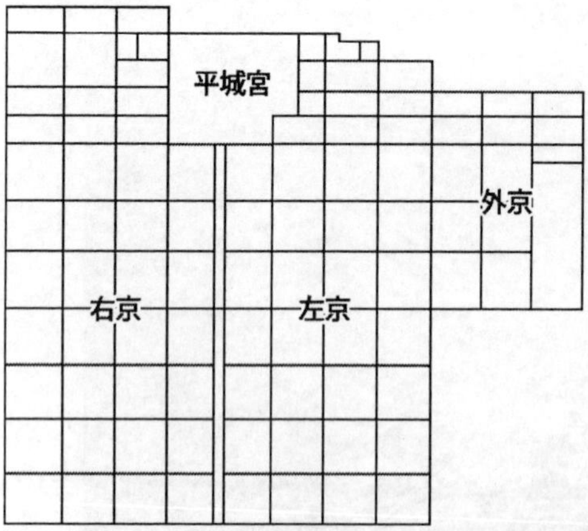

ア　都のしくみ

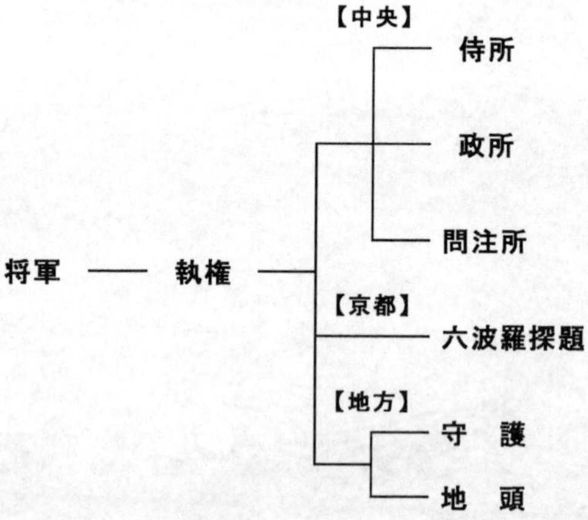

イ　政治のしくみ

ウ　仏教

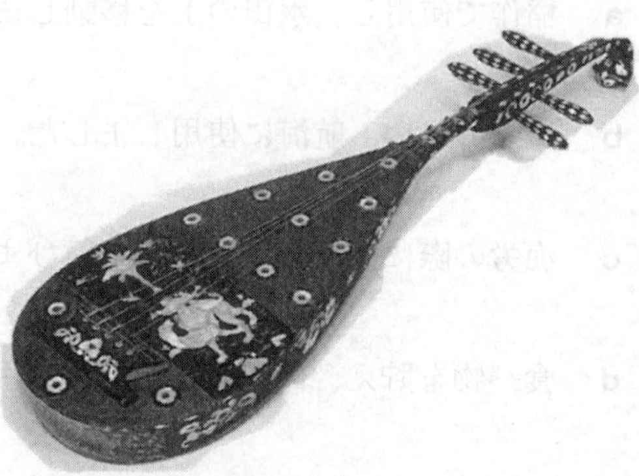

エ　工芸品

問３　波線部（３）について、平清盛について説明した文章として**適当でないもの**を１つ選び、**ア～エ**の記号で答えなさい。

ア　後白河天皇に味方し、保元の乱に勝利したことで力をつけ、朝廷内での権力を強めていきました。

イ　武士としてはじめて太政大臣に就任し、自分の子どもたちを高位につけ、平氏政権をつくりました。

ウ　日宋貿易を盛んにするために、現在の横浜に港を整備し、貿易の中心地としました。

エ　厳島《いつくしま》神社を篤《あつ》く信仰し、寝殿造の海上社殿をつくり、装飾されたお経を納めました。

問４　波線部（４）について、豊臣秀吉に関連する出来事を説明した文章として**適当でないもの**を１つ選び、**ア～エ**の記号で答えなさい。

ア　安土城をつくり、家臣団をその城下町に移り住ませ、商工業者たちに自由な活動を認めました。

イ　各地で異なっていた枡《ます》を統一し、それを用いて全国で大名に検地を行わせました。

ウ　本能寺の変で織田信長が亡くなると、中国地方から取って返し、明智光秀を破りました。

エ　一揆を防止するために農民から刀や鉄砲などの武器を没収し、農業に専念させました。

問５　波線部（５）について、この絵図は江戸時代の海外との交易を描《えが》いたものです。どこを描いたものですか。現在の都道府県名を答えなさい。

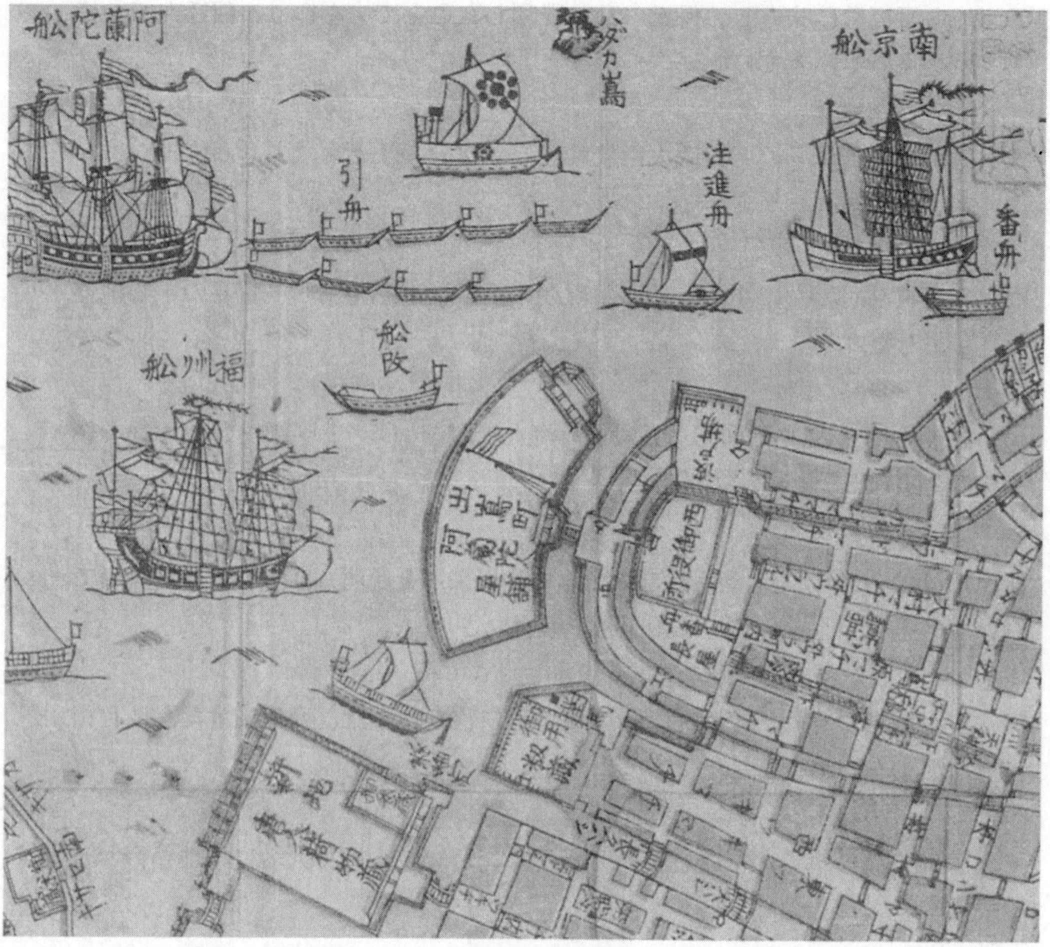

（国立国会図書館　デジタルコレクション　より作成）

問６　波線部（６）について、国費による留学生の人数は、明治のはじめこそ少なかったものの、途中から急激に増えたのはなぜだと考えられますか。その理由を**資料１～３から読み取り**、簡単に説明しなさい。

資料１　国費による留学生とお雇い外国人の人数の推移

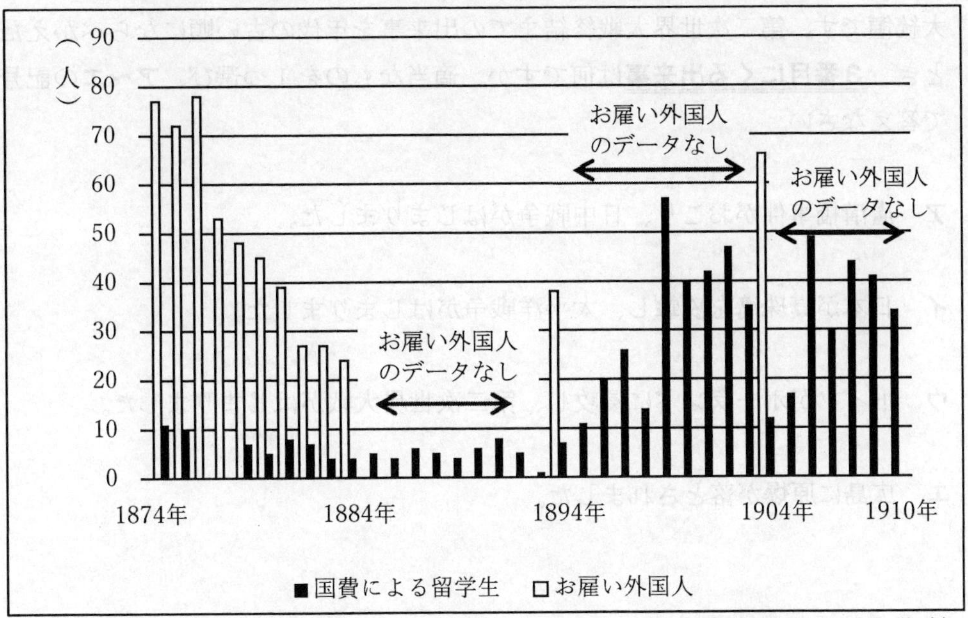

（文部科学省ＨＰより作成）

資料２　お雇い外国人と政府や大学などでの雇用期間

お雇い外国人	政府や大学などでの雇用期間
ブリューナ	１８７０～７６年
ロエスレル	１８７３～９３年
フェノロサ	１８７８～８６年

資料３　主な留学生と帰国後の進路

主な留学生	帰国後の進路
長岡半太郎	１８９６年　東京帝国大学教授就任
津田梅子	１９００年　女子英学塾を開校
鈴木梅太郎	１９０７年　東京帝国大学教授就任

問７　波線部（**７**）について、本文中の□□□□□□□では、天然資源の開発や海洋の調査や環境保護などの権利が沿岸国に認められています。□□□□□□□にあてはまる語句を**漢字７文字で**答えなさい。

問８　波線部（**８**）について、この人物は第二次世界大戦が終結したときのアメリカ大統領です。第二次世界大戦終結までの出来事を年代の古い順にならべかえたとき、**３番目にくる出来事**は何ですか。適当なものを１つ選び、**ア～エ**の記号で答えなさい。

ア　盧溝橋事件がおこり、日中戦争がはじまりました。

イ　日本が真珠湾を攻撃し、太平洋戦争がはじまりました。

ウ　ドイツがポーランドに侵攻し、第二次世界大戦がはじまりました。

エ　広島に原爆が落とされました。

2 小学６年生の徳子さんの祖父である与平さんと、ご近所に住む野中さんとの会話文を読み、以下の問に答えなさい。

与平：おはようございます、野中さん。大きなカバンを持って、今日もご出張？

野中：ええそうなんですよ。大宮から新幹線に乗って、函館まで行く予定です。

与平：新幹線で？ 昔は北海道っていうと、飛行機か夜行列車って、相場が決まってたけどねえ。今は新幹線なんだあ。

野中：だいたい３時間半ぐらいで着いちゃいますよ。便利なもんです。埼玉からだと、羽田空港まで出るのにも、結構時間がかかりますからね。

与平：そう言えば、この前、孫の徳子が自由研究で北海道について調べてたなあ。最近は人気があるんだってねえ。

野中：昔は「**(1)** 北海道はでっかいどう」なんて、コマーシャルをやってましたよね。今では各種アンケートでも１位を総なめですし、デパ地下で「北海道物産展」をやると、ものすごい人が集まるらしいですよ。テレビでやってましたが、いまや外国人観光客にも、スキーや温泉が大人気らしいです。うちの会社も、そこにビジネスチャンスがあるんじゃないかと、**(2)** 北海道ならではの地形や **(3)** 新しいビジネスモデルに、熱い視線を送ってますよ。

与平：北海道は自然が豊かで、魚介類も農産物も、みんなおいしいからなあ。せいぜい楽しんで来て下さいよ。

野中：ありがとうございます。じゃあ、徳子ちゃんに、何かお土産でも買ってきましょう。何がいいですか？

与平：この前、**(4)** アイヌ文化について調べてたけど、最近テーマパークのようなものができたって聞いたなあ。そこのグッズなんか、喜ぶかもしれないねえ。

野中：ウポポイですよね。ただ今回の出張は、**(5)** 洞爺湖《とうやこ》経由で札幌までは行くんですが、ウポポイのある白老《しらおい》町までは行かないんですよ。その代わり、何か北海道らしい、おいしいものでも買って来ますね。カーリング・チームの「もぐもぐタイム」も、流行《はや》ってましたからね（笑）。

与平：いやいや、ありがとう。じゃあ、新幹線に乗り遅れないように（笑）、気を付けて行ってらっしゃい！

野中：行って来ます！ 徳子ちゃんにもよろしく伝えて下さい。

ウポポイ（民族共生象徴空間）のマスコットキャラクター「トゥレッポん」

問１　波線部（**１**）について、人気観光スポットの「函館山山頂」から「知床《しれとこ》岬《みさき》」の突端までの直線距離は、東京（日本橋）から、次のどの城《じょう》郭《かく》までの直線距離に一番近いですか。適当なものを１つ選び、**ア～エ**の記号で答えなさい。

ア　松本城

イ　首里城

ウ　小田原城

エ　姫路城

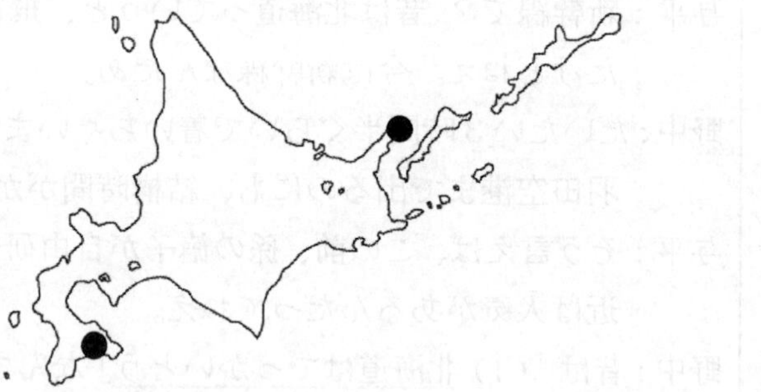

問２　波線部（**２**）について、天塩山地と北見山地にはさまれた地形をいかし、北海道最大の米どころとして発展した地域を何といいますか。その地形的名称を**漢字４文字で**答えなさい。

問３　波線部（**３**）について、

①　明治初期に来日し、札幌農学校教頭（現在の校長）を務め、北海道へ、アメリカ式大農場制度の移植を図った、アメリカ人科学者・教育家・軍人は誰ですか。適当なものを１人選び、**ア～エ**の記号で答えなさい。

ア　モース　　**イ**　クラーク

ウ　ベルツ　　**エ**　ナウマン

北海道大学の構内に立つ銅像

② 北海道では、大農場制度の下、寒冷な気候を利用して、日本一の生産量をほこる農作物が多数つくられています。その事例として**適当でないもの**を１つ選び、**ア～エ**の記号で答えなさい。

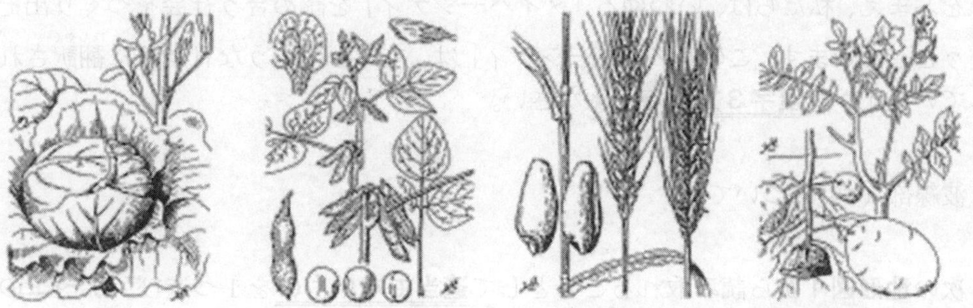

ア　　イ　　ウ　　エ

（『データブック　オブ・ザ・ワールド　2022年版』より）

③ １９６０年代のエネルギー革命により、石炭よりも石油の需要《じゅよう》が高まり、北海道各地で操業《そうぎょう》していた炭鉱は、次々に閉山に追い込まれました。ところが今度は、海外からの石油の安定的調達が難しくなってきた上、日本は化石燃料の割合を減らすよう、国の内外から強く求められています。にもかかわらず、次のグラフを見る限り、日本では化石燃料の割合が減るどころか、むしろ増えていることが分かります。このように、日本でなかなか化石燃料依存度の割合が減らないのは、なぜだと考えられますか。**グラフから読み取れる事実に触れながら、主な理由を２つ**挙げなさい。

日本の一次エネルギー供給構成の推移

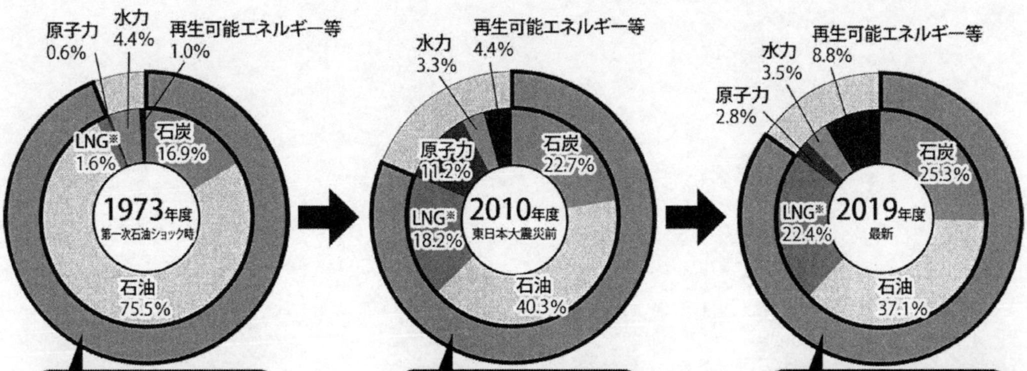

※LNG…液化天然ガス

（資源エネルギー庁HPより作成）

問４　波線部（４）について、ヤマト政権の誕生以降、とりわけ明治期における近代国家の確立によって、アイヌ民族は、独自な文化を持つにもかかわらず、行動や生活を大幅に制限され、独自な文化の継承を否定されてきました。こうした反省をふまえ、私たちは、いわゆる「ダイバーシティ」を認め合う社会をつくり出そうとしています。この「ダイバーシティ」は、主にどのような日本語に翻訳《ほんやく》されていますか。**漢字３文字で**答えなさい。

問５　波線部（５）について、

①　次の**地形図１**から読み取れることとして**適当でないもの**を１つ選び、**ア～エ**の記号で答えなさい。なお、下線部の情報は誤りではありません。

ア　洞爺湖畔にある洞爺湖温泉は、東の端から西の端まで、地図上で約１０ｃｍありますので、実際は約２．５ｋｍにおよぶ市街地となっています。

イ　洞爺湖温泉は、洞爺湖ビジターセンターのほか、交番や郵便局、神社等の施設が点在する市街地ですが、鉄道の駅は１つもありません。

ウ　海沿いの低地を走るＪＲ室蘭本線に対し、道央自動車道はやや内陸の微高地を並走しているため、ＩＣ付近の山腹にはトンネルが設けられています。

エ　有珠山の東側山腹にある有珠山ロープウエイは、昭和新山駅から有珠山頂駅までの間、５００ｍ以上の標高差を昇り降りしています。

地形図１

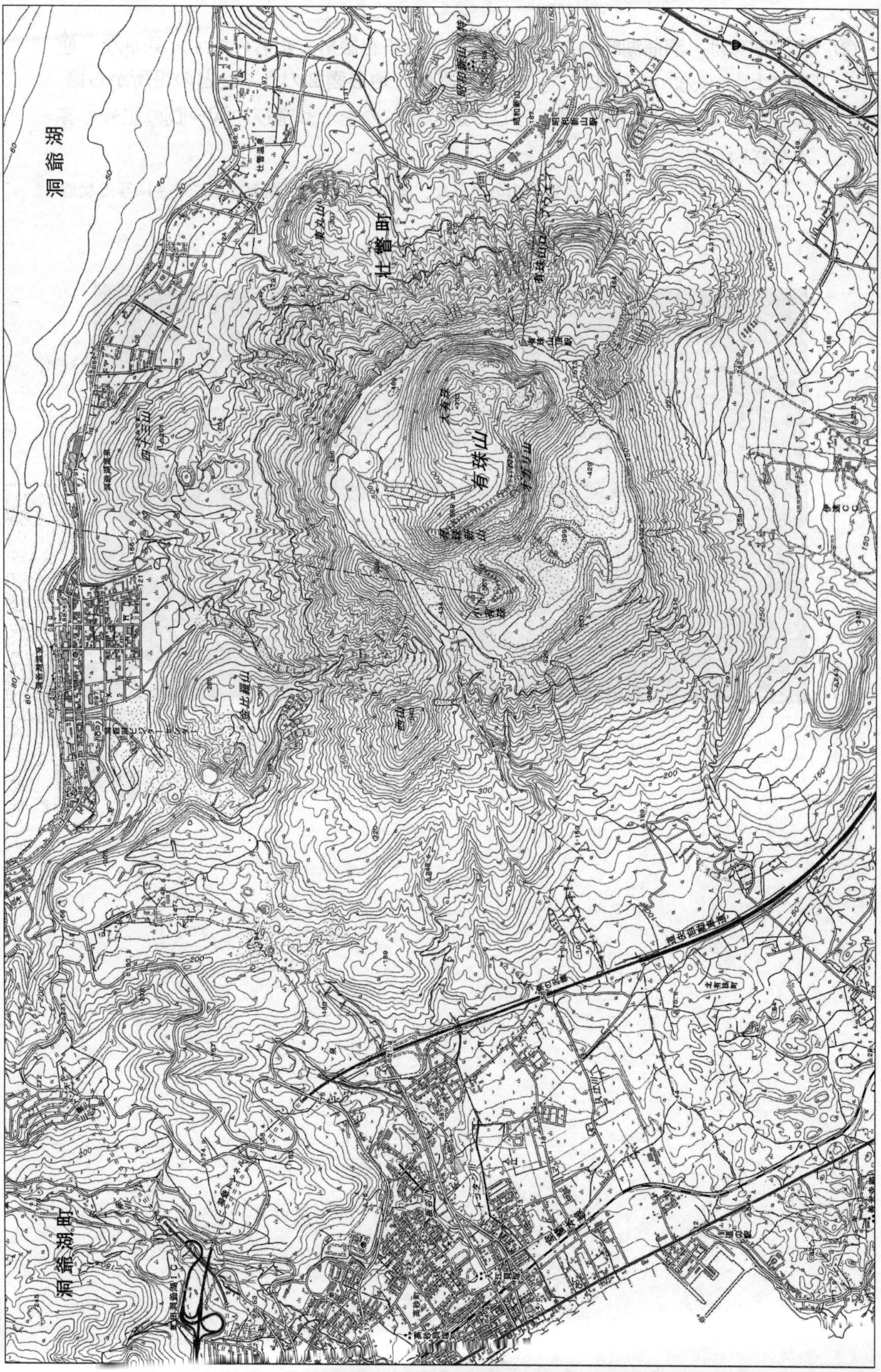

（国土地理院発行　2万5千分の1地形図「洞爺湖温泉」原寸より作成）

〈編集部注：編集上の都合により実際の試験問題の70％に縮小してあります。〉

② 次の写真は、洞爺湖畔から望む羊蹄山《ようていざん》の様子を撮影したものです。見事な「逆《さか》さ富士※」になっていますが、この写真は、**地形図２**のうち、どの場所から撮影したものですか。撮影場所として適当なものを１つ選び、**A**～**D**の記号で答えなさい。

※富士山のような、美しい山の姿が湖面などに逆さに写る状態

地形図２

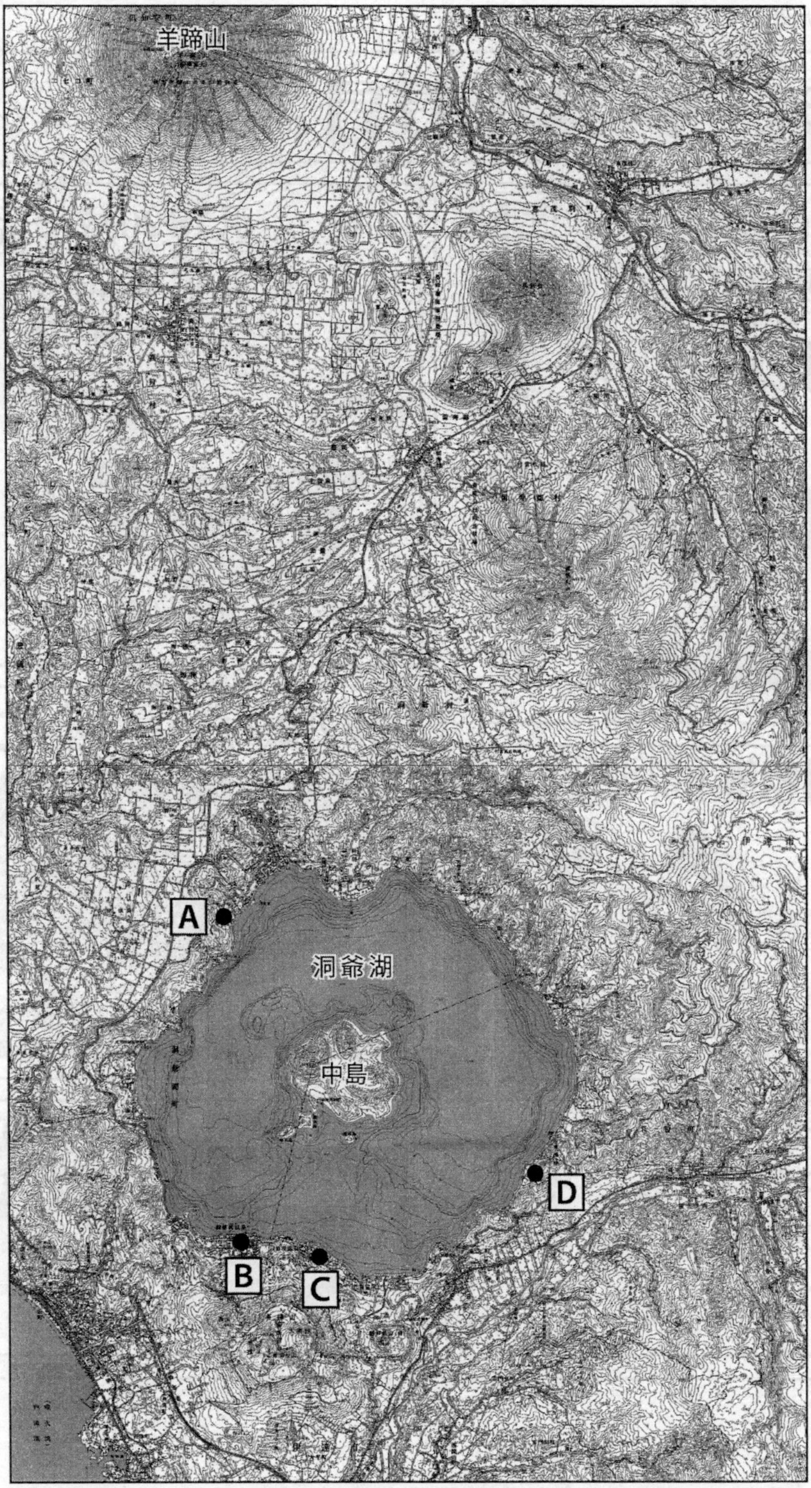

(国土地理院発行　５万分の１地形図「留寿都」・「洞爺湖温泉」部分　約１／25縮尺より作成)

〈編集部注：編集上の都合により実際の試験問題の90%に縮小してあります。〉

3 次の新聞を見て、以下の問に答えなさい。

撫子《なでしこ》新聞

2022年〇〇月××日（△）朝刊

記事1 「18歳から大人」

2022年4月1日から、成年年齢が20歳から18歳に引き下げ

記事3 憲法施行75周年

記事4 沖縄返還50周年

記事2 ロシアがウクライナに侵攻

記事5 物価上昇の波広がる

北京オリンピック・パラリンピック

記事6 日本選手大活躍

問１　記事１について、

①　以下の説明文のうち、**適当でないもの**を１つ選び、**ア～エ**の記号で答えなさい。

ア　この改正では、２０歳未満の飲酒や喫煙は、認められないままとなっています。

イ　この改正では、女子の婚姻年齢は１６歳以上から１８歳以上に引き上げられました。

ウ　１８歳以上は、生徒や学生であっても、親の同意なく、スマートフォンや賃貸住宅の契約を自由に結ぶことができるようになりました。

エ　１８歳以上は、罪を犯した場合、少年法の適用を受けなくなり、家庭裁判所では取り扱われなくなりました。

② 選挙権については、公職選挙法が２０１５年に改正され、１８歳以上に認められています。次の２つのグラフから読み取れることとして適当なものを１つ選び、**ア～エ**の記号で答えなさい。

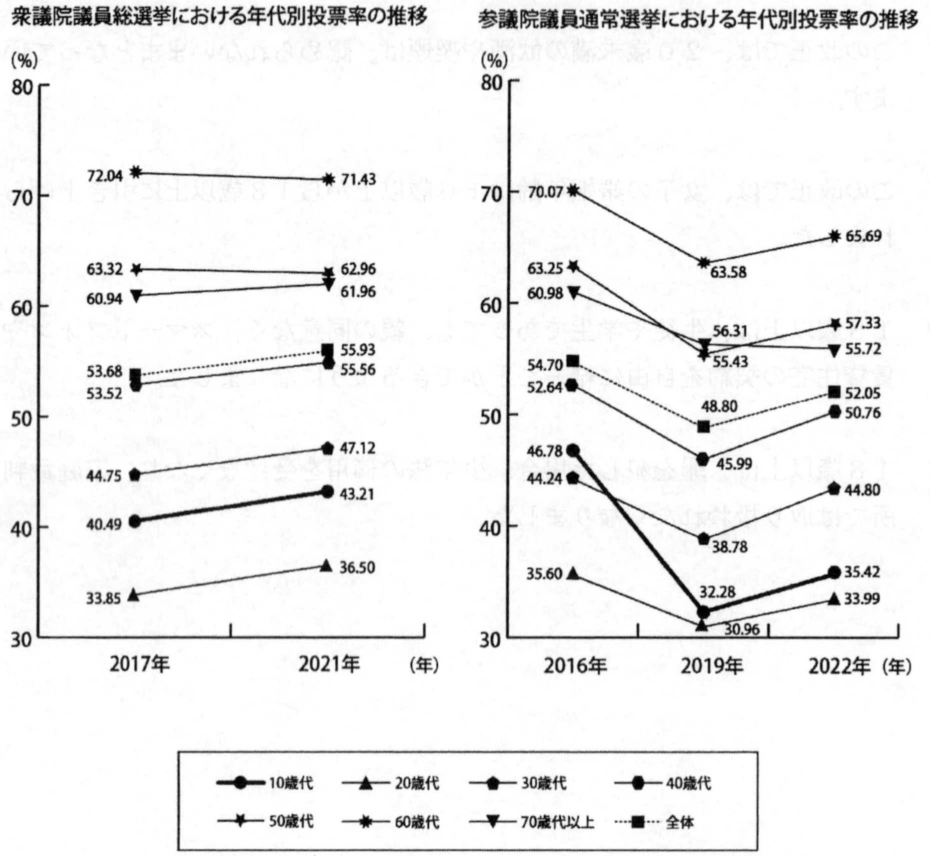

（総務省「国政選挙の年代別投票率について」より作成）

ア　２０１６年以降の国政選挙では、１０歳代の投票率は、他世代と比べると常に最下位となっています。

イ　２０１６年以降の国政選挙では、１０歳代の投票率は、４０％を超えたことが一度もありません。

ウ　衆議院議員選挙においては、２０２１年の全体投票率が２０１７年よりも上昇しましたが、１０歳代の投票率も同じく上昇しています。

エ　参議院議員選挙においては、２０１６年、２０１９年、２０２２年と、１０歳代の投票率は、上昇し続けています。

問２　**記事２**について、今回の戦争は、国際連合の主要構成国であり、世界の**□□**を守る国連安全保障理事会の常任理事国であるロシアが、ウクライナに侵攻したことが問題とされています。次の条文の**□□**にあてはまる語句を**漢字２文字で**答えなさい。

> **国連憲章**
> **第１章　目的及び原則**
> **第２条**　この機構及びその加盟国は、第１条に掲げる目的を達成するに当っては、次の原則に従って行動しなければならない。
> １・・略
> ２・・略
> ３．すべての加盟国は、その国際紛争を**□□**的手段によって国際の**□□**及び安全並びに正義を危うくしないように解決しなければならない。（以下略）
>
> （作問上一部略、改変）

問３　**記事３**について、日本国憲法は国民一人ひとりの自由や権利を守り、保障する、民主主義社会を目指すものです。ところが、近年、特定の集団が選挙結果を左右し、政治に影響を及ぼしているという大きな問題が発生しています。次の条文が示している考え方は何ですか。解答欄に合わせて**漢字で**答えなさい。

> **日本国憲法**
> **第２０条（信教の自由）**
> ①信教の自由は、何人に対してもこれを保障する。いかなる宗教団体も、国から特権を受け、又は政治上の権力を行使してはならない。
> ②何人も、宗教上の行為、祝典、儀式又は行事に参加することを強制されない。
> ③国及びその機関は、宗教教育その他いかなる宗教的活動もしてはならない。

問４　**記事４**について、この５０年間の沖縄の状況や出来事の説明文のうち、**適当でないもの**を１つ選び、**ア～エ**の記号で答えなさい。

ア　観光業が発展しました。

イ　高速道路が整備されました。

ウ　最低賃金が全国平均を超えました。

エ　主要国首脳会議が開催されました。

問５　**記事５**について、近年日本では、様々な商品の価格が上昇しています。物価上昇の要因として**適当でないもの**を１つ選び、**ア～エ**の記号で答えなさい。

ア　円安の進行　　　　　**イ**　原油価格の上昇

ウ　国際情勢の不安定　　**エ**　マイナンバーカードの普及

問６　**記事６**について、北京オリンピック・パラリンピックでは、現地時間の早朝や深夜に競技が開催される例が多数あり、選手から戸惑いの声も上がりました。その要因として考えられることが、次のグラフから読み取れます。グラフの［　　　］にあてはまる国はどこですか。答えなさい。

国際オリンピック委員会の収入内訳（２０１３年～１６年）

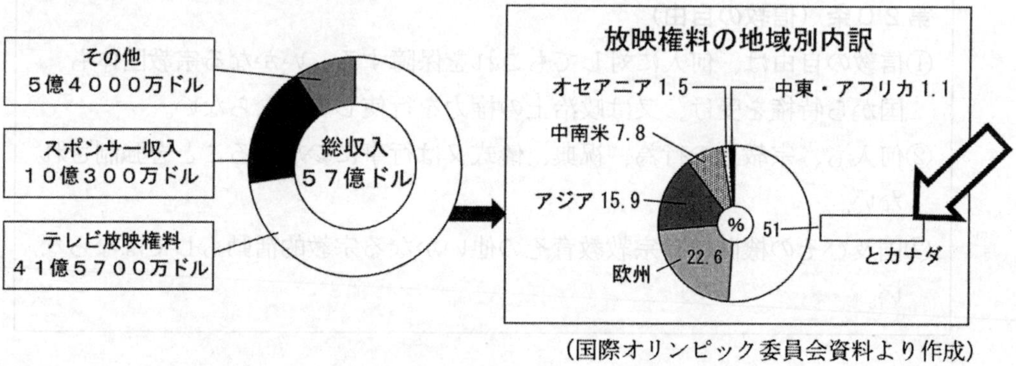

（国際オリンピック委員会資料より作成）

【理　科】〈第２回試験〉（社会と合わせて50分）〈満点：50点〉

1　以下の問いに答えなさい。

問１　ナス科やウリ科、アブラナ科など同じ科の植物を、同じ場所で翌年も育てると生育が悪くなったり、かれてしまったりすることがあります。この現象を連作障害といいます。昨年、淑子さんはプランター（植木鉢《ばち》）でナスを育てました。今年も同じプランターで野菜を育てようとしたとき、連作障害が起きないと考えられる野菜はどれとどれですか。①～⑥より２つ選び、番号で答えなさい。ただし、プランターの土はナスを育てたときのものを再利用するものとします。

①　シシトウガラシ　　②　ピーマン　　③　カボチャ

④　パプリカ　　⑤　ミニトマト　　⑥　スイカ

問２　メタン　１Ｌと酸素　２Ｌを反応させると、メタンと酸素はすべて反応し、二酸化炭素と水ができました。反応後、塩化カルシウムを加えて水を完全に吸収させると、二酸化炭素だけが残りました。この二酸化炭素を反応前と同じ温度・同じ圧力にもどすと、その体積は　１Ｌになりました。
次に、メタン　３Ｌと、ある量の酸素を反応させると、メタンはすべて反応しました。反応後、塩化カルシウムを加えて水を完全に吸収させた後、残った気体を反応前と同じ温度・同じ圧力にもどすと、その体積は　７Ｌになりました。反応前の酸素の体積は何　Ｌ　ですか。
ただし、加えた塩化カルシウムの体積は無視できるものとします。

問３　（ア）～（キ）の星座やその一部について、(1)～(3)に答えなさい。

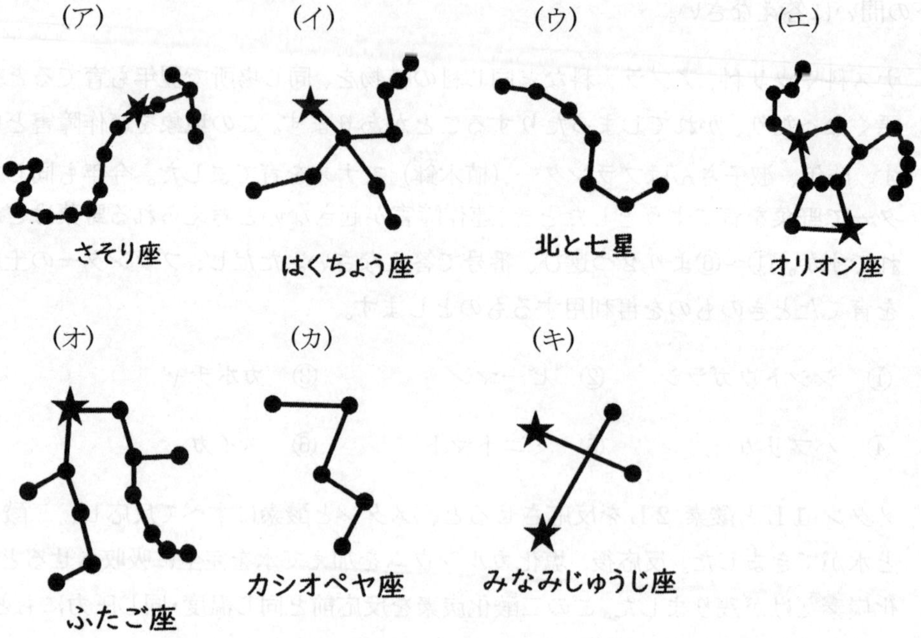

(1)　北極星を見つけるために最もよく使われる星座またはその一部はどれとどれですか。（ア）～（キ）より２つ選び、記号で答えなさい。

(2)　（ウ）は、とある星座の一部です。その星座の名前を答えなさい。

(3)　（エ）は、方角によってその向きが変わります。日本の東の空にあるときに見える星座の向きとして、正しいものはどれですか。①～④より選び、番号で答えなさい。

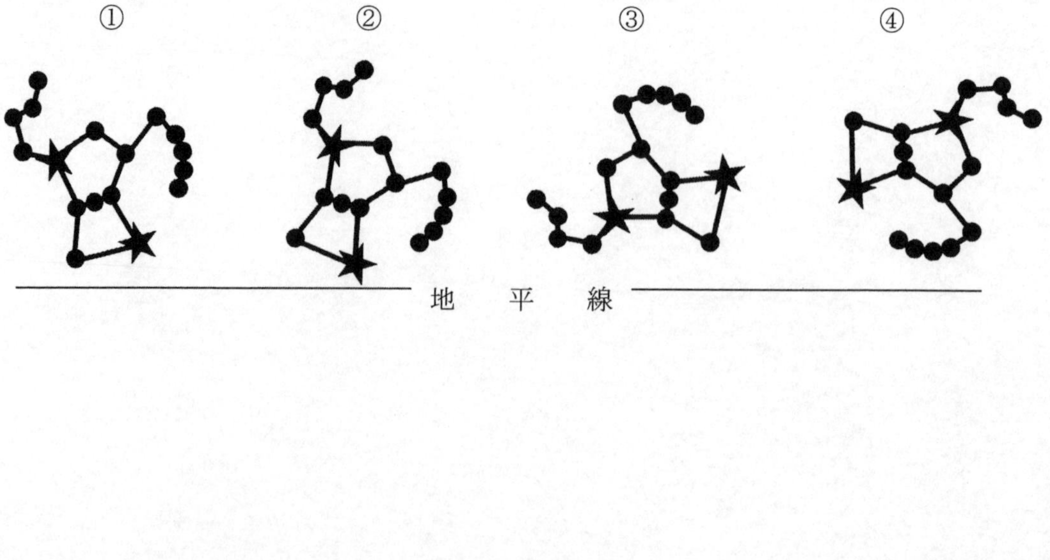

問４　図１のように、ビーカーに水を入れて重さをはかったところ 500 g でした。この水の中に、ある重さのおもり(○)をしずめたところ、はかりが示す重さは 600 g になりました。(図２)
次に、等間かくに目盛りのついたてんびんの一方にこのおもり(○)をつるし、もう片方に 180 g のおもり(□)をつるして、つりあわせました。(図３)

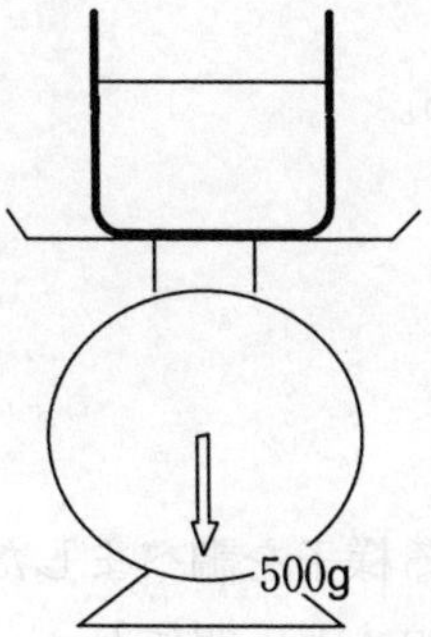

図１

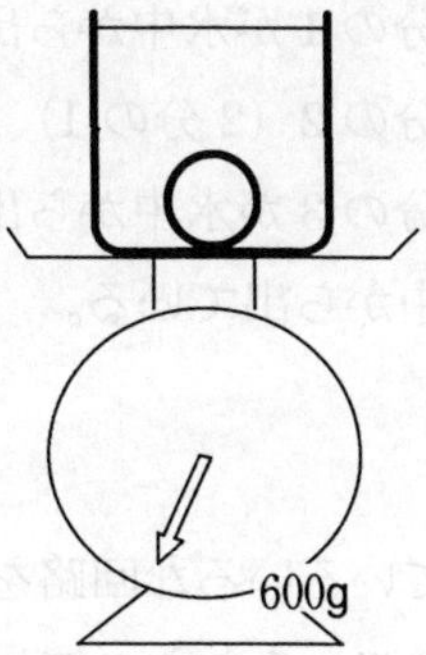

図２

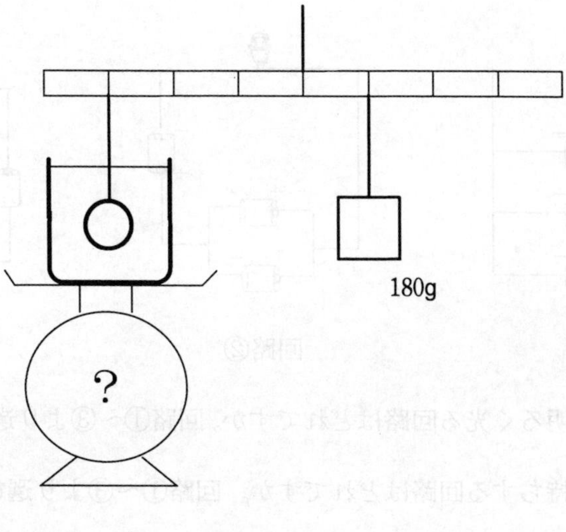

図３

(1) おもり(○)についているひもが、おもり(○)を引く力は何 g ですか。

(2) 図３のとき、はかりは何 g を示していますか。

この後、中央のひもを持って、てんびんをゆっくりと持ち上げたところ、かたむいたため、左側のおもり（○）の位置を１目盛り、真ん中に近づけ水平にしました。

(3) このとき、左側のおもり（○）はどのようになっていますか。①〜⑤より選び、番号で答えなさい。

① すべて水中にしずんでいる。
② 体積の４分の１が水中から出ている。
③ 体積の４分の２（２分の１）が水中から出ている。
④ 体積の４分の３が水中から出ている。
⑤ すべて水中から出ている。

2 電池と豆電球を使っていろいろな回路を作り、豆電球が光る様子を調べました。ただし、豆電球を電流が流れるときの流れやすさは豆電球の明るさに関係なく一定であるとします。

問１ 以下の回路について答えなさい。

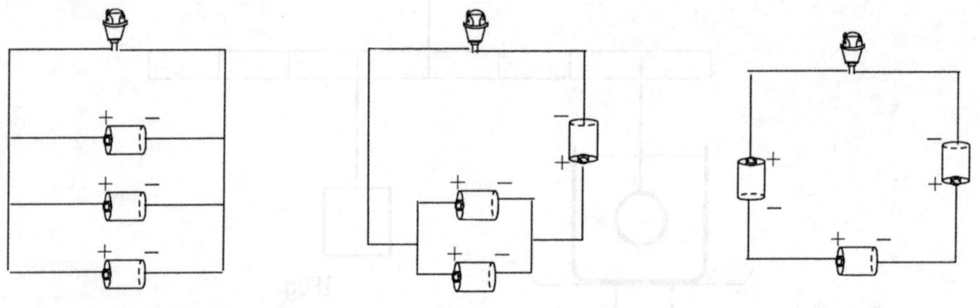

回路①　　　回路②　　　回路③

(1) 豆電球が最も明るく光る回路はどれですか。回路①〜③より選び、番号で答えなさい。

(2) 電池が最も長持ちする回路はどれですか。回路①〜③より選び、番号で答えなさい。

問２　以下の回路について述べた文のうち誤っているものはどれですか。①～⑥よりすべて選び、番号で答えなさい。

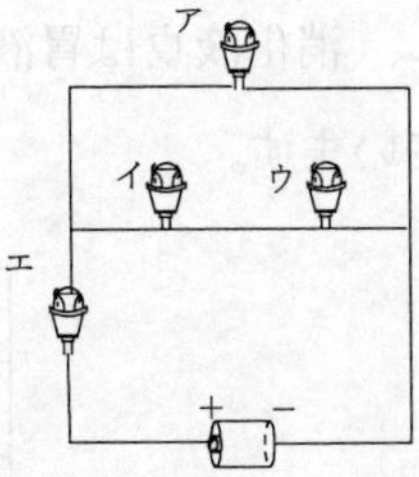

①　電球アに流れる電流は電球イ、電球ウの２倍である。

②　電球ウのほうが電球イより明るく光っている。

③　電球アが切れても電球エには電流が流れる。

④　電球エが切れると、電球アは光らない。

⑤　電池、電球ア、電球エには同じ大きさの電流が流れている。

⑥　電球アが切れると電池に流れる電流が減る。

問３　以下の回路について答えなさい。

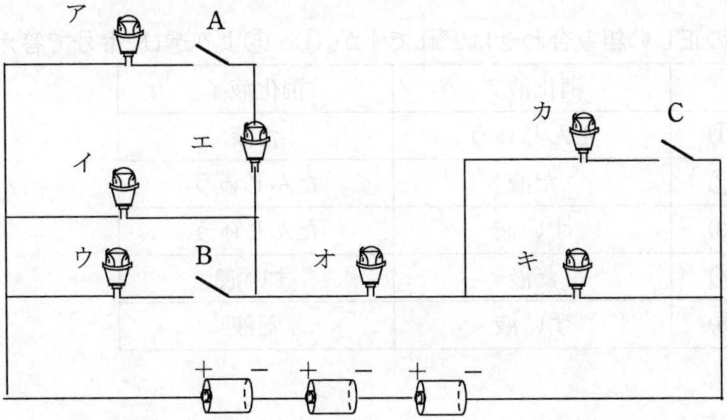

(1)　すべてのスイッチが開いているとき、光っている電球は何個ありますか。ただし、ない場合は０個と答えなさい。

(2)　１つだけスイッチを閉じたとき、光っている電球の数が最も多くなるスイッチはどれですか。A～Cより選び、記号で答えなさい。

(3)　スイッチを２つ閉じたとき、４個の電球が同じ明るさになりました。閉じたスイッチはどれですか。A～Cより２つ選び、記号で答えなさい。また、同じ明るさになっている電球はどれですか。ア～キより４個選び、記号で答えなさい。

3 ヒトは様々な種類の消化液を分ぴつし、食物を消化しています。下の表は、ヒトの体内で分ぴつされる消化液が、それぞれ有機物Ａ～Ｃのどれを分解できるかを示したものです。ただし、消化液ウは胃液であり、有機物Ａ～Ｃは、でんぷん、脂肪《しぼう》、たんぱく質のいずれかを表しています。

	消化液ア	消化液イ	消化液ウ
有機物Ａ	×	○	×
有機物Ｂ	×	○	○
有機物Ｃ	○	○	×

(○有機物を分解できる　　×有機物を分解できない)

問１　消化液ア・イの正しい組み合わせはどれですか。①～⑤より選び、番号で答えなさい。

	消化液ア	消化液イ
①	たんじゅう	だ液
②	だ液	たんじゅう
③	すい液	たんじゅう
④	だ液	すい液
⑤	すい液	だ液

問２　有機物Ａが消化液イによって分解されてできる物質の名前を２つ答えなさい。

消化液アにふくまれるこう素の性質を調べるために、次の実験を行いました。

［実験１］

試験管Ⅰ～Ⅵのすべてに有機物Ｃの水よう液を入れ、さらに下表の通りに消化液ア、もしくは水を加え、それぞれの温度条件で 15 分間置いた。その後、すべての試験管が同じ温度になるのを待って、それぞれにヨウ素液を加えたときの色を観察した。

試験管	加えた液体	温度条件(℃)	ヨウ素液を加えたときの色
Ⅰ	消化液ア	10	青むらさき
Ⅱ	水	10	青むらさき
Ⅲ	消化液ア	40	黄色
Ⅳ	水	40	青むらさき
Ⅴ	消化液ア	90	青むらさき
Ⅵ	水	90	青むらさき

問３　実験１の試験管ⅢとⅥにおける有機物 C の量の変化の様子として最も適切なグラフはどれですか。①～⑤よりそれぞれ選び、番号で答えなさい。ただし、実験開始直後の有機物 C の量を 100 とする。

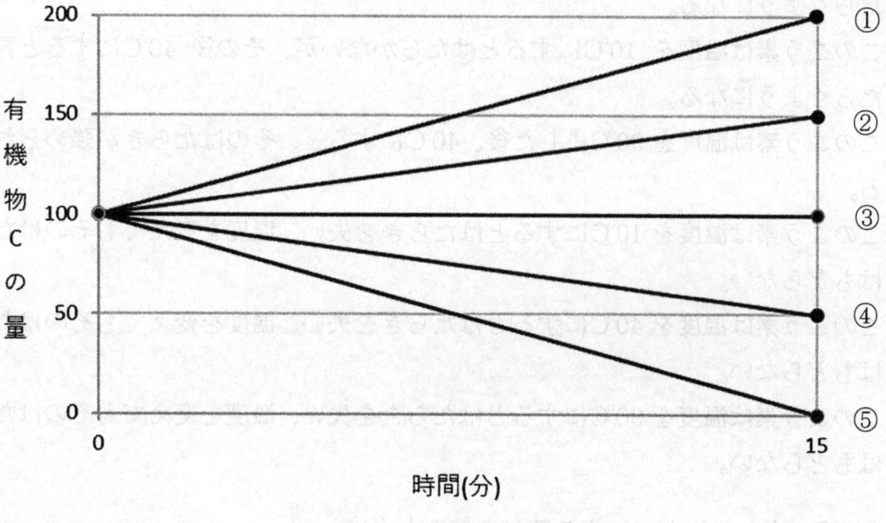

［実験２］

再び、試験管Ⅰ、Ⅱ、Ⅴ、Ⅵを用意し、実験１の温度条件にして 15 分間置いた後に、温度条件を 40℃に変えてさらに 15 分間置いた。その後、すべての試験管にヨウ素液を加えたときの色の変化を表にまとめた。

試験管	温度条件(℃)	ヨウ素液を加えたときの色
Ⅰ	10→40	黄色
Ⅱ	10→40	青むらさき
Ⅴ	90→40	青むらさき
Ⅵ	90→40	青むらさき

問４　実験１と実験２の結果から消化液アにふくまれるこう素の性質について考えられることを述べた以下の文章のうち、適当なものはどれですか。①～⑧より２つ選び、番号で答えなさい。

①　このこう素は温度が 10℃と 90℃のとき、ヨウ素液を青むらさき色に変えるはたらきを持つ。

②　このこう素はどんな温度で置いた後でも、40℃にするとはたらくようになる。

③　このこう素は温度を 90℃にするとはたらかないが、その後 40℃にすると再びはたらくようになる。

④　このこう素は温度を 10℃にするとはたらかないが、その後 40℃にすると再びはたらくようになる。

⑤　このこう素は温度を 90℃にした後、40℃にすると、そのはたらきが強められている。

⑥　このこう素は温度を 10℃にするとはたらきを失い、温度を変えてもそのはたらきはもどらない。

⑦　このこう素は温度を 40℃にするとはたらきを失い、温度を変えてもそのはたらきはもどらない。

⑧　このこう素は温度を 90℃にするとはたらきを失い、温度を変えてもそのはたらきはもどらない。

問５　次の文章の空らんにあてはまる語句を答えなさい。

消化液アにふくまれるこう素はダイコンにもある。ダイコンの葉で行われる（　①　）でつくられた有機物Ｃは、このこう素のはたらきによって（　②　）に分解され、ダイコンが成長するために利用されている。

4 以下の文を読み、次の問いに答えなさい。

金属は、自動車や機械の部品、建築材料や飲料用の缶《かん》などいろいろな場面で大量に利用される。その中でも（　ア　）の生産量が圧倒的《あっとうてき》に多く、これにアルミニウムや銅、亜鉛《あえん》などが続く。

（　ア　）の製造の歴史は古く、日本においても（　ア　）の原料に木炭をまぜて風を送り製造する『たたらぶき』と呼ばれる独自の方法で作られたといわれている。

アルミニウムは、製造が困難であったため、大量に製造されるようになったのは、19世紀の後半になってから（　イ　）と呼ばれる鉱石を原料に作られた。アルミニウムは、（　ウ　）硬貨《こうか》やアルミ缶など身の回りで広く利用されている。

銅は人類がはじめて道具として用いた金属である。電線や調理用のなべなどにも用いられている。

このように金属は身近なものではあるが、密度が比較的《ひかくてき》大きく、腐食《ふしょく》※[1]しやすいものが多い。これに対し、プラスチックは密度が小さく腐食しにくく、成形、接着も容易である。

プラスチックは（　エ　）を原料として化学的な方法で作られた物質である。カップラーメンの容器として用いられるポリスチレン（発泡《はっぽう》（　オ　））や、ビンや缶に比べて軽く、あつかいやすいので炭酸飲料の容器などに用いられる（　カ　）などがある。

※[1]腐食：水・酸素などとの化学反応によって表面から変質してゆくこと。

問1　空らんにあてはまる語句を答えなさい。ただし（　カ　）は大文字アルファベット3文字で答えること。

問2　ある金属 1.6 cm^3 の重さは、鉄 3.0 cm^3 の重さの3分の2倍でした。ある金属は1 cm^3 につき何 g ですか。ただし、鉄は1 cm^3 につき8 g です。

問3　プラスチックが大量に海に流れ出て、海を汚染《おせん》している環境《かんきょう》問題があります。①捨てられたプラスチックが海の波などによってけずられて5ミリメートル以下になったものを海の生き物が食べてその体内に残ってしまうことが報告されています。そして、食物連鎖《しょくもつれんさ》の中でその魚を食べることで、私たち人類にも健康被害《ひがい》をおよぼすおそれがあります。このような問題を減らすために②いろいろな取り組みが進んでいます。

(1) 下線部①のようなプラスチックを何と言いますか。

(2) 下線部②について、スーパーやコンビニエンスストアでよく見る取り組みを答えなさい。

は本文中の語句が入ります。

・［X］というルールは、本来［Y］ことを目的として作られたものなのに、［Z］という結果を招くということ。

問四 本文中の空欄ア～エには、それぞれA・Bのどちらが入るか答えなさい。

問五 ――③「これを無意識に利用する」とは具体的にどうすることか。ふさわしいものを次の**ア**～**エ**から一つ選び、記号で答えなさい。

ア 見終えた視聴者の多くが納得する形で番組を構成し、視聴率が落ちないようにする。

イ 構成の仕方で視聴者の受ける印象を操作し、自分たちの主義・主張を強調する。

ウ スポンサーの意見に沿った番組の構成にすることで、スポンサーの利益を優先する。

エ 番組に対する抗議の声が局の偉い人に届かないようにすることで、担当者の地位を守る。

問六 ――④について、なぜ「志の高い」と言っているのか、その理由としてふさわしいものを次の**ア**～**エ**から一つ選び、記号で答えなさい。

ア 視聴率にこだわらず、あえて少数派の意見を取り上げようとしているから。

イ 広告費にものを言わせて局にプレッシャーをかける企業のあり方を、正そうとしているから。

ウ 視聴者やスポンサーの意向に合わせようとせず、公正な立場での報道を目指しているから。

エ 広告費のことなど気にしないで、視聴者の立場に立って伝えようとしているから。

問七 ――⑤「沈黙の螺旋」とはどういうことか、説明しなさい。

問八 ――⑥「そんなこと」が指し示す内容を含《ふく》む一文を探し、始めの五字（句読点を含む）を答えなさい。

三

漢字に関する次の各問いに答えなさい。

問一 次の――部のカタカナを漢字に直しなさい。

① 海辺をサンサクする。
② カンレイに従う。
③ 遊園地のカンラン車。
④ 厚い本をドクハする。
⑤ センモン家に相談する。
⑥ 青と赤の絵の具をマぜる。
⑦ 無駄《むだ》をハブく。

問二 次の――部の漢字の読みをひらがなで書きなさい。

① 賛成意見は皆無だ。
② 自然の恩恵を受ける。
③ 水質汚濁の原因を探る。
④ 建物の老朽化が進む。
⑤ 資金を蓄える。
⑥ 書物を著す。

る人は、最初の頃はかなりいた。ユダヤ人を迫害《はくがい》したり拘束《こうそく》したりすることに、「同じ人間じゃないか」と反対する人もかなりいた。でもナチスの権力が強くなると同時に、メディアによる(注2)プロパガンダでこれを支持する人が急激に増えてきて、そんな人たちは沈黙《ちんもく》した。あとはもう、暴走するばかりだった。

こんな現象を社会学的には「⑤沈黙の螺旋《らせん》」という。こうして民意が形成される。本当は6対4くらいなのに、結果として8対2や9対1になってしまった民意だ。でもその過程で、メディアや集団の(注3)バイアスが働いたとは誰も思っていない。自分の自由意思だと思っている。

ならばメディアはどうすべきなのか。もちろん、情報はこれを伝える人の主観から逃れられないのだとまずは自覚したうえで、できるかぎりは中立であるべきだし、公正な位置を目指すべきだと僕は思う。報道はそうあるべきだ。でも実際には、絶対的な中立や客観などありえないときちんと自覚しながら日々の仕事をしている記者やディレクターは、僕の知っている範囲《はんい》では少数派だ。もちろん中には、必死に考えている人もいる。でもそういう人は、どちらかといえば出世できない。なぜなら視聴率や部数を上昇《じょうしょう》させることを優先して考えることに、どうしても抑制《よくせい》が働いてしまうからだ。出世できるのは、⑥そんなことはあまり考えずに、どうやったら視聴率や部数が上がるだろうかと毎日考えているような人たちが多い。

悔《くや》しいけれど、これは大人の社会のある意味の断面だ。

だからあなたには知ってほしい。メディアはそんな本質的な矛盾を抱えている。中立公正で客観的な報道など、ありえない。必ず人の意識が反映されている。見たり読んだりする側もそれをつねに意識すること。そうすれば、同じニュースでも、これまでとは違って見えるはずだ。

(森 達也『たったひとつの「真実」なんてない』より)

(注1) 座標軸…思想や行動の基準となるもの。
(注2) プロパガンダ…特定の主義や思想などの宣伝。
(注3) バイアス…かたより。

問一 ——A・Bの本文中での意味としてふさわしいものを、それぞれ後のア～エから一つ選び、記号で答えなさい。

A 「メカニズム」

ア 方法　**イ** 仕組み
ウ 目的　**エ** 流れ

B 「知る人ぞ知る」

ア 世間一般《いっぱん》の人誰もに広く知られている
イ その地域に住んでいる人だけが知っている
ウ その分野に詳《くわ》しい人だけが知っている
エ ほとんどの人は名前だけしか知らない

問二 ——①「実は大きな落とし穴がある」とはどういうことか、次のア～エから一つ選び、記号で答えなさい。

ア 複数の中から対立する二つの意見を取り上げる時点で、その選び方にはかたよりがあるということ。
イ 双方の意見を平等に取り上げているように見えて、実は一方の意見に重点を置いているということ。
ウ 相対する二つの意見をまったく同じ分量だけ紹介することなど、現実にはできないということ。
エ 中立的な立場で二つの意見を紹介する以上に大切なことがあるのを、見落としているということ。

問三 ——②の「本質的な矛盾」とはどういうことかを説明した次の文の空欄X～Zに、適切な内容を補いなさい。ただし、空欄Xに

テレビが他のメディアと大きく違う点のひとつは、このスポンサーの存在がとても大きいことだ。新聞や雑誌は、基本的には（広告ページも若干あるけれど）それを読む人から料金をもらう。つまり市場から対価を受け取る。ところがテレビは、（ＣＳやＷＯＷＯＷなどは例外として）視聴者から料金をもらわない。代わりにＣＭのスポンサーである企業から広告費を受け取る。だからスポンサーの意向をとても大事にする。

福島第一原発が事故を起こしたあと、東京電力とメディアとの関係がいろいろと問題になった。少なくとも事故後については、僕《ぼく》は問題になるほどの癒着《ゆちゃく》はないと思う。でも事故前であるならば、確かに大手電力会社に対しての遠慮や癒着や忖度《そんたく》は、少なからずあった。実際にテレビの側にいたから、それは自信を持って断言する。何しろ東京電力は大手電力会社だ。広告出稿量《しゅっこうりょう》も桁外《けたはず》れに大きい。要するに大スポンサーだ。

ただし通常の番組と報道番組は違う。ネットなどではよく、報道番組もスポンサーとの関係があるから自由な意見を封《ふう》じられている的な書き込みを目にするけれど、ネットで書かれているほどではない。スポンサーからのプレッシャーがまったくないとは言わないけれど、④これに抗おうとする志の高い報道記者やディレクターは少なくない。僕も何人も知っている。

ただし、テレビ局総体としては、確かにスポンサーの意向を気にする。テレビが視聴率をこれほどに気にする理由は、それが企業からもらう広告費に換算されるからだ。

唯一《ゆいいつ》の例外はＮＨＫだ。スポンサーからもらう広告料ではなく、国民からもらう受信料を収入の大きな柱にしている。ＣＭはない。だから視聴率を気にしたり企業に気を遣ったりする必要はない。これは今のメディアを考えるうえで、とても重要な要素だ。

テレビは社会の多数派に抗わない。なぜなら抗えば、視聴率が落ちるからだ。テレビほどではないけれど、新聞や雑誌など、すべての商業メディアにもこの原理は働いている。

つまり多数派の意見が、テレビなどマスメディアを通してさらに大きく社会に伝えられる。ということはメディアの影響を受けて多数派がさらに増える。そしてメディアは、またその多数派の意見を優先的に伝える。

この連鎖《れんさ》が際限なく起こる。メディアを媒介《ばいかい》にしながら、多数派の主張や意見は雪だるま式にどんどん大きくなり、少数派の主張や意見は急速に小さくなる。

例えばベストセラー。人気商品。あるいはブームやトレンド。これらはこうして発生する。最初はそれほどでもない。でもメディアが大きく報道する。それによって読んだり聞いたり買ったりする人が増える。人気スポットなども同じ。そもそもはＢ知る人ぞ知る場所だった。でもテレビで隠《かく》れた人気スポットとして大きく放送された。それを観た人たちが押《お》しかける。だから今度は、大人気のスポットとしてテレビなどが紹介する。それを見た人たちがまた……。

ここまでの説明は、本や音楽などのベストセラー、あるいは今のトレンドやブームなどについてだ。でもメディアの影響はそれだけじゃない。国民の意見や感覚なども同じように形成される。

つまり民意だ。あるいは世論。

最初は「何か変だな」と思っていた人も、それを当たり前だとする人たちがどんどん増えるので、その思いを口にしづらくなる。やがてはその人自身も、何度もメディアから同じ情報を見たり聞いたりしているうちに、その「変だな」という意識がどんどん薄《うす》くなってしまう。

ドイツがナチスの一党独裁になる過程で、「彼《かれ》らは危険だ」と訴《うった》え

両論併記の意味は、対立する人や組織などを記事でとりあげるとき、その片方の人や組織の言い分だけでなく、双方《そうほう》の意見を同じ分量だけ呈示《ていじ》するというルールだ。新聞だけじゃない。テレビ報道においてもこの鉄則は基本の一つだ。

でもこれも、中立の概念《がいねん》と同じく、①実は大きな落とし穴がある。

A ⟷ B

この構造は確かにある。そこまでは正しい。でもAに対立するものがBであることは、いったい誰《だれ》が決めるのだろう？ もしかしたらCかもしれないし、Dの場合だってあるかもしれない。

対立点を決めるためには座標軸を設定しなければならない。つまり中立点と一緒《いっしょ》。誰かが決めるのだ。そしてそれは誰かの主観。

それともうひとつ。②このルールには本質的な矛盾《むじゅん》がある。仮に二つの意見を並べたとしても、その並べ方で印象はだいぶ違《ちが》う。

A　原発はもう必要ない。コストも実は高いうえに、もしも事故が起きたら取り返しがつかない事態を招く。ある程度は電気料金の負担が大きくなったとしても、日本はできるだけ早く脱原発を実現すべきだ。

B　二酸化炭素問題を考えても、原発はやはり必要だ。なくすことで財界への打撃も大きい。電気料金の高騰《こうとう》で生活への影響《えいきょう》も見逃《みのが》せない。安全には最大限の配慮をしながら、一日も早く再稼働を目指すべきだ。

対立するこの二つの意見を、あなたは今、A、Bの順に読んだ。では次に、順番を変えてB、Aの順に読んだ場合、自分がどんな印象を受けるかを想像してほしい。きっと微妙《びみょう》に違うはずだ。

[ア]の意見を紹介《しょうかい》してから、これに反対する[イ]の意見を紹介する。

理屈《りくつ》としては、これで両論併記となる。でもこの場合、後から出した[ウ]のほうが、視聴者や読者の共感を呼び起こしやすい。なぜならば、Aは途中《とちゅう》経過で[エ]は結論に近いという心理作用が働くからだ。

テレビのディレクターや新聞の記者たちは、本能的にこのAメカニズムを知っている。③だからこれを無意識に利用する。例えばスーパーで万引きしたとして、森という名前の（自称《じしょう》）映画監督《かんとく》・作家・大学教授が逮捕《たいほ》されたとする。目撃者も大勢いる。でも森は冤罪《えんざい》を主張している。この逮捕は警察のフレームアップ（でっちあげ）であるとまで言っている。テレビのニュースでこの事件を扱うとき、中立公正なメディアの立場としては、森の言い分をまったく紹介しないわけにはゆかない。ただし森の主張がニュース映像の最後に登場することはまずない。その主張を紹介してから、それとは反対の立場である警察や目撃者やスーパー店員などの主張で終わる。だからニュースを見終えた視聴者は、あとから登場した主張のほうが正しいかのような気分になる。つまり森は有罪だ。

なぜこんな順番になるかといえば、自称映画監督・作家・大学教授である森の主張に正当性があると思う人は、明らかに社会の少数派だからだ。やっぱりあいつはその程度の奴《やつ》だったのかと思う人のほうが多い。そしてテレビは基本的には多数派の願望に抗《あらが》わない。なぜなら抗うと視聴率が落ちるから。それにもしも森のほうを支持するかのような印象を持たれたら、視聴者から抗議が来るかもしれない。局の偉《えら》い人がその抗議のことを聞いたら、そんな問題を起こすような報道をするプロデューサーやディレクターは重要なポジションに置いてはおけないと判断するかもしれない。スポンサー企業の担当者が抗議の件を耳にしたら、もうスポンサーは降りると言い出すかもしれない。

後の辛《つら》くて悲惨《ひさん》な状況《じょうきょう》を思い出させてしまうと思ったから。

問四　――③とあるが、この時の「おばあちゃん」の説明としてふさわしいものを、次の**ア**～**エ**から一つ選び、記号で答えなさい。

ア　みんなが年寄りの昔話を聞かされてすっかり疲《つか》れた様子だったので、明るく振《ふ》る舞《ま》って気分を盛り上げようとしている。

イ　ディーンがいつ頃《ごろ》自分たちの家に来たのか定かではなく、あいまいな自分の記憶《きおく》を確認しようとしている。

ウ　その場の雰囲気《ふんいき》を変えるため、ディーンを預かっていた頃《ころ》の楽しいやりとりの様子を話してもらいたいと思っている。

エ　素直で優しいディーンのことを思い出して、憎悪の念を抱《いだ》いていたアメリカに対する気持ちが和《やわ》らいでいる。

問五　――④とあるが、これはどういう意味か。その説明としてふさわしいものを、次の**ア**～**エ**から一つ選び、記号で答えなさい。

ア　広島弁を駆使できるビジネスマンは世界の中で自分たちしかいないということ。

イ　自分たちは広島弁を話す人間だというだけで国籍《こくせき》は関係ないということ。

ウ　自分たちは世界中にいる広島弁を使える人間のうちの一人だということ。

エ　自分たちの話している広島弁はいつか世界共通の言葉になるということ。

問六　――⑤とあるが、なぜ「どうにもやれん（やりきれない）」のか、説明しなさい。

問七　Ⓧ「広島」Ⓨ「ヒロシマ」Ⓩ「廣島」（「廣」は「広」の旧字体）と書き換《か》えていることについて次のように説明したとき、空《くう》欄《らん》Ａ・Ｂに入る語句を後の選択肢の中から一つずつ選び、記号で答えなさい。

【Ⓧの「広島」が現在の広島の地を指しているのに対して、Ⓨの「ヒロシマ」は「　Ａ　」、Ⓩの「廣島」は「　Ｂ　」を指している。】

ア　世界の核廃絶《かくはいぜつ》運動の中心

イ　美しい自然と受け継《つ》がれた文化を持つ街

ウ　原爆の惨状と平和の大切さを物語る場所

エ　外国人にも理解できる広島の暮らし

オ　原爆に遭う前の失われた広島の姿

問八　本文の説明としてふさわしくないものを、次の**ア**～**エ**から一つ選び、記号で答えなさい。

ア　広島の方言を効果的に用いることで、登場人物の姿が生き生きと描《えが》かれている。

イ　主人公は、祖父母の体験を自らの言葉で語り直すことで自分のものにしようとしている。

ウ　深刻なテーマを扱《あつか》った作品だが、軽妙な会話が差し込《こ》まれることで読み進めやすくなっている。

エ　他の登場人物の辛い体験を、好奇心旺盛《こうきしんおうせい》な主人公がうまく聞き出している。

二　次の文章を読んで、後の問いに答えなさい。

絶対的な（注1）座標軸《ざひょうじく》など、人は手に入れることはできない。だから絶対に中立な位置など、人には絶対にわからない。絶対という言葉はあまり好きじゃないけれど、でもこれは絶対。それがわかる人がもしいるならば、それは人ではなくて神さまだ。

同じようにメディアの鉄則で、「両論併記《へいき》」という言葉がある。新聞社に入ったばかりの駆《か》け出しの記者は、先輩《せんぱい》たちにまずはこの鉄則を教え込《こ》まれる。

にぎやかな町が一瞬《いっしゅん》で焼かれ、おびただしい数の市民が犠牲《ぎせい》になったのだ。
「お骨さえ見つからんかった人も、ようけえおられる。大やけどして、川にとびこんだ人も、数えきれんほどおられた」
「わしは、今でも川を見るたんびに幻《まぼろし》が見えるような気がしてならん。水が見えんくらい、屍がびっしり浮いておった川がのう」
わたしは平和記念公園のわきを流れている元安川を目に浮かべた。
平和記念公園と原爆ドームの間を流れていた川。
夏の日差しを受けてキラキラ光りながら、ゆったり流れていたあの川。
「引きあげられんかった屍は海に流されていったんじゃが、上げ潮にのって、えっと（たくさん）、もどってきたそうじゃ」
おじいちゃんは、つかのま黙《だま》った。
「その話を聞いたとき、わしは思うた。ああ、この人たちは帰ってきたいんじゃなあ、つましうても家族で仲よう暮らしたこの町に帰ってきたいんじゃなあと」
そんな人たちがみんな、平和記念公園の地面の下にいるような気がするとおじいちゃんは言っているのだった。八月六日の前のⓏ廣島《ひろしま》をよく知る者は、だから「人の頭をふみつけて歩いとる」ような気持ちになるのだと。
わたしは、今日見てきたばかりの風景を思いうかべた。
平和記念資料館の前に広がる、よく手入れされた芝生《しばふ》。
慰霊碑《いれいひ》のまっすぐ先で、ちらちらゆれていた〈平和の灯《ひ》〉。
“過ちはくりかえしませぬから”と書かれた立派な石の慰霊碑。
木々が茂《しげ》る広い公園。
学徒動員で犠牲になった生徒たちの慰霊碑、徴用工《ちょうようこう》たちの慰霊碑、子どもたちの慰霊碑。そして原爆供養塔《くようとう》。
青い芝生も、茂った木々も、〈あの日〉と〈あの人々〉をきれいにおおいかくしていた。
わたしの目には見えなかった人々。
八月六日まで廣島で暮らしていた、たくさんの人々。
その人々の姿が、おじいちゃんやおばあちゃんには、今も見えているのだった。

（朽木《くつき》 祥《しょう》『パンに書かれた言葉』より）

（注１） 入市被曝…原爆投下直後に爆心地近くに行ったため放射線をあびてしまうこと。
（注２） 建物疎開…空襲《くうしゅう》による火災の広がりを防ぐために、密集している建物を壊して空間を広げる作業。

問一 ===の本文中の意味としてふさわしいものを、後の**ア**～**エ**から一つ選び、記号で答えなさい。
「たどたどしい」
ア いいかげんな　**イ** おちつかない
ウ なめらかでない　**エ** 子どもっぽい

問二 ――①とあるが、なぜ返事に困ったのか説明しなさい。

問三 ――②とあるが、なぜエリーは「おそるおそる」たずねたのか、その理由の説明としてふさわしいものを、次の**ア**～**エ**から一つ選び、記号で答えなさい。
ア おばあちゃんがどのように原爆に遭《あ》ったのかを今まで知らなかったということについて、申し訳ないと思ったから。
イ おばあちゃんから原爆が落ちた時の体験を聞こうと思ったが、恐《おそ》ろしい話を聞く心の準備ができていなかったから。
ウ いまだに後遺症《こういしょう》に苦しんでいる多くの人のことを思うと、軽々しく原爆に遭ったことをたずねるのはためらわれるから。
エ 原爆に遭ったことをたずねると、おばあちゃんに原爆投下直

まるで若いころのパパとディーンが目の前にいるみたいに、おじいちゃんが二人の会話を再現してくれたので、ふき出してしまった。

順太おにいちゃんが、「じいちゃんて、クソまじめな顔をしとるけど、あれで、ぶち、ひょうきんなんで」と言っていたが、ほんとにそうだ。実はものまねが得意だし。

「わしがグンナイ言うてあいさつするたんびに、今のエリーみたいにクスクス笑うておったが、人のことは言わりゃあせん(言えはしない)。ディーンの日本語も、気の毒にのう、ひどい広島弁じゃ。ニューヨークで日系企業《きぎょう》に就職したそうなが(だが)、あれじゃあ、さぞかし苦労しておろう」

おばあちゃんも笑った。

「ほんまにねえ。④わしらは広島弁の世界市民じゃ、言うとったけど」

「世界市民？　だから、パパはママとも結婚《けっこん》したのかな？　世界市民同士ってことで」とわたしが言うと、おじいちゃんが目を見開いて、さもおどろいたふりをした。

「そういうことじゃったか。和也が舶来《はくらい》の嫁《よめ》さんを連れてきたときには、そりゃあ、たまげたが」

「舶来の嫁さんって、なにそれ」

「舶来の嫁さんが来た、いうて(って)、近所がみんな見に来よったんよ」とおばあちゃんがまたクスクス笑った。

「ラファエラさんが、まあべっぴんさんで、べっぴんさんで。和也とならんで門口に立っとったときは、ほんまに、びっくり、たまげたよ」

なんだかおもしろそうな方向に脱線《だっせん》したけど、わたしはおじいちゃんが話してくれたパパとディーンの会話のことを考えていた。

ほんとうに、パパとディーンの言うとおりだ。どこかの国と戦争が始まりそうになったとき、相手の国にもし、たった一人でも友だちがいたら、絶対反対するだろう。

見知らぬどこかの国ではない。友だちの国だからだ。

その顔が真っ先に目に浮《う》かぶはず。敵なんかじゃない、大切な友だちの顔が。

おばあちゃんはわたしの顔をのぞきこんで、またためらいがちに話しはじめた。

「⑤ディーンには、よう言わんかったが、わたしらには、どうにもやれん(やりきれない)ことがあってね。原爆ドームの保存運動が起きたときも、そうじゃった」

原爆ドームが傷んできたとき、とり壊すか保存するかで大きな議論があったのは、戦後二十年ばかり経《た》ったころのことだったという。

「いっそ引きたおしてもろうたほうがええんじゃないかと思うてね……ドームのむごい姿を見るたびに、つろうて、つろうて(つらくて、つらくて)。そうよう(そんなふうに)思うとったもん(者)は、ようけい(たくさん)おった……」

だが結局、原爆ドームは保存されることが決まった。

「それに追悼行事とか式典にも、やれんもの(やりきれない気持ち)があってねえ。わたしらは八月六日のお参りも、朝早う、式典の始まる前に行くんよ」

「ほんまは行くのも気がすすまんときがある。あのあたりを歩くたんびに、人の頭をふみつけて歩いとるような気がしてのう」

「人の頭をふみつけて歩く、って？」とわたしは思わず、話をさえぎってしまった。

「今、公園になっているところには、昔はにぎやかな町があったんよ。たくさんの人が暮らしとった。それを覚えとるもんは、つい、そうような(そんなふうな)気がする、いうこと」

して灰色の空気に包まれていた。

見れば、ブラウスが焼けて左腕《ひだりうで》が赤むけになり血が出ていた。硫黄爆弾《いおうばくだん》の直撃《ちょくげき》を食らったのだと思った。自分の上に爆弾が落ちたのだと。

道の右手には日陰を作っていた塀《へい》が続いていたが、塀はまるでゴムでできていたかのように、ぐにゃりとかたむいていた。少し目がはっきりしてくると、あちこちにごろりと転がっているものが見えた。なんだろうとぼんやり思った次のせつな、自分の見ているものの正体がわかった。

こけつまろびつ学校にたどり着いたが、学校も大さわぎだった。校庭にいた生徒たちはみな大やけどを負ったのだ。校舎は半壊《はんかい》し、屋内にいた生徒たちにも大けがをしている者が多くいた。

そのうち、市の中心地で（注２）建物疎開《そかい》をしていた一年生たちが全員即死《そくし》したらしいという情報が入った。事情を知らせにもどってきた職員さんも大やけどをしていて、半死半生の姿だった。やがて屍《しかばね》が次から次へと運ばれてきた。

「妹みたいに思うとった子らが、みんな死んでしもうた。家に帰すこともできんかった子らは校庭で焼いてね……わたしらの、この手で」

焼却《しょうきゃく》を手伝うことになった上級生たちは、作業しているうちにみんな呆《ほう》けたようになってしまって、しまいには泣くこともできなくなったという。

おばあちゃん自身もその後、口のなかが紫色《むらさきいろ》にはれ、高熱が出て寝こんだ。起きあがれるようになってからも体がだるくてだるくて、少し動くと鼻血がぬけた（出た）そうだ。大やけどした左腕には、みにくいケロイドが残った。

それでもディーンにあの質問をされたときには、「あんたがしたことじゃないけえ」と答えたという。

わたしはもう一度、写真の少年の顔を見つめた。

難しいことなんか、ちっとも考えてなさそうに見える顔。たぶん、今のわたしもこんな顔をしているはず。

わたしが考えこんでいたら、③おばあちゃんが妙《みょう》に明るい声で、おじいちゃんにきいた。

「ディーンを預かったのは、昭和五十年でしたかねえ？」

――昭和の年号にプラス二十五で計算したら、西暦《せいれき》の年号になるって習ったっけ。とすると、一九七五年だ。

「戦後ちょうど三十年の、いろんな追悼《ついとう》行事があった年じゃったのう」

ディーンは、行事にも、よう出かけていっとった」

「灯籠《とうろう》流しにも、いっしょについて来よったねえ」

ディーンは、Ⓧ広島の高校に通いながらさまざまなⓎヒロシマを体験して、次の夏、アメリカに帰っていった。

別れぎわの、わたしのパパとディーンの会話を、おじいちゃんはよく覚えていた。

「もし、また鬼畜《きちく》米英とかアメリカ憎《にく》し、なんて言われるようなことになっても、わしはだまされんで。わしが知っとるのは鬼でも畜生でもない、ディーンのふざけた顔じゃけ（だから）。ほいで（そして）広島人なみにカバチタレ（文句をよく言う人のこと）じゃとか、ぶち下手くそな広島弁とか」

「ほんまじゃ。ぼくも君のブロークンイングリッシュやら、バリバリの広島弁やら、オトウサンのグンナイやら、オカアサンのにこにこ顔を思い出したら、銃《じゅう》なんか、ぜーったい向けられんわい」

「……そうようなこと（そんなこと）を言いおうて、肩を組んどった」

2023年度

淑徳与野中学校

【国　語】〈第二回試験〉（五〇分）〈満点：一〇〇点〉

一　語り手のエリー（母親ラファエラはイタリア人）は夏休みを利用して父親（和世《かずや》）の広島の実家で祖父母としばらく生活している。これを読んで、後の問いに答えなさい。

「パパの子どものころの写真を見てみん（見てみない）？」とおばあちゃんが厚いアルバムを出してきてくれた。

赤ん坊《ぼう》のころのパパはまん丸の顔だったけど、中学生になったころには今みたいにあごがずっと細くなっていた。

高校生のときだろうか、つめ襟《えり》の学生服姿のパパが、外国人の少年と肩《かた》をならべて写っている写真が何枚もあった。

古いカラー写真はオレンジ色に変色していたが、その少年はたぶん金髪《きんぱつ》で、パパと同じ学生服を着ていた。同い年くらいだ。

おばあちゃんやおじいちゃんといっしょに写っている写真もたくさんあった。

どれも、いかにも楽しそうで、ほがらかに笑っていたり、庭で犬と遊んでいたり。

宮島に出かけたときの写真もあって、大鳥居やあざやかな紅葉、人なつこい鹿《しか》たちをバックに写っている。

「この子、だれ？」

おじいちゃんが、眼鏡をかけてどれどれとのぞきこんだ。

「それは、ディーン。うちで一年間預かった留学生じゃ」

アメリカのシアトルから来て、パパと同じ高校に通ったのだそうだ。

「この子がね、おかしげな（へんな）ことを言うたんよ」とおばあちゃんが言い出した。

「平和記念資料館に見学に行って、帰ってきた日のことじゃった」

ディーンは茶目《ちゃめ》っ気《け》のある明るい少年だったが、その日は帰ってくるなり自分の部屋に閉じこもり、夕ごはんの時間になっても出てこなかった。

気分でも悪いのかと呼びに行くと、しょんぼりした様子で出てきて、食卓《しょくたく》につくなり、ぽろぽろ泣きはじめた。

家族みんながびっくりしていたら、

「どうして、ぼくの国を許せるんですか。どうしてぼくをこの家においてくれるんですか」と、まだ少したどたどしいけれども正しい日本語できいたそうだ。

①おじいちゃんとおばあちゃんは返事に困った。

事実、おじいちゃんは妹や親戚《しんせき》や友だちを原爆《げんばく》で失くしていたし、自分も（注1）入市被曝《ひばく》した。原爆投下直後の地獄《じごく》のような光景もその目で見たのだ。

おばあちゃんのほうの話はまだくわしく聞いていなかったが、確か通学のとちゅうに被爆したのだった。家族も大変な被害にあったらしい。

「おばあちゃんは、無事だったの？」

②おそるおそる、たずねてみると、おばあちゃんは、おじいちゃんをチラリと見てから、話しはじめた。

女学校三年生の夏だった。朝からとても暑かったので日陰《ひかげ》を選び選び歩いて、学校のすぐ手前まで来たときのことだった。ものすごい光が炸裂《さくれつ》した。そのあとはしばらく気を失っていたらしい。

ようやく気がついてあたりを見まわしたときには、あたりはしんと

2023年度
淑徳与野中学校　▶解説と解答

算　数　＜第２回試験＞（50分）＜満点：100点＞

解　答

[1] (1) $\frac{13}{36}$　(2) $\frac{2}{15}$　(3) 111　(4) ア　2　イ　1　ウ　3　(5) 15　[2] (1) 26度　(2) 8.56cm²　(3) 91個　[3] (1) 分速40m　(2) 108人　(3) 2019　(4) 80頭　(5) 6.4％　[4] (1) 131.88cm　(2) 1714.44cm²　[5] (1) 時速４km　(2) ６回　(3) 14回　[6] (1) ９cm²　(2) 13.5cm³　(3) 五角形

解　説

[1] 四則計算，計算のくふう，整数の性質，単位の計算

(1) $\left(0.75+\frac{1}{12}\right)\times\frac{2}{15}+\left(3\frac{1}{3}-0.5\right)\div11\frac{1}{3}=\left(\frac{3}{4}+\frac{1}{12}\right)\times\frac{2}{15}+\left(\frac{10}{3}-\frac{1}{2}\right)\div\frac{34}{3}=\left(\frac{9}{12}+\frac{1}{12}\right)\times\frac{2}{15}+\left(\frac{20}{6}-\frac{3}{6}\right)\div\frac{34}{3}=\frac{10}{12}\times\frac{2}{15}+\frac{17}{6}\times\frac{3}{34}=\frac{1}{9}+\frac{1}{4}=\frac{4}{36}+\frac{9}{36}=\frac{13}{36}$

(2) $\frac{1}{3\times5}=\left(\frac{1}{3}-\frac{1}{5}\right)\times\frac{1}{2}$だから，同様に考えると，$\frac{1}{3\times5}+\frac{1}{5\times7}+\frac{1}{7\times9}+\frac{1}{9\times11}+\frac{1}{11\times13}+\frac{1}{13\times15}=\left(\frac{1}{3}-\frac{1}{5}\right)\times\frac{1}{2}+\left(\frac{1}{5}-\frac{1}{7}\right)\times\frac{1}{2}+\left(\frac{1}{7}-\frac{1}{9}\right)\times\frac{1}{2}+\left(\frac{1}{9}-\frac{1}{11}\right)\times\frac{1}{2}+\left(\frac{1}{11}-\frac{1}{13}\right)\times\frac{1}{2}+\left(\frac{1}{13}-\frac{1}{15}\right)\times\frac{1}{2}=\left(\frac{1}{3}-\frac{1}{5}+\frac{1}{5}-\frac{1}{7}+\frac{1}{7}-\frac{1}{9}+\frac{1}{9}-\frac{1}{11}+\frac{1}{11}-\frac{1}{13}+\frac{1}{13}-\frac{1}{15}\right)\times\frac{1}{2}=\left(\frac{1}{3}-\frac{1}{15}\right)\times\frac{1}{2}=\left(\frac{5}{15}-\frac{1}{15}\right)\times\frac{1}{2}=\frac{4}{15}\times\frac{1}{2}=\frac{2}{15}$

(3) $\frac{1}{3}\div\frac{3}{5}\div\frac{5}{7}\div\frac{7}{9}\div\cdots\div\frac{995}{997}\div\frac{997}{999}=\frac{1}{3}\times\frac{5}{3}\times\frac{7}{5}\times\frac{9}{7}\times\cdots\times\frac{997}{995}\times\frac{999}{997}=\frac{999}{3\times3}=111$

(4) 2023＝[ア]×10×(100＋[イ])＋[ウ]で，[ア]×10×(100＋[イ])は10の倍数であり，一の位が０であることから，[ウ]は2023の一の位である<u>3</u>とわかる。すると，[ア]×10×(100＋[イ])＝2023－３＝2020より，[ア]×(100＋[イ])＝2020÷10＝202である。さらに，202を２つの整数の積の形に分解すると，202＝２×101なので，[ア]は<u>2</u>，[イ]は，101－100＝<u>1</u>と求められる。

(5) $\frac{55}{16}$時間＝$3\frac{7}{16}$時間で，$\frac{7}{16}$時間＝$\left(\frac{7}{16}\times60\right)$分＝$\frac{105}{4}$分＝$26\frac{1}{4}$分である。さらに，$\frac{1}{4}$分＝$\left(\frac{1}{4}\times60\right)$秒＝15秒だから，□には15があてはまる。

[2] 角度，面積，図形の構成

(1) 問題文中の図形は五角形で，五角形の内角の和は，180×（５－２）＝540（度）である。イの角度を①度とすると，アの角度は②度となる。すると，図形の内角の和について，②＋96＋80＋①＋(360－35)＝540という式が成り立つ。この式から，③＋501＝540，③＝540－501＝39，①＝39÷３＝13なので，アの角度は，②＝13×２＝26（度）となる。

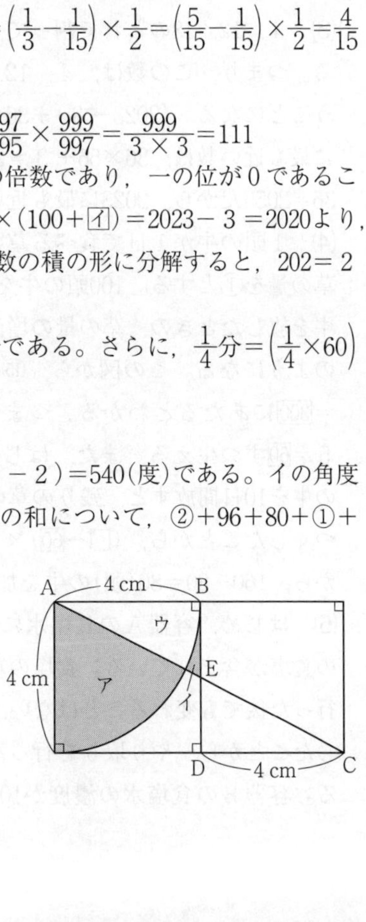

(2) 右の図のように，アの部分とイの部分にとなり合う部分をウとする。アの部分とイの部分の面積の差は，「アの部分とウの部分を合わせた図形」と「イの部分とウの部分を合わ

せた図形」の面積の差と等しい。「アの部分とウの部分を合わせた図形」は，半径４cm，中心角90度のおうぎ形で，面積は，$4\times4\times3.14\times\frac{90}{360}=12.56(\mathrm{cm}^2)$である。また，「イの部分とウの部分を合わせた図形」は直角三角形で，ABとDCが平行より，三角形ABEと三角形CDEが相似だから，BE：DE＝AB：CD＝４：４＝１：１，$\mathrm{BE}=4\times\frac{1}{1+1}=2$(cm)なので，面積は，$4\times2\div2=4(\mathrm{cm}^2)$である。よって，アの部分とイの部分の面積の差は，$12.56-4=8.56(\mathrm{cm}^2)$とわかる。

(3)　問題文中の図３には，１辺の長さが１cmのひし形が，６×６＝36(個)，１辺の長さが２cmのひし形が，５×５＝25(個)，１辺の長さが３cmのひし形が，４×４＝16(個)，１辺の長さが４cmのひし形が，３×３＝９(個)，１辺の長さが５cmのひし形が，２×２＝４(個)，１辺の長さが６cmのひし形が，１×１＝１(個)あるので，ひし形は合計で，36＋25＋16＋９＋４＋１＝91(個)ある。

3　流水算，過不足算，約数と倍数，ニュートン算，濃度《のうど》

(1)　船が川を上るときの速さは分速，8400÷42＝200(m)，下るときの速さは分速，8400÷30＝280(m)である。川を上るときの速さと，下るときの速さの差は，川の流れの速さの２倍だから，川の流れの速さは分速，(280－200)÷２＝40(m)となる。

(2)　１部屋３人ずつにすると６部屋が余るということは，すべての部屋に生徒を３人ずつ泊《と》まらせるには，３×６＝18(人)足りないということである。１部屋２人ずつにすると24人余り，３人ずつにすると18人足りないことから，すべての部屋に２人ずつ泊まらせるのに必要な人数と，３人ずつ泊まらせるのに必要な人数では，１部屋ごとに，３－２＝１(人)，全体で，24＋18＝42(人)の差がある。よって，部屋は，42÷１＝42(部屋)あり，生徒は，２×42＋24＝108(人)いる。

(3)　４，12，18のどれで割っても余りが３となる数は，３を引くと４，12，18のどれでも割り切れる。つまり，この数は，４，12，18の公倍数より３大きい数だから，36の倍数より３大きい数ということになる。(2023－３)÷36＝56余り４より，36の倍数より３大きい数の中で，2023以下で2023に最も近い数は，36×56＋３＝2019である。また，2023より大きく，2023に最も近い数は，2019＋36＝2055だから，2023に最も近い数は2019となる。

(4)　１頭の牛が１日で食べる草の量を$\boxed{1}$，１日に生える草の量を①とする。100頭の牛を放したときと，120頭の牛を放したときの，草の量の増減を図で表すと，右の図のようになる。この図から，⑮－⑩＝⑤が，$\boxed{1500}-\boxed{1200}=\boxed{300}$にあたるとわかる。つまり，草は１日に，$\boxed{300}\div5=\boxed{60}$ずつ生える。また，はじめにあった草の量は，$\boxed{1500}-\boxed{60}\times15=\boxed{600}$である。この牧場で80頭の牛を10日間放すと，残りの草の量は，$\boxed{600}-(\boxed{80}-\boxed{60})\times10=\boxed{400}$になる。これをあと４日間で食べつくしたことから，$(\square-\boxed{60})\times4=\boxed{400}$より，$\square=\boxed{160}$となり，牛は160頭いたことになるので，後から，160－80＝80(頭)の牛を加えたとわかる。

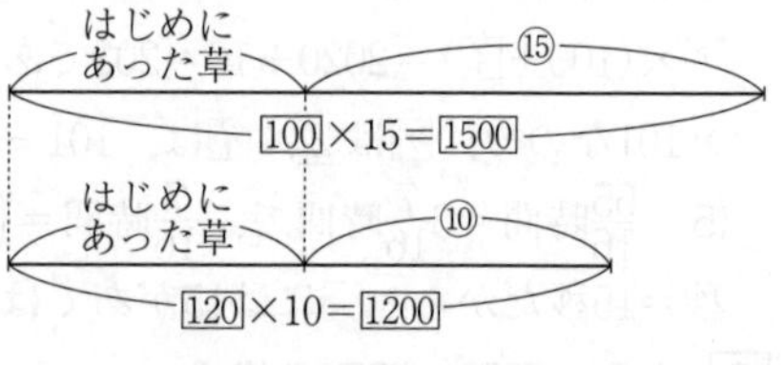

(5)　はじめ，容器Ａの食塩水には，300×0.06＝18(ｇ)，容器Ｂの食塩水には，100×0.12＝12(ｇ)の食塩が含《ふく》まれている。食塩の重さの合計は，18＋12＝30(ｇ)で，この重さは食塩水のやり取りを行った後でも変わることはない。また，２つの容器から等しい量の食塩水を同時に取り出して交換《こうかん》したことから，やり取りを行った後の容器Ａの食塩水は300ｇ，容器Ｂの食塩水は200ｇのままである。容器Ｂの食塩水の濃度が10.8％になったとき，容器Ｂの食塩水には，100×0.108＝10.8(ｇ)の

食塩が含まれている。よって，容器Ａの食塩水には，30－10.8＝19.2（ｇ）の食塩が含まれているから，容器Ａの食塩水の濃度は，19.2÷300×100＝6.4（％）になった。

4　平面図形—図形の移動，長さ，面積

⑴　点Ｂが動いたあとの線は，右の図の太線のようになる。この太線は，６つのおうぎ形の弧《こ》からなり，半径はそれぞれ，36cm，30cm，24cm，18cm，12cm，６cmで，中心角はいずれも，正六角形の１つの外角の大きさと等しく，360÷６＝60（度）である。よって，点Ｂが動いたあとの長さは，$36\times2\times3.14\times\frac{60}{360}+30\times2\times3.14\times\frac{60}{360}+24\times2\times3.14\times\frac{60}{360}+18\times2\times3.14\times\frac{60}{360}+12\times2\times3.14\times\frac{60}{360}+6\times2\times3.14\times\frac{60}{360}=(36+30+24+18+12+6)\times2\times3.14\times\frac{1}{6}=126\times2\times3.14\times\frac{1}{6}=42\times3.14=131.88$（cm）となる。

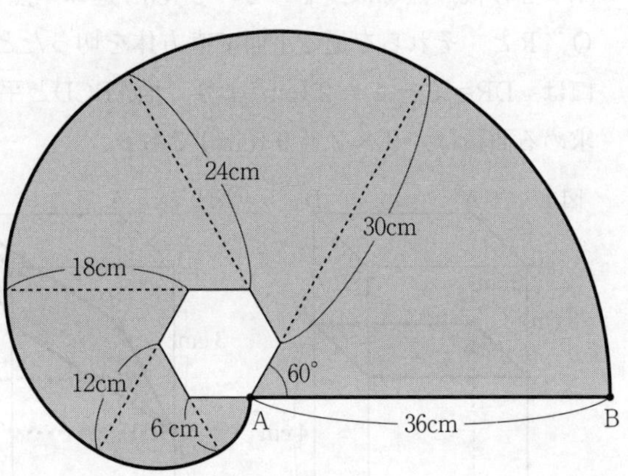

⑵　糸ABが動いたあとは，右上の図の色を付けた部分で，その面積は，$36\times36\times3.14\times\frac{60}{360}+30\times30\times3.14\times\frac{60}{360}+24\times24\times3.14\times\frac{60}{360}+18\times18\times3.14\times\frac{60}{360}+12\times12\times3.14\times\frac{60}{360}+6\times6\times3.14\times\frac{60}{360}=(1296+900+576+324+144+36)\times3.14\times\frac{1}{6}=3276\times3.14\times\frac{1}{6}=546\times3.14=1714.44$（$cm^2$）である。

5　速さと比，旅人算

⑴　淑子さんが１分で進む距離《きょり》を徳子さんは30秒，つまり，0.5分で進むので，淑子さんと徳子さんの進む速さの比は，$\frac{1}{1}:\frac{1}{0.5}=1:2$である。また，徳子さんが２周進む時間で花子さんは３周進むので，徳子さんと花子さんの進む速さの比は２：３である。すると，淑子さん，徳子さん，花子さんの進む速さの比は，１：２：３とわかる。10時40分に花子さんはちょうど10周しているので，出発してから，10時40分－９時＝１時間40分，つまり，$40\div60=\frac{2}{3}$より，$1\frac{2}{3}$時間で，２×10＝20（km）進んだということになる。よって，花子さんの速さは，時速，$20\div1\frac{2}{3}=12$（km）である。したがって，淑子さんの速さは，時速，$12\times\frac{1}{3}=4$（km）となる。なお，徳子さんの速さは，時速，４×２＝８（km）である。

⑵　花子さんが淑子さんよりも１周多く進むと，淑子さんを１回追い抜《ぬ》くことになる。淑子さんは，$1\frac{2}{3}$時間で，$4\times1\frac{2}{3}=6\frac{2}{3}$（km）だけ進み，$6\frac{2}{3}\div2=3\frac{1}{3}$（周）した。この間に，花子さんは10周し，淑子さんよりも，$10-3\frac{1}{3}=6\frac{2}{3}$（周）だけ多く進んだので，９時から10時40分の間に，花子さんは淑子さんを６回追い抜いたとわかる。

⑶　与太郎さんと徳子さんが，２人合わせて１周分進むと，２人は１回すれ違《ちが》うことになる。与太郎さんは，９時５分から10時40分までの，10時40分－９時５分＝１時間35分，つまり，$35\div60=\frac{7}{12}$より，$1\frac{7}{12}$時間で，$9.6\times1\frac{7}{12}=15.2$（km）進み，15.2÷２＝7.6（周）した。また，徳子さんは，９時から10時40分の間に，$8\times1\frac{2}{3}=13\frac{1}{3}$（km）進み，$13\frac{1}{3}\div2=6\frac{2}{3}$（周）した。よって，２人合わせて，

$7.6+6\frac{2}{3}=14\frac{4}{15}$(周)したので，14回すれ違ったことになる。

6 立体図形―分割，面積，体積

⑴　２秒後，点Ｑは，１×２＝２(cm)進み，点Ｒは，２×２＝４(cm)進む。このときの３点Ｐ，Ｑ，Ｒと，それらを通る平面で直方体を切ったときの切り口は，下の図１のようになる。この切り口は，DR＝６－４＝２(cm)より，面ABCDと平行で，面ABCDと合同な正方形とわかる。よって，求める面積は，３×３＝９(cm^2)である。

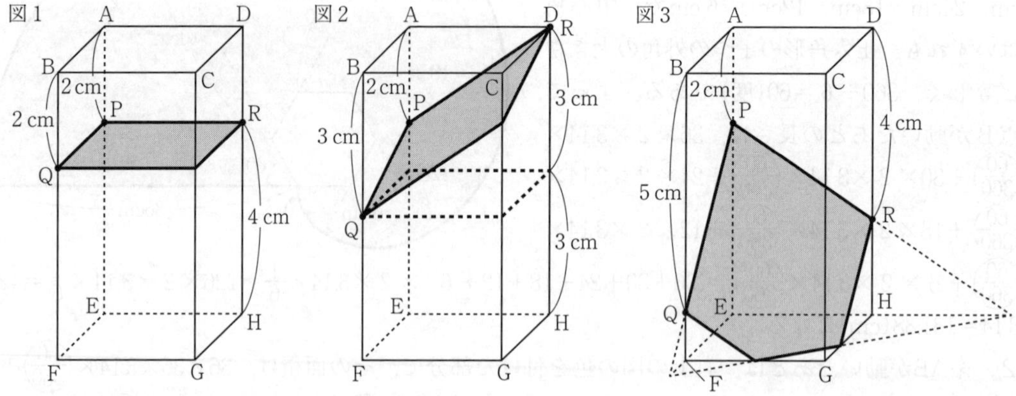

⑵　３秒後，点Ｑは，１×３＝３(cm)進み，点Ｒは，２×３＝６(cm)進む。このときの３点Ｐ，Ｑ，Ｒと，それらを通る平面で直方体を切ったときの切り口は，上の図２のようになる。このときＡを含む立体は，図２の太い点線のように，直方体を上から３cmの高さのところで水平に切ってできる立体を半分にしたものだから，その体積は，（３×３×３）÷２＝13.5(cm^3)となる。

⑶　５秒後，点Ｑは，１×５＝５(cm)進み，点Ｒは，２×５＝10(cm)進むので，点Ｄで折り返して，10－６＝４(cm)のところにある。このときの３点Ｐ，Ｑ，Ｒと，それらを通る平面で直方体を切ったときの切り口は，上の図３に示すような五角形になる。なお，切り口の作図にあたっては，直方体をはみ出す大きな三角形の切り口を考えるとよい。

社　会　＜第２回試験＞（理科と合わせて50分）＜満点：50点＞

解　答

1　**問１**　ウ　**問２**　イ　**問３**　ウ　**問４**　ア　**問５**　長崎県　**問６**　（例）明治のはじめはお雇い外国人から西洋の技術や文化を学ばせたが，しだいに帰国した留学生を教授として起用し，日本人が日本人を教える体制を整えようとしたため。　**問７**　排他的経済水域　**問８**　イ　2　**問１**　エ　**問２**　上川盆地　**問３**　①　イ　②　ア　③　（例）再生可能エネルギーの割合が以前に比べれば増えているものの，まだあまり多くなっていないため。／東日本大震災後，原子力発電の安全性が不安視され，原子力発電に依存することが難しくなってしまったため。（石油輸入の減少分を，LNGの輸入でうめ合わせているため。）　**問４**　多様性　**問５**　①　エ　②　B　3　**問１**　①　エ　②　ウ　**問２**　平和　**問３**　政教(分離)　**問４**　ウ　**問５**　エ　**問６**　アメリカ

解　説

1　各時代の歴史的なことがらについての問題

問１　約３万年前は旧石器時代にあたり，写真にあるプロジェクトは，どうやって人が日本列島に渡ってきたのかを検証するために行われた。旧石器時代には広い範囲《はんい》で交易が行われており，丸木舟はそのさいの移動手段として用いられたと考えられる。また，海での漁労にも利用されていたと推測できる。なお，ａについて，稲作は弥生時代に広まった。ｄについて，食料の保存に丸木舟が適しているとはいえない。

問２　ア　平城京のしくみで，平城京は唐(中国)の都・長安を手本につくられた。その知識は，遣唐使がもたらしたものと考えられる。　イ　1185年以降に整備された鎌倉幕府のしくみを示しているが，すでに平安時代の894年には，菅原道真の提案で遣唐使の派遣が廃止されていた。　ウ　唐招提寺《とうしょうだいじ》(奈良県)にある「鑑真《がんじん》和上像」で，鑑真は遣唐使船で日本にやってきた。　エ　正倉院の宝物の一つ「螺鈿紫檀五絃琵琶《らでんしたんごげんのびわ》」で，遣唐使が持ち帰ったものとされている。

問３　ウは「横浜」ではなく「神戸」が正しい。平清盛は，父の忠盛のころから始まっていた日宋貿易の利益に注目し，大輪田泊《おおわだのとまり》(現在の神戸港の一部)を整備したり瀬戸内海航路を整備したりして，日宋貿易を積極的に進めた。

問４　アは，織田信長の行ったことである。織田信長は全国統一事業の拠点《きょてん》として，1576年から琵琶湖東岸で安土《あづち》城の築城を始めた。翌77年には安土城下に楽市令を出し，商工業者の自由な営業を認めて経済を活発にした。

問５　江戸時代には，キリスト教の布教を行わないオランダと清(中国)だけが，長崎を唯一《ゆいいつ》の貿易港として，幕府との交易を認められた。絵図の中央に描かれた扇《おうぎ》形の土地は，長崎港内につくられた人工島の出島で，ここにオランダ(阿蘭陀)商館が置かれて交易が行われた。

問６　明治時代はじめには，西洋の近代的な技術や知識を取り入れるため，政府によってお雇《やと》い外国人とよばれる学者や技術者が招かれた。資料１と資料２を照らし合わせると，こうしたお雇い外国人の雇用《こよう》期間が切れたあとの1890年代後半から，国費による留学生の数が大きく増え始めたことが読み取れる。そして，資料３によると，1890年代後半以降，帰国した留学生が，教育において指導的な地位についている。ここから，政府が，お雇い外国人にたよるのではなく，日本人が日本人を教える体制をつくるため，国費による留学生を急激に増やしたのだと推測できる。

問７　排他的経済水域は，沿岸から200海里(約370km)までの範囲の海域で，沿岸国には天然資源の開発や海洋の調査，環境保護などの権利が認められている。

問８　アは1937年，イは1941年，ウは1939年，エは1945年８月６日のできごとなので，年代の古い順にア→ウ→イ→エとなる。

2　北海道についての会話文を題材とした問題

問１　北海道の「函館山山頂」から「知床岬《しれとこみさき》」の突端《とったん》までの直線距離は，約470kmある。これは，東京(日本橋)から姫路《ひめじ》城(兵庫県)までの直線距離に最も近い。なお，東京(日本橋)からの直線距離はそれぞれ，松本城(長野県)までが約170km，首里城(沖縄県)までが約1560km，小田原城(神奈川県)までが約70kmとなっている。

問２　上川盆地は北海道中央部の石狩川流域に広がる盆地で，東には北見山地，西には天塩《てしお》山地がおおむね南北に走っている。北海道有数の稲作地帯で，中心都市の旭川市の2021年における米の収穫《しゅうかく》量は，北海道の市町村で最も多かった。統計資料は農林水産省の作物統計調査による。

問３　①　クラークはアメリカ人の植物学者・教育者で，お雇い外国人として1876年に来日すると札幌農学校の教頭を務め，北海道の開拓に貢献《こうけん》した。帰国のさいに残した「少年よ，大志を抱《いだ》け」という言葉がよく知られている。なお，モースは大森貝塚の発見で知られるアメリカ人の動物学者。ベルツはドイツ人の医師で，大日本帝国憲法発布のときの日本人のようすなどを記した『ベルツの日記』で知られる。ナウマンはドイツ人の地質学者で，フォッサマグナの発見と，ナウマンゾウにその名がついていることでよく知られる。　②　アはキャベツ，イは大豆，ウは小麦，エはじゃがいも(ばれいしょ)である。これらのうち，キャベツは愛知県や群馬県の収穫量が多く，2021年の収穫量は群馬県が全国第１位であった。統計資料は『データでみる県勢』2023年版による。　③　グラフから，日本が1973年度から2010年度にかけて，化石燃料依存度の割合を減らそうとしてきたことがわかる。また，そのための方法として，原子力と再生可能エネルギーの割合を増やしたことが，2010年度のグラフから読み取れる。ところが，2019年度には化石燃料依存度の割合が上がっている。これは，2011年の東日本大震災のさい，福島第一原子力発電所が重大な事故を起こし，全国の原子力発電所が稼働《かどう》を停止したことの影響《えいきょう》が大きい。その後，厳しい安全基準を満たし，地元の同意が得られた原子力発電所は稼働を再開したが，その割合は大きく低下した。そのぶんを補うほどには再生可能エネルギーが普及《ふきゅう》しておらず，石油への依存度は減っているものの，そのぶん化石燃料である石炭とLNG(液化天然ガス)の割合が増えていることも，化石燃料依存度の割合が減らない理由としてあげられる。

問４　「ダイバーシティ」は，もともと雇用の場における多様な人材の活用といった意味で使われてきたが，現在の日本では，広く「多様性」という意味で用いられている。

問５　①　縮尺２万５千分の１の地形図では，等高線の細い線(主曲線)は10ｍおき，太い線(計曲線)は50ｍおきに引かれている。昭和新山駅は，すぐそばに標高187ｍを表す標高点があることから，ここほぼ同じ標高だと判断できる。また，等高線から，有珠《うす》山頂駅は標高約540ｍに位置しているとわかる。よって，その標高の差は約350ｍとなる。　②　手前に洞爺《とうや》湖，正面に羊蹄《ようてい》山が写るのはBかCから撮影《さつえい》した場合で，羊蹄山と撮影場所の間に視界をさえぎるものがないことから，Bだとわかる。Cの場合は，羊蹄山の右半分が中島でほぼかくれることになる。

３　現代の日本と国際社会についての問題

問１　①　2022年４月，成年年齢が20歳から18歳に引き下げられ，これに合わせて少年法も改正された。改正少年法では，18歳・19歳は「特定少年」として引き続き少年法の適用を受け，罪を犯した特定少年の事件はすべて家庭裁判所が処分を決定すると定められた。　②　ア　2016年以降の国政選挙では，10歳代の投票率よりも20歳代の投票率のほうが常に低い。　イ　2016年の参議院議員通常選挙と2017年・2021年の衆議院議員総選挙では，10歳代の投票率が40％を超《こ》えている。　ウ　２つのグラフを正しく読み取っている。　エ　2019年の参議院議員通常選挙における10歳代の投票率は，2016年に比べて下がっている。

問２　安全保障理事会は，世界の平和と安全を守る国際連合の主要機関である。国際連合の目的や原則などを示した国際連合憲章第２条３項は，「すべての加盟国は，その国際紛争を平和的手段によって国際の平和及《およ》び安全並びに正義を危うくしないように解決しなければならない」と定めている。

問３　国家と宗教を分離させるという憲法上の原則を，政教分離という。日本国憲法は，信教の自由を定めた第20条の１・３項と第89条で，政教分離の原則を示している。

問４　雇用主が労働者に支払う賃金の最低額として，国が定めた最低賃金は地域によって異なっており，2022年10月の改正で，沖縄県の最低賃金は原則として時間額853円とされた。全国平均は961円で，沖縄県の額はこれを下回っている。

問５　マイナンバーカードは，国民全員に割り当てられた個人番号が記載《きさい》されたカードで，身分証明書として利用できるほか，さまざまな行政サービスを受けるさいにも利用できる。政府が普及をすすめているが，普及率の上昇と物価の上昇には関連がないと考えられる。なお，円安が進行すると，一般的には原材料や製品の輸入価格が上がるので，多くのものを輸入にたよっている日本では，物価が上昇する。

問６　「放映権料の地域別内訳」のグラフにおいて，空欄《くうらん》にあてはまる国がカナダと合わせた地域に分類されていることと，グラフにすでに北米（北アメリカ）以外の地域が示されていることから，空欄には，北米に位置し，カナダと国境を接しているアメリカがあてはまるとわかる。

理　科　＜第２回試験＞（社会と合わせて50分）＜満点：50点＞

解　答

１ **問１**　③，⑥　**問２**　10Ｌ　**問３**　(1)　(ウ)，(カ)　(2)　おおぐま座　(3)　③　**問４**　(1)　60ｇ　(2)　540ｇ　(3)　④　**２** **問１**　(1)　③　(2)　①　**問２**　②，⑤　**問３**　(1)　３個　(2)　Ａ　(3)　**スイッチ**…Ｂ，Ｃ　**電球**…イ，ウ，カ，キ　**３** **問１**　④　**問２**　脂肪酸，モノグリセリド　**問３**　**試験管Ⅲ**…⑤　**試験管Ⅵ**…③　**問４**　④，⑧　**問５**　①　光合成　②　糖　**４** **問１**　**ア**　鉄　**イ**　ボーキサイト　**ウ**　１円　**エ**　石油　**オ**　スチロール　**カ**　PET　**問２**　10ｇ　**問３**　(1)　マイクロプラスチック　(2)　(例)　エコバッグを利用する。

解　説

１ 小問集合

問１　ナス科やウリ科，アブラナ科の植物を同じ場所で翌年も育てると連作障害が起こるので，ナス科ではない野菜を育てればよい。シシトウガラシ，ピーマン，パプリカ，ミニトマトはナス科だが，カボチャ，スイカはウリ科なので連作障害は起こらない。

問２　メタン１Ｌと酸素２Ｌが反応して二酸化炭素１Ｌと水ができるのだから，メタン３Ｌと反応する酸素は，２×３＝６（Ｌ）で，二酸化炭素が，１×３＝３（Ｌ）できる。反応後に残った７Ｌの気体は二酸化炭素と未反応の酸素なので，７－３＝４（Ｌ）が未反応の酸素とわかる。反応前にあった酸素の体積は，メタンと反応した酸素と未反応の酸素の合計なので，６＋４＝10（Ｌ）と求められる。

問３　(1)　北極星を見つけるためには，ひしゃくの形に並んだ７つの星からなる北と七星と，Ｗの形をしたカシオペヤ座がよく使われる。　(2)　北と七星は北の空にあるおおぐま座の一部で，おおぐまの尾《お》の部分にあたる。　(3)　日本からオリオン座を見たとき，③のようにオリオンのベルトの部分にあたる３つの２等星が縦に並ぶような向きで東の空からのぼる。

問４　(1)　図３で支点から右側に１目盛りのところに180ｇのおもり(□)がつるされていて，おもり(○)についたひもは支点から左に３目盛りのところにつるされているので，このひもにかかる力は，180×１÷３＝60(ｇ)となる。　(2)　図１と図２のはかりの示す重さの差から，おもり(○)の重さは100ｇとわかる。すると，おもり(○)についているひもにかかる力が60ｇなので，おもり(○)が水から受ける浮力《ふりょく》の大きさは，100－60＝40(ｇ)と求められる。はかりは水とビーカーの重さと，おもり(○)が受ける浮力と等しい大きさの力を受けるので，500＋40＝540(ｇ)を示す。(3)　おもり(○)についたひもを１目盛り真ん中に近づけると，ひもにかかる力は，180×１÷２＝90(ｇ)となる。このとき，おもり(○)が水から受ける浮力の大きさは，100－90＝10(ｇ)となるので，おもり(○)が完全に水に入っているときに受けた浮力の大きさの，10÷40＝$\frac{1}{4}$になる。よって，浮力の大きさはおしのけた水の重さに等しいので，おもり(○)は水中に体積の$\frac{1}{4}$が入っていて，体積の$\frac{3}{4}$が水中から出ていることがわかる。

2　電気についての問題

問１　(1)　回路①は電池３個が並列につながっていて，豆電球に流れる電流は電池１個の回路と同じになる。回路②は電池２個の並列部分ともう１個の電池が直列につながっているので，豆電球に流れる電流は電池２個の直列回路と同じになる。そして，回路③は電池３個の直列回路なので，回路③の豆電球が最も明るく光る。　(2)　(1)より，回路①の豆電球に流れている電流が最も少なく，さらに電池が３個並列につながっているので，電池１個あたりが出す電流が３つの回路のうちで最も小さくなり，最も電池が長持ちする。

問２　問題文中の回路では電球イ，電球ウには同じ大きさの電流が流れていて，そこに流れている電流の２倍の大きさの電流が電球アに流れている。また，電球ア，電球イ，電球ウに流れる電流の合計(電球イ，電球ウに流れている電流の，２＋１＝３(倍)の大きさの電流)が電球エに流れている。そのため，電球イと電球ウは同じ明るさで光っているので，②は誤り。また，電池と電球エに流れる電流の大きさは，電球アに流れる電流の大きさの$\frac{3}{2}$倍になるから，⑤も誤り。なお，電球アは並列部分にあるので，電球アが切れてもそれ以外の電球には電流が流れるが，電球３個の直列回路になるため，全体の電池に流れる電流は減る。

問３　(1)　すべてのスイッチが開いているとき，電池の＋極から出た電流は，電球イ，オ，キを通った後に電池の－極にもどってくる。　(2)　スイッチＡだけを閉じると電球ア，イ，エ，オ，キに電流が流れ，スイッチＢだけを閉じると電球イ，ウ，オ，キに，スイッチＣだけを閉じると電球イ，オ，カ，キに電流が流れる。よって，スイッチＡを閉じたときに，光っている電球の数が５個で最も多くなる。　(3)　スイッチＡとスイッチＢを閉じた場合，光った電球は明るい順に，オ＝キ＞イ＝ウ＞ア＝エとなり，スイッチＡとスイッチＣを閉じたときは，オ＞イ＞カ＝キ＞ア＝エ，スイッチＢとＣを閉じたときは，オ＞イ＝ウ＝カ＝キとなる。したがって，スイッチＢとスイッチＣを閉じた場合に，イ，ウ，カ，キの４個の電球が同じ明るさで光る。

3　消化液についての問題

問１　消化液イは，でんぷん，脂肪《しぼう》，たんぱく質の全てを分解できるので，すい液とわかる。消化液ウは胃液なので，有機物Ｂがたんぱく質となり，有機物Ｃのみを分解できる消化液アがだ液で，有機物Ｃはでんぷん，有機物Ａは脂肪となる。

問２　脂肪はすい液のはたらきで脂肪酸とモノグリセリドに分解される。

問３　試験管Ⅲではでんぷん(有機物Ｃ)を消化するだ液(消化液ア)を加えて，体温に近い40℃にしているため，でんぷんが消化される。そのため，ヨウ素液本来の黄色になる。したがって，15分後の試験管Ⅲにでんぷんはふくまれていないので，有機物Ｃの量が０を示す⑤の結果が適する。一方，だ液のかわりに水を入れて90℃にした試験管Ⅵではでんぷんの消化は起こらないので，15分後も有機物Ｃの量が０分のときと同じ100を示す③の結果になる。

問４　実験２でヨウ素液を加えたとき，試験管Ⅰのみ黄色だったので，試験管Ⅰだけが15分ででんぷんが消化されたことがわかる。よって，実験１，実験２より，このこう素は10℃でははたらかないが，10℃にした後に40℃にするとはたらくことがわかる。また，実験２の試験管Ⅴの結果より，90℃にしてしまうと，その後40℃にしてもこう素ははたらかないこともわかる。

問５　ダイコンの葉で行われている植物のはたらきは光合成である。光合成でつくられた有機物Ｃ(でんぷん)は，消化液アにふくまれるこう素のはたらきによって糖に分解され，成長するために使われている。

4　金属やプラスチックについての問題

問１　世界中で鉱石から生産される金属の中では鉄が最も多い。その次に生産量の多いアルミニウムはボーキサイトという鉱石を原料につくられ，日本では１円硬貨《こうか》にアルミニウムが使用されている。また，石油からつくられるプラスチックは，軽くて成形しやすく，化学変化しにくい点が特《とく》徴《ちょう》で，軽く断熱性にすぐれた発泡《はっぽう》スチロール(ポリスチレン)やポリエチレンテレフタラート(PET)は様々な容器などに利用されている。

問２　鉄$3.0cm^3$の重さは，$8\times3.0=24$(ｇ)なので，ある金属$1.6cm^3$の重さは，$24\times\frac{2}{3}=16$(ｇ)となる。よって，ある金属$1cm^3$あたりの重さは，$16\div1.6=10$(ｇ)と求められる。

問３　(1)　一般《いっぱん》に，レジ袋《ぶくろ》やペットボトルのふたなどが環境《かんきょう》中で分解されて，５mmよりも小さくなったものをマイクロプラスチックという。　(2)　プラスチックでできているレジ袋のかわりに，エコバッグを利用することで，レジ袋の使用量を減らすことができる。また，ストローを分解されやすい紙製のものに変えることなどで，プラスチック製の食品容器の使用を減らす取り組みもあげられる。

国　語　＜第２回試験＞(50分)＜満点：100点＞

解　答

一　**問１**　ウ　**問２**　(例)　原爆によって大きな被害をもたらしたアメリカを許すことはできないが，かといってディーン個人が一人で責任を負うようなことではないと考えているから。　**問３**　エ　**問４**　ウ　**問５**　イ　**問６**　(例)　平和の尊さを伝えるために残された原爆ドームや，すっかり整備された広島の姿を見ることで，かえって原爆で亡くなった多くの犠牲者の姿や被爆直後の町のようすを思い出してつらくなるから。　**問７**　**Ａ**　ウ　**Ｂ**　オ　**問８**　エ　**二**　**問１**　**Ａ**　イ　**Ｂ**　ウ　**問２**　ア　**問３**　**Ｘ**　両論併記　**Ｙ**　(例)　ふたつの意見を公平に取り上げる　**Ｚ**　(例)　並べ方によって公平さが失われる　**問４**　**ア**　Ａ

イ Ｂ　**ウ** Ｂ　**エ** Ｂ　**問５** ア　**問６** ウ　**問７** （例）多数派の主張や意見をメディアが大きく取り上げることで，少数派の人が意見を言いにくくなり，やがて多数派の意見に取りこまれていくこと。　**問８** もちろん，　三 **問１** 下記を参照のこと。　**問２** ① かいむ　② おんけい　③ おだく　④ ろうきゅう　⑤ たくわ(える)　⑥ あらわ(す)

●漢字の書き取り

三 **問１** ① 散策　② 慣例　③ 観覧　④ 読破　⑤ 専門　⑥ 混(ぜる)　⑦ 省(く)

解説

一 **出典は朽木《くつき》 祥《しょう》の『パンに書かれた言葉』による。**イタリア人の母を持つエリーは，夏休みに訪《おとず》れた父(和也《かずや》)の広島の実家で，祖父母から原爆《げんばく》が投下された当時の話を聞く。

問１ 「たどたどしい」は，慣れていないために言葉などがなめらかではないさま。

問２ ぼう線③の少し前に，おばあちゃんは，「どうして，ぼくの国を許せるんですか」というディーンの質問に，「あんたがしたことじゃないけえ」と答えている。おじいちゃんもおばあちゃんも，自ら原爆の被害《ひがい》を受け，さらに家族や友人を亡《な》くしているので，原爆を投下したアメリカという国を許すことはできないという気持ちはあるものの，一人のアメリカ人であるディーンに責任を負わせることはできないと思ったので，返事に困ったものと考えられる。

問３ エリーは，おばあちゃんが「通学のとちゅうに被爆《ひばく》し，「家族も大変な被害にあったらしい」ということは知っていたが，それ以上のくわしい話は聞かされていなかったので，当時のことを聞き出して，おばあちゃんが原爆投下直後の痛ましいようすを思い出してしまうのではないかと心配したのである。

問４ おばあちゃんが意識的に明るい声を出し，原爆投下直後の話から，ディーンが来たときの話へ話題を変えようとしたのは，被爆したときの自分の話を聞き，「考えこんで」いるような表情になったエリーを見て，雰囲気《ふんいき》を変えようと思ったためだと考えられる。

問５ ぼう線④の少し前に，高校時代の和也とディーンが会話している場面がある。その内容から，二人がアメリカや日本という国を意識せず，ともに広島弁で語り合う人間として，互いに認め合っていることが読み取れる。ディーンの言う「世界市民」とは，国籍《こくせき》を意識しない世界の中の一人の人間を表しているのだとわかる。

問６ 「原爆ドームの保存運動」が起きたとき，おばあちゃんは「むごい姿を見るたび」につらい思いをするから壊《こわ》したほうがいいと思う人が，自分のほかにもたくさんいたと語った。そして，今は整備されて平和記念公園となっているところが，かつては「一瞬《いっしゅん》で焼かれ，おびただしい数の市民が犠牲《ぎせい》になった」場所であったことや，元安川にたくさんの「屍《しかばね》」が浮いていたことなども語った。おばあちゃんは，平和の大切さを語り継《つ》ぐための原爆ドームや，平和を取り戻した現在の町のようすを見るたびに，原爆の被害にあった人たちのことを思い出し，つらさのあまり，やりきれなくなるのである。

問７ Ａ，Ｂ　ディーンが「さまざまなヒロシマを体験して，次の夏，アメリカに帰っていった」とあることから，広島が漢字ではなく「ヒロシマ」と表記されているのは，原爆の惨状《さんじょう》を語り継ぐことで平和の尊さを世界へ向けてうったえる場所であることを表すためと考えられる。また，「廣島《ひろしま》をよく知る者」が，平和記念公園の辺りを歩くと「人の頭をふみつけて歩いとる」ような気持ちになると書かれていることに着目すると，古い表記の「廣島」は，原爆を投下される前の広島を表すために用いられていると考えられる。

問８　原爆という深刻な問題を主題にしているが，「顔じゃけ」「カバチタレ」などの広島の方言を会話のなかに効果的に用いることで，登場人物のようすが生き生きと伝わってきたり，物語として読み進めやすくなったりしているので，アとウの内容は合う。また，エリーは祖父母から語り聞かされたことに，自分で見た広島の風景やそれによって感じた自分自身の考えを交えて，原爆が投下されたという事実を自らのなかで消化しようとしているので，イの内容も正しいと考えられる。エは，「好奇心旺盛《おうせい》な主人公がうまく聞き出している」というところが誤り。エリーは，祖母に話を聞く場面で「おそるおそる，たずねて」いる。

二　**出典は森達也《もりたつや》の『たったひとつの「真実」なんてない―メディアは何を伝えているのか？』による。**テレビや新聞などのメディアがどのように情報を伝えているかということや，私たちがメディアと接するとき意識するべきことについて述べられている。

問１　**Ａ**　「メカニズム」は，仕組みのこと。　**Ｂ**　「知る人ぞ知る」は，“広くは知られていないが，そのことがらに詳《くわ》しい一部の人だけが知っている”という意味。

問２　ぼう線①の前後に着目する。ＡとＢの「双方《そうほう》の意見」を並べれば，形のうえでは「両論併《へい》記《き》」になるが，Ａに対立するのはＢではなくＣやＤかもしれないし，「対立点」を決めるのは「誰《だれ》かの主観」にすぎない。つまり，「双方の意見」の選び方に，かたよりが生じる可能性があることを指している。

問３　**Ｘ，Ｙ**　メディアの「鉄則」である「両論併記」は，公平にするために「双方の意見を同じ分量だけ呈示《ていじ》するというルール」だが，対立する二つの意見の並べ方によって受け手の印象が変わってくるので，公平性が失われることを筆者は「本質的な矛盾《むじゅん》」と述べている。

問４　**ア〜エ**　「原発はもう必要ない」というＡの意見を紹介《しょうかい》してから，「原発はやはり必要だ」というＢの意見を紹介すれば，形としては「両論併記」になるが，後から出したＢの意見のほうが「視聴者や読者の共感を呼び起こしやすい」ので，Ａは途中《とちゅう》経過にすぎず，Ｂが「結論に近い」という気持ちになるのである。

問５　ぼう線③に続く部分で，「テレビのディレクター」が，「視聴率」が落ちないようにするため，「ニュースを見終えた視聴者」が納得するように番組を構成していることが説明されている。これは，先に紹介した意見より後に紹介した意見のほうが「結論に近い」と思われやすいという「メカニズム」を利用しているということができる。

問６　テレビの側には，視聴率が落ちないように「多数派の願望」に合わせるように番組を構成し，「スポンサーの意向」を気にする人が多いが，報道記者やディレクターのなかには公正な報道をしようとしている人も少なくないと筆者は考えている。よって，ウの内容が合う。

問７　メディアは，視聴率や部数を落とさないようにするため「社会の多数派に抗《あらが》わない」ので，「多数派の意見を優先的」に伝えようとし，その結果，多数派の意見はどんどん大きくなり，少数派の意見は急速に小さくなる。こうして，少数派の人が「何か変だな」と思っていても，「その思いを口にしづらく」なり，「沈黙《ちんもく》」しているうちに，多数派の意見に取り込まれていってしまうことをぼう線⑤は指している。

問8　テレビや新聞などのメディアの側には，視聴率や部数を上昇《じょうしょう》させることを優先し，自分たちが「できるかぎり中立であるべきだし，公正な位置を目指すべきだ」いうことを考えない人が多いと筆者は指てきしている。よって，この内容をふくむ「もちろん，情報は～」で始まる文がぬき出せる。

三　漢字の読みと書き取り

問1　①　目的もなく，ぶらぶらと歩くこと。　②　昔から行われていて習慣のようになっていることがら。　③　見物すること。　④　難しい書物を終わりまで読み通すこと。　⑤　特定の分野だけに深く関係している仕事や学問。　⑥　音読みは「コン」で，「混合」などの熟語がある。訓読みにはほかに「こ(む)」がある。　⑦　音読みは「ショウ」「セイ」で，「省略」「反省」などの熟語がある。訓読みにはほかに「かえり(みる)」がある。

問2　①　まったく存在しないこと。　②　他人や自然から受けるめぐみ。　③　汚れてにごること。　④　古くなって役に立たないこと。　⑤　音読みは「チク」で，「蓄積」などの熟語がある。　⑥　音読みは「チョ」で，「著者」などの熟語がある。訓読みにはほかに「いちじる(しい)」がある。

2022年度　淑徳与野中学校

〔電　話〕　048(840)1035
〔所在地〕　〒338－0001　埼玉県さいたま市中央区上落合５－19－18
〔交　通〕　JR宇都宮線・京浜東北線「さいたま新都心駅」より徒歩７分
JR埼京線「北与野駅」より徒歩７分

【算　数】〈第１回試験〉（60分）〈満点：100点〉

※　円周率は3.14で計算してください。鉛筆，消しゴム以外は使用しないでください。また，問題用紙を折ったり，やぶったりしないでください。

1　次の問いに答えなさい。

（１）　$\square$にあてはまる数を求めなさい。

$$2022\times\frac{1}{\square}+\left(4\frac{3}{5}-1.6\right)-112\div\frac{1}{3}=4$$

（２）　$\dfrac{2+4+6+\cdots+2020+2022}{1+2+3+4+\cdots+2021+2022}$ を計算しなさい。

（３）　次の（ア）～（エ）を，重い順に左から並べなさい。

（ア）　20220000g　　　（イ）　0.02022t

（ウ）　202.2kg　　　（エ）　2.022t

2 次の問いに答えなさい。

（1） 右の図で，角HACの大きさは何度ですか。ただし，点Hは，AD，BE，CFの交わる点です。

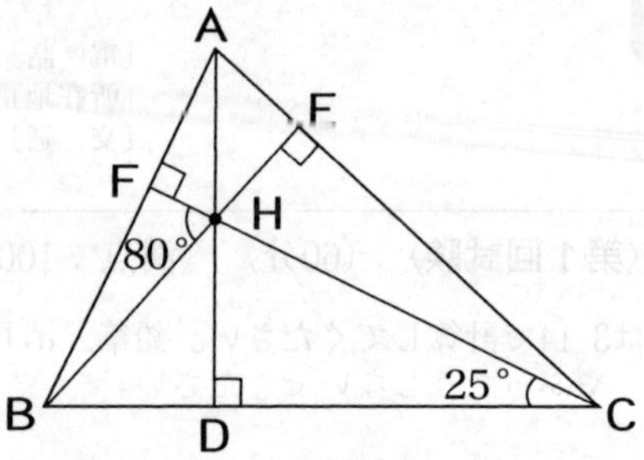

（2） 右の図のように，

AD//BC，AD：BC＝5：8

である台形ABCDがあります。

この台形の面積は何cm^2ですか。

〈編集部注：AD//BCは，ADとBCが平行であることを表しています。〉

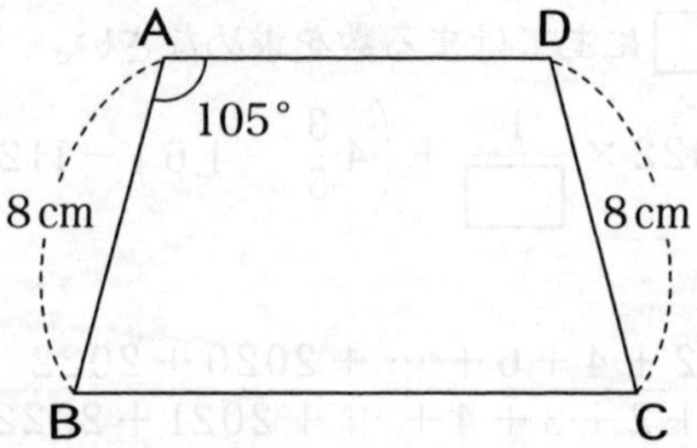

（3） 下の図のように，街灯と長方形のへいが，地面に垂直に立っています。このとき，次の問いに答えなさい。ただし，へいの厚みは考えないものとします。

① ABの長さは何mですか。

② 地面にできるへいの影《かげ》の面積は何m^2ですか。

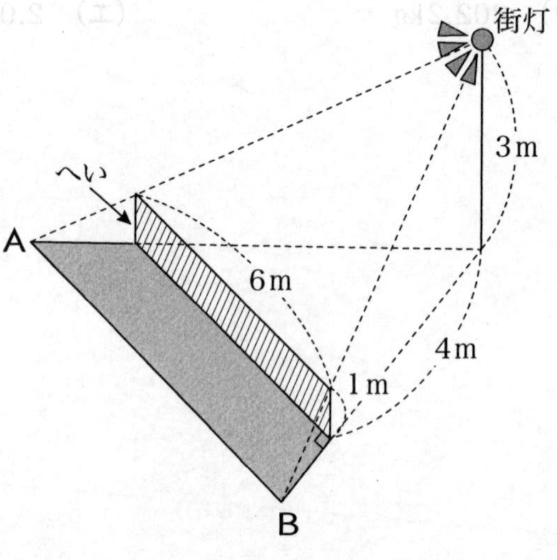

3　次の問いに答えなさい。

（1）現在，姉妹の年齢《ねんれい》の和は31歳です。8年前は，姉の年齢は妹の年齢の2倍でした。この姉妹の現在の年齢はそれぞれ何歳ですか。

（2）赤と青の電球があり，スイッチを入れると2つの電球が同時につきます。赤の電球は2秒間ついて1秒間消えることをくり返し，青の電球は3秒間ついて2秒間消えることをくり返します。スイッチを入れてから100秒後までに，両方の電球が同時についている時間は全部で何秒間ですか。

（3）整数がある規則にしたがって，次のように並んでいます。

1，2，5，3，6，9，4，7，10，13，5，8，11，14，17，6，…

明子先生，**佳子さん**，**史子さん**の会話文を参考にして，次の問いに答えなさい。

―――――――――――――――――― ＜会話文＞ ――――――――――――――――――

明子先生：数字がどんな規則で並んでいるか，見抜いてごらん。

佳子さん：数が増えたり減ったりしてる。うーん，悔しいけどなかなか見抜けません。

史子さん：あ，ちょっと待って！　じーっと見ていたら，

1，2，3，4，5，6　が浮き上がって見えてきた。

明子先生：そう，気づきましたね。

1，2，3，4，5，6，7，8，… と続きます。

あとは，並んでいる他の数字の規則を見つけられましたか。

1，**2**，5，**3**，6，9，**4**，7，10，13，**5**，8，11，14，17，**6**，…

見えてきましたか。例えば20番目の数字はいくつになりますか。

佳子さん：なるほど，私はこんなふうに見えてきましたよ。

(1)，(2，5)，(3，6，9)，(4，7，10，13)，(5，8，11，14，17)，(6，…

20番目の数字は18ですね。

史子さん：そう，18になった。私は佳子さんとは違う書き方でやってみたけど。

規則がわかると，いろんな書き方で問題が解けそうね。

――――――――――――――――――――――――――――――――――――

① 35番目の数字はいくつですか。

② 23は何回出てきますか。

4 下の図のように，１辺の長さが３cmの正六角形があります。この図形を直線に沿《そ》って矢印の向きにすべらないように転がします。点Ｐが再び直線に重なるまで転がしたとき，次の問いに答えなさい。

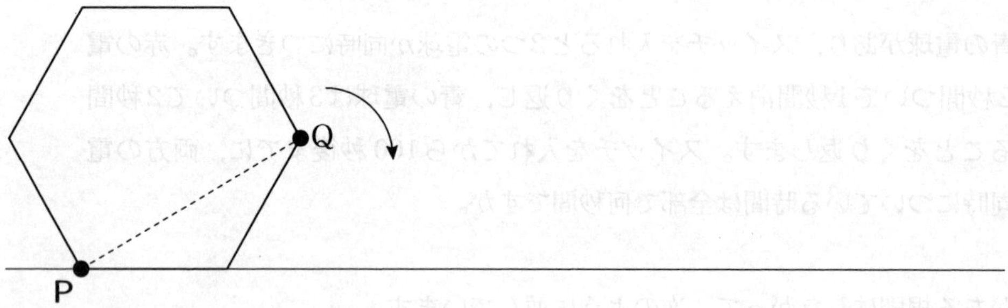

（１） 点Ｐが動いたあとの線を図にかきなさい。

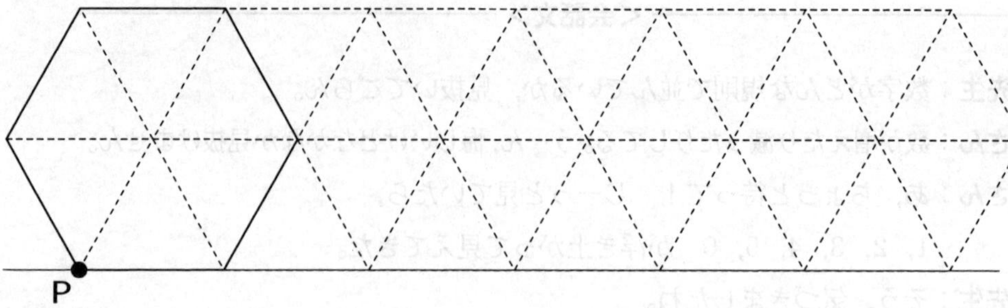

（２） 点Ｐが動いたあとの線の長さは何cmですか。ただし，ＰＱの長さは5.19cmとして計算しなさい。

5 たて24cm，横30cm，深さ30cmの水そうに深さ10cmまで水が入っています。たて6cm，横6cm，高さ21cmの直方体の重りを，正方形の面が水そうの底に付くように１本ずつ入れます。このとき，次の問いに答えなさい。

（１） ４本目の重りを入れたとき，水面の高さは何cmになりますか。

（２） 水面が重りの高さを初めてこえるのは，何本目の重りを入れたときですか。

6 右のような幅12mの踏切があります。この踏切の警報機は，電車に近い方の踏切の端《はし》から手前1.5kmの地点に電車が到達すると鳴り始め，電車が踏切を通り終えると鳴りやみます。

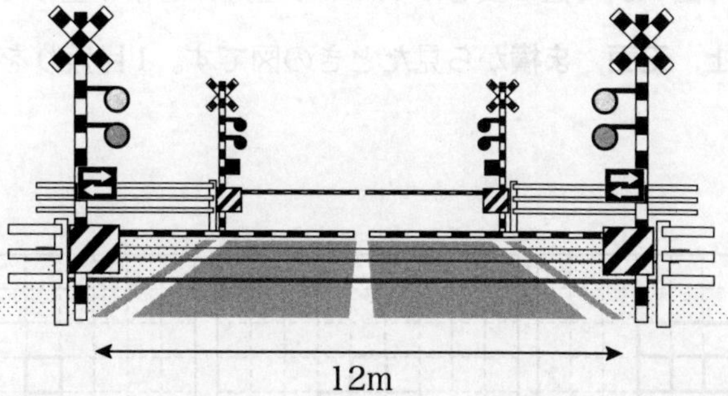

この踏切がある路線では，２種類の電車Ａ，Ｂがあり，電車Ａは時速90km，電車Ｂは時速108kmでどちらも一定の速さで走っています。電車Ａの長さは163mであり，電車Ｂの１本だけがこの踏切を通過するとき，警報機は58秒間鳴っています。このとき，次の問いに答えなさい。

（1） 電車Ａの１本だけがこの踏切を通過するとき，警報機は何秒間鳴っていますか。

（2） 電車Ｂの長さは何mですか。

（3） ２本の電車Ａ，Ｂが踏切の近くで反対方向にすれちがいました。電車Ａが警報機を鳴らす地点に先に到達してから，電車Ｂが踏切を通過するまで，警報機は91秒間鳴り続けていました。電車Ｂが警報機を鳴らす地点に到達したとき，電車Ａの先頭と電車Ｂの先頭の間の距離は何mですか。

7　下の**図1**は，1辺の長さが10cmの立方体を積み上げてできた**立体A**を，それぞれ，**ま上**，**正面**，**ま横**から見たときの図です。1目盛りを10cmとします。

【図1】

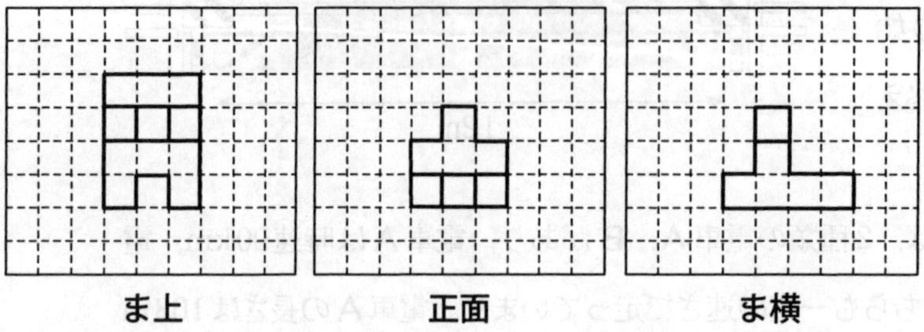

【立体A】

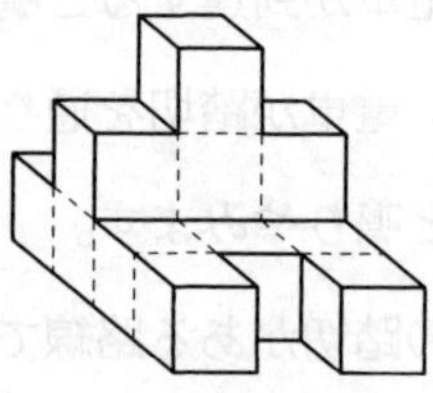

同じように，下の**図2**で表される**立体B**について，次の問いに答えなさい。

【図2】

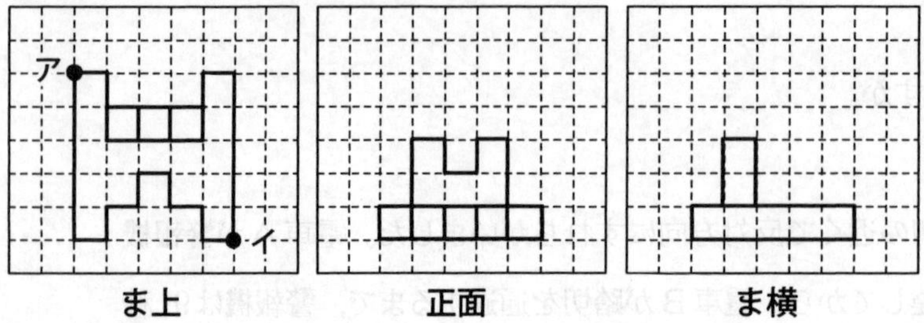

【立体B】

?

（1）　**立体B**の体積は何cm^3ですか。

（2）　**立体B**の表面積は何cm^2ですか。

（3）　**立体B**を，底面に垂直な，**図2**の**ア**，**イ**を通る平面で切るとき，切り口の面積は何cm^2ですか。ただし，1辺の長さが10cmの正方形の対角線の長さを14cmとして計算しなさい。

【社　会】〈第１回試験〉（理科と合わせて60分）〈満点：50点〉

１　次の文章を読み、以下の問に答えなさい。

縄文時代や(1)弥生時代において、日本の人々は欲しいものがある場合、自分の持っているものと欲しいものとを取り換える物々交換をし始めました。次第に米・布・塩などが貨幣のような役割を果たすようになり、欲しいものがあるときには、これらのものなどと交換するようになりました。これらを物品貨幣といいます。

飛鳥時代には、683年に［　A　］が作られました。モデルとなったのは、中国の唐王朝で作られていた開元通宝という貨幣でした。奈良時代や(2)平安時代になると、和同開珎などが用いられました。それから250年の間に、金貨１種類、銀貨１種類、銅銭12種類が作られました。

平安時代後期から(3)鎌倉時代や室町時代にかけては、宋銭が使われました。室町幕府が日明貿易を始めると、日本は明銭を多く輸入し、それを国内で使用していました。特に［　B　］は、日本全国に広まりました。

戦国、安土桃山時代には、金銀の採掘がさかんになり、金山や銀山を手に入れた戦国大名は、金貨や銀貨を作りました。中でも有名なのは、武田信玄が作った(4)甲州金です。1587年からは、豊臣秀吉が金貨や銀貨を作り始め、1588年には天正長大判や天正菱大判などを作りました。これらは主に家臣などへの褒美《ほうび》用として使われたので、人々は明銭やびた銭※１を使っていました。

江戸時代には、1636年に徳川家光が銭座を設置し、［　C　］を作り始め、日本全国へ貨幣経済が浸透《しんとう》しました。また、幕府の財政難に合わせて貨幣はたびたび改鋳《かいちゅう》され、徳川綱吉が将軍であった1695年、(5)元禄の改鋳※２が行われました。

明治時代になると、近代的な貨幣制度を整えるため、明治新政府によって造幣局の建設工事が大阪で開始され、1870年に近代的な造幣工場が完成しました。1871年、新貨条例が制定され、その後、金貨・銀貨・銅貨が発行されました。時代は(6)昭和に移り、高度経済成長期の1964年には初めての(7)記念貨幣である東京オリンピック記念貨幣が発行されました。近年はキャッシュレス決済が増えていますが、貨幣の姿形が変わっただけであり、貨幣の持つ役割や貨幣経済の仕組みは何も変わりません。

※１：表面の文字が削《けず》れたり割れたりした、質の悪い貨幣。

※２：世の中に出回っていた貨幣を回収してとかし、新しい貨幣をつくった出来事。

2021年11月に発行された新500円硬貨

問1　文章中の A ～ C にあてはまる貨幣はどれですか。その組み合わせとして適当なものを1つ選び、**ア～カ**の記号で答えなさい。

X　　　Y　　　Z

	ア	イ	ウ	エ	オ	カ
A	X	X	Y	Y	Z	Z
B	Y	Z	X	Z	X	Y
C	Z	Y	Z	X	Y	X

問2　波線部（1）について、中国の書物の中には、弥生時代以降の日本について書かれたものがあります。その書物と記述の内容を古いものから順番に並べ替えた場合、**3番目にくるもの**はどれですか。適当なものを1つ選び、**ア～エ**の記号で答えなさい。

ア　『後漢書』東夷伝…倭の奴国の王が後漢に使いを送り、皇帝から金印を授けられました。

イ　『宋書』倭国伝……倭の五王である興が亡くなり、弟の武が王となり、中国に使いを送りました。

ウ　『魏志』倭人伝……卑弥呼が魏に使いを送り、魏の皇帝から親魏倭王の称号と、銅鏡100枚などを授けられました。

エ　『漢書』地理志……倭人が100あまりの国をつくり、一部の国が朝鮮半島の楽浪郡に使いを送っていました。

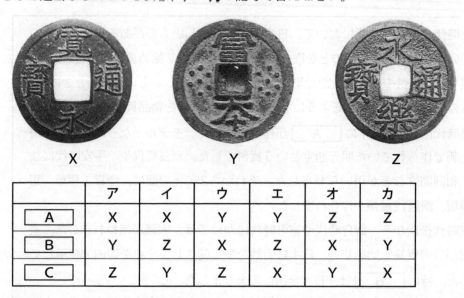

問３　波線部（**２**）について、平安時代に成立した国風文化にあてはまる建築物として適当なものを１つ選び、**ア～エ**の記号で答えなさい。

ア

イ

ウ

エ

問４　波線部（**３**）について、鎌倉時代には中国や朝鮮半島からの軍隊が２回にわたって日本に攻めてきました。これを何といいますか。**漢字２文字で**答えなさい。

問５　波線部（**４**）について、貨幣をつくる際、国内では古くから鉱山が開発されてきました。その鉱山の説明と、地図中の場所の組み合わせとして適当なものを１つ選び、**ア～エ**の記号で答えなさい。

鉱山の説明

a　室町時代には但馬国《たじまのくに》の山名《やまな》氏が開発し、後に織田信長、豊臣秀吉、徳川家康が直轄地とした鉱山です。

b　戦国時代になると甲斐国の武田氏が支配し、経営と開発を行ったとされている鉱山です。

地図

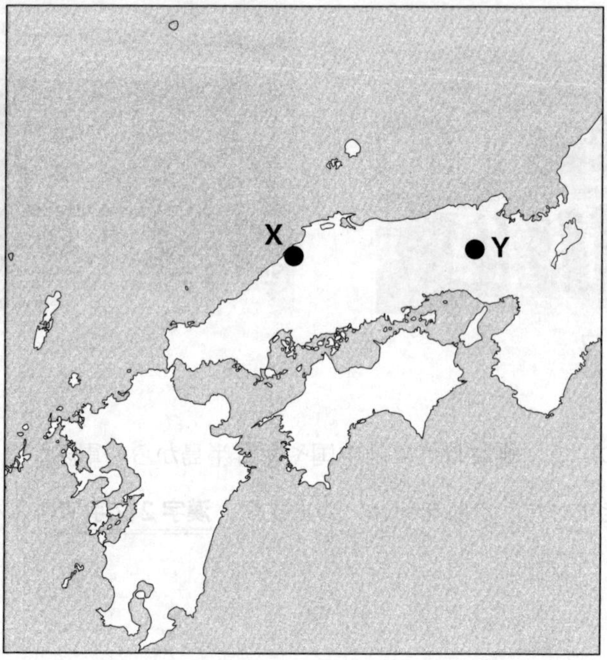

ア　a－X　　イ　a－Y　　ウ　b－X　　エ　b－Y

問６　波線部（**５**）について、幕府はどのような改鋳を行いましたか。また、その狙いは何ですか。**次の資料１、２から読み取れることにふれながら、**簡単に説明しなさい。

資料１　金貨（小判）１枚あたりの金含有率

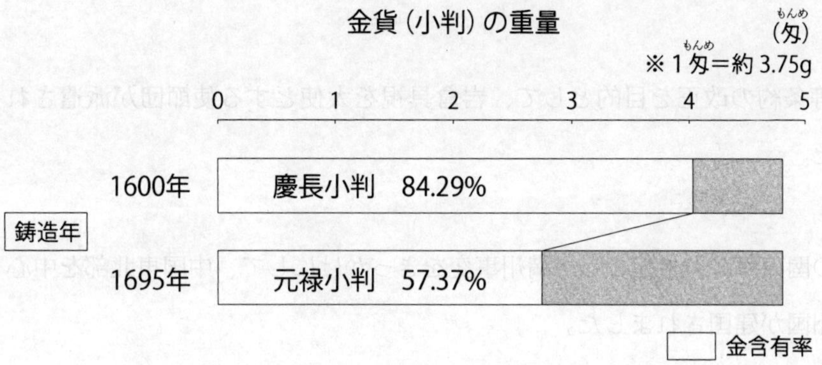

（山川出版社『山川　詳説日本史図録』より作成）

資料２　鋳造された金貨（小判）の量

鋳造期間（年）	金貨（千両）
1601～1695	10,627
1695～1710	15,050

（大塚英樹「江戸時代における改鋳の歴史とその評価」より作成）

問7　波線部（**6**）について、この時代の出来事として**適当でないもの**を1つ選び、**ア**～**エ**の記号で答えなさい。

ア　アメリカからおこった世界恐慌をきっかけにして、日本でも農村を中心とした恐慌がおこりました。

イ　不平等条約の改正を目的として、岩倉具視を大使とする使節団が派遣されました。

ウ　日本の関東軍が引き起こした満州事変をきっかけにして、中国東北部を中心に満州国が建国されました。

エ　海軍の青年将校たちが首相官邸などを襲い、犬養毅首相らを暗殺する五・一五事件がおこりました。

問8　波線部（**7**）について、記念貨幣と同じく記念紙幣も発行されることがあります。2000年に日本で開催された主要国首脳会議をきっかけとして、2000円札が発行されましたが、この会議が開催された都道府県はどこですか。答えなさい。

（出典：財務省 HP）

2　次の地形図は下田のものです。これを見て、以下の問に答えなさい。

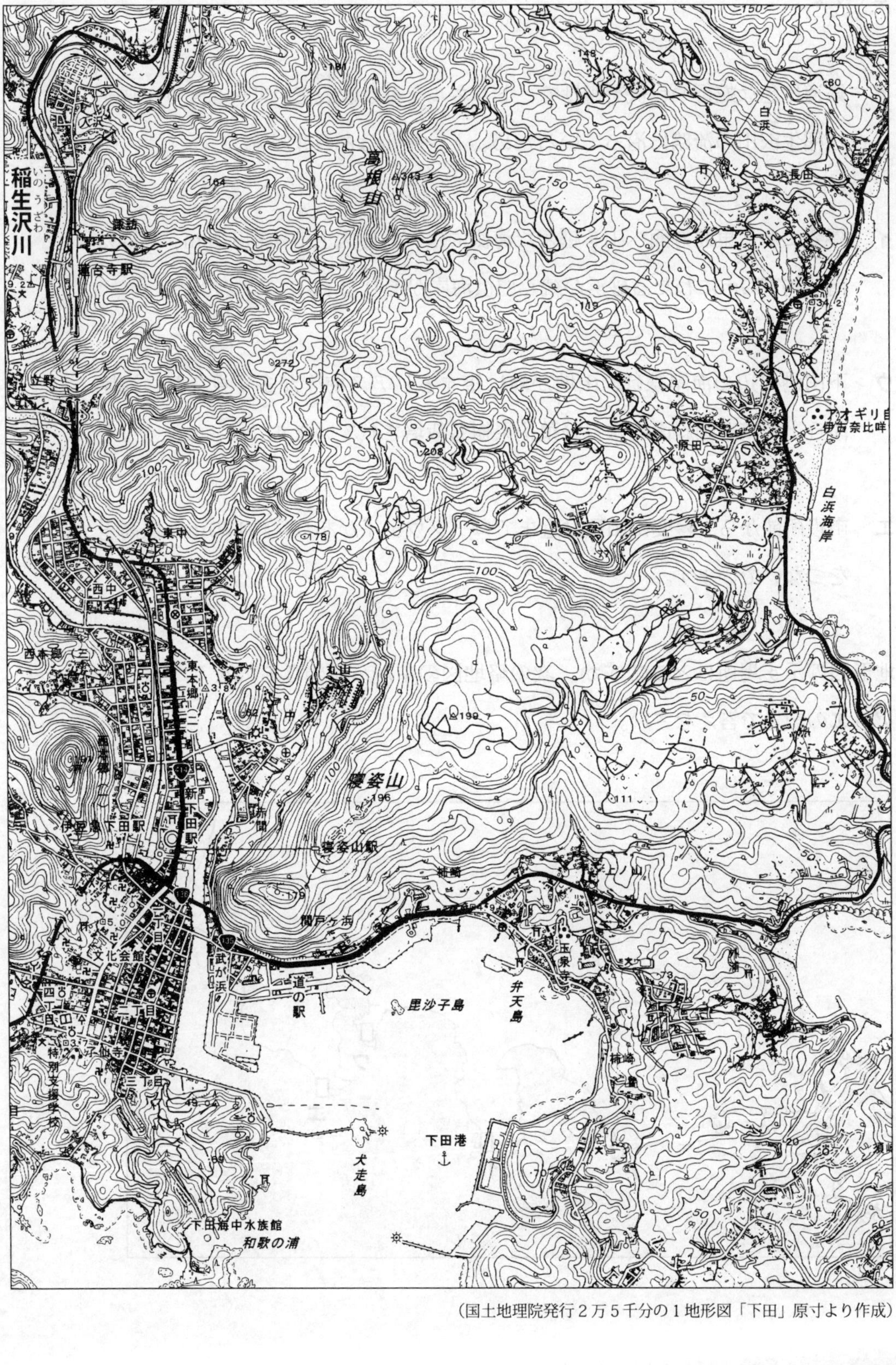

（国土地理院発行２万５千分の１地形図「下田」原寸より作成）

問１　地形図から読み取れることとして適当なものを１つ選び、**ア～エ**の記号で答えなさい。

ア　鉄道は急な蛇行《だこう》や起伏を避けて、トンネルを掘り敷設《ふせつ》されていますが、国道は稲生沢《いのうざわ》川の流路に沿っているため、トンネルはありません。

イ　寝姿山から東北方面へ山を越えた海側には、地形図上では約3.2cm、実際は南北約700mにわたる砂浜が続く白浜海岸があります。

ウ　下田港周辺の海岸線は、山地が海に接するリアス海岸が多く見られ、海岸段丘上や南東側斜面では、野菜や果樹も栽培されています。

エ　市役所前から、寝姿山山頂付近までロープウェイがあり、約170mの標高差をつないでいます。

問２　地形図の示す場所はどこですか。次の略地図の中から適当なものを１つ選び、**ア～エ**の記号で答えなさい。

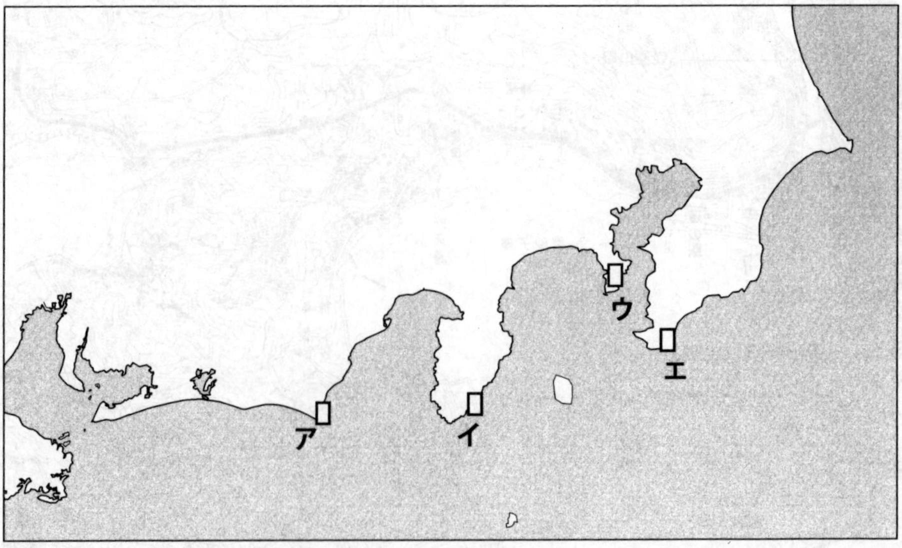

問３　寝姿山山頂からは、晴れた日に伊豆諸島を見ることができます。伊豆諸島（八丈島）の雨温図として適当なものを１つ選び、**ア〜エ**の記号で答えなさい。

年平均気温：　8.9℃
年 降 水 量：1106.5㎜

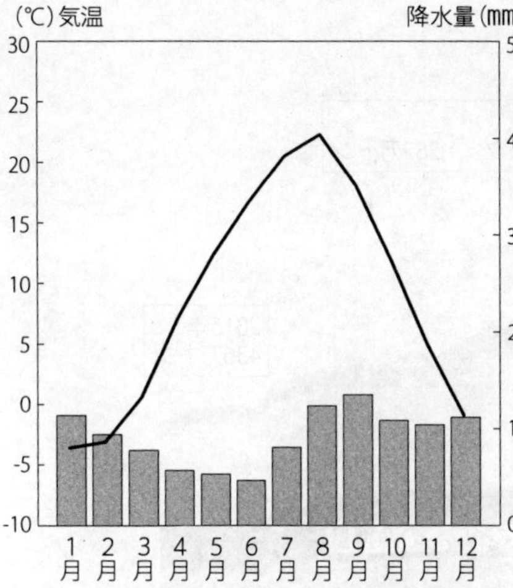

ア

年平均気温：　16.2℃
年 降 水 量：1105.9㎜

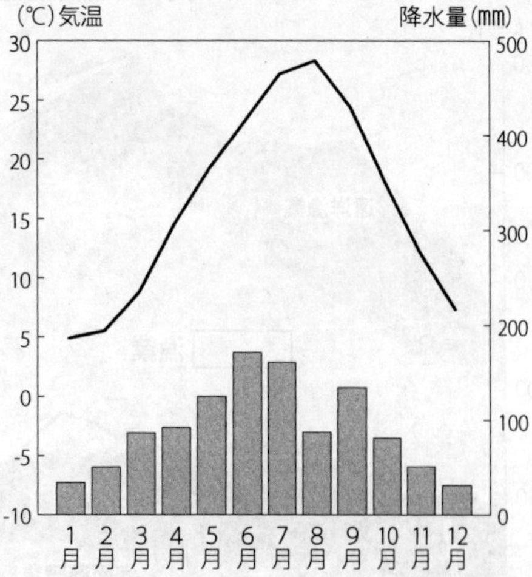

イ

年平均気温：　17.8℃
年 降 水 量：3202.4㎜

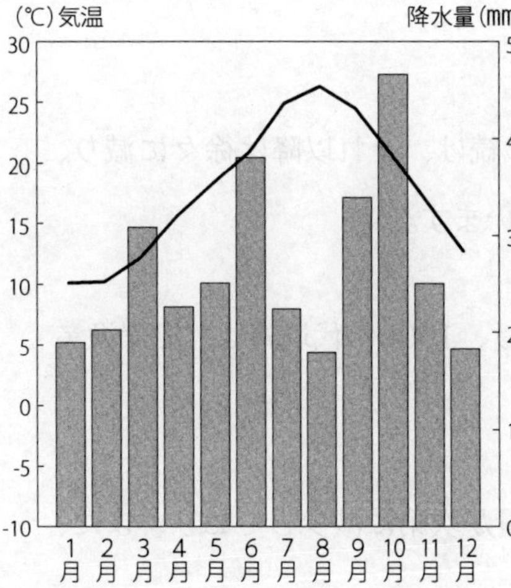

ウ

年平均気温：　14.6℃
年 降 水 量：2398.9㎜

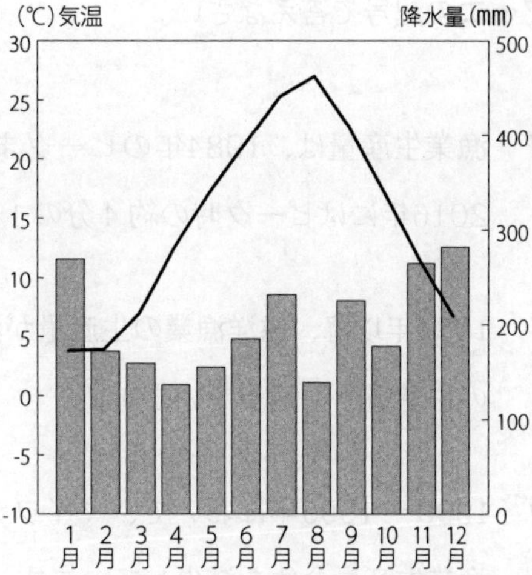

エ

（『理科年表2021』より作成）

問４　下田港では、近海で採れた魚介類がたくさん水揚げされます。

①　次の**資料**は、日本の漁業生産量を示したものです。［　　　　］にあてはまる語句は何ですか。**漢字２文字で**答えなさい。

資料　漁業生産量の推移

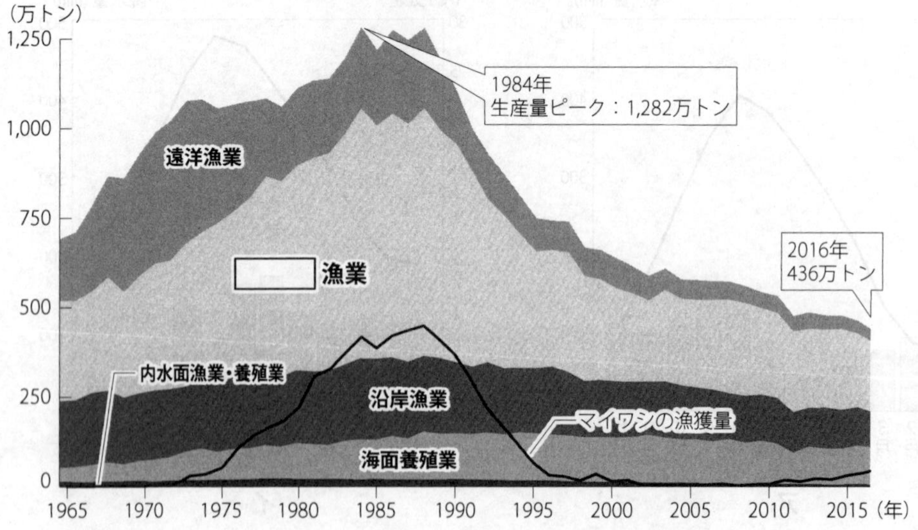

(水産庁『水産白書（令和元年度）』より作成)

②　**資料**を参考にして、そこから読みとれることとして適当なものを１つ選び、**ア～エ**の記号で答えなさい。

ア　漁業生産量は、1984年のピークまで増加し続け、それ以降は徐々に減り、2016年にはピーク時の約４分の１になっています。

イ　1984年以降、遠洋漁業の生産量が減少し続け、1990年代以降は、沿岸漁業の生産量を下回っています。

ウ　1990～1995年において、マイワシの漁獲量が次第に減少しており、また、漁業生産量全体も減少しています。

エ　海面養殖生産量は、ゆるやかに増加し、2010年代では、国内全漁業生産量の50％をこえています。

問５　下田には、江戸幕府が開国し、欧米諸外国と貿易を開始するなどの歴史的舞台となった、重要な史跡や資料館があります。

①　次の年表の中で、［A］にあてはまる人物名として適当なものを１つ選び、**ア～エ**の記号で答えなさい。

1854年	横浜村にて江戸幕府は日米和親条約を結び、下田・箱館（函館）へのアメリカ船の渡来を許可し、薪水・食料・石炭の補給と漂流民の保護を約束しました。さらに、下田了仙寺にて和親条約の施行細則を結び、以後黒船が下田港に停泊することになりました。
1856年	アメリカは、通商条約を結ぶため、総領事として［A］を来日させました。下田の玉泉寺がアメリカ領事館となり、様々な交渉の舞台となりました。
1858年	［A］との間に日米修好通商条約を結び、公使の江戸駐在と、神奈川・長崎・新潟・兵庫の開港、江戸・大坂（大阪）の開市を約束しました。幕府は、オランダ・ロシア・イギリス・フランスとも修好通商条約を結びました。（安政の五か国条約）

ア　ペリー　　　　**イ**　T．ローズヴェルト

ウ　ハリス　　　　**エ**　マッキンリー

② 横浜が開港されると、日本からは、茶が多く輸出されました。近年日本では、ペットボトルなどの茶飲料の消費が増加していますが、茶栽培農家の収入増にはつながっていません。それはなぜですか。**資料１～３を参考にして、「減少」「増加」の言葉を用いて**、簡単に説明しなさい。

※一番茶は主にお湯で入れる茶に使用し、三・四番茶は主に茶飲料に使用する。

資料１　茶期別生産量の推移

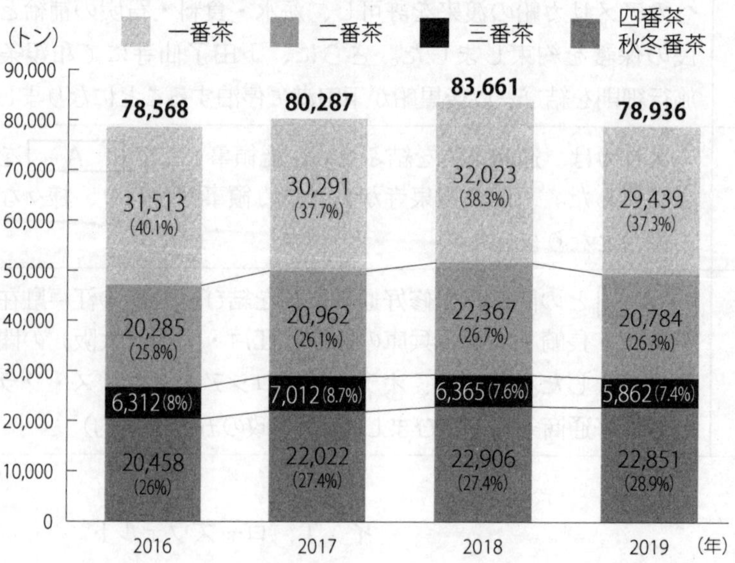

資料２　茶期ごとの価格（2019年）

	煎茶《せんちゃ》（円／kg）
一番茶	1710
二番茶	512
三番茶	359
秋冬番茶	335

資料３

（資料１・２：農林水産省「茶をめぐる情勢」より作成）

問６　日本列島の付近は、地球上の４つのプレート（地殻《ちかく》）がぶつかり合っていて、地中に深く潜《もぐ》り込んでいる場所です。この地域には活火山がたくさんあります。近年新たに誕生した新島と一体化したことで面積が拡大した火山島 X の名を答えなさい。

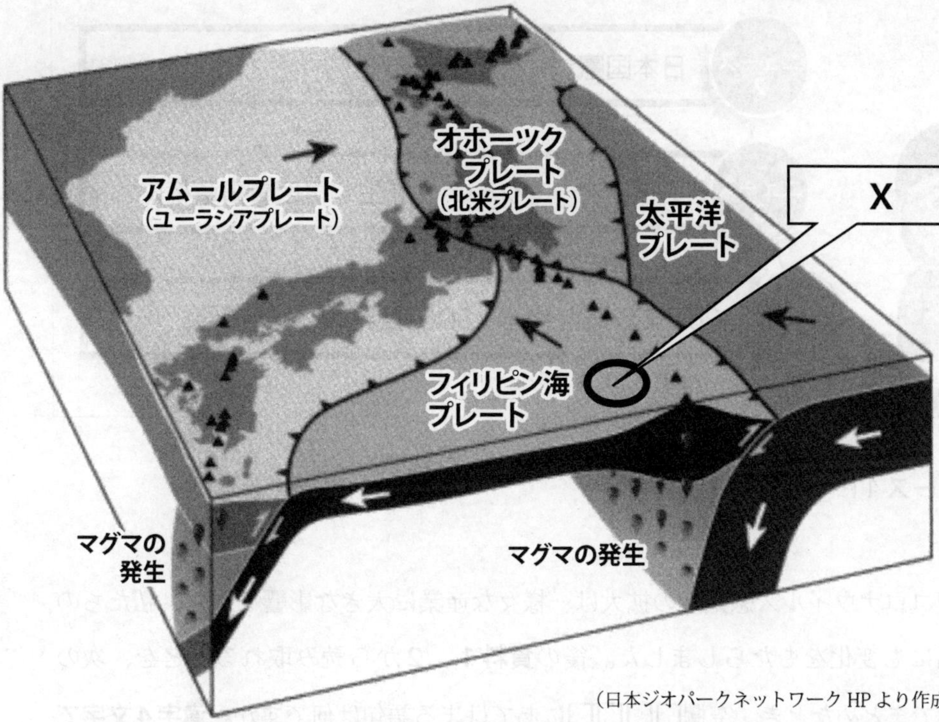

（日本ジオパークネットワークHPより作成）

3　次のニュースの見出しを見て、以下の問に答えなさい。

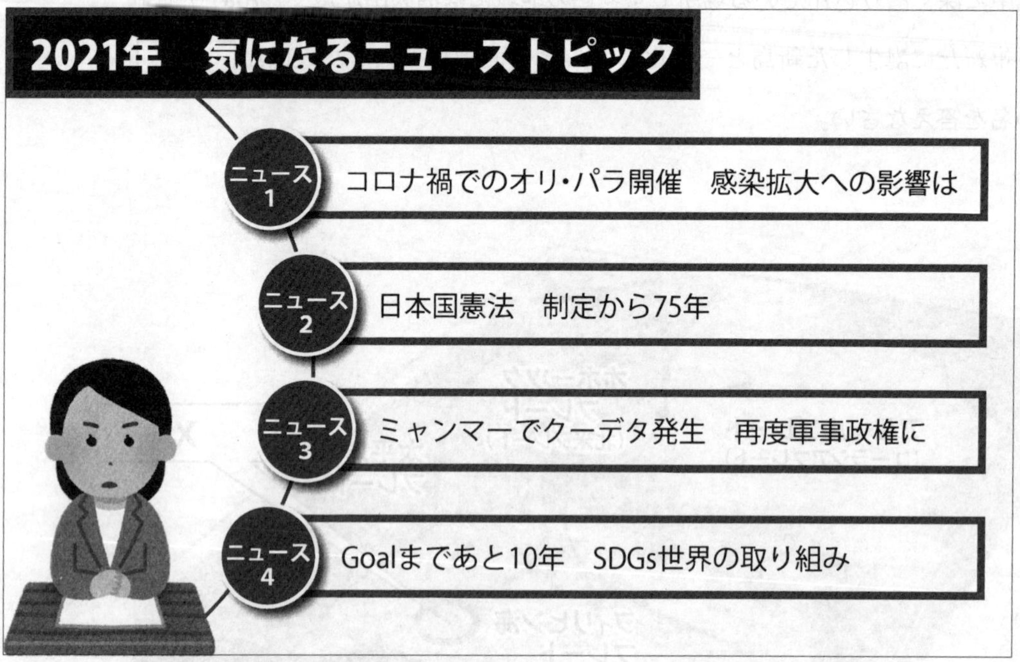

問１　**ニュース１**について、

①　新型コロナウイルス感染症の拡大は、様々な産業に大きな影響を与え、私たちの生活にも変化をもたらしました。後の**資料１、２**から読み取れることを、次の文章でまとめたとき、空欄□□□□にあてはまる語句は何ですか。**漢字４文字で**答えなさい。

> **資料１**を読み取ると、有料□□□□サービスの市場規模の前年比は、2019年以前は120～130%台が多く横ばいであるのに対し、2020年は165%と急激に上昇していることが分かる。これは、新型コロナウイルス感染症の拡大を受け、有料□□□□サービスを利用してステイホーム期間を過ごす人が増えたことが一因と考えられる。

資料１　ビデオソフトおよび映像ソフト市場規模の推移

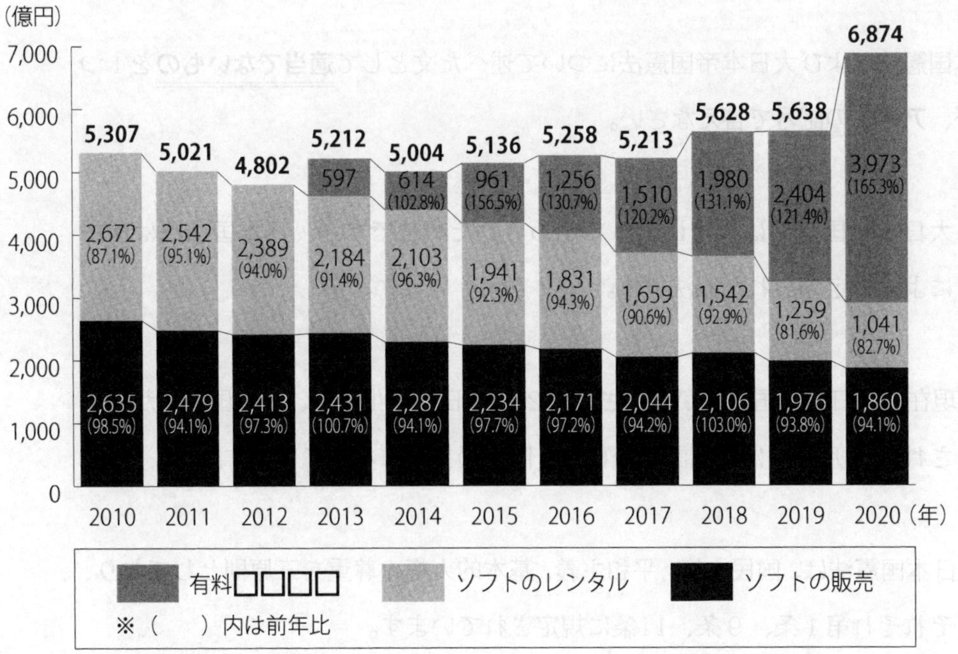

資料２　有料□□□□サービス利用事業者とその市場シェア率（上位３事業者）

	定額見放題	デジタルレンタル
1位	Amazonプライムビデオ (58.8%)	Amazonプライムビデオ (49.9%)
2位	Netflix (21.8%)	Hulu (10.8%)
3位	Hulu (13.9%)	U-NEXT (10.1%)

(資料１・２：日本映像ソフト協会・文化科学研究所
「株式会社　文化科学研究所映像ソフト市場規模及びユーザー動向調査 2020」より作成)

② 新型コロナウイルス感染症だけでなく、歴史の中では様々な感染症が猛威《もうい》をふるい、そのたびに対策が講じられてきました。ペストの原因菌を発見したことで知られ、2024年発行の新1000円札の肖像に選ばれた人物は誰ですか。答えなさい。

問２　ニュース２について、

①　日本国憲法および大日本帝国憲法について述べた文として**適当でないもの**を１つ選び、**ア～エ**の記号で答えなさい。

ア　大日本帝国憲法は天皇によって定められた憲法ですが、日本国憲法は国民によって定められた憲法です。

イ　現在、大日本帝国憲法が制定された２月11日は文化の日、日本国憲法が制定された11月３日は建国記念の日と、国民の祝日になっています。

ウ　日本国憲法は、国民主権、平和主義、基本的人権の尊重を三原則としており、それぞれ第１条、９条、11条に規定されています。

エ　日本国憲法の改正には、各議院の総議員の３分の２以上の賛成と、満18歳以上の国民による国民投票での過半数の賛成が必要です。

②　日本国憲法は国の最高法規とされ、憲法のもとでその他の法規が定められています。次の法規のうち、地方公共団体が定めるものはどれですか。適当なものを１つ選び、**ア～エ**の記号で答えなさい。

ア　条約　　**イ**　法律　　**ウ**　政令　　**エ**　条例

問３　**ニュース３**について、ミャンマーは、昨年、クーデタにより再び軍事政権となりました。ミャンマーの位置はどこですか。適当なものを１つ選び、**ア～エ**の記号で答えなさい。

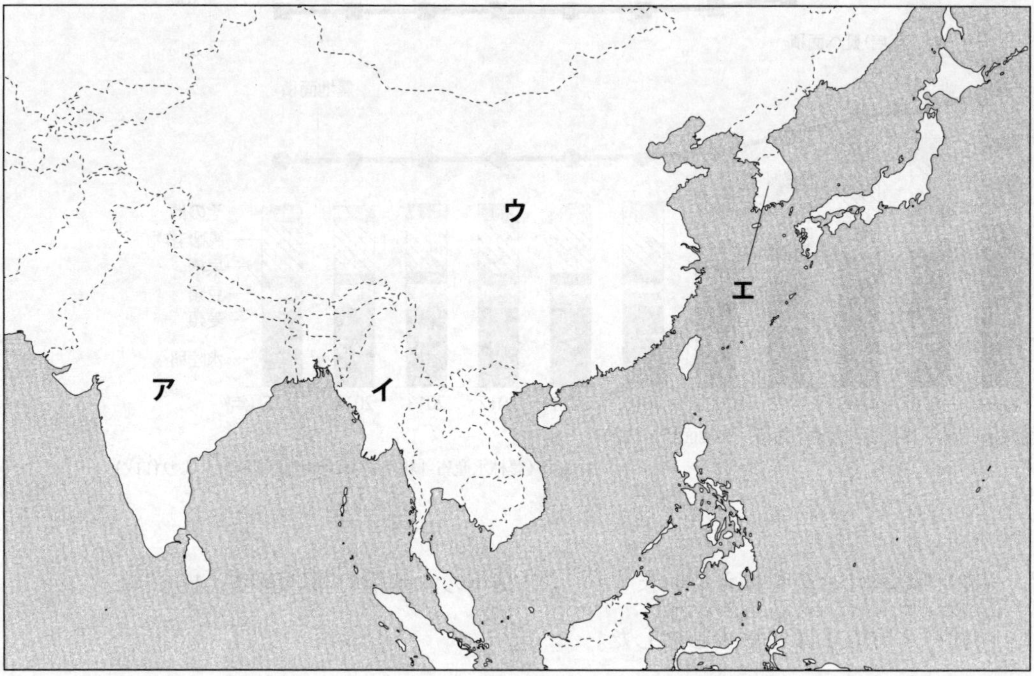

問４　**ニュース４**について、農林水産省は、SDGsの一環として食料の安定供給や持続可能な農業の発展を目指しています。次の**資料１**と**資料２**を参考に、日本の食料自給率と農業について述べた文として**適当でないもの**を１つ選び、**ア～エ**の記号で答えなさい。

資料１　食料自給率の推移　　　　(%)

	1965年	1975年	1985年	1995年	2005年	2015年	2016年	2017年	2018年	2019年
米	95	110	107	104	95	98	97	96	97	97
果物	90	84	77	49	41	41	41	40	38	38
肉類	90	77	81	57	54	54	53	52	51	52
穀物全体の自給率	62	40	31	30	28	29	28	28	28	28
主食用穀物自給率	80	69	69	65	61	61	59	59	59	61
飼料自給率	55	34	27	26	25	28	27	26	25	25
供給熱量ベースの総合食料自給率	73	54	53	43	40	39	38	38	37	38

（農林水産省「昭和40年度以降の食料自給率の推移」より作成）

資料２　農地面積、作付（栽培）延べ面積、耕地利用率の推移

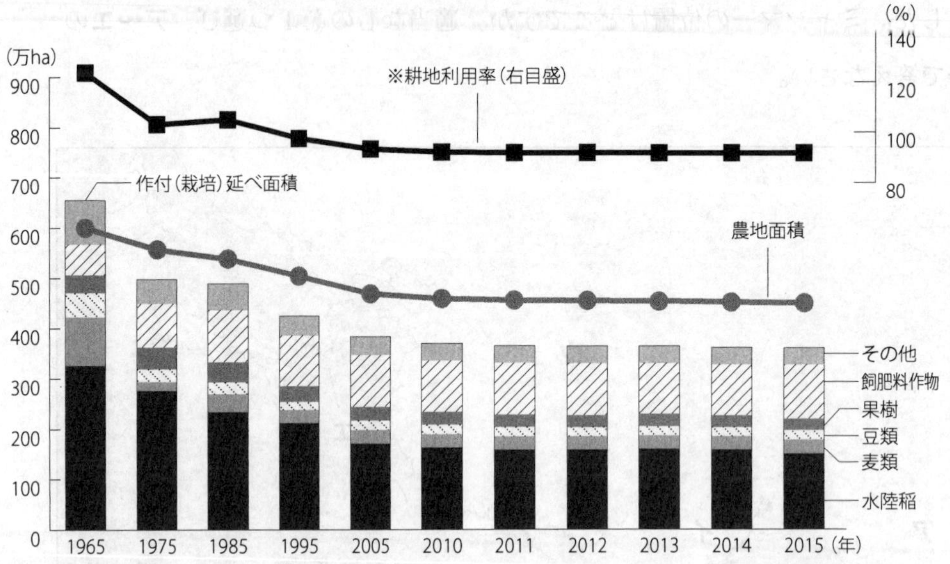

※耕地利用率(%)＝作付(栽培)延べ面積／耕地面積×100

（農林水産省「耕地および作付面積統計」より作成）

ア　米の自給率は９割を超えていますが、2015年の水陸稲の農地面積は1965年に比べ３分の１ほど減少しました。

イ　果物の自給率は年々低下しており、20年以上にわたって５割を下回る状態が続いています。

ウ　1995年以降の肉類の自給率は５割程度を保っていますが、畜産のための飼料の７割以上を輸入に頼っている状況です。

エ　農地面積は年々減っていますが、2005年以降は耕地利用率も100％を下回っており、放置される農地が増えています。

【理　科】〈第１回試験〉（社会と合わせて60分）〈満点：50点〉

※　解答用紙は答えのみ記入し，計算式は記入しないでください。

1　次の問いに答えなさい。

問１　鉄道が好きな淑子さんはＡ駅から電車に乗り、電車の運転台の速度計を見て電車の速度と走行時間から、Ａ駅から次の停車駅であるＢ駅までの距離を求めようと考えました。記録１～記録５は電車の速度の変化の記録です。

記録１：電車はＡ駅を出発し一定の割合で 20 秒間加速して、時速 72 km の速さになったところで加速するのをやめた。

記録２：その後、電車は時速 72 km の速さで１分間走行した。

記録３：その後、電車は一定の割合で 10 秒間加速して、時速 72 km の速さから時速 108 km の速さになったところで加速するのをやめた。

記録４：その後、電車は時速 108 km の速さで１分間走行した。

記録５：その後、電車は一定の割合で減速して 30 秒後にＢ駅に着いた。

以上の記録をもとに、Ａ駅からＢ駅までの距離（km）を求めなさい。

問２　ある消化こう素が入っている反応液に、加熱して白くなった卵白を加えて１日置いたところ、卵白がなくなりとう明な液体となりました。「ある消化こう素」は何ですか。①～④より選び、番号で答えなさい。

①　リパーゼ　　②　アミラーゼ　　③　マルターゼ　　④　ペプシン

問３　20 ％の食塩水 200 g を 16 ％の食塩水にするには、水を何 g 加えればよいですか。

問４　東京オリンピックのニュースを見ていたさとみさんは海外の選手が口々に「日本の夏は暑い！」と言っていることが気になり、原因を調べてみたところ、日本の夏が「高温《こうおん》多《た》湿《しつ》」であるからだと分かりました。

湿《しつ》度《ど》を調べる方法をお父さんに聞いたところ、「小学校にあるＡを調べると良いよ。」と言われました。

（１）　右の写真に示すＡの名前を、漢字で答えなさい。

Ａ

（２）　Ａの中には乾湿計《かんしつけい》が入っていました。乾湿計とは２つの温度計を並べたもので、「液だめ」に水でぬらしたガーゼが巻いてあるものを「湿球《しっきゅう》」、そのままのものを「乾球《かんきゅう》」といいます。この２つの温度計が示す温度の差から湿度を求めることができます。

乾球が示す温度と湿球が示す温度の関係とその理由を述べた文として正しいものはどれですか。①～⑥より選び、番号で答えなさい。

	温度の関係	理　由
①	湿球の方が高くなる	ガーゼの水が周りの熱を吸収してしまうから
②	湿球の方が高くなる	ガーゼの水は温まりにくく冷めにくいから
③	湿球の方が高くなる	ぬれたガーゼが空気の流れを悪くするから
④	湿球の方が低くなる	ガーゼの水が蒸発して温度を下げるから
⑤	湿球の方が低くなる	ガーゼの水は温まりにくく冷めにくいから
⑥	湿球の方が低くなる	ぬれたガーゼが空気の流れを悪くするから

（3） さとみさんは、友人の徳子さんとさらに調査を進めることにしました。

以下の会話を読み、□に当てはまる語句を答えなさい。

さとみ「最近は暑さの感じ方を、WBGTという値で考えるらしいよ。
屋外の暑さは、
WBGT（℃）＝0.7×湿球温度＋0.2×黒球温度＋0.1×乾球温度
という式で計算するみたいだよ。」

徳　子「なるほど。湿球温度と黒球温度と乾球温度の３つを使うんだね。その中の黒球温度というのはなんだろう？」

さとみ「黒色にぬられた銅の球を黒球と呼ぶらしいよ。その中心に温度計を入れて測った温度を、黒球温度と呼ぶみたいだね。」

徳　子「そうすると黒球温度は、□が暑さにどう関わるかを測っているのかもしれないね。」

2 最近、手指の消毒などでアルコールを使う機会が増えました。そこでアルコールランプなどにも使われるアルコールの燃焼について実験をしてみました。

種類の異なるアルコールAとBを用意して燃やしたところ、どちらも二酸化炭素と水だけができました。AとBをそれぞれ4.0ｇ燃やした時にできた二酸化炭素と水の重さ、および、そのときに使われた酸素の重さは、表１のようになりました。

次に、二酸化炭素、酸素、ちっ素、それぞれ3.0Ｌの重さは表２のようになりました。ただし、気体の体積はすべて同じ条件で測りました。

空気中には体積の割合で酸素が20％、ちっ素が80％ふくまれるとして、以下の問いに答えなさい。

	燃やした重さ(g)	二酸化炭素(g)	水(g)	酸　素(g)
アルコールA	4.0	5.6	4.4	6.0
アルコールB	4.0	7.6	ア	8.4

表１

	二酸化炭素	酸　素	ちっ素
気体3.0Lの重さ(g)	5.6	4.0	3.5

表2

問1　表1の［ア］に当てはまる重さは何gですか。

問2　アルコールAを4.0gすべて燃やすとき、必要な空気の体積は少なくとも何Lですか。

問3　空気3.0Lの重さは何gですか。

問4　アルコールAとBの混合物を4.0g燃やしたところ、酸素が6.6g必要でした。この混合物4.0g中にアルコールAは何gふくまれていますか。

問5　空気20Lを用いてアルコールAを2.0g完全に燃やしました。燃やした後の気体の体積は、水を除くと合計何Lですか。

3　淑子さんは、家庭菜園で育てているキュウリやミニトマト、カボチャ、タマネギの苗《なえ》、ジャガイモの種いもをおばあちゃんからもらって畑の一画に植え、野菜の成長を記録し、自由研究として発表しました。

苗を植えてからすぐ、カボチャの葉が虫に食べられてしまったので、無農薬で育てたかった淑子さんは虫が入らないようにネットを張ってカボチャを育てることにしました。

収かく時期になり、どの野菜もたくさん収かくすることができましたが、(A)淑子さんが育てたカボチャだけは実がなりませんでした。

おばあちゃんは他にもサヤインゲンやモロヘイヤを育てています。まいた種が発芽してしばらくすると、おばあちゃんはせっかく出た芽のいくつかを残し、ぬいてしまいました。もったいないけれど、(B)すき間ができるように間引いた方が野菜は大きく育つと教えてくれました。

表１は、淑子さんが花と可食部（おもに食べている部分）についてまとめた自由研究の一部です。

キュウリ	花は単性花である。可食部は果実であり、地上に作られる。
ジャガイモ	花は［ア］。可食部は［イ］であり、地下に作られる。
カボチャ	花は［ウ］。可食部は果実であり、地上に作られる。
タマネギ	花は両性花である。可食部は［エ］であり、地下に作られる。
ミニトマト	花は両性花である。可食部は果実であり、地上に作られる。

表１

問１　表中の［ア］に当てはまる語句はどれですか。①～③より選び、番号で答えなさい。

①　単性花である　　②　両性花である　　③　つけない

問２　表中の［イ］・［エ］に当てはまる語句の組み合わせはどれですか。①～⑨より選び、番号で答えなさい。

	イ	エ
①	種子	種子
②	種子	葉
③	種子	根
④	くき	種子
⑤	くき	葉
⑥	くき	根
⑦	根	種子
⑧	根	葉
⑨	根	根

問３　下線部（A）について、淑子さんの育てたカボチャの実がならなかった理由には、表中の［ ウ ］が関係しています。ネットを張って育てたカボチャが実をつけなかった理由を答えなさい。

問４　下線部（B）に関する次の実験について、得られた表２の関係をもとにして、次の問いに答えなさい。

実　験：１区画が 400 cm^2 の広さの土地の実験区画を６個用意して、ある植物の芽を表に示す本数で植えた。一定期間の後、その植物１本当たりのかんそう重量（かんそうさせてから測った重さ）を測定したところ、表２の関係が得られた。ただし、すべての区画の栄養条件は等しく、実験中にかれたり、食べられたり、他の植物が混入したりすることはなかった。

１区画に植えられた芽の数（本）	4	8	16	32	64	128
１本当たりのかんそう重量（g）	8.0	8.0	8.0	6.0	3.0	1.5

表２

（１）　この実験と同様に、１区画に 12 本の芽を植えた場合、１本当たりのかんそう重量は何 g になると考えられますか。

（２）　この実験と同様に、１区画に 80 本の芽を植えた場合、１本当たりのかんそう重量は何 g になると考えられますか。

（３）　この実験において、かんそう重量が最大になるためには、少なくとも１本当たり何 cm^2 以上の土地面積が必要と考えられますか。ただし、四捨五入して小数第１位までの数字で答えなさい。

4　図のように周りを鏡で囲んだ装置の中で光を反射させる。装置上の位置を図のようにヨコの列（「あ」～のひらがな）、タテの列（「１」～の数字）で示すことにする。

光の発射点と「う１」のようなカドの点に達した光は反射しないものとする。また、ヨコの列とタテの列が交わる点にはヨコの列に沿うように両面の鏡を置くことができ、光を反射することができる。

（例Ⅰ）「あ１」から「い３」に向けて進んだ光は「う１」に達する。

（例Ⅱ）「い２」に鏡を置くと、「あ１」から「う３」に向けて進んだ光は「う１」に達する。

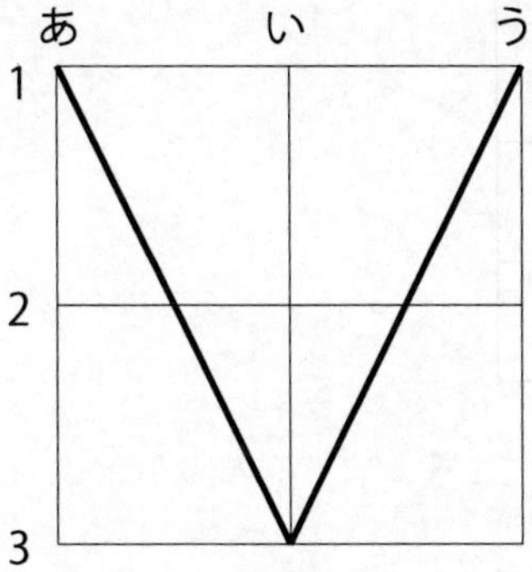

例Ⅰ

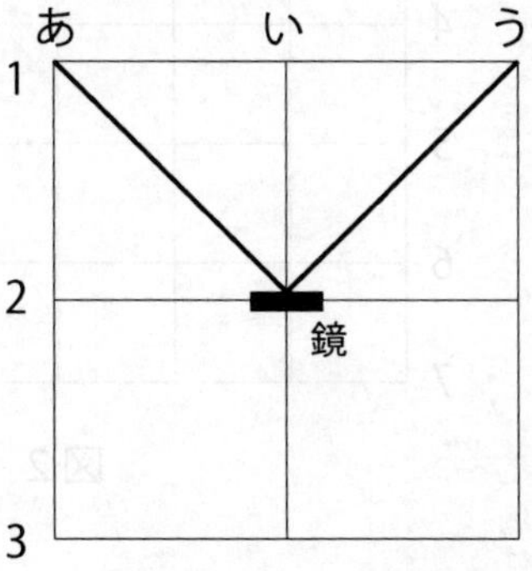

例Ⅱ

問１　図１で「あ３」から「い１」に向けて発射した光の反射点はいくつありますか。

問２　図１で鏡を１つだけ置き、「あ３」から設置した鏡に向けて発射した光が他で反射することなく「お１」に達するようにするためには鏡をどこに置けばよいですか。「あ１」のような記号で答えなさい。

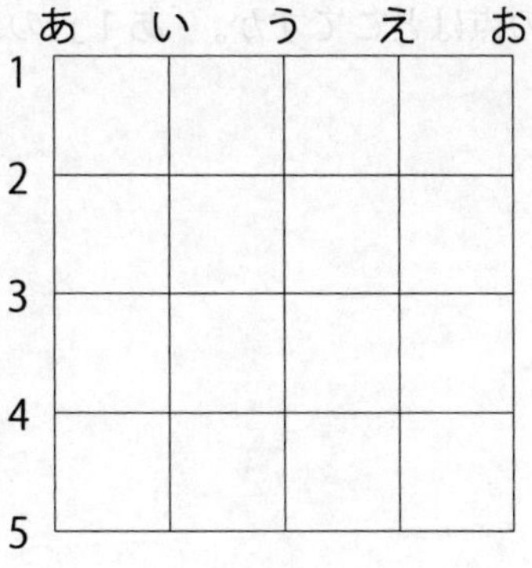

図１

問３　図２で「あ３」から「い１」に向けて発射した光が通る線上に、光が通る線を変えないように鏡を１つだけ置くことができます。この時の鏡を置く点の位置はどこですか。「あ１」のような記号で答えなさい。ただし、周りを囲んでいる鏡の位置には鏡を置くことはできず、光の進む向きや反射する順番は変わってもよいものとします。

図２

問４　ヨコの列が「あ」～「そ」、タテの列が「１」～「15」まである装置の中で、「あ３」から「い１」に向けて発射した光がある点を２回通ります。

その点はどこですか。「あ１」のような記号で答えなさい。

イ クラという一種の交換には、自分の元に来たものは必ず受け取らなければならないという義務がある。

ウ ポトラッチは、相手の部族の村を燃やしたり粉々に破壊することで部族間のヒエラルキーをつくる。

エ ギムワリは与え手と受け手が移り変わっていくという点で、ハウやポトラッチとは性質が異なる。

三 次の――部のカタカナを漢字に直しなさい。

① 火山噴火《ふんか》のゼンチョウ。

② 友人のアンピを気づかう。

③ テンケイ的な日本人だ。

④ 事故をミゼンに防ぐ。

⑤ しめ切りをノばす。

四 次の問いに答えなさい。

「世界の教育についての情報を得るためにはどうしたらよいか」というテーマの文章を書くために、次のような順番で書こうと考えました。

【メモ】

（意見）様々な情報を得るためには、インターネットが一番だ。

（理由）なぜなら、インターネットは世界中の情報を集めることができるからだ。

（この理由に対して予想される反対意見）

もちろん、インターネットよりも本の方が正確だ、という反対意見もあるだろう。

（反対意見に対する反論）

しかし、インターネットの方が簡単に調べられる。

問一 傍線《ぼうせん》部の答えは「この理由に対して予想される反対意見」になっていません。適切な「この理由に対して予想される反対意見」を書きなさい。

問二 問一で書いた自分の反対意見に対する反論を書きなさい。

後のア〜エから一つ選び、記号で答えなさい。

A「功利的」

ア 抜《ぬ》け目なく要領がよいさま

イ 成功するかどうかを重視するさま

ウ 対応の早さを追求するさま

エ 利益を第一に考えるさま

B「誇示する」

ア 心に訴《うった》えかける　**イ** 得意気に見せびらかす

ウ 周囲に勧《すす》める　**エ** しっかりと確認する

問二 ——①とあるが、なぜこのようなルールがあるのですか。その理由としてふさわしいものを、次の**ア**〜**エ**から一つ選び、記号で答えなさい。

ア クラ交換は魂や霊的なものを受け渡す命がけの行為なので、同時に行うギムワリにも命の危険が伴うから。

イ クラ交換は神聖な行為なのでおごそかに時間をかけなければならないが、ギムワリは商取引なので速さが求められるから。

ウ クラ交換は人間を超越《ちょうえつ》した存在が動かすものなので、そこに人間の損得の判断を交えるべきではないから。

エ クラ交換に用いられる首飾りと腕輪はきわめて高価なものなので、買い手が見つかりにくく商売として成り立たないから。

問三 ——②とあるが、これはなぜですか。ハウが望むことも含めて説明しなさい。

問四 ——③「つながりを失った」とはどういうことですか。その説明としてふさわしいものを、次の**ア**〜**エ**から一つ選び、記号で答えなさい。

ア ハウは贈与によって人と人とを結びつけていたが、近代になって物が市場の論理で動くようになったため、人々の結びつきが弱くなったということ。

イ ハウのような霊的な存在を信じることで人々は連帯意識を保っていたが、科学の発達した近代社会では人々の信仰《しんこう》心が薄くなり、連帯意識がくずれたということ。

ウ ハウが物に宿っているときは富を自分のものにできなかったが、ハウがいなくなったことで物を次の人に渡さずに一人占《じ》めするようになったということ。

エ 贈与はハウによって強制的に行われていたことなので、ハウが森に帰ってしまったせいで物を人に贈るという習慣自体がなくなってしまったということ。

問五 ——④について、「ポトラッチ」は何を説明するために出された具体例ですか。ふさわしいものを次の**ア**〜**エ**から一つ選び、記号で答えなさい。

ア 行き過ぎた返礼の結末

イ 世界にある奇抜《きばつ》な贈与

ウ 贈与が生む上下関係

エ チヌーク族の残酷さ

問六 ——⑤「一般的互酬性こそが権力の萌芽である」とあるが、それはなぜだと考えられますか。次の文の空欄《くうらん》**X**、**Y**、**Z**を補って説明文を完成させなさい。

そもそも贈与には、贈与された側に［　X　］が生まれ、贈与した側に［　Y　］が生まれるという特徴があり、中でも一般的互酬性は［　Z　］ので、その関係が続いてしまうから。

問七 本文の内容に合致《がっち》するものを、次の**ア**〜**エ**から一つ選び、記号で答えなさい。

ア ハウの現象には返礼の期間は定められていないので、サーリンズによると均衡的互酬性に分類される。

象をみてきましたが、多くの人が指摘しているように、贈与という現象の最大の問題は負債《ふさい》にあります。物をあげるという行為は、同時にもらった側に負債の感覚を与えてしまうのです。

私たちは誰かからプレゼントをもらうと、「やったー！」うれしい！」と感じるだけではなく、お返しをしなければならないという観念にかられる。相手から一方的にもらうばかりでこれがずっとたまってくると、両者のあいだに上下関係のようなものが生まれてくる。与える側ともらう側という、負い目をベースとした上下関係ができてしまう。贈り物を受け取った側は、貸し付けられたものというような認識を持ってしまい、いずれ子孫を含《ふく》めて返済しなければいけないというふうに考えるわけです。

ポトラッチの場合は、招待された側が別の機会に盛大な祝宴を開いて答礼をします。この答礼が十分でない場合には、相手の奴隷《どれい》的な身分に落とされることがある、というのがポトラッチのひとつの特徴です。あんなにしてもらっておいてその程度の返礼か、ということになり、部族間の上下関係が生じるのです。

つまり、一方に負い目と従属が生まれ、もう一方には権力的支配が発生する。かえさなければいけないという義務感が、ある種のヒエラルキーの根拠《こんきょ》になってしまう。負債感、あるいは負い目を通じた贈与が持っている非常に残酷《ざんこく》な面も、私たちはしっかりとみておかなければなりません。

この贈与がもたらす負債の問題に鋭《するど》く迫《せま》っていると私が思っているのが、人類学者マーシャル・サーリンズの議論です。サーリンズは、『石器時代の経済学』のなかで、古代社会について考察しながら、互酬性という問題に迫ろうとしています。

この本のなかで、サーリンズは、互酬性を三つに分類しています。

まずひとつめは一般《いっぱん》的互酬性です。これは、親族間で食物を分けあう行為などを指します。返礼がすぐに実行されなくてもよい互酬性のことです。

ふたつめは均衡《きんこう》的互酬性で、与えられた物に対して同等の物がかえってくることが期待されるもの。さらに、できる限り決まった期限内に返済されることが期待されるという互酬性です。

そして三つめに否定的互酬性があり、これは、みずからは何も与えないか、あるいは少なく渡して、相手から最大限に奪《うば》おうとするものです。詐欺《さぎ》や泥棒《どろぼう》などを含むある種の敵対的な行為は、この否定的互酬性に含まれます。

この分類をみれば、三つめの否定的互酬性はだめで、ふたつめの均衡的互酬性はごく普通《ふつう》のもので、一般的互酬性はすばらしい、というのが多くの人が感じる印象でしょう。

けれども、サーリンズが非常におもしろいのは、その逆を言っているところです。むしろ⑤一般的互酬性こそが権力の萌芽《ほうが》である、というのがこの本のいちばん重要なポイントです。

一般的互酬性は、すぐに返礼が実行されなくてもよいものですが、この一般的互酬性こそが権力を生む。これこそが古代社会における社会の階層化の根っこにある問題である、とサーリンズは指摘しています。

（中島岳志「利他はどこからやってくるのか」——『「利他」とは何か』より）

（注１）狡猾的…ずるくて悪賢い。
（注２）マーケット…市場《しじょう》。売り手と買い手が取引をする場。
（注３）峻別…はっきり区別すること。
（注４）互酬性…もらった贈り物に対して、返礼を行うという性質。
（注５）ヒエラルキー…ピラミッド型の上下関係。

問一 ═══Ａ・Ｂの本文中の意味としてふさわしいものを、それぞれ

そのようなものをずっと手元にとどめておくのは危険であり、命に関わることになるかもしれない。だから、次に受け渡さなければならない。そこには与える義務とともに受け取る義務があり、受け取ったらまた次の誰かにかえしていくことが、ある種の義務として生じている。真の所有者は誰でもなく、それは神のものであり、これによって(注4)互酬性というものが成立している、というのがモースの贈与論です。

ここで重要なことは、クラ交換が純粋贈与ではないということです。私は、クラ交換はあくまでも交換の一種だと思います。ぐるぐると物が回って、かえしたらまた与えられるというのは、たしかにマーケットの論理とは違うものの、交換の一種であることには変わりません。『贈与論』では、マオリのハウや北アメリカのポトラッチという現象も重要です。

ハウとは、物に宿る精霊のことをいいます。森からやってくるのですが、特定の人や集団にとどまり続けることを望まない。だから、②物を所有し続けようとする人がいると、その人にハウが悪さをして災いをもたらしてしまう。だから、人は物をもらったら誰かに返礼をしたり、渡したりしなければいけないということが説明されています。

モースは「ものが与えられることを望むのだ」という象徴的な言葉を残しています。私たちが贈与したいのではなく、物自体が贈与されることを欲している、というのです。

森からやってきたハウによって物がどんどん移動し、その社会に恵《めぐ》みがもたらされる。つまり、贈与が人々に恵みをもたらしていきます。人々が富を大きくしていくとハウはまた森に帰っていく。ただし、贈与は人々に恵みをもたらすとともに、贈与のリンクを止めると人々に不幸な死がもたらされる。ハウにはそういった両義的な力が宿っているのです。

モースは、近代社会はハウのようなものを失うことによって、③つながりを失った、と言います。ハウがもたらしていたものは、富だけでなく人と人とのつながりである、と。何かをもらったらその人は、どこかの誰かにそれを渡さなければならない。

つまり、社会的なつながりや連帯が、物の循環、すなわち贈与によって成り立っているというシステム自体が、近代社会やマーケットによって失われている。これがモースの非常に強い危機意識です。

④続けて、これまでも哲学《てつがく》的によく議論されてきたポトラッチもみておきましょう。ポトラッチは、ネイティブアメリカンの一種の儀礼《ぎれい》的な贈与であり、チヌーク族の言葉で「贈答」を意味します。

具体的には、あるひとつの集団のなかで、後継者《こうけいしゃ》の披露《ひろう》や結婚《けっこん》、葬《そう》儀《ぎ》などの際に行われ、このとき彼らは祝宴《しゅくえん》を開いて周囲の部族の集団を招き、お返しができないほどのびっくりするような贈り物を渡すのです。絨毯《じゅうたん》のような物が山高く積まれている写真が残っていますが、とにかく相手を驚《おどろ》かせるような財や富を贈与するわけです。そして時には贈るだけではなく、大切な物を燃やしたり、粉々に破壊《はかい》したり、海のなかに放り投げたりもします。

主催者《しゅさいしゃ》とその親族は、こうした行為《こうい》によって気前のよさを最大限に相手に見せつけるのです。かえせないほどの物をあげたり、あるいは大切な物を割ったり燃やしたりする行為を相手に見せることによって、部族間の(注5)ヒエラルキーをつくろうとする。ポトラッチは、自分たちの寛大《かんだい》さをB誇示《こじ》する儀礼として行われるのです。

これも贈与にみえますが、ポトラッチも一種の交換だと思います。つまり、物を贈与することによって敬意を得る。ひいては相手の集団に対する、ある権力的な地位を得ようとしている。その意味で、一種の交換としてとらえられる現象です。

ここまで『贈与論』を紹介《しょうかい》しながら、いくつかの具体的な事例や現

から一つ選び、記号で答えなさい。

ア 単純に認識できない強い感情に出会うと、複数の映像に分割して処理する。

イ 一つのものに焦点《しょうてん》を当てると、周りのものは見えなくなったり聞こえなくなったりする。

ウ ものごとに対して客観的な根拠に基づいて行動したり発言したりする。

エ 人の問いかけに対してためらうことはあっても、結局は忠実に実行しようとする。

二 次の文章を読んで、後の問いに答えなさい。

利他や贈与《ぞうよ》の困難性という問題を考えるうえで、マルセル・モースの『贈与論』を避《さ》けて通ることはできません。モースの『贈与論』の特徴《とくちょう》は、三つの義務というものによって贈与が成立していることを論じている点です。ひとつめは、贈り物を人に与える義務です。ふたつめは、それを受け取る義務。そして三つめは、それに対してかえす義務です。この三つの義務によって、贈与はシステムとして機動しているとモースは言います。ただしこの三つの義務は、人間の意識的な自発性ではない、とも指摘《してき》しています。

続けてモースは、『贈与論』の数年前に出版されているマリノフスキーの議論を参照しながら、クラ交換《こうかん》を提示します。クラ交換とは、パプア・ニューギニアのトロブリアンド諸島などの島と島のあいだで行われている交換のことで、赤い貝の首飾《かざ》りは時計回りに、白い貝の腕輪《うでわ》は反時計回りに受け渡《わた》していくというものです。

彼《かれ》らは隣《となり》の島からもらった赤い貝の首飾り(あるいは白い貝の腕輪)を命がけで次の島に持っていきます。カヌーによる航海は波も荒《あら》く大変な危険を伴《ともな》うのですが、首飾りと腕輪の贈与が時計回りと反時計回りにぐるぐると続いていくのです。

このクラ交換を提示したうえで、モースはこう書いています。

一方の側が与え、他方の側が受け取ることなのであり、ある一時点での受け手が次の機会には与え手となることなのである。(『贈与論 他二篇《へん》』)

つまり、クラ交換では、財が島々を循環《じゅんかん》し続ける体系そのものを持続することが、社会的な義務となっています。

では、このクラを動かしている力とはいったい何なのか。それは義務を命じる存在であり、超《ちょう》自然的な神や霊《れい》からの命令です。

たしかに、マリノフスキーの本を読むと、クラで回ってきた赤い貝の首飾りは、首飾りとしては使用されず、たとえば、病気にかかっている人の患部《かんぶ》に押《お》し当てるとその病気が治る、というような霊力を持っているものとして描《えが》かれています。

一方で、このクラ交換と同時に行われるギムワリという取引があります。腕輪や首飾りの贈与とは別に、同じカヌーで別の商品も持っていくのです。クラ交換では、相手から何かをもらおうとするような商取引をやってはいけません。それに対して、ギムワリは商取引であり、(注1)狡猾《こうかつ》的かつA功利的な商売が行われるのです。

そして、①そのギムワリの論理をクラには持ち込《こ》んではならない、という厳密なルールがあります。つまり彼らは、一種の(注2)マーケットの論理とクラ交換を完全に(注3)峻別《しゅんべつ》しているのです。

議論をクラ交換に戻《もど》しましょう。モースは、クラ交換をどのようにとらえたのか。モースによれば、誰《だれ》かから何かを受け取ることは、その人の霊的な本質の何ものか、その人の魂《たましい》の何ものかを受け取ることにほかならないと言います。

い。

ア　ジョジーを連れてこないという判断が正しかったか。

イ　母親は何のためにジョジーのまねをさせるのか。

ウ　どこまで正確にジョジーになりきれるか。

エ　今日の自分はジョジーのふりができる状態か。

問三　――②は母親のさまざまな思いが反映された表現となっているが、ここから読み取れる母親の説明としてふさわしいものを、次の**ア**～**オ**から二つ選び、記号で答えなさい。

ア　とても上手にジョジーのまねができるので、クララの性能に満足している。

イ　クララにジョジーのまねをさせようとした自分の考えは間違っていたと後悔《こうかい》している。

ウ　ジョジーがここにいないさみしさに加え、本当にジョジーを失ってしまうことを恐れている。

エ　AFにすぎないクララが、どれくらいジョジーになりきれるか試そうとしている。

オ　完璧《かんぺき》にジョジーになり切ることのできるクララに、気味の悪さを感じている。

問四　③の部分から読み取れる母親の説明としてふさわしいものを、次の**ア**～**エ**から一つ選び、記号で答えなさい。

ア　はじめ母親はジョジーのあどけない様子を微笑《ほほえ》ましく受け取るが、「わたしは元気になる」という言葉を聞いて、ジョジーが早く元気になってほしいと願う気持ちを強く持つ一方で、この言葉にかえって不安も感じている。

イ　はじめ母親は病気が良くなることを信じている純粋《じゅんすい》なジョジーをいとおしく感じていたが、自分の病気の話題から姉の病気のことに話をそらすのを聞いて、そこにクララのわざとらしい気づかいを感じいらだっている。

ウ　はじめ母親は懸命《けんめい》にジョジーのようにふるまうクララのけなげな姿に好感を持ったが、病気を治す方法を知っていると言い始めたクララに驚《おどろ》き、最後にはクララの言っている言葉がすべて自分の感情を逆なでするとても失礼なものだと怒りを感じている。

エ　はじめ母親はジョジーと話しているつもりになっており、ジョジーは幼く病気の深刻さがわかっていないと思っているが、「特別な助けが来る」と言い出したことでこの言葉はクララの考えだとわかり、根拠もなく元気になると気休めを言うクララに憤《いきどお》りを感じている。

問五　――④「ジョジーに黙っていたほうがいい」とあるが、母親はどのようなことを心配しているのですか。その説明としてふさわしいものを、次の**ア**～**エ**から一つ選び、記号で答えなさい。

ア　ジョジーがいなくなったときに備えて、クララにジョジーの代わりをさせる準備をしていると受け取ること。

イ　二人だけの秘密を持ったことをジョジーが知って、ジョジーよりクララの方に心を許していると勘違《かんちが》いすること。

ウ　ジョジーもクララも、母親の気分によって使い分けられるような都合のいい存在にすぎないと思いこむこと。

エ　具合の悪いジョジーを家に置きざりにして、母親はクララと二人で楽しい時間を過ごしてきたとひがむこと。

問六　――⑤とあるが、何が「正しい」ことを願うのか。解答欄《らん》に合う形でわかりやすく説明しなさい。

問七　――⑥でのジョジーの思いをクララはどのようにとらえているか、そのジョジーの思いの内容を説明しなさい。

問八　クララに関する説明としてふさわしくないものを、次の**ア**～**エ**

問一 ‖**A**・**B**の本文中の意味としてふさわしいものを、それぞれ後の**ア**～**エ**から一つ選び、記号で答えなさい。

A「精度の高い」

ア 効果的な　**イ** 進歩した

ウ 賢い　**エ** 正確な

B「ぞんざいな」

ア 行儀《ぎょうぎ》の悪い　**イ** 気分の悪そうな

ウ 興味のありそうな　**エ** 存在感のある

問二 ――①とあるが、クララは何がわからないのか、その説明としてふさわしいものを、次の**ア**～**エ**から一つ選び、記号で答えなさ

二〇二二年度 淑徳与野中学校

【国　語】〈第一回試験〉（六〇分）〈満点：一〇〇点〉

一　語り手のクララは病弱な少女ジョジーの友達として買われた人工知能を搭載《とうさい》した「ＡＦ」（人工親友）で、次の場面はジョジーの母親がクララを連れて「モーガンの滝《たき》」に出かけたところである。文中に出てくるサリーはジョジーの姉で、病気で亡くなっている。これを読んで、後の問いに答えなさい。

〈編集部注：課題文は著作権上の問題により掲載できません。作品の該当箇所につきましては次の書籍を参考にしてください〉

・カズオ・イシグロ　著／土屋政雄　訳『クララとお日さま』（早川書房　二〇二一年三月第六版発行）

一五〇ページ三行目～一五四ページ七行目

（中略）

一五四ページ一三行目～一五五ページ三行目

（中略）

一五五ページ一〇行目～一五九ページ最終行

2022年度

淑徳与野中学校　▶解説と解答

算　数　＜第１回試験＞（60分）＜満点：100点＞

解　答

1 ⑴　6　⑵　$\frac{1012}{2023}$　⑶　㋐，㋓，㋒，㋑　2 ⑴　55度　⑵　$69\frac{1}{3}$cm²　⑶　①　9ｍ　②　15m²　3 ⑴　**姉**…18歳，**妹**…13歳　⑵　40秒間　⑶　①　26　②　6回　4 ⑴　解説の図を参照のこと。　⑵　23.4244cm　5 ⑴　12.5cm　⑵　11本目　6 ⑴　67秒間　⑵　228m　⑶　2187m　7 ⑴　23000cm³　⑵　7800cm²　⑶　980cm²

解　説

1　逆算，数列，計算のくふう，単位の計算

⑴　$4\frac{3}{5}-1.6=4.6-1.6=3$，$112\div\frac{1}{3}=112\times\frac{3}{1}=336$より，$2022\times\frac{1}{\square}+3-336=4$，$2022\times\frac{1}{\square}=4+336-3=337$，$\frac{1}{\square}=337\div2022=\frac{337}{2022}=\frac{1}{6}$　よって，$\square=6$

⑵　一定の数ずつ増える数の和は，{(はじめの数)＋(終わりの数)}×(個数)÷２で求めることができる。分母には１から2022までの2022個の整数が並んでいるから，分母の和を求める式は，(１＋2022)×2022÷２＝2023×1011となる。また，分子は，２＋４＋６＋…＋2022＝２×(１＋２＋３＋…＋1011)と変形することができるので，分子の和を求める式は，２×(１＋1011)×1011÷２＝1012×1011となる。よって，$\frac{1012\times1011}{2023\times1011}=\frac{1012}{2023}$と求められる。

⑶　単位を「kg」にそろえて比べる。１kg＝1000ｇより，㋐は，20220000÷1000＝20220(kg)となる。また，１ｔ＝1000kgより，㋑は，0.02022×1000＝20.22(kg)，㋓は，2.022×1000＝2022(kg)とわかる。よって，重い順に，㋐20220kg，㋓2022kg，㋒202.2kg，㋑20.22kgとなる。

2　角度，面積，相似

⑴　右の図１の三角形HBCで，角HBC＋角BCH＝角BHFという関係があるから，角HBC＝80－25＝55(度)とわかる。よって，三角形EBCに注目すると，角BCE＝180－(90＋55)＝35(度)となる。したがって，三角形ADCに注目すると，角HAC＝180－(90＋35)＝55(度)と求められる。なお，三角形EBCと三角形DACが相似であることから，角HACの大きさは角EBCの大きさと等しいことがわかる。

図１

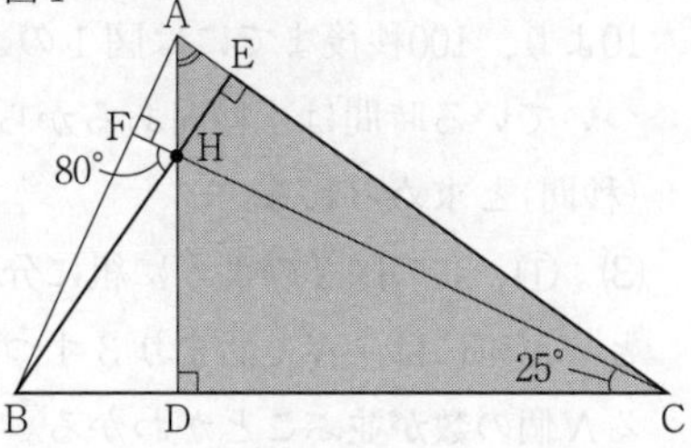

⑵　下の図２で，ABとDCの長さは等しいので，この台形は線対称《せんたいしょう》な形をしている(このような台形を等脚《とうきゃく》台形という)。よって，角ABCと角DCBの大きさは等しく，どちらも，180－105＝75(度)になる。また，Dを通りABと平行な直線DEを引くと，四角形ABEDは平行四辺形だから，AB＝DE＝８cm，AD＝BE＝⑤，角ABE＝角ADE＝75度となる。すると，角CDEの大きさ

は，105−75＝30(度)になるので，ＥからCDに垂直な直線EFを引くと，三角形DEFは正三角形を半分にした形の直角三角形になる。したがって，EF＝８÷２＝４(cm)だから，三角形DECの面積は，８×４÷２＝16(cm²)と求められる。さらに，台形ABCDと三角形DECは高さが等しいので，面積の比は底辺(の和)の比と等しく，(５＋８)：(８−５)＝13：３とわかる。以上より，台形ABCDの面積は，$16\times\frac{13}{3}=\frac{208}{3}=69\frac{1}{3}$(cm²)と求められる。

図２

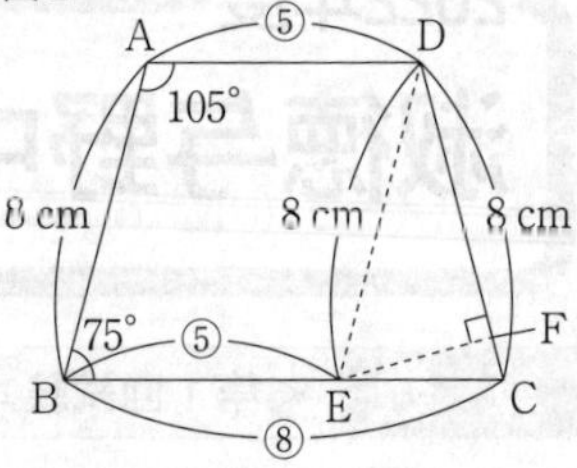

(3) ① 真横から見ると右の図３のようになる。図３で，三角形CBDと三角形EBFは相似であり，相似比は，CD：EF＝３：１だから，BF：FD＝１：(３−１)＝１：２となる。よって，BF＝４×$\frac{1}{2}$＝２(m)なので，真上から見た図は右の図４のようになる。図４で，三角形ABDと三角形GFDは相似であり，相似比は，BD：FD＝(２＋４)：４＝３：２だから，AB＝６×$\frac{3}{2}$＝９(m)と求められる。 ② 影《かげ》は台形ABFGなので，面積は，(６＋９)×２÷２＝15(m²)である。

図３

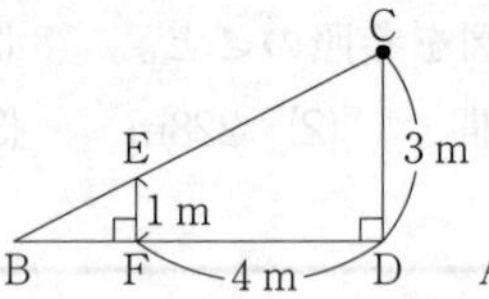

図４

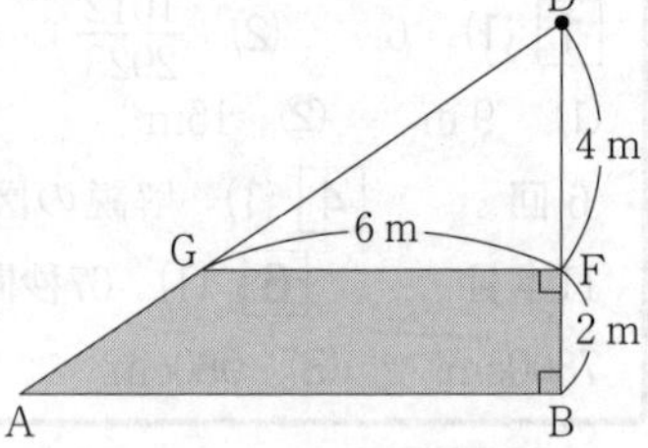

3 年齢《ねんれい》算，周期算，数列

(1) ８年前の姉妹の年齢の和は，31−８×２＝15(歳《さい》)である。このときの年齢の比が２：１だから，８年前の年齢は，姉が，$15\times\frac{2}{2+1}$＝10(歳)，妹が，15−10＝５(歳)とわかる。よって，現在の年齢は，姉が，10＋８＝18(歳)，妹が，５＋８＝13(歳)と求められる。

(2) 赤は，２＋１＝３(秒)ごと，青は，３＋２＝５(秒)ごとに同じ点滅《てんめつ》をくり返す。また，３と５の最小公倍数は15なので，赤と青を合わせて考えると，15秒ごとに右の図１のような点滅をくり返すことになる(図１で，実線はついていることを，点線は消えていることを表している)。図１から，15秒間の中で両方ついている時間は６秒間あることがわかる。また，100÷15＝６余り10より，100秒後までには図１のような点滅が６回くり返され，さらに，最後の10秒間の中で両方ついている時間は４秒間あるから，100秒後までに両方ついている時間の合計は，６×６＋４＝40(秒間)と求められる。

図１

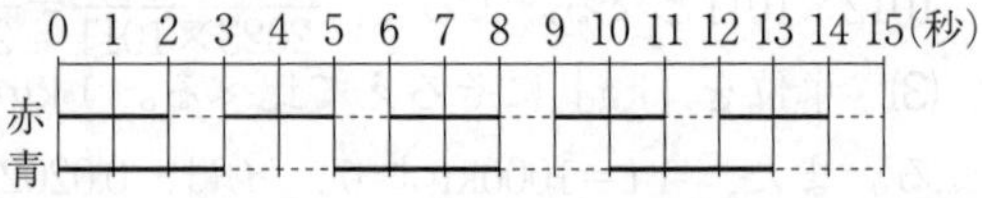

(3) ① 右の図２のように組に分けると，N組には，Nで始まり３ずつ増えるN個の数が並ぶことがわかる。１＋２＋３＋４＋５＋６＋７＝28より，１組から７組までの個数の合計が28個となるので，35番目の数は８組の，35−28＝７(番目)の数とわかる。また，８組には８で始まり３ずつ増える数が並

図２

(１組)１
(２組)２，５
(３組)３，６，９
(４組)４，７，10，13
……………………………

図３

(２組)２，５
(５組)５，８，11，14，17
(８組)８，11，14，17，20，23，…
(11組)11，14，17，20，23，…
(14組)14，17，20，23，…
(17組)17，20，23，…
(20組)20，23，…
(23組)23，…

ぶから，８組の７番目の数は，$8+3\times(7-1)=26$と求められる。　②　$23\div3=7$余り２より，23が出てくる可能性があるのは，１番目の数が３で割ると２余る数のときである。そのような組を調べると上の図３のようになるので，23は全部で６回出てくることがわかる。

4　平面図形―図形の移動，長さ

⑴　右の図のように，この正六角形をPRQSTUとすると，回転の中心は，R→Q→S→T→Uと変化する。また，どの場合も60度ずつ回転するから，点Pが動いたあとの線は図の太線のようになる。

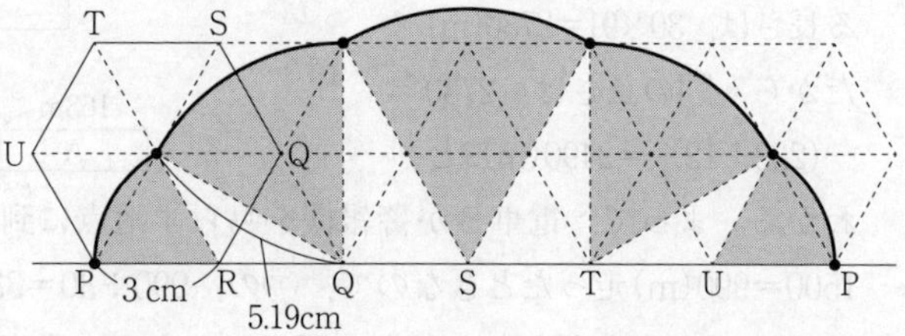

⑵　半径が３cmで中心角が60度のおうぎ形の弧《こ》が２か所，半径が5.19cmで中心角が60度のおうぎ形の弧が２か所，半径が，$3+3=6$ (cm)で中心角が60度のおうぎ形の弧が１か所あるので，点Pが動いたあとの線の長さは，$3\times2\times3.14\times\frac{60}{360}\times2+5.19\times2\times3.14\times\frac{60}{360}\times2+6\times2\times3.14\times\frac{60}{360}=(6+10.38+6)\times2\times3.14\times\frac{1}{6}=7.46\times3.14=23.4244$ (cm)と求められる。

5　水の深さと体積

⑴　水そうの底面積は，$24\times30=720$ (cm^2)である。また，重り４本の底面積の合計は，$6\times6\times4=144$ (cm^2)だから，右の図１のように表すことができる。図１で，アとイの部分の体積は等しく，底面積の比は，$144:(720-144)=1:4$なので，高さの比は，$\frac{1}{1}:\frac{1}{4}=4:1$となる。よって，イの部分の高さは，$10\times\frac{1}{4}=2.5$ (cm)だから，水面の高さは，$10+2.5=12.5$ (cm)とわかる。

図１

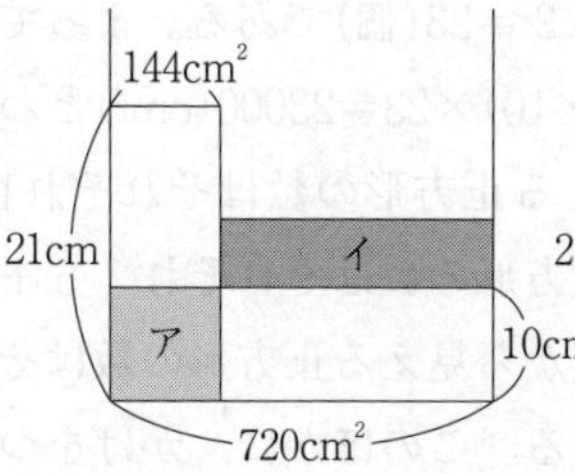

図２

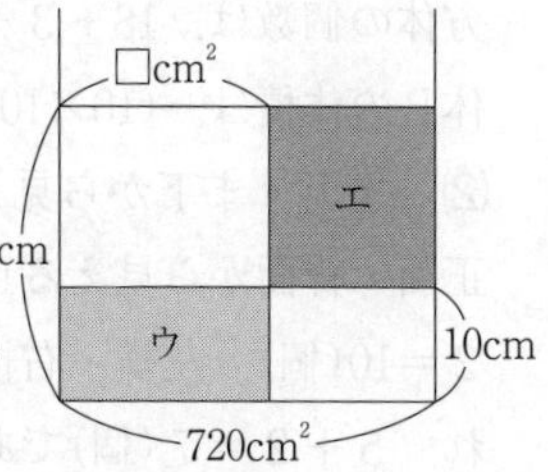

⑵　水面の高さがちょうど重りの高さと等しくなるときの底面積の合計を□cm^2とすると，上の図２のように表すことができる。図２で，ウとエの部分の体積は等しく，高さの比は，$10:(21-10)=10:11$なので，底面積の比は，$\frac{1}{10}:\frac{1}{11}=11:10$となる。よって，ウの部分の底面積(□)は，$720\times\frac{11}{11+10}=\frac{2640}{7}$ (cm^2)と求められる。したがって，$\frac{2640}{7}\div(6\times6)=\frac{220}{21}=10\frac{10}{21}$より，水面が重りの高さを初めてこえるのは，$10+1=11$ (本目)の重りを入れたときとわかる。

6　通過算

⑴　電車Aと電車Bが踏切《ふみきり》を通過するときのようすは，それぞれ右の図１のようになる。電車Aが踏切を通過するときに警報機が鳴るのは，電車Aが，$1500+12+163=1675$ (m)走る間である。また，電車Aの速さは秒速，$(90\times1000)\div(60\times60)=25$ (m)だから，警報機が鳴っている時間は，$1675\div25=67$ (秒間)とわかる。

図１

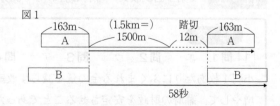

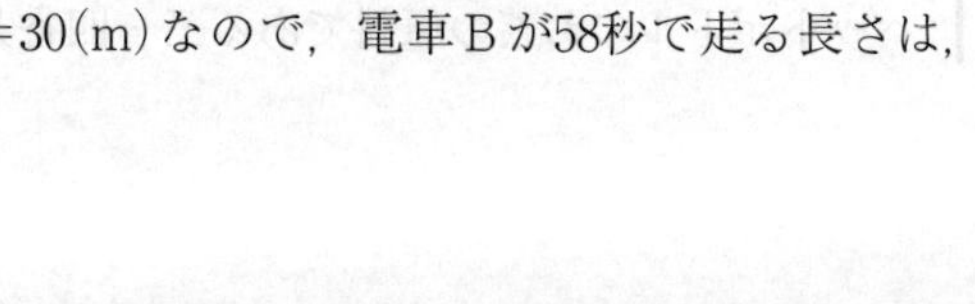

⑵　電車Bの速さは秒速，$(108\times1000)\div(60\times60)=30$ (m)なので，電車Bが58秒で走る長さは，

30×58＝1740(m)とわかる。よって，電車Ｂの長さは，1740－(1500＋12)＝228(m)と求められる。

(3)　右の図２で，㋐から㋑までの時間が91秒である。ここで，電車Ｂが91秒で走る長さは，30×91＝2730(m)だから，□の長さは，2730－(228＋12)＝2490(m)とわかる。よって，電車Ｂが警報機を鳴らす地点に到達《とうたつ》するのは，㋐の状態から電車Ｂが，2490－1500＝990(m)走ったときなので，㋐の，990÷30＝33(秒後)である。その間に電車Ａが走る長さは，25×33＝825(m)だから，右上の図３のように，電車Ｂが警報機を鳴らす地点に到達したとき，電車Ａは踏切まで，1500－825＝675(m)の地点にいる。したがって，そのときの電車Ａと電車Ｂの先頭の間の距離《きょり》は，675＋12＋1500＝2187(m)と求められる。

図２
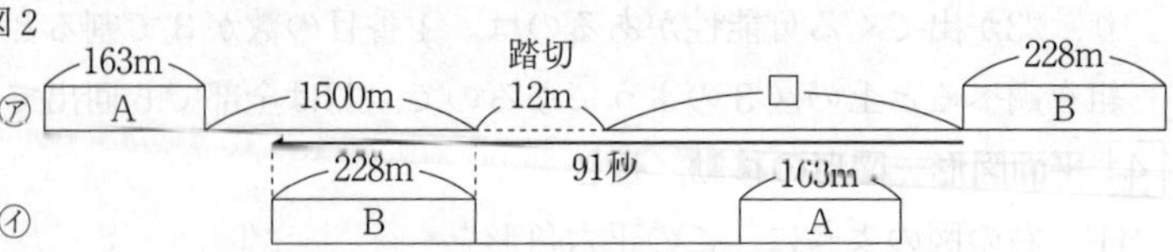

図３
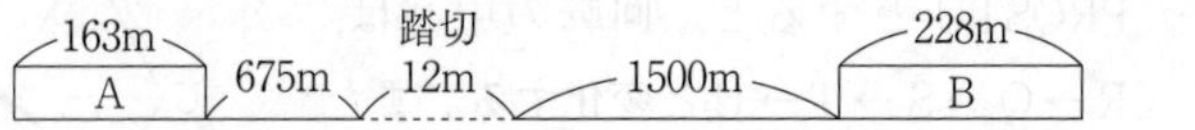

7　立体図形―体積，表面積，分割

(1)　立体Ｂの見取図は右の図①のようになる。下から１段目には，５＋３＋２＋３＋５＝18(個)，下から２段目には３個，下から３段目には２個積まれているから，立方体の個数は，18＋３＋２＝23(個)である。よって，立体Ｂの体積は，(10×10×10)×23＝23000(cm^3)とわかる。

図①
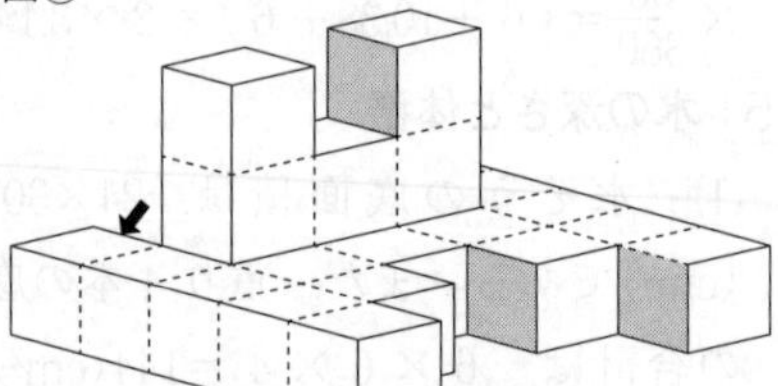

(2)　ま上・ま下から見える正方形の数はそれぞれ18個，正面・背面から見える正方形の数はそれぞれ，５＋３＋２＝10(個)，左横・右横から見える正方形の数はそれぞれ，５＋２＝７(個)である。このほかに，かげをつけた面とその向かい側の面，さらに，矢印のところにある面とその向かい側の面が合わせて８個ある。よって，表面に出ている正方形の数は，(18＋10＋７)×２＋８＝78(個)なので，立体Ｂの表面積は，(10×10)×78＝7800(cm^2)と求められる。

図②
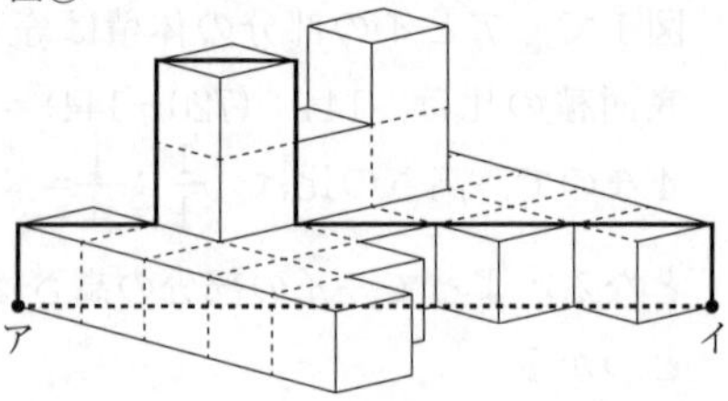

(3)　切り口は，右上の図②の太線部分になる。よって，たて10cm，横14cmの長方形が，下から１段目に５個，下から２段目に１個，下から３段目に１個あるから，切り口の面積は，(10×14)×(５＋１＋１)＝980(cm^2)とわかる。

社　会　＜第１回試験＞（理科と合わせて60分）＜満点：50点＞

解　答

1　**問１**　エ　**問２**　ウ　**問３**　ア　**問４**　元寇　**問５**　イ　**問６**　(例)　幕府は，小判１枚あたりにふくまれる金の量を減らす改鋳を行った。その狙いは，鋳造できる小判の量を増やして，幕府の財政を安定させることであった。　**問７**　イ　**問８**　沖縄県　**2**　**問１**　ウ　**問２**　イ　**問３**　ウ　**問４**　①　沖合　②　ウ　**問５**　①　ウ　②　(例)　ペットボトルのお茶の原料である三・四番茶の生産量が増加しても，価格は一番茶に比べて安く，一方で，お湯で入れる高価な一番茶の生産量が減少しているため，茶栽培農家の収入増にはつながらないから。　**問６**　西之島　**3** **問１**　①　動画配信　②　北里柴三郎　**問２**　①　イ　②　エ　**問３**　イ　**問４**　ア

解　説

1 **各時代の歴史的なことがらについての問題**

問１　A 『日本書紀』には，683年，天武天皇が銅銭を使うよう命じたという記録がある。このときつくられたと考えられているのがＹの富本銭で，唐(中国)の開元通宝を手本としてつくられた日本最古の鋳造貨幣《ちゅうぞうかへい》とされている。　B　Ｚは永楽通宝で，明(中国)の第３代皇帝永楽帝の時代につくられた。日本へも，室町幕府が始めた日明(勘合《かんごう》)貿易によって大量に輸入され，広く流通した。　C　江戸幕府の第３代将軍徳川家光の時代には，江戸と近江《おうみ》坂本(滋賀県)に銭座が設けられ，ここで1636年からＸの寛永通宝の鋳造が開始された。寛永通宝は，江戸時代を通じて広く用いられた。

問２　記述の内容はそれぞれ，アが１世紀(57年)，イが５世紀，ウが３世紀(239年)，エが紀元前１世紀の日本のできごとなので，古いものから順番にエ→ア→ウ→イとなる。

問３　平安時代なかばには，遣唐使の停止によって唐の影響《えいきょう》がうすれたことから，日本風の文化である国風文化が栄えた。この時期につくられたのがアの平等院鳳凰《ほうおう》堂で，藤原頼通《よりみち》が京都宇治に建てた阿弥陀《あみだ》堂である。なお，イは室町幕府の第８代将軍足利義政が建てた銀閣，ウは明治時代に建てられた鹿鳴館《ろくめいかん》，エは鎌倉時代に建てられた東大寺南大門。

問４　鎌倉幕府の第８代執権《しっけん》北条時宗のとき，元(中国)の皇帝フビライ＝ハンは日本をその支配下におこうとして何度も使者を送ってきたが，時宗がこれを強く断ると，フビライは1274年(文永の役)と1281年(弘安の役)の２度にわたって大軍を送り，北九州にせめてきた。これを元寇《げんこう》といい，日本軍は元軍の集団戦法や「てつはう」という火器などに苦しめられたが，２度とも暴風雨が発生して元軍の船が多く沈《しず》んだこともあり，元軍を追い返すことに成功した。

問５　Ｙは兵庫県中部にあたり，かつてここには生野《いくの》銀山があった。室町時代に但馬《たじま》国(兵庫県北部)の山名氏が本格的な開発を始めて以降，日本有数の銀山として大量の銀を産出し，織田信長，豊臣秀吉，徳川家康はここを直轄《ちょっかつ》地とした。なお，Ｘは島根県出雲《いずも》市周辺にあたり，そのやや南西には石見《いわみ》銀山があった。また，ｂは甲斐《かい》国(山梨県)にあった黒川金山について説明した文。

問６　資料１から，元禄小判の１枚あたりの金含有《がんゆう》率(金貨にふくまれる金の割合)が慶長小判に比べてかなり低いことがわかる。これにより，資料２にあるように，江戸幕府は金貨の発行枚数を増やした。金貨の価値を下げてまで発行枚数を増やした背景には，幕府の財政が苦しいという事情があった。江戸幕府の第５代将軍徳川綱吉が政治を行っていた元禄期には，明暦の大火(1657年)からの復興や大寺院の建設などによって幕府の財政が苦しくなっており，これを改善するために質を落とした元禄小判が鋳造されたが，貨幣価値の下落は物価上昇を招き，かえって経済は混乱した。

問７　明治時代初期の1871年，岩倉具視《ともみ》を大使とする使節団は不平等条約の改正を目的として欧米諸国に渡った。不平等条約の改正ははたせなかったが，使節団が見聞した欧米の政治制度や技術は，その後の政治に大きな影響をあたえた。なお，アは1929～30年，ウは1931～32年，エは1932年のできごとで，いずれも昭和時代(1926年から1989年まで)にあたる。

問８　2000年の主要国首脳会議（サミット）は「九州・沖縄サミット」とよばれ，首脳会合が沖縄県で開催された。これに合わせて2000円札が発行され，表には沖縄県にある守礼門が，裏には「源氏物語絵巻」と「紫式部日記絵巻」の一部がデザインされた。

2　下田の地形図を題材とした問題

問１　ア「立野」付近では，国道もトンネル（⊣---⊢）を通っている。　イ　実際の距離は，（地形図上の長さ）×（縮尺の分母）で求められる。地形図の縮尺は２万５千分の１なので，地形図上の3.2cmの実際の距離は，3.2×25000＝80000（cm）＝800（m）となる。　ウ「下田港」という文字の北東（右上）には海岸段丘《だんきゅう》（海成段丘）が見られ，その上部の平たんな場所には果樹園（♁）がある。また，「下田港」という文字の東（右）などには畑（∨）が見られるので，野菜が栽培されていると考えられる。なお，下田港周辺の地形は，海底にあった平たんな場所が段階的に隆起してできた海岸段丘である。　エ　縮尺２万５千分の１の地形図では，等高線の主曲線（細い線）は10mおき，計曲線（太い線）は50mおきに引かれている。市役所（◎）の前にある「新下田駅」と「寝姿山駅」はロープウェイ（─┼──┼─）で結ばれており，等高線から，「新下田駅」は標高10m以下，「寝姿山駅」は標高150～160mほどとわかる。

問２　下田は，静岡県東部で南に突《つ》き出す伊豆半島の南東に位置しており，1854年の日米和親条約で開港された場所として知られている。なお，アには御前崎《おまえざき》（静岡県），ウには三浦海岸（神奈川県），エには千倉海岸（千葉県）がある。

問３　八丈島《はちじょうじま》は，伊豆半島南方の太平洋上に連なる伊豆諸島にふくまれる島で，東京都に属する。太平洋側の気候に属しており，梅雨の時期と台風の時期には特に降水量が多くなる。なお，アは札幌市（北海道），イは岡山市，エは金沢市（石川県）の雨温図。

問４　①　漁業は大きく，遠洋漁業，沖合漁業，沿岸漁業，養殖業の４つに分けられる。沖合漁業は近年，漁業生産量の中で最も大きな割合を占《し》めている。　②　ア　漁業生産量は，増減しながら1984年にピークをむかえている。このときの生産量は1282万トン，2016年の生産量は436万トンなので，436÷1282×100＝34.0…（％）より，約３分の１に減ったことになる。　イ　1995年から2000年にかけての時期などで，前年よりも遠洋漁業の生産量が増えた年があり，生産量が「減少し続け」たわけではない。　ウ　資料から読み取れることとして正しい。　エ　2010年代の海面養殖業の生産量は，国内全漁業生産量の50％に達するほど多くない。

問５　①　1854年に日米和親条約が結ばれると，1856年には初代駐日《ちゅうにち》総領事としてハリスが来日した。ハリスは江戸幕府に通商条約を結ぶよう求め，江戸幕府の大老井伊直弼《なおすけ》は朝廷の許しを得ないまま，1858年にハリスとの間で日米修好通商条約を結んだ。　②「※」と資料２，資料３から，お湯で入れる高価な一番茶が売れることが，茶栽培農家の収入増につながると考えられる。しかし，資料１より，一番茶の生産量は2018年にやや増加したものの，全体的には減少傾向《けいこう》にあるといえる。一方，安価で，おもに茶飲料に使用される四番茶や秋冬番茶は，少しずつだがその割合が増加傾向にある。つまり，あまり大きな収益が上がらない三番茶や四番茶・秋冬番茶の生産量が増えても，収益が高い一番茶の生産量が減少してしまうと，茶栽培農家の収入増は見こめないといえる。

問６　西之島《にしのしま》は小笠原《おがさわら》諸島（東京都）に属する無人の火山島で，2013年に付近で海底火山が噴火して新島が出現した。その後も噴火が続き，流れ出た溶岩《ようがん》で新島と西之島がくっついて１つの島となったため，面積が拡大した。

3　2021年のニュースを題材にした問題

問１　①　新型コロナウイルス感染症《かんせんしょう》の拡大によって外出の自粛《じしゅく》が要請され，在宅時間が増えたことから，資料２中にあるような有料動画配信サービスを利用する人が増えた。そのため，資料１にあるように，2020年の有料動画配信サービスの市場規模は，急激に拡大した。　②　北里柴三《しばさぶ》郎《ろう》は明治時代の中ごろにドイツへ渡り，結核菌《きん》やコレラ菌の発見で知られるローベルト＝コッホのもとで研究中に破傷風の血清療法《りょうほう》を発見したことで，世界的に知られる細菌学者となった。1894年には政府の命令でおもむいた香港《ホンコン》でペスト菌を発見するなど，近代医学の発展に貢献《こうけん》した。2024年発行予定の新1000円札には，北里柴三郎の肖像《しょうぞう》が用いられる。

問２　①　大日本帝国憲法は1889年２月11日に公布された。この日は，初代天皇である神武《じんむ》天皇が即位《そくい》した日とされ，現在は建国記念の日という祝日になっている。日本国憲法は1946年11月３日に公布，翌47年５月３日に施行され，現在，11月３日は文化の日，５月３日は憲法記念日という祝日になっている。　②　地方公共団体が憲法と法律の範囲《はんい》内で定め，その地域のみに適用されるきまりを条例という。なお，条約は内閣が外国や国際機関との間で結び，国会が承認する。法律は国会が制定する。政令は，法律で定められたことを行うために内閣が出す。

問３　ミャンマーは東南アジアに位置する国で，2021年にはクーデタ（クーデター）が起こって軍事政権が復活した。なお，アはインド，ウは中国，エは韓国。

問４　ア　資料１から，米の自給率は９割を超《こ》えていることが読み取れる。一方，資料２より，水陸稲の農地面積は1965年が約320万ha，2015年が約150万haで，減少の幅は２分の１ほどであることがわかる。　　イ　資料１より，果物の自給率は低下か横ばいを続けており，1995年以降は20年以上にわたって５割を下回る状態が続いているので，正しい。　ウ　資料１より，1995年以降の肉類の自給率は５割程度で推移している。また，飼料自給率は1985年以降，３割にとどかない状態であることから，残りの７割以上を輸入に頼っていると判断できる。よって，正しい。　エ　資料２より，農地面積は低下かほぼ横ばいが続いている。また，2005年以降は耕地利用率が90％程度となっており，放置されている農地があると推測できる。

理　科　＜第１回試験＞（社会と合わせて60分）＜満点：50点＞

解　答

1　**問１**　3.9km　**問２**　④　**問３**　50g　**問４**　⑴　百葉箱　⑵　④　⑶　日光
2　**問１**　4.8g　**問２**　22.5L　**問３**　3.6g　**問４**　3.0g　**問５**　19.25L　**3**　**問１**　②　**問２**　⑤　**問３**　（例）お花からめ花へ，虫によって花粉が運ばれなかったから。
問４　⑴　8.0g　⑵　2.4g　⑶　$16.7cm^2$　**4**　**問１**　５つ　**問２**　い４　**問３**　え５　**問４**　く13

解　説

1　小問集合

問１　一定の割合で加速または減速しているときに進む距離《きょり》を求めるさいは，その間の平均の速さを用いて求める。速さが一定の割合で変化するときの平均の速さは，速さが変化をするちょうど真ん中の時間の速さと等しくなるから，{(初めの速さ)＋(終わりの速さ)}÷２で求められる。よって，記録１で進んだ距離は，時速72km＝秒速20mより，(０＋20)÷２×20＝200(m)となる。次に，記録２で進んだ距離は，20×60＝1200(m)で，記録３で進んだ距離は，時速108km＝秒速30mより，(20＋30)÷２×10＝250(m)になる。そして，記録４で進んだ距離は，30×60＝1800(m)で，記録５で進んだ距離は，(30＋０)÷２×30＝450(m)となる。以上より，Ａ駅からＢ駅までの距離は，200＋1200＋250＋1800＋450＝3900(m)，つまり3.9kmである。

問２　卵白にふくまれる主な栄養素はタンパク質なので，タンパク質にはたらく消化こう素を選べばよい。リパーゼは脂質《ししつ》，アミラーゼとマルターゼは炭水化物，ペプシンはタンパク質にそれぞれはたらく。

問３　つくる16％の食塩水には，食塩が，200×0.2＝40(g)ふくまれるので，16％の食塩水全体の重さは，40÷0.16＝250(g)になる。よって，加える水は，250－200＝50(g)とわかる。

問４　(1)　写真にある白色の箱は百葉箱といい，自記温度計や乾湿《かんしつ》計などの観測器具が収められている。　(2)　湿球の液だめに巻いてあるガーゼにふくまれる水が蒸発するときに熱をうばうので，湿球の示す温度の方が乾球の示す温度よりも低くなる(ただし，湿度100％のときは同じ温度を示す)。　(3)　同じ気温であっても，日なたでは暖かく感じ，日かげではすずしく感じるように，気温や湿度のほかに日光の当たり方でも暑さの感じ方は変わる。黒球は太陽の熱をほとんど反射しないため，黒球温度は日光が暑さの感じ方にあたえる影響《えいきょう》の度合いを考えるのに用いられていると考えられる。

2　アルコールの燃焼についての問題

問１　反応前の物質(アルコールと酸素)の重さの合計と，反応後の物質(二酸化炭素と水)の重さの合計は等しくなる。よって，表１で，アルコールＢの燃焼時にできた水の重さを□gとすると，4.0＋8.4＝7.6＋□となるから，□＝12.4－7.6＝4.8(g)とわかる。

問２　アルコールＡ4.0gの燃焼に必要な酸素の重さは6.0gで，その体積は，3.0×6.0÷4.0＝4.5(L)である。空気中には体積の割合で酸素が20％ふくまれているので，燃焼に必要な空気の体積は少なくとも，4.5÷0.2＝22.5(L)である。

問３　空気3.0Lにふくまれている酸素の体積は，3.0×0.2＝0.6(L)で，この重さは，4.0×0.6÷3.0＝0.8(g)である。また，ふくまれているちっ素の体積は，3.0×0.8＝2.4(L)で，この重さは，3.5×2.4÷3.0＝2.8(g)になる。したがって，空気3.0Lの重さは，0.8＋2.8＝3.6(g)となる。

問４　混合物がもしアルコールＡだけだとすると，燃焼に必要な酸素は6.0gになるが，実際に必要だったのは6.6gで，6.6－6.0＝0.6(g)の差がある。また，燃焼に必要な酸素は，アルコールＡ1.0gあたりでは，6.0÷4.0＝1.5(g)，アルコールＢ1.0gあたりでは，8.4÷4.0＝2.1(g)となる。したがって，混合物中のアルコールＢは，0.6÷(2.1－1.5)＝1.0(g)とわかるから，混合物中のアルコールＡは，4.0－1.0＝3.0(g)である。

問５　アルコールＡ2.0gの燃焼に必要な酸素は，6.0×2.0÷4.0＝3.0(g)で，その体積は，3.0×3.0÷4.0＝2.25(L)である。よって，空気20L中に酸素は，20×0.2＝４(L)ふくまれているから，ここでは燃焼後に酸素があまる。一方，アルコールＡ2.0gの燃焼により発生する二酸化炭素は，5.6×2.0÷4.0＝2.8(g)で，その体積は，3.0×2.8÷5.6＝1.5(L)になる。したがって，アルコールＡを燃焼させた後の気体の体積は，20－2.25＋1.5＝19.25(L)とわかる。

3 野菜とその育ち方についての問題

問１　おしべかめしべのどちらか一方しか持たない花を単性花といい，おしべとめしべの両方を持つ花を両性花という。ジャガイモは白色やむらさき色の両性花をさかせる。

問２　ジャガイモの場合，地下で枝分かれしたくきの先がふくらんでできたイモを食べるので，可食部はくきである。また，タマネギの場合，ごく短いくきからのびた厚みのある葉が何重にも重なってできた球の部分を食べるから，可食部は葉といえる。

問３　カボチャは単性花をさかせるため，お花でつくられた花粉がめ花のめしべまで運ばれないと受粉できない。よって，受粉には花粉を運ぶ虫の助けが必要となる。ここでは，カボチャにネットを張ったため，花粉を運ぶ虫が花に近寄れなくなり，受粉ができず，実ができなかったと考えられる。

問４　⑴　表２を見ると，１区画に植えられた芽の数が16本以下では，１本当たりのかんそう重量が8.0gで一定である。よって，１区画に12本の芽を植えたときも，１本当たりのかんそう重量は8.0gになると考えられる。　⑵　１区画に植えられた芽の数が32本以上では，１区画に植えられた芽の数と１本当たりのかんそう重量が反比例している。したがって，１区画に80本の芽を植えた場合，その本数は32本の，$80 \div 32 = \frac{5}{2}$(倍)なので，１本当たりのかんそう重量は32本のときの$\frac{2}{5}$倍である，$6.0 \times \frac{2}{5} = 2.4$(g)になる。　⑶　１本当たりのかんそう重量の最大値は8.0gなので，そのときに１区画に植えられた芽の数が最も多くなる場合を考える。つまり，１区画に植えられた芽の数を増やしていったとき，１本当たりのかんそう重量が8.0gで一定である範囲《はんい》と，反比例して減っていく範囲の境目を求めることになる。１区画に植えられた芽の数が32本のとき，１本当たりのかんそう重量は6.0gであるが，これは8.0gの，$8.0 \div 6.0 = \frac{4}{3}$(倍)だから，１本当たりのかんそう重量が8.0gのときの１区画に植えられた芽の数は，$32 \times \frac{3}{4} = 24$(本)とわかる。このときの１本当たりの土地面積は，400÷24＝16.66…より，16.7cm^2である。

4 光の反射についての問題

問１　光は「あ３」→「い１」→「え５」→「お３」→「え１」→「い５」→「あ３」の順に進むので，５回反射して発射点にもどる。なお，この光の通る線は「う３」を２回通る。

問２　「い４」の位置に鏡を置くと，光は「あ３」→「い４(鏡)」→「お１」の順に進む。

問３　鏡を置かないとき，光は「あ３」→「い１」→「お７」→「き３」→「か１」→「う７」→「あ３」の順に進む。この光の通る線は「え５」を２回通るので，この位置に鏡を置くと，光は「あ３」→「い１」→「え５」→「か１」→「き３」→「お７」→「え５」→「う７」→「あ３」の順に進む。このとき，鏡を置かないときの光が通る線と鏡を置いたときの光が通る線は同じになる。

問４　問１より，タテの列が「５」までの装置では，光の通る線は「う３」を２回通り，問３より，タテの列が「７」までの装置では，光の通る線は「え５」を２回通る。また，タテの列が「９」までの装置の場合を考える(図２のタテとヨコを２列ずつ増やして光の通り道を調べるとよい)と，光の通る線は「お７」を２回通ることがわかる。よって，「あ３」から「い１」に向けて発射した光が２回通る点は，ヨコの列においては中央の位置，タテの列においては下から３列目の位置であることがわかる。この規則性にそうと，ヨコの列が「あ」～「そ」，タテの列が「１」～「15」まである装置の場合，ヨコの列の中央は「く」，タテの列の下から３列目は「13」であるから，「く13」を２回通ると考えられる。

国　語　＜第１回試験＞（60分）＜満点：100点＞

解　答

一 **問１**　**Ａ**　エ　**Ｂ**　ア　**問２**　イ　**問３**　ウ，エ　**問４**　エ　**問５**　ア　**問６**　（例）「特別な助け」によってジョジーが元気になるというクララの判断(が正しいことを願う。)　**問７**　（例）　自分が高性能のロボットではないことから，自分がジョジーを満足させる対応ができず，むしろジョジーを怒らせていると感じ，ジョジーは自分のことを友達とは思っていないということ。　**問８**　ウ　二 **問１**　**Ａ**　エ　**Ｂ**　イ　**問２**　ウ　**問３**　（例）　ハウは物を移動させて社会に恵みをもたらすことを望むので，物が特定の人や集団にとどまることを嫌うから。　**問４**　ア　**問５**　ウ　**問６**　**Ｘ**　（例）　返さなければならないという義務感　**Ｙ**　（例）　支配する力　**Ｚ**　（例）　返礼がすぐに実行されなくてもよい　**問７**　イ

三 下記を参照のこと。　四 **問１**　（例）　（もちろん，）インターネットが普及している地域の情報しか集めることができない(という反対意見もあるだろう。)　**問２**　（例）　（しかし，）インターネットの普及率は年々上がっていて，他の方法より多くの新しい情報を集めることができる。

●漢字の書き取り

三 ①　前兆　②　安否　③　典型　④　未然　⑤　延(ばす)

解　説

一 **出典はカズオ・イシグロの『クララとお日さま』による。**病弱なジョジーの友達として買われたロボット，「AF(人工親友)」のクララは，自分が高性能ではないので，もうジョジーに友達とは思われていないと感じる。

問１　**Ａ**　「精度」は，仕事などの正確さの程度をいうので，「精度の高い」とは「正確な」という意味になる。　**Ｂ**　「ぞんざい」は，“乱暴な”，“いいかげんな”という意味。ここでは姿勢についてなので「行《ぎょう》儀《ぎ》の悪い」ことを表す。

問２　ジョジーのまねをするように命じるジョジーの母親に対する，クララの答えである。この後，ジョジーの歩き方のまねなら以前よりうまくできると言いつつ，「でも……」ととまどっているので，クララは母親の意図がわからないという意味で「よくわかりません」と言ったものと考えられる。よって，イが合う。

問３　母親の目が「残酷《ざんこく》そうに笑」っていることから，クララがどれほどうまくジョジーのまねができるかを，母親は試そうとしていると思われる。また，「悲しみをいっぱいに湛《たた》えて」いることからは，ジョジーがいないさびしさや，ジョジーが亡くなってしまうのではないかという心配を感じていることがわかる。

問４　はじめ母親はすっかりジョジーと話しているつもりになっており，元気になるという言葉に

対し，ジョジーは幼くて病気の深刻さがわかっていないと考えている。だが，「特別な助け」が来て元気になると聞いて，「いましゃべってるのは誰《だれ》？」といきなり怒《おこ》り出している。これはクララの考えだと母親は気づき，安易な気休めを言われていると感じて腹を立てていると思われるので，エがあてはまる。

問５　「今日のこと」とは，続く母親の言葉にあるとおり，クララにジョジーのまねをさせたことを指す。ジョジーが「変なふうにとる」ことを母親は心配し，クララに口止めしている。ジョジーの死後，クララにジョジーの代わりをさせる準備をしているとジョジーが考えるのを心配しているのである。

問６　ここで母親が話題にしているのは，特別な助けによってジョジーが元気になるとクララが言ったことである。直前の母親の言葉から，母親は，クララが何らかの根拠《こんきょ》にもとづいてそんな希望を述べたのかもしれないと考えていることがわかるので，クララのその判断が正しいことを願っていることになる。

問７　ジョジーはクララに対し，「怒らせるようなこと」はされていないし，クララとは「いい友達」だとは言っているが，ろくにクララのほうを見ようともせず，そっけない態度である。クララは交流会でジョジーが，もっと高性能のAFを買うべきだったと言っていたことを思い出し，自分が高性能のロボットではないためにジョジーを満足させられず，ジョジーを怒らせてしまったのではないかと考えている。そして，ジョジーはもう自分を友達だとは思っていないのではないかと考えている。

問８　クララは，「特別な助け」によってジョジーが元気になるだろうとした発言について，「ちゃんとした根拠のある考え」ではなく「ただの希望」だと母親に言っている。このことから，常に客観的な根拠にもとづいて行動したり発言したりするとはいえないので，ウが選べる。

二　出典は伊藤亜紗《いとうあさ》編『「利他」とは何か』所収の「利他はどこからやってくるのか（中島岳志《なかじまたけし》著）」による。マルセル・モースの『贈与論《ぞうよろん》』から，「クラ交換《こうかん》」，「ハウ」，「ポトラッチ」などの事例を紹介《しょうかい》し，贈与の特徴《とくちょう》や問題について述べている。

問１　**A**　利益や効果を中心に考えるようす。　　**B**　得意そうに示す。

問２　ぼう線①の内容は，直後で，マーケットの論理とクラ交換を区別していると言いかえられている。前の部分に注目すると，「ギムワリ」は商取引だが，「クラ交換」は商取引ではなく，超《ちょう》自然的な神や霊《れい》の力によるものだと説明されている。よって，ウがあてはまる。

問３　直前の文に，「ハウ」は物が「特定の人や集団にとどまり続けることを望まない」とある。「ハウ」が望むのは，その逆の内容で，二段落後にあるように，「物がどんどん移動し，その社会に恵《めぐ》みがもたらされる」ことである。

問４　続く部分にあるように，ハウは贈与によって人と人とのつながりをもたらしていたが，近代社会やマーケットによって，社会的なつながりが贈与によって成立しているというシステム自体が失われたのだから，アがふさわしい。

問５　「ポトラッチ」とは，祝宴《しゅくえん》へ招待した部族に返礼が難しいほどの贈《おく》り物《もの》を渡《わた》すことで，これによって相手の敬意や，相手に対する権力的な地位を得ようとするものだとある。さらに，招待された側の答礼が不十分だと奴隷的《どれいてき》な身分に落とされることもあり，部族間の上下関係が生じるとあるので，ウが合う。

問６　**X**　少し前の「つまり，一方に～」で始まる段落に，贈与された側には「かえさなければいけないという義務感」が生まれると書かれている。**Y**　少し前の「つまり，一方に～」で始まる段落に，贈与した側には「権力的支配」が発生すると述べられている。贈与された負い目を持つ側に対し，支配する力が生まれるのである。　**Z**　四段落前に，一般的《いっぱんてき》互酬性《ごしゅうせい》とは「返礼がすぐに実行されなくてもよい」ものだとある。

問７　本文最初の部分に注目すると，「クラ交換」とは，首飾《くびかざ》りと腕輪《うでわ》の贈与が時計回りと反時計回りに続いていくもので，その体系の持続は社会的な義務だとある。また，贈与を成立させる義務のひとつに贈り物を「受け取る義務」がある。よって，イが合う。

三　漢字の書き取り

①　前ぶれ。予兆。　②　無事かどうかということ。　③　同じ種類のものの中で代表的な性質のもの。　④　あることが起こらないうち。　⑤　音読みは「エン」で，「延長」などの熟語がある。

四　「世界の教育についての情報を得るためにはどうしたらよいか」というテーマに関し，意見や反論を述べる問題

問１　ぼう線部の答えは，インターネットの情報の正確性を問題にしており，理由にある「情報を集める能力の高さ」に対する反対意見にはなっていない。予想される反対意見として適切なものは，「インターネットが普及《ふきゅう》している地域の情報しか集めることができない」などの内容になる。

問２　インターネットの登場以来，情報は以前よりはるかに容易に発信・受信できるようになり，収集できる情報量もけたちがいに多くなった。インターネットの普及率は年々上がっていて，テレビ・ラジオ・新聞といったほかの方法より，新しい情報を多く集めることができると反論すればよいだろう。

2022年度　淑徳与野中学校

〔電　話〕　048(840)1035
〔所在地〕　〒338－0001　埼玉県さいたま市中央区上落合５－19－18
〔交　通〕　JR宇都宮線・京浜東北線「さいたま新都心駅」より徒歩７分
JR埼京線「北与野駅」より徒歩７分

【算　数】〈第２回試験〉（50分）〈満点：100点〉

※　円周率は3.14で計算してください。鉛筆，消しゴム以外は使用しないでください。また，問題用紙を折ったり，やぶったりしないでください。

1　次の問いに答えなさい。

(1)　$\left(0.25+\frac{1}{3}\right)\times\frac{6}{7}+\left(1\frac{5}{6}-0.5\right)\div1\frac{1}{3}$ を計算しなさい。

(2)　$\frac{2\times3\times4+3\times4\times5+4\times5\times6}{2022}$ を計算しなさい。

(3)　$10\times9\times8\times7\times6\times5\times4\times3\times2\times1$ 秒は何週間ですか。

2　次の問いに答えなさい。

(1)　右の図において，印のついた角の大きさの合計は何度ですか。

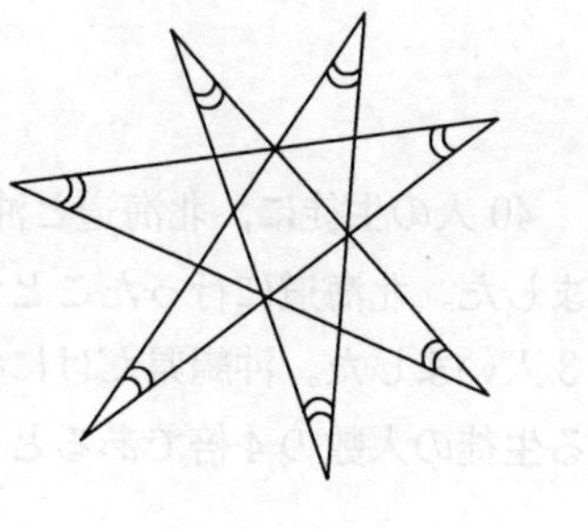

(2)　右の図のように，正三角形の中に円がぴったりと入っていて，さらに，円の中には正六角形がぴったりと入っています。このとき，正三角形の面積は斜線部分の面積の何倍ですか。

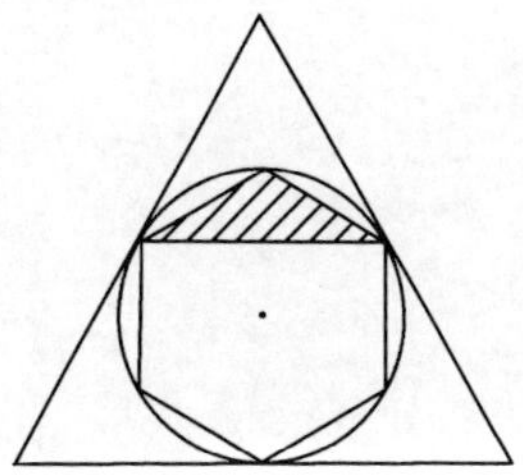

(3)　右の図のように，四角形の外側に半径１cm の円があります。この円を矢印の方向に，四角形の外側に沿って，すべらないように転がして，元の位置まで１周させるとき，円が通ったあとの面積は何 cm^2 ですか。

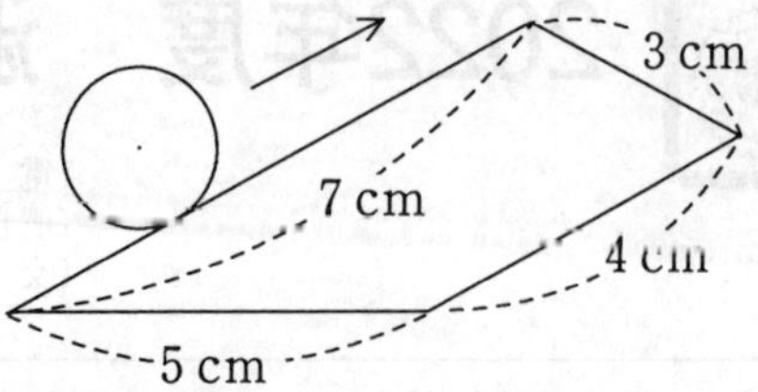

(4)　右の図の直角三角形 ABC を直線 ℓ のまわりに１回転させてできる立体の体積は何 cm^3 ですか。

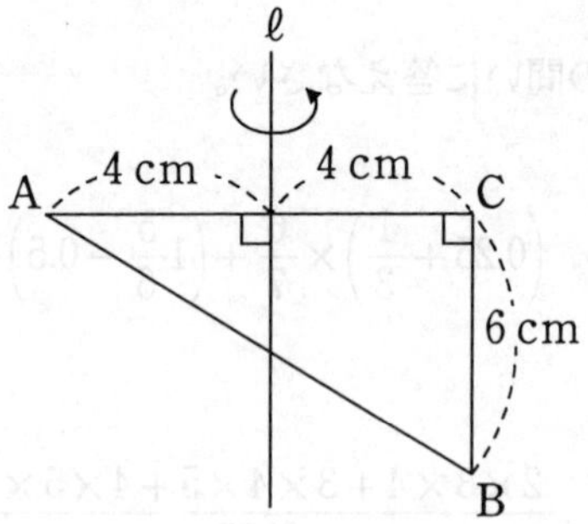

3　次の問いに答えなさい。

(1)　ある仕事をするのに，A さん１人では 40 日，B さん１人では 60 日，A さんと B さんと C さんの３人では 20 日かかります。この仕事を C さん１人で行うと何日かかりますか。

(2)　40 人の生徒に，北海道と沖縄県の２つの地域に行ったことがあるかないかを調査しました。北海道に行ったことがある生徒は 13 人，両方とも行ったことがない生徒は３人いました。沖縄県だけに行ったことがある生徒の人数が，両方とも行ったことがある生徒の人数の４倍であるとき，北海道だけに行ったことがある生徒は何人ですか。

(3)　１番目と２番目の数を１とします。３番目の数は，直前の２つの数を加えた数とします。４番目以降の数は，３番目の数と同じように「直前の２つの数を加えた数」としてつくります。この規則に従ってつくった数を左から順に並べました。

１，１，２，３，５，８，13，21，34，……

このとき，次の問いに答えなさい。

①　14番目の数はいくつですか。

②　３で割り切れる数が４回目に出てくるのは何番目ですか。

③　2022番目までに，３で割って１余る数は何個ありますか。

4　施設Ａ，施設Ｂでは，それぞれ次のような団体料金になっています。

【施設A】

・49人以下のとき，入場料は１人600円
・50人以上のとき，入場料は１人550円

【施設B】

・30人目まで，入場料は１人600円
・31人目から100人目まで，入場料は１人540円
・101人目以降，入場料は１人480円

例えば，団体の人数が150人のときの入場料の総額は，施設Ａでは82500円，施設Ｂでは79800円です。

このとき，次の問いに答えなさい。

(1)　団体の人数が80人のとき，施設Ａの入場料の総額と施設Ｂの入場料の総額の差はいくらですか。

(2)　団体の人数が80人以上のときを考えます。施設Ａに行くよりも施設Ｂに行くほうが入場料の総額が安くなるのは，団体の人数が最低何人のときですか。

5 1より大きい整数 N が与えられたときに，次の規則 (ア)，(イ) に従って1となるまでくり返し計算します。

　　　(ア)　偶数ならその整数を2でわる

　　　(イ)　奇数ならその整数に1を加える

1となるまでくり返し計算した回数を ＜N＞ と表すことにします。

例えば，N が11のとき，　$11 \underset{①}{\to} 12 \underset{②}{\to} 6 \underset{③}{\to} 3 \underset{④}{\to} 4 \underset{⑤}{\to} 2 \underset{⑥}{\to} 1$

のように，6回の計算で1となるので ＜11＞ は6です。
このとき，次の問いに答えなさい。

(1)　＜17＞＋＜19＞ はいくつですか。

(2)　＜N＞ が6となる N のうち，2番目に大きい数はいくつですか。

(3)　＜N＞ が7となる N のうち，3番目に小さい数はいくつですか。

6 下の図1のように，立方体と直方体を組み合わせた立体があります。この立体を4点P，Q，R，Sを通る平面で，三角柱2つを切り落として図2の立体を作りました。
このとき，次の問いに答えなさい。

【図1】【図2】

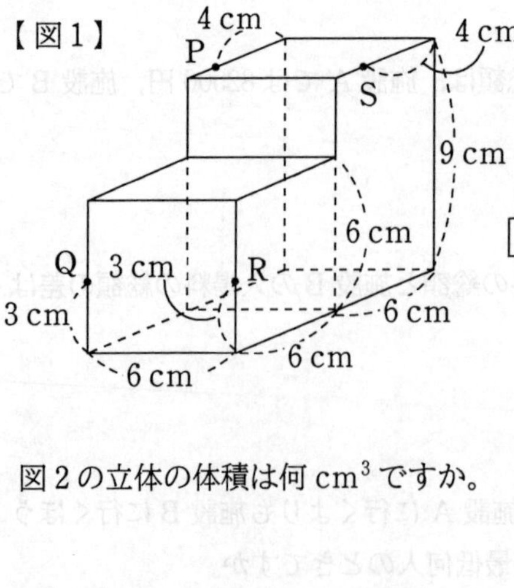

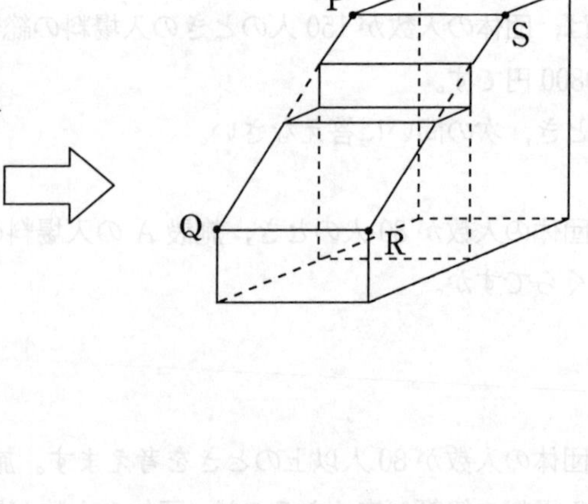

(1)　図2の立体の体積は何 cm³ ですか。

(2)　図2の立体の表面積と，切り落とした2つの三角柱の表面積の合計との差は何 cm² ですか。

【社　会】〈第２回試験〉（理科と合わせて50分）〈満点：50点〉

1　次の文章を読み、以下の問に答えなさい。

近年、脱印鑑《いんかん》の動きが進んでいます。デジタル改革関連法の成立により、２０２１年９月からは行政手続きでの印鑑が原則として不必要となり、婚姻《こんいん》届なども本人の署名のみで届出が可能となりました。一方で、重要な書類には印鑑を押すべきだとの声も根強く残っています。世界的に見ても限られた印鑑使用国の中で、更に独自の印鑑文化を形成している日本。どのようにしてその印鑑文化が形成されたのか、歴史をたどってみましょう。

まず、世界で印鑑の使用を始めたのは、紀元前５０００年ごろの(1)メソポタミア文明だといわれています。アジアでは中国を中心に印鑑文化が花開き、やがて印鑑は「権力・身分の証《あかし》」となっていきました。中国の皇帝は、自分の臣下と認めた証として、臣下の身分に応じて印鑑を与えました。日本に印鑑が伝来したのも中国との関係の中でのことであり、弥生時代にあたる５７年に、九州にあった小国の王が中国皇帝に金印を与えられたのが、日本に印鑑が伝来した最古の記録となっています。

しばらくは使用が拡大した様子は見られず、日本において印鑑の使用が本格化したのは、(2)律令制度が整えられて以降のことでした。ただし、これは役所などが行政の場において用いたのみで、個人の印としての使用が始まるのは(3)平安時代に入ってからです。平安時代の終わりには、花押《かおう》とよばれる独特のサインが登場し、(4)鎌倉時代から室町時代、いわゆる中世とよばれる時代には、この花押が隆盛しました。中世は印鑑ではなくサイン文化が中心であったといえます。

印鑑文化が復興するのは戦国時代で、利便性に着目した戦国大名により、様々な印鑑がつくられました。(5)江戸時代に入ると、商工業の発展から町人にも印鑑は拡大し、この頃に現代につながる印鑑登録制度の原点が生まれました。そして、(6)明治時代に入り、公の印鑑は全て法律の規定に従って管理・使用されることとなり、印鑑登録制度が導入されたのです。

現代でも、印鑑を偽造《ぎぞう》して公文書を偽造すると１年以上１０年以下の懲役《ちょうえき》となる罰が刑法によって定められており、日本社会において印鑑は、(7)本人であることの証明や文書の不正を防ぐ役割も果たしてきました。デジタル技術の発展による偽造の増加や代替《だいたい》手段の増加、ペーパーレス化促進などから印鑑廃止が叫《さけ》ばれる一方、新たなしくみの整備など、その拡大にもまだ課題があります。ついに変化を始めた日本の印鑑文化は、今後どのように展開していくのでしょうか。

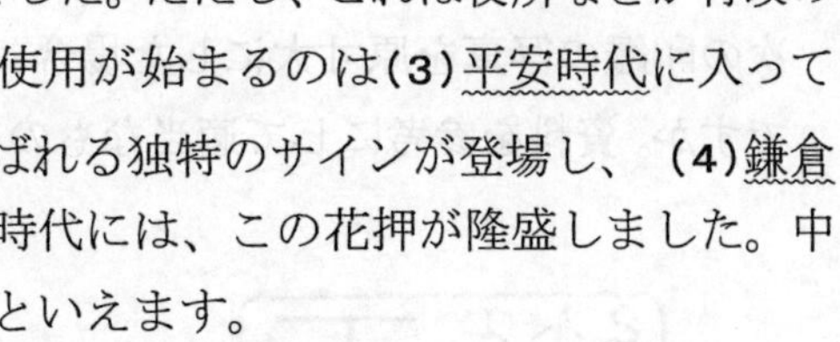

漢委奴国王印（福岡市の文化財ＨＰより）

問１　波線部（１）について、メソポタミア文明は、古代文明の中でも、最も古い文明の１つです。エジプトでも古代文明が発達しましたが、何という川のほとりに成立しましたか。答えなさい。

問２　波線部（２）について、

①　律令制度は、７０１年の大宝律令の制定により、日本でも本格的に運用されるようになりました。当時の天皇の祖母で、大宝律令の制定にかかわったとされる、日本史上初の太上天皇（上皇）は誰ですか。適当なものを１人選び、**ア～エ**の記号で答えなさい。

ア　聖武天皇　　**イ**　天武天皇

ウ　推古天皇　　**エ**　持統天皇

②　律令制度で使用された印鑑は、使用する部署によって大きさが異なりました。次の印鑑の写真を原寸大にした場合、**2番目に**大きいと考えられるものはどれですか。資料を参考にして適当なものを１つ選び、**ア～エ**の記号で答えなさい。

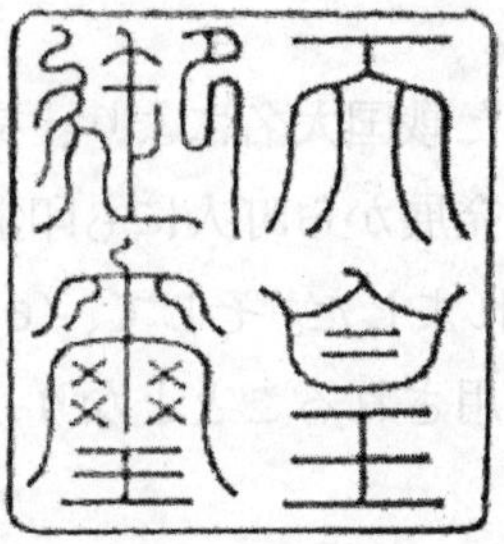

ア

イ

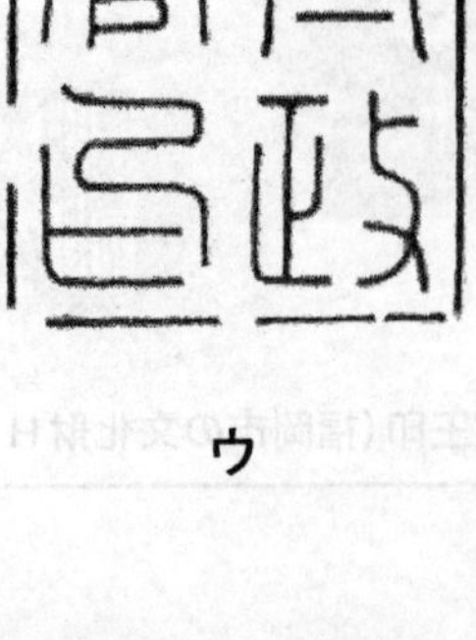

ウ

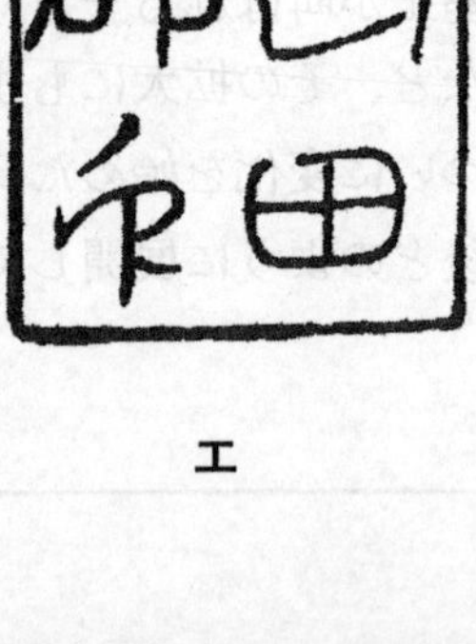

エ

資料　　律令官制の組織図

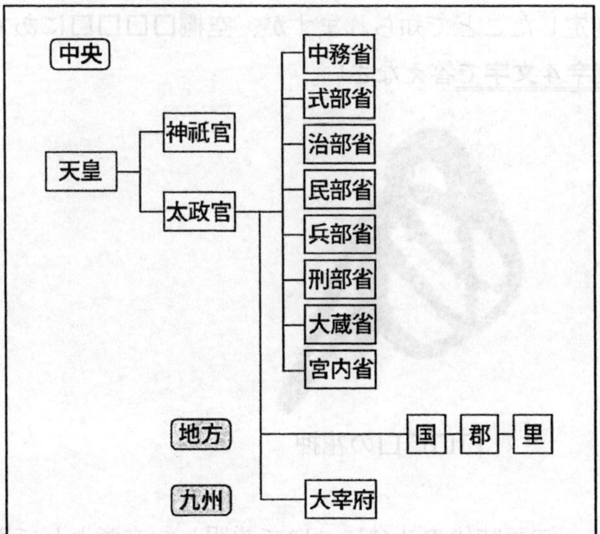

問3　波線部(3)について、平安時代後期に即位した後三条天皇は独自の政治改革を行い、藤原氏による摂関政治から上皇(法皇)による院政といった政治の大転換において、重要な役割を果たしました。関白であった藤原頼通は、後三条天皇の即位を長年にわたり阻《はば》んでいたといわれますが、それはなぜですか。**下の系図を参考にして、藤原氏が摂関政治で権力をにぎることができた理由と、後三条天皇とその前の天皇たちとの違いについてふれながら**、説明しなさい。

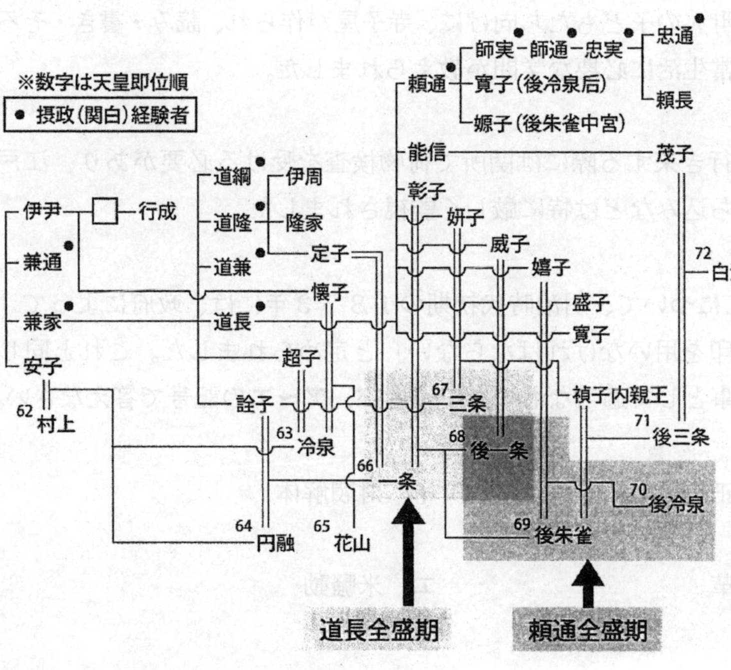

問４　波線部（**４**）について、次の写真は、鎌倉時代のある人物の花押です。この人物は、御成敗式目を制定したことで知られますが、空欄□□□□にあてはまる人物はだれですか。**漢字４文字で**答えなさい。

□□□□の花押

問５　波線部（**５**）について、江戸時代の社会について説明した文章として**適当でないもの**を１つ選び、**ア～エ**の記号で答えなさい。

ア　産業の発展と貨幣増産による経済の活性化により、元禄時代は経済の中心地である大阪の町人を中心とした文化が花開きました。

イ　三大改革の時代には、飢饉《ききん》の後を中心に、都市の貧しい人が米商人らを襲《おそ》い、家や家財を破壊する世直し一揆が多発しました。

ウ　農民や町人の子どもたち向けに、寺子屋が作られ、読み・書き・そろばんなどの日常生活に必要な学問が教えられました。

エ　街道を行き来する際には関所で荷物検査を受ける必要があり、江戸への武器の持ち込みなどは特に厳しく監視されました。

問６　波線部（**６**）について、明治時代初期の１８７３年には、政府によって「証明書には必ず実印を用いなければならない」と定められました。これと同じ年におこった出来事として適当なものを１つ選び、**ア～エ**の記号で答えなさい。

ア　地租改正　　　**イ**　財閥解体

ウ　農地改革　　　**エ**　米騒動

問７　波線部（７）について、災害時に本人証明のために銀行に届け出ている印鑑を紛失《ふんしつ》した場合、本人であることが確認できれば、多くの銀行では一定額までお金が引き出せる特別な対応がとられます。日本は世界の中でも自然災害の多発する国の１つですが、次の状況下で、必ず住宅を離れて避難《ひなん》するべき人として**適当な組み合わせ**を１つ選び、**ア～エ**の記号で答えなさい。

> **条件**
> **・天気予報では、想定総雨量から堤防が決壊する可能性が高いとしている。**
> **・付近での土砂崩れによる、土石流の恐れはないものと仮定する。**

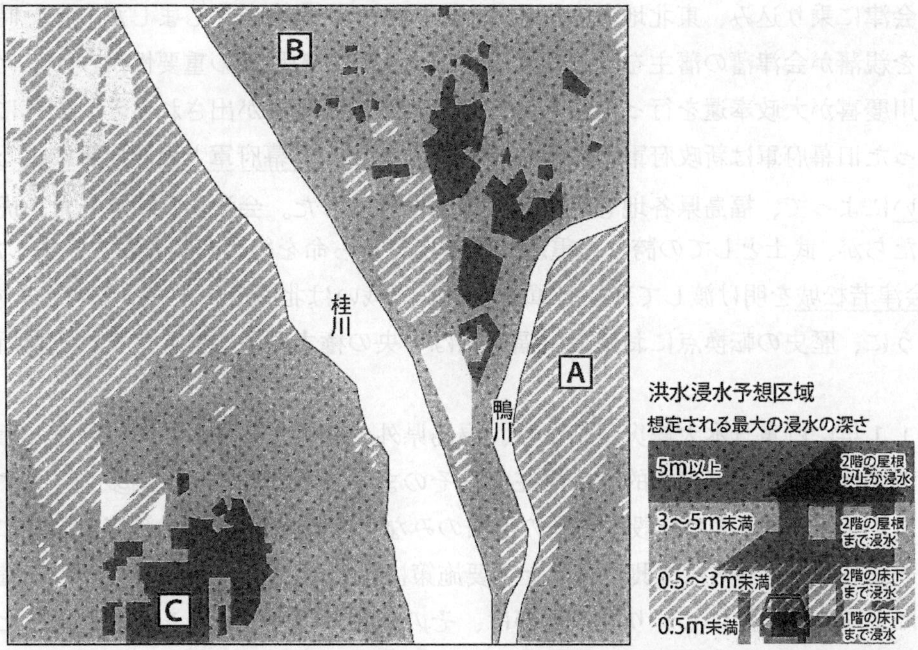

（出典：『京都市水害ハザードマップ南区』より作成）

X　**A**地点の、１階建ての住宅（平屋）に住む人。

Y　**B**地点の、２階建ての住宅に住む人。

Z　**C**地点の、３階建ての住宅に住む人。

ア　**X**が適当　　　　**イ**　**X・Y**が適当

ウ　**X・Y・Z**が適当　　　　**エ**　いずれも不適当

2 次の文章を読み、以下の問に答えなさい。

(1) 福島県は東北地方の最南端にあり、総面積は北海道、岩手県についで全国３位の広さを持つ県です。２０００メートル前後の山々が連なる日本最長の□□□□が県域の中央を南北に走り、その東側を阿武隈《あぶくま》高地がさらに二分しています。この２つの山地により、福島県は降雪の多い会津地方、冬でもあまり雪が降ることのない浜通り、その間にはさまれた中通りの３つの地域に区分されます。

福島県は、東北地方のなかでは早くから中央の影響を受ける地域でした。奈良時代から平安時代にかけて、中央政府と蝦夷の対立が激しくなった時にはこの地域の人々は政府軍の一部として動員されました。戦国時代には小田原の北条氏を攻略した豊臣秀吉が会津に乗り込み、東北地方の支配体制についての命令を下しました。江戸時代の大半を親藩が会津藩の藩主をつとめたことからも、この地域の重要性がうかがえます。徳川慶喜が大政奉還を行ったのちに、王政復古の大号令が出されると、これに不満をもった旧幕府軍は新政府軍と戦争を始めます。(2) 旧幕府軍と新政府軍による激しい戦いによって、福島県各地も悲惨《ひさん》な戦場となりました。会津藩が組織した白虎隊の少年たちが、武士としての誇りを重んじ飯盛山で自ら命を絶つ悲劇もおこりました。(3) 会津若松城を明け渡して新政府軍に降伏し、戦いは北海道へと移っていきます。このように、歴史の転換点において、福島県は中央の権力闘争に巻き込まれる場所でした。

２０１１年には東日本大震災がおこり、福島県外に避難する住人も多くいました。ここ埼玉県は受け入れに積極的で、現在でもそのまま暮らしている人が多くいます。震災から１１年、被災地の施設や設備の復旧のみならず観光業や (4) 経済も徐々に回復してきました。福島県は復興にむけた主要施策に (5) 再生可能エネルギーの飛躍的な推進による新たな社会づくりを位置づけ、その先駆けの地となることを目指した取り組みが行われています。しかし、帰還困難区域の避難指示解除や廃炉、汚染水の処理を巡る問題については未《いま》だ解決の目途《めど》は立っていません。科学的に安全が保証されてもなお、風評被害は根強く残っています。

このような状況のなか、昨年に開催された東京オリンピックでは、福島県産の桃を絶賛する各国代表の様子が世界に発信されました。いまわたしたちにできることは、共に復興へと取り組む姿勢をもつことではないでしょうか。

東日本大震災・原子力災害伝承館

問１　文中の空欄□□□□にあてはまる語句を**漢字４文字で**答えなさい。

問２　波線部（１）について、

①　福島県の民芸品として適当なものを１つ選び、**ア～エ**の記号で答えなさい。

ア

イ

ウ

エ

②　次の表は２０１９年の果物の都道府県別収穫量のランキングです。福島県を示すものとして適当なものを１つ選び、**ア～エ**の記号で答えなさい。（同じ記号には同じ県が入ります。）

	１位	２位	３位	４位
りんご	青森県	**ア**	岩手県	**イ**
日本なし	茨城県	千葉県	栃木県	**ウ**
もも	**エ**	**ウ**	**ア**	**イ**
ぶどう	**エ**	**ア**	**イ**	岡山県
さくらんぼ	**イ**	北海道	**エ**	秋田県

（農林水産省 HP より作成）

問３　波線部（２）について、１８６８年におこり、１８６９年まで続いた戦いを何といいますか。答えなさい。

問４　波線部（３）について、次の地形図は会津若松市のものです。この地形図から読み取れることとして<u>**適当でないもの**</u>を１つ選び、**ア～エ**の記号で答えなさい。

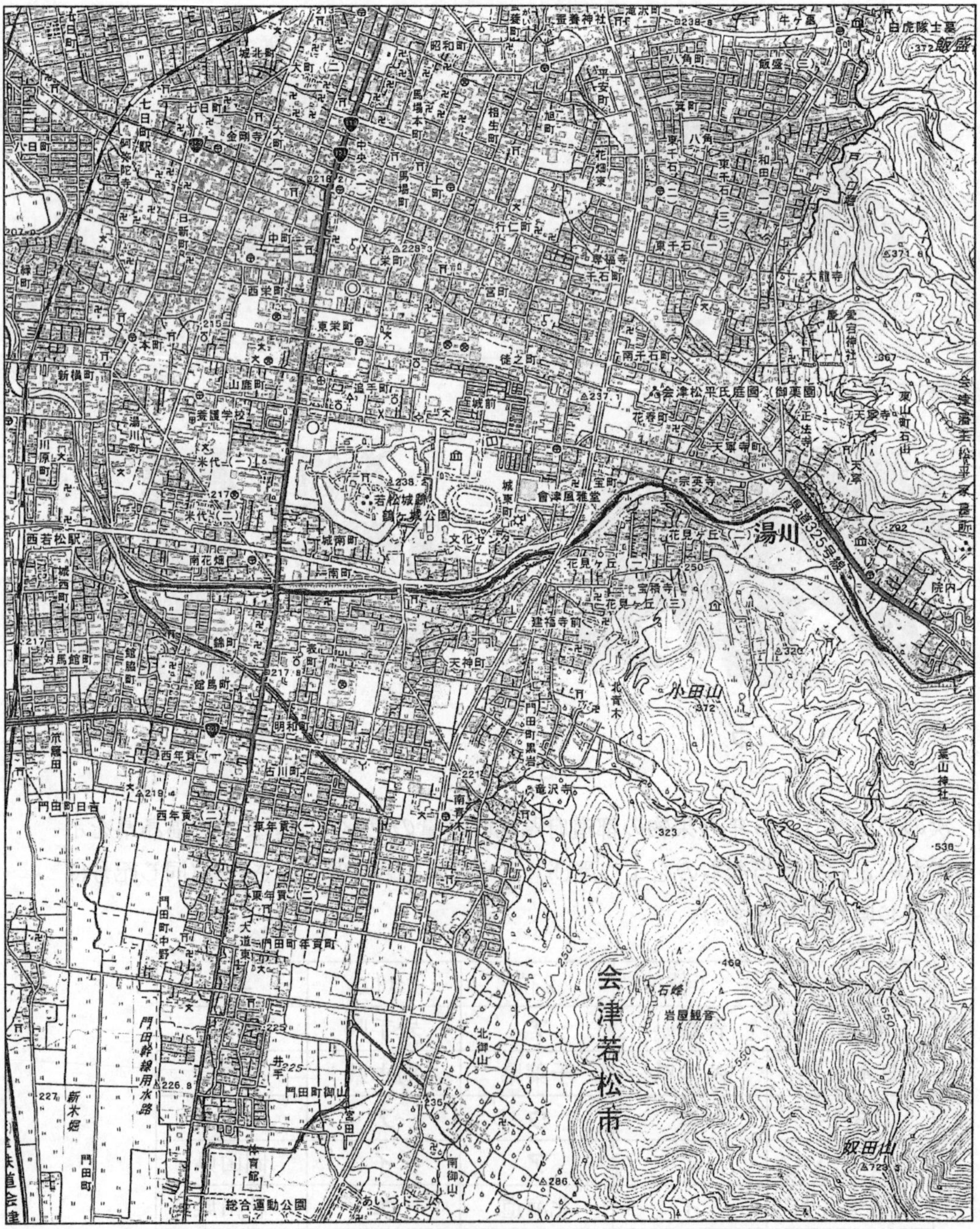

（国土地理院発行　２万５千分の１地形図「若松」より作成）

※問題の都合上、原図を９２％に縮小しています。

ア　あいづドームと「西若松」駅は原図上では１２ｃｍありますが、実際の距離は３ｋｍです。

イ　会津藩主松平家墓所から県道３２５号線を通り、会津松平氏庭園まで道に沿って歩くと、西側に博物館が見えます。

ウ　小田山のふもとにある老人ホームは、若松城跡鶴ヶ城公園よりも、標高が高くなっています。

エ　若松城跡の南にある湯川は、東から西へ向かって流れており、「西若松」駅付近からは北西に向かって流れています。

問５　波線部（４）について、

①　次の**資料１**、**２**は近年の東北地方の経済の動向について示したものです。**資料１**、**２**から読み取れることとして**適当でないもの**を１つ選び、**ア～エ**の記号で答えなさい。

資料１　域内総生産（名目）の推移

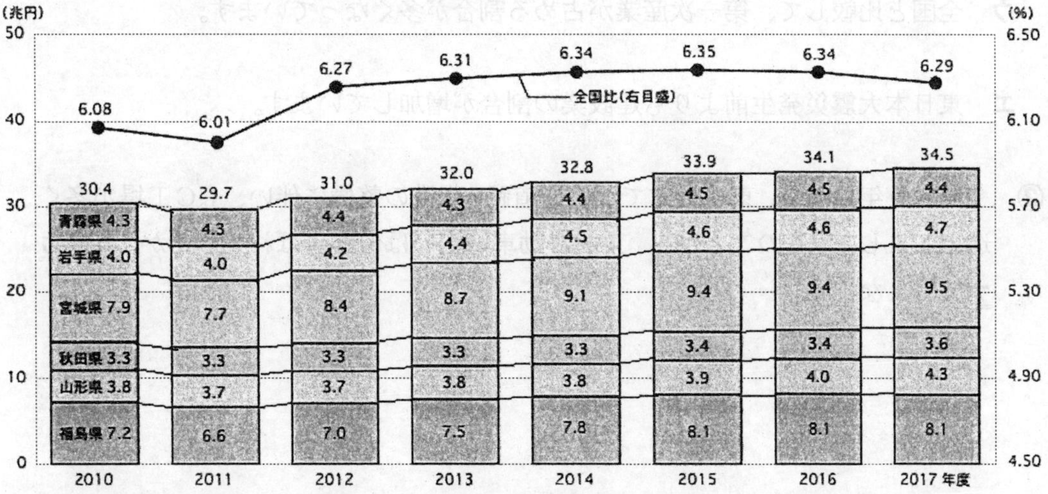

（注１）県民経済計算は、最新年度の推計に併せて過去の各年度の数値も遡及改定されている。
（注２）全国比を算出する際の全国の数値については、2018 年度国民経済計算に基づいて算出。
「資料：県民経済計算、国民経済計算（内閣府）」

資料２　域内総生産（名目）の産業別構成比の推移

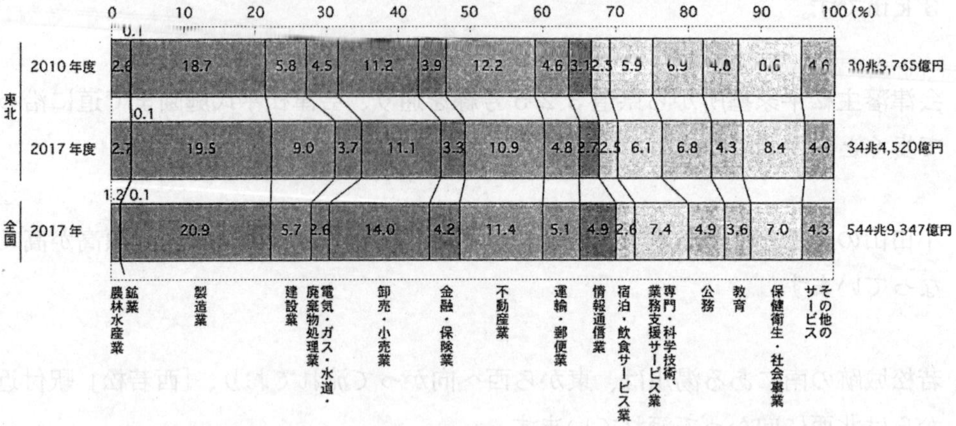

（注１）全国の数値については、2018年度国民経済計算の経済活動別国内総生産（暦年）に基づいて算出。
（注２）構成比は、輸入品に課される税・関税等を加算控除する前のものである。
「資料：県民経済計算、国民経済計算（内閣府）」

（東北経済産業局「令和２年版東北経済のポイント」より作成）

ア　東日本大震災発生前よりも、域内総生産額は増加傾向にあります。

イ　県別総生産額は、全ての県で１兆円以上増加しています。

ウ　全国と比較して、第一次産業が占める割合が多くなっています。

エ　東日本大震災発生前よりも建設業の割合が増加しています。

②　１９８０年代から、東北地方では高速道路・空港の整備に伴い、ＩＣ工場が多く進出しました。このことから、東北自動車道沿いは何とよばれましたか。**カタカナ**で答えなさい。

問６　波線部（５）について、会津地方に水力発電所が多いのはなぜですか。**資料１、２**を参考にして**気候と地形的特色に触れながら**、説明しなさい。
※地図中の空欄□□□□は、リード文中の空欄□□□□に対応しています。

資料１　会津地方における水力発電所の分布

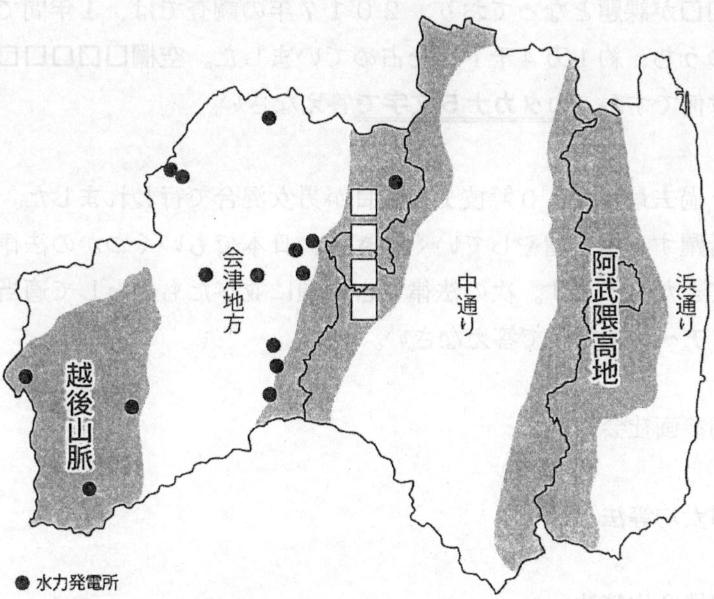

資料２　会津地方の月別平均気温と降水量（１９８１年～２０１０年の平均）

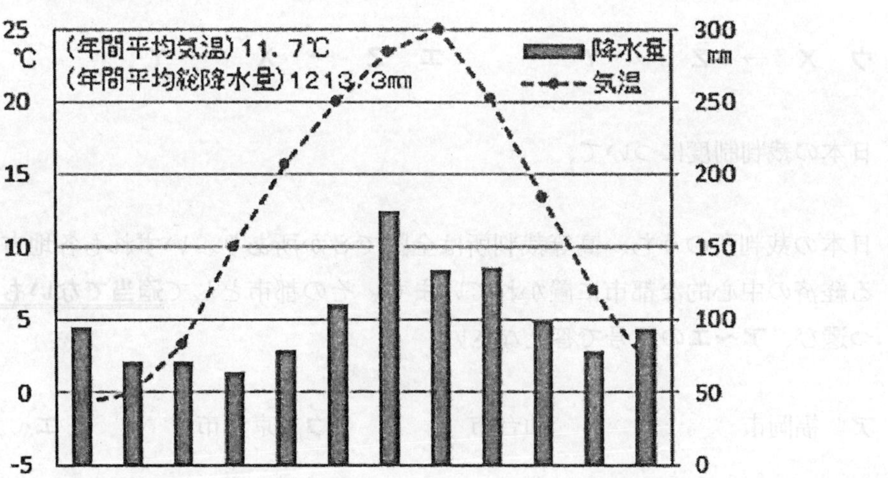

（資料１、資料２：福島県ＨＰより作成）

3 以下の問に答えなさい。

問１ 東京オリンピック２０２０について、

① 大会期間中食べ残しや手つかず食品が話題になりました。ここさいたま市でも、この□□□□□が課題となっており、２０１７年の調査では、１年間で処理した可燃ごみのうち、約１万４千トンを占めていました。空欄□□□□□にあてはまる語句は何ですか。**カタカナ５文字で**答えなさい。

② 今大会では、過去最多の１０競技１８種目が男女混合で行われました。このような女性が活躍する場を増やしていく動きは、日本でもいくつかの法律によって推進されてきたものです。次の法律を古い順に並べたものとして適当なものを１つ選び、**ア～エ**の記号で答えなさい。

X　男女共同参画社会基本法

Y　候補者男女均等法

Z　男女雇用機会均等法

ア　X → Y → Z　　**イ**　Y → Z → X

ウ　X → Z → Y　　**エ**　Z → X → Y

問２ 日本の裁判制度について、

① 日本の裁判所のうち、高等裁判所は全国で８か所あり、いずれも各地方における経済の中心的な都市に置かれています。その都市として**適当でないもの**を１つ選び、**ア～エ**の記号で答えなさい。

ア　福岡市　　**イ**　仙台市　　**ウ**　京都市　　**エ**　大阪市

② 裁判官は、裁判の公正を守るため、憲法によって身分が保証されています。そのため、裁判官を辞めさせるには特別な手続きが必要です。この手続きの１つとして弾劾裁判所が置かれます。その弾劾裁判所が置かれる機関は何ですか。**漢字２文字で**答えなさい。

問３　日本には、障がいのある人が生き生きと働くための様々な制度があります。次の表から読み取れることとして適当なものを１つ選び、**ア～エ**の記号で答えなさい。

障がい者の公務員採用の取り組み（関東７都県比較）

項目※1	茨城	栃木	群馬	埼玉	千葉	東京	神奈川
サポート要員の配置	○		○	○	○		○
職務に必要な施設の整備	○	○	○	○	○	○	○
同僚・上司の理解促進		○	○	○	○	○	○
フレックスタイム制※2の導入		○	○	○			
２年間で採用人数が増加	○	○	○	○			
実雇用率（％）	2.61	3.07	2.18	2.88	2.86	2.81	2.72

（総務省「地方公共団体における障害者雇用に関する取組状況調査の結果」より作成）

※1 表中の「○」は、実施中もしくは実施予定の両方を示している。

※2 フレックスタイム制：あらかじめ決められている労働時間の範囲内で、仕事の始めと終わりの時間を労働者が自由に決めてよい制度。

ア　埼玉県の取り組みは積極的ですが、実雇用率は７都県の平均よりも低いため、障がい者の働く権利が保障されているとはいえません。

イ　フレックスタイム制を導入している３県は、障がい者が労働しやすい制度作りに積極的だといえます。

ウ　障がい者雇用促進法により、地方公務員のうち、障がい者を２．６％以上採用することが定められていますが、７都県とも達成していません。

エ　「○」の数を１点、実雇用率が２．６％を超えると１点として各都県の得点を出すと、最高６点の県が１つ、５点の県が２つあります。

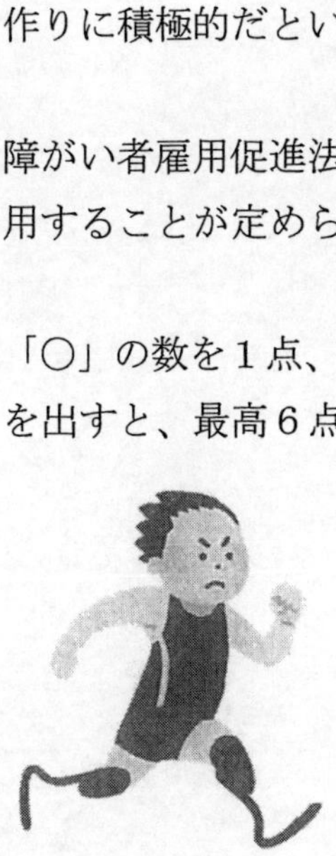

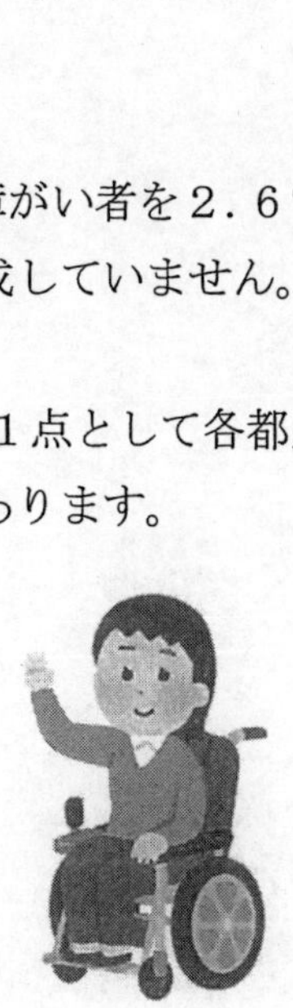

問4　国家公務員は仕事や給与に関して、ストライキや団体交渉などを行う権利が制約されています。そのため、両者の間に立って労働条件を調整する機関は何ですか。適当なものを１つ選び、**ア～エ**の記号で答えなさい。

ア　人事院　　**イ**　公正取引委員会

ウ　国際労働機関　　**エ**　労働基準監督署

問5　日本は国交のある国に大使館を置いています。日本の大使館に関する文章として**適当でないもの**を１つ選び、**ア～エ**の記号で答えなさい。

ア　大使館のある国の人々に対し、漫画やアニメなどのサブカルチャーといった、日本の良いところを広報します。

イ　大使館のある国を旅行中、パスポートを失くした場合、再発行の手続きをしてくれます。

ウ　大使館のある国で紛争や自然災害が起こった場合、日本人の避難を助けてくれます。

エ　大使館のある国にしか旅行することができないため、行くことのできない国があります。

【理　科】〈第２回試験〉（社会と合わせて50分）〈満点：50点〉

1　以下の問いに答えなさい。

問1　磁石をコイルに対して矢印の方向に動かして電流を流す実験を行いました。下の例では、アの方向に電流が流れました。例と同じようにアの方向に電流が流れるのはどれですか。①～③より選び、番号で答えなさい。

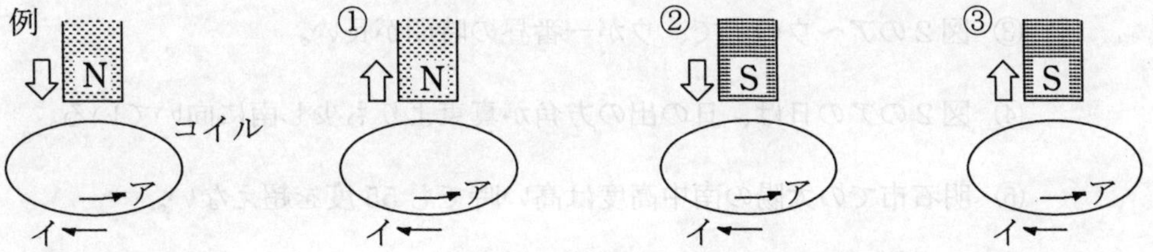

問2　日時計の仕組みに興味を持った徳子さんは、図１のような紙に棒を立てた日時計で時間ごとに棒の影《かげ》の先端《たん》の位置を書き写して、影がどのように変化するかを記録しました。

この実験は兵庫県明石市（北緯《い》35度　東経135度）で行われたものとして以下の問いに答えなさい。

(1)　３月、６月、１２月のある日において、棒の影の先端の位置がどう変化するかを記録し、その様子を一枚の紙にまとめたところ図２のようになりました。３月と６月のものはどれですか。それぞれア～ウより選び、記号で答えなさい。

(2)　図中のＡとＢは、どの方角を表していると考えられますか。それぞれ漢字１字で答えなさい。

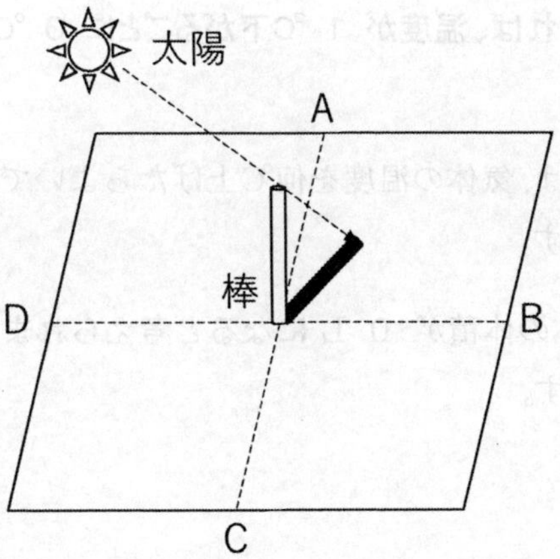

図１

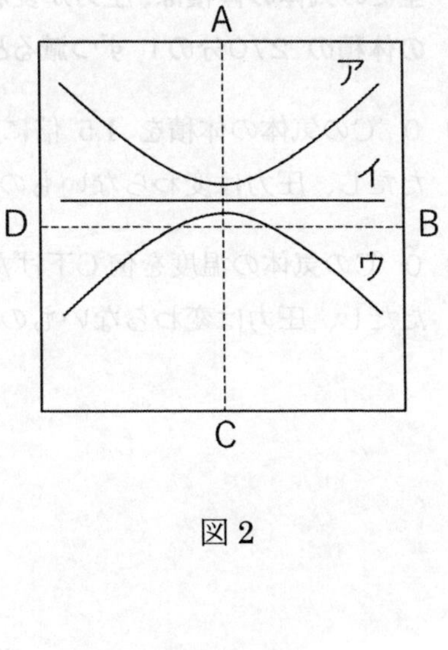

図２

(3) 以下の文のうち、誤っているものはどれですか。①～⑤より選び、番号で答えなさい。

① 南極大陸では棒の影の先端の動きが、棒のまわりを一周するようになる日がある。

② 図２のイと同じ日に赤道直下で同様に記録すると、ＢとＤの間を直進する。

③ 図２のア～ウの中で、ウが一番昼の時間が長い。

④ 図２のアの日は、日の出の方角が真東よりも少し南に向いている。

⑤ 明石市での太陽の南中高度は高い時でも 55 度を超えない。

問3 植物には、一年の中で夜が長くなっていく時期に花をさかせるものがあります。次の植物の組み合わせのうち、夜が長くなっていく時期に花をさかせる植物の組み合わせはどれですか。①～④より選び、番号で答えなさい。

① アサガオ、ホウレンソウ、ダイコン、アブラナ
② アジサイ、カーネーション、サクラ、タンポポ
③ コスモス、オナモミ、キク、ダイズ
④ ナズナ、ハコベラ、ツツジ、ゲンゲ

問4 次の気体の体積と温度に関する文章を参考にして、以下の問いに答えなさい。

- **全ての気体の体積は、圧力が変わらなければ、温度が １ ℃上がるごとに ０ ℃のときの体積の 270分の1 ずつ増えるとする。**

- **全ての気体の体積は、圧力が変わらなければ、温度が １ ℃下がるごとに ０ ℃のときの体積の 270分の1 ずつ減るとする。**

(1) ０ ℃の気体の体積を 1.5 倍にするには、気体の温度を何℃上げたらよいですか。ただし、圧力は変わらないものとします。

(2) ０ ℃の気体の温度を何℃下げたら気体の体積が ０ Ｌになると考えられますか。ただし、圧力は変わらないものとします。

2 次の文を読み、以下の問いに答えなさい。

私たちがふだん耳にしている音は空気の［ア］動が伝わって耳の中に入り、鼓膜《こまく》を［ア］動させることで聞くことができています。音は気体中だけでなく、［イ］体中や固体中も伝わることができます。この時、音が伝わる速さが一番速いのは［ウ］体中です。

また、空気中を伝わる音の速さは空気の温度（気温）によってもちがいます。各気温での音の速さ(1秒間に進む距離《きょり》)は表のようになっていました。

気温（℃）	7.2	10.0	14.3	24.0
1秒間に進む距離（m）	335.8	337.5	340.1	345.9

光は音に比べてとても速く、地上ではほとんど一瞬《しゅん》で届いてしまいます。そのため、雷《かみなり》が鳴ったとき、光ってから音が聞こえるまでの時間を調べると、雷が鳴った場所からどれくらいの距離《きょり》があるかを計算することができます。

問1 文中の空らん［ア］、［イ］、［ウ］を補って下線部の語句を完成させなさい。

問2 表の値から、気温差1℃で1秒間に進む距離は何m変化すると考えられますか。ただし、四捨五入して小数第1位までの数字で答えなさい。

問3 花火大会で5秒の間隔《かんかく》で打ち上げられている花火を見ていたら、1発目の花火が開いたときには音が聞こえず、2発目からは花火が開くのと同時に音が聞こえ、最後の花火が開いた後、花火の音が1回だけ聞こえました。音は1秒間に340m進むものとすると、花火が開いた点と音を聞いた場所は何km離れていましたか。

問4 遊覧船が大きながけに向かって1秒間に10mの速さで進みながら汽笛を3秒間鳴らしたところ、鳴らし始めてから5秒後にがけで反射した音が遊覧船で聞こえてきました。

(1) 汽笛を鳴らし始めたとき、遊覧船はがけから何m離れていましたか。ただし、音は1秒間に350m進むものとします。

(2) がけの上にいる人が聞いた汽笛の時間の長さをA、遊覧船にいる人が聞いたがけで反射した汽笛の時間の長さをBとし、汽笛を鳴らしていた時間をCとして例のようにA、B、Cの関係を ＝、＞、＜ を用いて表しなさい。

(例) 「AとBの時間は同じ長さでCの時間はA、Bの時間より長い。」という時には A＝B＞C と書きます。

3　Ａ～Ｅ の水溶液《すいようえき》はそれぞれ、砂糖水、炭酸水、塩酸、アンモニア水、石灰水のいずれかであることが分かっています。Ａ～Ｅ がどの水溶液かを調べるために、次の実験を行いました。

実験

１．それぞれの水溶液を別々の試験管に少量とって、ストローを用いて息をふきこんだところ、ア<u>Ｄの水溶液のみが白くにごった。</u>

２．それぞれの水溶液を別々の蒸発皿に少量とって、加熱して蒸発させたところ、イ<u>何も残らなかったのはＡとＢとＣの水溶液を入れた蒸発皿のみだった。</u>

３．それぞれの水溶液を青色リトマス紙に１滴《てき》つけたところ、色の変化が見られなかったのはＡとＤとＥの水溶液のみだった。

４．それぞれの水溶液を赤色リトマス紙に１滴つけたところ、色の変化が見られなかったのはＢとＣとＥの水溶液のみだった。

以下の問いに答えなさい。

問1　下線部アのようになる原因となった気体の名前を答えなさい。

問2　下線部イのようになった理由を述べた次の文章の空らんに、当てはまる語句を漢字２文字で答えなさい。

ＡとＢとＣの水溶液は、[　　　]が水に溶《と》けてできた水溶液だから。

問3　Ａ～Ｅの水溶液のうちアルカリ性の水溶液はどれですか。Ａ～Ｅよりすべて選び、記号で答えなさい。

問4　この実験だけでは、どの水溶液かわからないものはどれですか。Ａ～Ｅより２つ選び、記号で答えなさい。また、それらがどの水溶液かを決めるために行う実験方法として最も適切なものはどれですか。①～④より選び、番号で答えなさい。

①　緑色に調製したBTB溶液を入れて色の変化を確認する。

②　試験管の口に直接鼻を近づけてにおいを確認する。

③　Ｄの水溶液を加えて変化するかを確認する。

④　フェノールフタレイン溶液を入れて色の変化を確認する。

4 ヒトの性別は、受精卵が持つ性染色体という１対の染色体の組み合わせによって決まり、Ｘ染色体を２つ持つと女性に、Ｘ染色体とＹ染色体を持つと男性になります。この染色体は、女性が卵を作るときや男性が精子を作るときにそれぞれ１つずつに分かれ、女性はＸ染色体を持った卵を作り、男性はＸ染色体をもった精子とＹ染色体を持った精子を作ります。つまり、ア受精卵が持つ染色体の組み合わせは、卵と精子が受精するときに決まるのです。

しかし、染色体の組み合わせではなくさまざまな環境要因《かんきょうよういん》によって性別が決まる生物も多く、カメやワニなどのは虫類には、たまごからふ化するまでに経験した温度によって性別が決定されるものがいます。**表１**は、性別が温度によって決まるかどうか(**調査１**)について、調査されている種の数と温度によって性別が決まると分かった種の数をまとめたものです。また、**表２**は、性別が染色体の組み合わせによって決まるかどうか(**調査２**)について、調査されている種の数と染色体の組み合わせによって性別が決まると分かった種の数をまとめたものです。なお、**表３**は世界で確認されている、は虫類の種の数を種類ごとにまとめたものです。

表１

種類	性別が温度によって決まるかどうか(**調査１**)	
	調査された種の数	性別が温度で決まると分かった種の数
カメ類	５６	４７
ワニ類	８	８
トカゲ類	２６	１７
ヘビ類	３	０

表２

種類	性別が染色体の組み合わせによって決まるかどうか(**調査２**)	
	調査された種の数	性別が染色体の組み合わせによって決まる種の数
カメ類	１３０	１２
ワニ類	１２	０
トカゲ類	７５１	１２３
ヘビ類	３４４	２１７

表３

種類	世界で確認されているは虫類の種の数
カメ類	約３３０
ワニ類	２３
トカゲ類	約５８００
ヘビ類	約２４００

問1 下線部アについて、ヒトの性別は卵と精子のどちらが持つ染色体によって決まると考えられますか。

問2 表１～３から考えられることとして、最も適切な文はどれですか。①～⑤より選び、番号で答えなさい。

① 調査１・２によって、カメ類は世界で確認されている種の半数以上が調査をされている。

② 調査１・２によって、ワニ類は世界で確認されている種の全てが温度によって性別が決まると分かる。

③ 調査１によって、トカゲ類は調査された種の約６５％が温度で性別が決まると分かるが、染色体の組み合わせによって性別が決まる種の割合は分からない。

④ 調査１・２によって、ヘビ類では性別が温度で決まる種は１２７種と分かる。

⑤ 調査１によって、カメ類・ワニ類・トカゲ類について性別が温度で決まる種の割合が大きい順は、世界で確認されている種の数が多い順と同じになっていると分かる。

問3 ヒトのように、染色体の組み合わせによってほ乳類の性別は決まります。受精卵から生まれるまでに経験した温度によって性別が決まるしくみは、ほ乳類では成り立ちません。なぜだと考えられますか。

世界に７種が知られているウミガメのうち、ヒラタウミガメを除く６種のウミガメは、絶滅危惧種《ぜつめつきぐしゅ》に指定されています。オーストラリア沿岸では、１２月から３月までの間、アオウミガメが上陸し、砂はまに穴をほって産卵します。アオウミガメの性別は、たまごがかえるまでの砂の平均温度によって決まることが知られており、29.3 ℃のときオスとメスの割合が１：１になることが知られています。**表４**は、オーストラリア沿岸で見られたアオウミガメについて、生まれたと考えられる年代とオスの割合を調査した結果です。また、**図１**はオーストラリア沿岸のアオウミガメの産卵時期の砂の平均温度について、29.3 ℃を基準とし、年ごとに温度差を示したものです。

表４

生まれたと考えられる年	オスの割合
1998年～2010年	約２２％

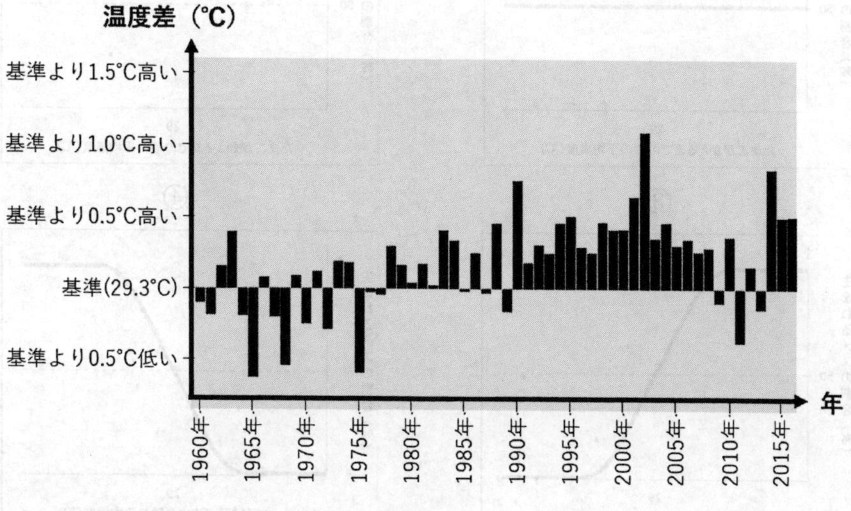

図１

問4 アオウミガメのもつ特徴《とくちょう》として正しいものはどれですか。①～④よりすべて選び、番号で答えなさい。

① からだはうろことこうらでおおわれている
② からだは粘膜《ねんまく》とこうらでおおわれている
③ 呼吸は肺で行っている
④ 呼吸はえらで行っている

問5 アオウミガメのオスとメスの割合のかたよりが、たまごがかえるまでの砂の平均温度が影響《えいきょう》したものだとした場合、**表4**と**図1**から考えられるアオウミガメのたまごがかえるまでの砂の平均温度と、生まれるメスの割合（%）の関係を表すグラフとして最も適切なものはどれですか。①～④より選び、番号で答えなさい。

①

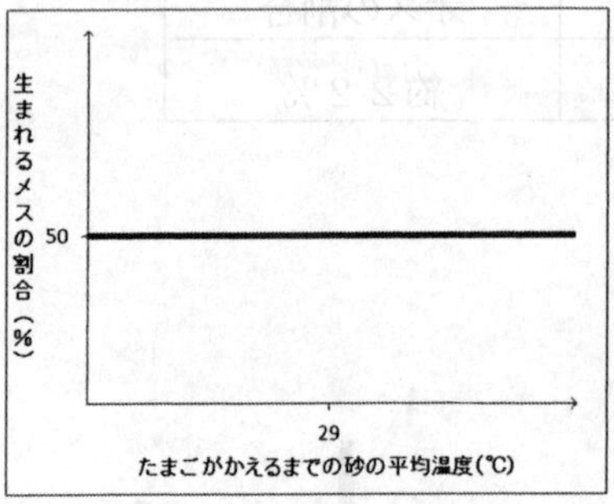

②

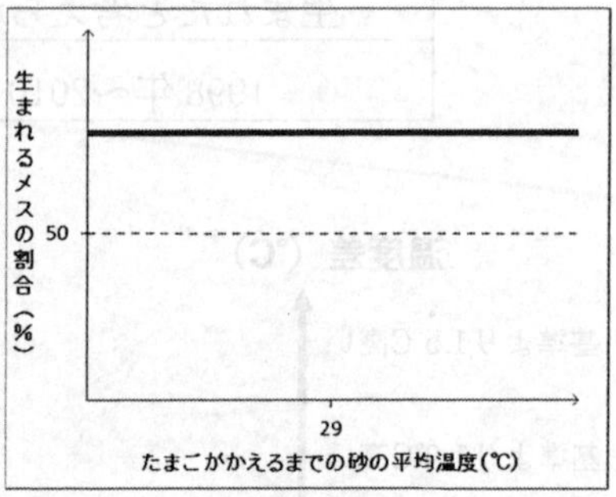

③

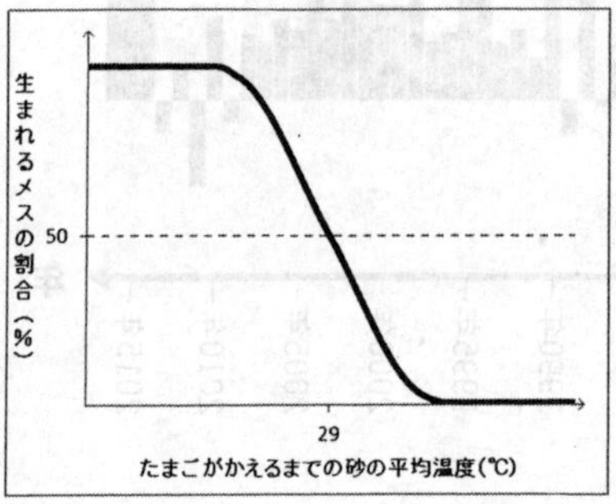

④

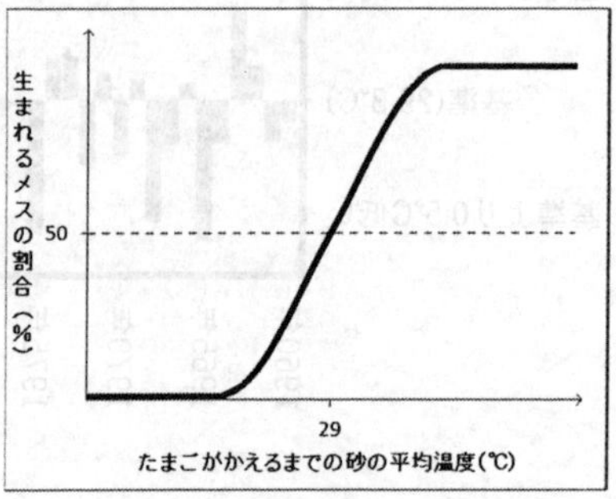

問6 次の文章の空らんに当てはまる語句を答えなさい。

温度によって性別が決まる動物たちにとって、地球温暖化は種の生き残りに大きな影響をおよぼすなど、とても重大な環境《かんきょう》問題です。大気中の二酸化炭素濃《のう》度の高まりが地球表面の温度の高まりをもたらす仕組みを解明し、温暖化研究の基礎《きそ》を築いたことを理由に、昨年の10月にスウェーデン王立科学アカデミーが真鍋《まなべ》 淑郎《しゅくろう》先生（米プリンストン大上席研究員）にノーベル［　　　　　］賞を授与《じゅよ》しました。

エ　科学者と仲たがいはしたが、調理の技をみがくよりも科学的なアプローチをした方が人々の心をつかむ料理ができると感じているから。

問八　本文の内容に合うものを、次のア～エから一つ選び、記号で答えなさい。

ア　心理学の研究が進み、人々が宗教的な理由から抱《だ》いていた食物への抵抗は少なくなってきた。

イ　最近の料理人たちは、通常ではできない料理を可能にする調理器具の製造にも力を入れている。

ウ　教育やメディアなど料理以外の業界の人たちも、新しい料理の開発に参画するべきだ。

エ　今では一般の人々も、食材の化学的変化など食と科学の関係に関心を寄せている。

三

漢字に関する次の各問いに答えなさい。

問一　次の――部のカタカナを漢字に直しなさい。

① モケイの飛行機を作る。
② 情報をテイキョウする。
③ 相手にセイイを示す。
④ ソンダイな態度。
⑤ ヨウゴ施設を訪問する。
⑥ 学業をオサめる。
⑦ ヤサしい問題から解く。

問二　次の――部の漢字の読みをひらがなで書きなさい。

① クマを捕獲する。
② コンピューターで制御する。
③ アルプス連峰を望む。
④ 手や足で拍子を取る。
⑤ 朗らかな声が聞こえる。
⑥ 実現を危ぶむ。

（注1）ハイエンド…最高級。
（注2）経験則…経験されたことがらから見出される法則。
（注3）軋轢…仲が悪く、あい争うこと。不和。
（注4）啓蒙…無知な者に正しい知識を与え、導くこと。

問一 ＝＝A・Bの文中での意味としてふさわしいものを、それぞれ後の**ア**～**エ**から一つ選び、記号で答えなさい。

A 「絵空事」
ア ばかばかしく空っぽな考え
イ 空想小説に出てくる未来の予想
ウ 誰もが望むような理想の世界
エ おおげさでありもしない作り話

B 「経緯」
ア 物事のいきさつ　**イ** もたらされた結果
ウ もとになる事柄《ことがら》　**エ** 良い点と悪い点

問二 ――①「料理の『おいしさ』という概念においても、科学がひとつのキーワードになってい」るとは、どういうことですか。その説明としてふさわしいものを、次の**ア**～**エ**から一つ選び、記号で答えなさい。

ア 「おいしさ」の基準が、科学的に数値で示されるようになったということ。
イ 科学による裏付けがなければ多くの人がその料理を食べたいとは思わないということ。
ウ 科学的な分析《ぶんせき》や技術が「おいしさ」の解明や向上に深くかかわっているということ。
エ 家庭料理でさえもAIやロボットの作ったものが一般的になってきているということ。

問三 ――②について、「なぜ、宗教が衰退し、科学の考えが隆盛に向かったの」か、説明しなさい。

問四 ――③「これまで料理には使われていなかったような道具や手段」と同じ内容の表現を、これより後ろから十四字で抜《ぬ》き出して答えなさい。

問五 ――④とあるが、「分子クッキング」と「分子ガストロノミー」の違《ちが》いを説明しなさい。

問六 ――⑤で、「わざわざ共同声明を出」したシェフたちの説明としてふさわしいものを、次の**ア**～**エ**から一つ選び、記号で答えなさい。

ア 自分たちの協力がなければ研究の進展はなかったことを認めない科学者たちに憤慨《ふんがい》している。
イ 料理という分野において、科学的な分析を用いることがそもそも間違いだったと後悔《こうかい》している。
ウ 科学者たちとは目指すものが違うのに、一方的に科学的な手法を押《お》しつけられたことに反発している。
エ 科学的な器具を使わなくても、今までのやり方で新しい料理を開発できることを科学者に示そうとしている。

問七 ――⑥について、意欲的なシェフたちがこのように考えている理由の説明としてふさわしいものを、次の**ア**～**エ**から一つ選び、記号で答えなさい。

ア 科学者たちに自分たちの功績を認めてもらえなかった悔《くや》しさを、なんとか晴らしたいという思いを強くしたから。
イ 宗教や伝統のような古い考え方に頼《たよ》っていたのでは、新しい料理の開発は望めないことを実感しているから。
ウ 料理の創造性を高め、おいしくて安心して食べられる料理を誰でも作れるようになるには、科学の助けが必要だと理解しているから。

科学的原理や現象を解き明かすことではなく、あくまでもその技を応用して創造的な料理を生み出すことでした。

一方、フランスの物理化学者エルヴェ・ティス氏は、１９８８年に「分子ガストロノミー」を提唱したことで知られています。ティス氏はシェフと協力し、科学的視点から調理における興味深い事実を発見し、また新たな調理法も開発しました。ティス氏の一貫《いっかん》した主張「分子ガストロノミー」は、「技術ではなく科学であり、新しい食材、道具、手法を用いて斬新な料理を創る技術とは異なる」というものでした。「分子ガストロノミー」の主な目的は、現象のメカニズムを見出すことであり、④シェフは分子クッキングを行っているかもしれないが、分子ガストロノミーは行っていない」とティス氏は明快に語っています。

このような主張は、結果としてシェフの分子ガストロノミーへの貢《こう》献《けん》を軽んじることになり、分子ガストロノミーとシェフたちとの間に(注3)軋轢《あつれき》を生じさせました。２００６年には、フェラン・アドリア氏などの⑤シェフ数名が、「自らの料理のアプローチは分子ガストロノミーとは一線を画す」とわざわざ共同声明を出すほどでした。

このような経緯もあり、料理界からは、「分子ガストロノミー」という言葉がしだいに消えていきました。しかし、シェフたちは科学の知識や新しい技術に別れを告げたわけではありません。⑥むしろ、意欲的なシェフたちの間では、今後の新しい料理の発展にとって、科学や技術は避《さ》けて通れないという考えがより一層大きくなっています。

私は２０１４年に『料理と科学のおいしい出会い　分子調理が食の常識を変える』という本を書かせていただいたことがきっかけとなって、２０１６年に有志で「分子調理研究会」を立ち上げました。その研究会などを通じて、多くの料理人や食に関わるさまざまなジャンルの方々と交流させていただく機会を得ました。

プロの料理現場では、仕事内容の性質上、技術の導入に尽力《じんりょく》し、調理過程における科学的な理解は後回しになってしまう、というお話をよくお聞きします。

新しさが求められる料理界において、驚《おどろ》きのある一皿を完成させるために、厨房《ちゅうぼう》では常に試行錯誤《さくご》がなされています。料理人が、調理による食材の科学的変化、添加物《てんかぶつ》の科学的性質など、基本の原理をあらかじめ知っておくことは、より合理的にゴールに向かえるだけでなく、うまくいかない場合の対処、再現性の向上、さらには料理人の発想も後押《あとお》しします。新しい料理の開発につながる点でも、とても重要です。

科学者側は、調理における現象を、料理人や一般の方にいかにわかりやすく正確に伝えられるかという課題に直面しています。さらに、料理の基本原理にはまだ明らかになっていないことも多いため、科学者側は、個人または集団で、さらなる調理の基礎《きそ》研究や、おいしい料理の科学的根拠《こんきょ》(エビデンス)の探求を進めていく必要性も強く感じています。

新しい技術を使った食は、他の分野以上に、人の心理的なためらいがはっきりあらわれることがあります。食べものは身体に取り込《こ》まれるため、安全が大前提にあり、よくわからない、理解できないものへの抵抗《ていこう》は当たり前の反応です。そのため、社会に対する、料理の科学と技術のクリアな説明や(注4)啓蒙《けいもう》はとても重要になってきます。それには、料理人や科学者だけの活動では不十分です。教育関係者、デザイナー、編集者、ライター、メディアなど多くの〝広く伝える仕事〟をされている方々に、社会における科学・技術の重要性や、食のおいしさや新しさの重要性を気にかけてもらうことが必要だと感じています。

(石川伸一『「食べること」の進化史』より)

のですが、最近では、加熱温度による食材の化学的変化など、科学的な説明に需要《じゅよう》が集まり、料理と科学に関する書籍《しょせき》もたくさん出版されるようになりました。

また、(注1)ハイエンドな料理の世界でも、科学実験の道具を駆使《くし》した料理、3Dフードプリンタを使った食べものなどが登場しています。家庭用の調理家電においても、(注2)経験則だけでなく、より科学的な視点に基づいて開発が行われています。「科学や技術によって料理をおいしくする」という考え方は、プロの世界だけでなく、一般《いっぱん》の人々にも広がっています。②そもそもなぜ、宗教が衰退し、科学の考えが隆盛《りゅうせい》に向かったのでしょうか。これは進化心理学の観点から説明が可能です。

ヒトの脳は、ある出来事の原因と結果の「因果関係」を認知する能力を高めて進化してきたといわれています。すなわち、ヒトはあらゆることに関係性を見出そうとし、それをもとに「未来を予測する能力」に磨《みが》きをかけました。しかし、限られた知識では、うまく関係を理由付けできないこともあります。そうしたヒトの脳の特殊《とくしゅ》な能力のいわば副産物として、宗教という体系が生み出されました。しかし、それが次第に、科学や技術の知識によって、現象の因果関係が説明できるようになってきたため、宗教的なものの比率は低くなっていったのではないかというのが、進化心理学の考えです。

料理の世界で、科学の存在が特に大きくなっていったのは、1980年代後半くらいからです。「分子ガストロノミー」または「分子料理法」という言葉や、それらの手法による斬新《ざんしん》な料理が登場し始めたのがその頃《ころ》です。〝分子〟という言葉は、物理学、化学、生物学、工学などといった科学的な視点を意図しており、科学的な手法によって、新しい料理を創造しようとする取り組みから名づけられました。また、20世紀の終わり頃から、物理化学者たちの間で、料理のおいしさを分子レベルで研究する動きが活発化し始めました。

近年の料理と科学がお互《たが》い接近してきたB経緯《けいい》をみると、誰《だれ》の目線でみるかによってとらえ方が大きく異なってきます。料理人からみた「科学」、科学者からみた「料理」、それぞれの立場に分けて考えてみましょう。

科学、料理という2つのキーワードで有名なのは、スペインのカタルーニャ地方にあった伝説のレストラン「エル・ブリ」と、そのシェフフェラン・アドリア氏でしょう。

食材を泡《あわ》にする調理法「エスプーマ」は、エル・ブリで開発され、その後世界に広まりました。これは、生クリームや卵白を泡立てたムースから着想を得たもので、初期のエスプーマの調理器具は、ソーダを作る器具を使って作られました。この調理器具は、空気の力だけで素材を泡立てることができるため、通常は泡立たない食材を使って泡の料理が作れるようになりました。

エル・ブリは、「人の五感すべてに働きかけ、さらに、〝人の脳をびっくりさせる〟料理」「食材の味や香《かお》りを失わないまま胃袋《いぶくろ》にもたれない料理」を信念としていました。アドリア氏らはそれを叶《かな》えるために、従来の調理器具や調理方法の枠《わく》にとらわれず、③これまで料理には使われていなかったような道具や手段を導入しました。ソーダサイフォン、減圧調理器具といった当時の最新鋭《さいしんえい》機器から、フラスコやスポイトなどの実験道具まで、さまざまな道具が使われました。食材を粉砕《ふんさい》したり泡にしたりすることで、食材の特徴《とくちょう》を引き出し、料理の味や香り、見た目や食感を自在に変化させたメニューを考案しました。

エル・ブリのキッチンには、実験室で使うような器具や技術があったため、多くの人にとってそこは、〝科学的な世界〟にみえました。しかし、テクニックに〝実験的な〟手法を使うことと、それがサイエンスであることは同じではありません。アドリア氏の目的は、料理の

が子供の仕業だと決めつけたのも無理がないと、まきを責める気持ちを失った。

問五 ——④とあるが、このようにまきが答える理由について「私」はどう考えていますか。次の**ア**〜**エ**からふさわしいものを一つ選び、記号で答えなさい。

ア 自分が思ったとおり、子供たちが蔦の芽を摘む遊びにも飽きて蔦の新芽が伸びてきたため、それまで目の敵にしていたひろ子を許す気になったから。

イ ひろ子の店を利用することを「私」がよく思っていないと思い、まきはひろ子の店に茶を買いに行く理由を探さなければならなかったから。

ウ 「ひろ子のやつめ」と時折つぶやいていても、実はまきはひろ子のことが気にかかっており、けんか相手がいなくなって寂しく感じていたから。

エ ひろ子の店はそれほど儲《もう》かっているわけではなく茶葉を出すのに長く待たされるが、茶葉の量をおまけしてくれるのが評判だったから。

問六 ——⑤「お茶を出しなさい」とまきが何度も要求する理由としてふさわしいものを、次の**ア**〜**エ**から一つ選び、記号で答えなさい。

ア 蔦のことでやりこめられたひろ子の顔を見ると、どうしても仕返しをしたくなってしまうから。

イ 遠くてもひろ子の店をひいきにしているのだから、お茶ぐらい出してくれるのが当然だと思っているから。

ウ 以前のように言い合いができないので、何か理由を見つけてひろ子をからかってみたいから。

エ 外では口の減らないひろ子が、店では大人びた様子でお茶を出すのがかわいらしいから。

問七 ——⑥とあるが、まきの抱《いだ》いた感慨の説明として**ふさわしくない**ものを、次の**ア**〜**エ**の中から一つ選び、記号で答えなさい。

ア やんちゃだったひろ子がいつのまにか店番をするしっかり者の娘になったことに対する驚《おどろ》き。

イ 自分の家なのに意外に伯母夫婦に遠慮《えんりょ》して自由にふるまえないでいるひろ子に対する同情。

ウ ひろ子が浴衣を直してくれるふりをして自分の立場を伝えようとした気の回し方に対する感心。

エ 本当はまきにお茶を出したかったのだというひろ子の自分に対する好意を知ったうれしさ。

問八 ——⑦「孤独は孤独と牽き合うと同時に、孤独と孤独は、もはや孤独と孤独とでなくなって来た。」とはどういうことか、説明しなさい。

二 次の文章を読んで、後の問いに答えなさい。

料理は、大げさにいえば、作る人やその人がいる時代の「世界観」の影響《えいきょう》を受けます。現代は、これまで人々の世界観の中心だった「宗教」が衰退《すいたい》し、そのかわりに「科学」が繁栄《はんえい》している時代ともいわれます。実際、今現在も新しい科学・技術が、私たちの社会や生活を急速に変えようとしています。一般《いっぱん》家庭に、AIやロボットが導入され、家事を代行することもA絵空事ではなくなりました。そうした背景もあり、人々の関心は依然《いぜん》として、科学・技術に集まっているとも言えます。

①料理の「おいしさ」という概念《がいねん》においても、科学がひとつのキーワードになっています。以前は、料理のおいしさを語る上で、こだわりの食材やプロの調理人の技《わざ》に人々の目が向けられることが多かった

も、この蔦の門の潜戸から入って構内を建物の外側に沿って行くことになっていたので、私は、何遍か、少し年の距《へだ》った母子のように老女と娘とが睦《むつ》び合いつつ蔦の門から送り出し、迎《むか》えられする姿を見て、かすかな涙《なみだ》を催《もよお》したことさえある。

（岡本かの子「蔦の門」より）

（注1）葉茶屋…お茶の葉を売る店。
（注2）弁士…演説をする人。
（注3）懐柔…手なづけること。
（注4）軽佻…うわついている様子。
（注5）上り框…玄関などの上がり口の板の間。
（注6）厨…台所。
（注7）銭…当時のお金の単位。
（注8）因業…がんこなこと。
（注9）女給…カフェやバーで客の相手をした女性。

問一 ═A・Bの文中での意味としてふさわしいものを、それぞれ後の**ア**～**エ**から一つ選び、記号で答えなさい。

A「しどろもどろ」
ア 黙《だま》り込んでしまう様子
イ あせって早口になる様子
ウ 言葉がうまく出てこない様子
エ 声が小さくなっていく様子

B「いきり立って」
ア 急に悔《くや》しがって
イ 拳《こぶし》を振り上げて
ウ いきなり立ちふさがって
エ 怒りがこみ上げて

問二 ——①とあるがそれはなぜか、次の**ア**～**エ**からふさわしいものを一つ選び、記号で答えなさい。
ア まきの大きな声を注意しようとして出てきたが、あまりにも他愛のないことで言い争っていることがわかり拍子《ひょうし》抜けしたから。
イ 子供を問いつめていたまきの形勢が悪くなり、したたかな少女の態度に困っている様子が目に見えるようでおかしかったから。
ウ 大したことでもないのに、幼い子供に向かって大声をあげて叱っているまきの様子に、あきれ果ててしまったから。
エ いつも寂しそうにしているまきが子供たちを相手にけんかをすることで生き生きとしているのを見て、ほほえましく思ったから。

問三 ——②とあるが、「ひろ子」のどういう行動が「不人情」になると言っているのですか。「不人情」の意味も含《ふく》めて説明しなさい。

問四 ——③とあるが、このときの「私」の説明としてふさわしいものを、次の**ア**～**エ**から一つ選び、記号で答えなさい。
ア むしり取られた蔦の様子を見たときには許せないと思ったが、そのむしり方に子供の無邪気《むじゃき》さが感じられて、それほど腹を立てることでもないと思った。
イ 蔦は流行の髪型のようで軽はずみな様子に見えたが、かえってその新しさが気に入って、子供のしたことを責める気にならなくなった。
ウ むしり取られている蔦の様子を見て腹立たしく思ったが、葉っぱを摘んで遊んだ自分の子供時代を思い出し、子供の遊びとはそういうものだと考えた。
エ 子供の背丈の高さの所だけ摘み取られているのを見て、まき

組みである。それに茶店の収入も二人の生活に取っては重要なものになっていた。

「可哀《かわい》そうに。あれで店にいると、がらり変った娘《むすめ》になって、からいじけ切ってるのでございますよ。やっぱり本親のない子ですね」とまきは言った。

私は、やっぱり孤独は孤独を牽《ひ》くのか。そして一度、老婢とその少女とが店で対談する様子が見たくなった。

その目的のためでもなかったが、私は偶然《ぐうぜん》少女の茶店の隣《となり》の表具店に写経の巻軸《かんじく》の表装を誂《あつら》えに行って店先に腰《こし》かけていた。(中略)都合よく、隣の茶店での話声が私によく聞えて来る。

「なぜ、今日はあたしにお茶を汲んで出さないんだよ」

まきの声は相変らず突っかかるようである。

「うちの店じゃ、二十(注7)銭以上のお買物のお客でなくちゃ、お茶を出さないのよ」

ひろ子の声も相変わらず、ませている。

「いつもあんなに沢山《たくさん》の買物をしてやるじゃないか。常顧客《おとくい》さまだよ。一度ぐらい少ない買物だって、お茶を出すもんですよ」

「わからないのね、おばさんは。いつもは二十銭以上のお買物だから出すけど、今日は茶滓漉《がすご》しの土瓶《どびん》の口金一つ七銭のお買物だからお茶は出せないじゃないの」

「お茶は四五日前に買いに来たの知ってるだろ。まだ、うちに沢山あるから買わないんだよ。今度、無くなったらまた沢山買いに来ます。⑤お茶を出しなさい」

「そんなこと、おばさんいくら云っても、うちのお店の規則ですから、七銭のお買物のお客さまにはお茶出せないわ」

「なんて(注8)因業《いんごう》な娘っ子だろう」

老婢は苦笑しながら立ち上りかけた。ここでちょっと私の心をひく場面があった。

老婢の店を出て行くのに、ひろ子は声をかけた。

「おばさん、浴衣《ゆかた》の背筋の縫目《ぬいめ》が横に曲っていてよ。直したげるわ」

老婢は一度「まあいいよ」と無愛想に言ったが、やっぱり少し後へ戻《もど》ったらしい。それを直してやりながら少女は老婢に何か囁《ささや》いたようだが私には聞えなかった。⑥それから老婢の感慨深そうな顔をして私の前を通って行くのが見える。私がいるのに気がつかなかったほど老婢は何か思い入っていた。

ひろ子が何を囁いて何をまきが思い入ったのか家へ帰ってから私が訊くと、まきは言った。

「おばさん御免《ごめん》なさいね。きょう家の人たち奥で見ているもんだから、お店の規則破れないのよ。破るととてもうるさいのよ。判って」ひろ子はまきの浴衣の背筋を直す振《ふ》りして小声で言ったのだそうである。

まきはそれを私に告げてから言い足した。

「なあにね、あの悪戯っ子がお茶汲んで出す恰好《かっこう》が早熟《ませ》て面白いんで、お茶出せ、出せと、いつも私は言うんでございますがね、今日のように伯母夫婦に気兼《きが》ねするんじゃ、まったく、あれじゃ、外へ出て悪戯でもしなきゃ、ひろ子も身がたまりませんです」

少し大きくなったひろ子から、家を出て(注9)女給にでもと相談をかけられたのを留めたのも老婢のまきであったし、それかと言って、家にいて伯母夫婦の養女になり、みすみす一生を夫婦の自由になってしまうのを止《や》めさしたのもまきであった。私の家の蔦の門が何遍《なんべん》か四季交換の姿を見せつつある間に、二人はそれほど深く立入って身の上を頼り合う二人になっていた。⑦孤独は孤独と牽き合うと同時に、孤独と孤独は、もはや孤独と孤独とでなくなって来た。まきには落着いた母性的の分別が備わって、姿形さえ優しく整うし、ひろ子にはまた、しおらしく健気《けなげ》な娘の性根《しょうね》が現われて来た。私の家は勝手口へ廻るの

「これより上へ短くは摘み取るまいよ。そしてそのうちには子供だから摘むのにもじき飽《あ》きるだろうよ」

「でも」

「まあ、いいから……」

ひろ子の家は二筋三筋距《へだ》った町通りに小さい葉茶屋の店を出していた。(注５)上《あが》り框《がまち》と店の左横にささやかな陳列《ちんれつ》硝子《がらす》戸《と》棚《だな》を並べ、その中に進物《しんもつ》用の大小の円罐《まるかん》や、包装した箱が申訳《もうしわけ》だけに並べてあった。

（中略）

玉露《ぎょくろ》の壺《つぼ》は単に看板で、中には何も入ってなく、上茶も飛切りは壺へ移す手数を省いて一々、静岡《しずおか》の仕入れ元から到着《とうちゃく》した錫《すず》張りの小箱の積んであるのをあれやこれやと探し廻《まわ》ってようやく見付け出し、それから量って売ってくれる。だから時間を待たして仕様がないと老婢のまきは言った。

「おや、おまえ、まだ、あすこの店へお茶を買いに行くの」と私は訊《き》いてみた。「あすこの店はおまえの敵《かたき》役の子供がいる家じゃない」

するとまきは照れ臭《くさ》そうに眼を伏《ふ》せて

④「はあ、でも、量りがようございますから」

と、せいぜい頭を使って言った。私は多少思い当る節が無いでもなかった。

蔦の芽が摘まれた事件のあった日から老婢まきは、急に表門の方へ神経質になって表門の方に少しでも子供の声がすると「また、ひろ子のやつが――」と言って飛出して行った。

事実、その後も二三回、子供たちの同じような所業があったが、しかし、月も経《た》たぬうちに老婢の警戒《けいかい》と、また私が予言したように子供の飽きっぽさから、その事は無くなって、門の蔦の芽は摘まれた線より新らしい色彩《しきさい》で盛んに生え下って来た。初蟬《はつぜみ》が鳴き金魚売りが通る。それでも子供の声がすると「また、ひろ子のやつが――」と呟《つぶや》きながらまきは駆《か》け出して行った。

子供たちは遊び場を代えたらしい。門前に子供の声は聞えなくなった。老婢は表へ飛出す目標を失って、しょんぼり見えた。用もなく、(注６)厨《くりや》の涼《すず》しい板の間にぺたんと坐《すわ》っているときでも急に顔を皺《しわ》め、

「ひろ子のやつめ、――ひろ子のやつめ、――」

と独り言のように言っていた。私は老婢がさんざん小言を云《い》ったようなきっかけでかえって老婢の心にあの少女が絡《から》み、せめて少女の名でも口に出さねば寂《さび》しいのではあるまいかとも推察した。

だから、この老婢がわざわざ幾《いく》つも道を越える不便を忍《しの》んで少女の店へ茶を求めに行く気持ちも汲《く》めなくはなく、老婢の拙《つた》ない言訳《いいわけ》も強いて追及《ついきゅう》せず

「そう、それは好い。ひろ子も蔦をむしらなくなったし、いいきにしておやり」

私の取り做《な》してやった言葉に調子づいたものか老婢は、大びらでひろ子の店に通い、ひろ子の店の事情をいろいろ私に話すのであった。

私の家は割合に茶を使う家である。酒を飲まない家族の多くは、心気の転換《てんかん》や刺激の料に新らしくしばしば茶を入れかえた。老婢は月に二度以上もひろ子の店を訪ねることが出来た。

まきの言うところによるとひろ子の店は、ひろ子の親の店には違《ちが》いないが、父母は早く没《ぼっ》し、みなし児のひろ子のために、伯母《おば》夫婦が入って来て、家の面倒《めんどう》をみているのだった。伯父《おじ》は勤人で、昼は外に出て、夕方帰った。生活力の弱そうな好人物で、夜は近所の将棋《しょうぎ》所へ将棋をさしに行くのを唯一《ゆいいつ》の楽しみにしている。伯母は多少気丈《きじょう》な女で家の中を切り廻《まわ》すが、病身で、ときどき寝《ね》ついた。二人とも中年近いので、もう二三年もして子供が出来ないなら、何とか法律上の手続を取って、ひろ子を養女にするか、自分たちが養父母に直るかしたい気

二〇二二年度　淑徳与野中学校

【国　語】〈第二回試験〉（五〇分）〈満点：一〇〇点〉

一　老婢《ろうひ》（年老いた使用人の女性）のまきが門の外で何か大声で叫《さけ》んでいるので、「私」は玄関《げんかん》先に出てしばらく様子をうかがっている。それに続く次の文章を読んで後の問いに答えなさい。

「ええええ、ほんとに、あたしじゃないのだわ。よその子よ。そしてそのよその子、あたし知ってるよ」

早熟《ませ》た口調で言っているのはこの先の町の（注１）葉茶屋の少女ひろ子である。遊び友達らしい子供の四五人の声で、くすくす笑うのが少し遠く聞える。

「嘘《うそ》だろ！　両手を出してお見せ」と言ったのは老いたまきの声である。もうだいぶ返答返しされて多少自信を失ったまきはＡしどろもどろの調子である。

「はい」少女はわざと、いうことを素直に聴《き》く良い子らしい声音《こわね》を装《よそお》って返事しながら立派に大きく両手を突出《つきだ》した様子が蔦《つた》の門を越《こ》した向うに感じられた。たちまち当惑《とうわく》したまきの表情が私に想像される。

老婢は「ふうむ」とうなった。

また、くすくす笑う子供たちの声が聞える。

①私も何だか微笑《びしょう》が出た。ちょっと間を置いて、まきは勢づき

「じゃ、この蔦の芽をちょぎったのは誰《だれ》だ。え、そいってごらん。え、誰だよ、そら言えまい」

「あら、言えてよ。けど言わないわ。言えばおばさんに叱《しか》られるの判《わか》っているでしょう。叱られること判っていながら言うなんて、②いくら子供だって不人情だわ」

「不人情、は　は　は　は」と女の子供たちは、ひろ子の使った大人《おとな》らしい言葉が面白かったか、男のような声をたてていっせいに笑った。

まきはＢいきり立って「この子たち口減らずといったら――」まきの憤慨《ふんがい》している様子が私にも想像されたが、すべてのものから孤独《こどく》、ほうり捨てられたこの老女は、やはり不人情の一言にはかなり刺激《しげき》を受けたらしい。「早く向うへ行って。おまえなど女（注２）弁士にでもなり」と叱り散らした。

もう、そのとき、ひろ子はじめ連れの子供たちは逃《に》げかかっていて、老婢より相当離《はな》れていた。老婢はまた（注３）懐柔《かいじゅう》して防ぐに之《し》くはないと気を更《か》えたらしく、強《し》いて優しい声を投げた。

「ねえ、みんな、おまえさんたちいい子だから、この蔦の芽を摘《つ》むんじゃないよ。ほんとに頼《たの》むよ」

さすがの子供たちも「ああ」とか「うん」とか生《なま》返事しながら馳《は》せ去る足音がした。やっと私は潜戸《くぐりど》を開けて表へ出てみた。

「ばあや、どうしたの」

「まあ、奥《おく》さま、ご覧《らん》遊ばせ。憎《にく》らしいったらございません。ひろ子が餓鬼大将《がきだいしょう》で蔦の芽をこんなにしてしまったのでございます。わたくし、親の家へ怒鳴《どな》り込《こ》んでやろうと思っているんでございます」

指したのを見ると、門の蔦は、子供の手の届く高さの横一文字の線にむしり取られて、髪《かみ》のおかっぱさんの短い前髪のように揃《そろ》っていた。流行を追うて刈《か》り過ぎた理髪《りはつ》のように（注４）軽佻《けいちょう》で滑稽《こっけい》にも見えた。

私はむっとして「なんという、非道《ひど》いこと。いくら子供だって」と言ったが、子供の手の届く範囲《はんい》を示して子供の背《せ》丈《た》けだけに摘み揃っている蔦の芽の摘み取られ方には、悪戯《いたずら》は悪戯でもやっぱり子供らしい自然さが現れていて、③思い返さずにはいられなかった。

2022年度

淑徳与野中学校 ▶解説と解答

算 数 ＜第２回試験＞（50分）＜満点：100点＞

解 答

1 (1) $1\frac{1}{2}$ (2) $\frac{34}{337}$ (3) 6週間 2 (1) 180度 (2) 12倍 (3) 50.56cm^2 (4) 251.2cm^3 3 (1) 120日 (2) 7人 (3) ① 377 ② 16番目 ③ 758個 4 (1) 1000円 (2) 112人 5 (1) 17 (2) 31 (3) 22 6 (1) 495cm^3 (2) 276cm^2

解 説

1 四則計算，計算のくふう，単位の計算

(1) $\left(0.25+\frac{1}{3}\right)\times\frac{6}{7}+\left(1\frac{5}{6}-0.5\right)\div1\frac{1}{3}=\left(\frac{1}{4}+\frac{1}{3}\right)\times\frac{6}{7}+\left(1\frac{5}{6}-\frac{1}{2}\right)\div1\frac{1}{3}=\left(\frac{3}{12}+\frac{4}{12}\right)\times\frac{6}{7}+\left(1\frac{5}{6}-\frac{3}{6}\right)\div1\frac{1}{3}=\frac{7}{12}\times\frac{6}{7}+1\frac{2}{6}\div1\frac{1}{3}=\frac{1}{2}+1\frac{1}{3}\div1\frac{1}{3}=\frac{1}{2}+1=1\frac{1}{2}$

(2) $\frac{2\times3\times4+3\times4\times5+4\times5\times6}{2022}=\frac{(2\times3\times4+3\times4\times5+4\times5\times6)\div6}{2022\div6}=\frac{2\times3\times4\div6+3\times4\times5\div6+4\times5\times6\div6}{2022\div6}=\frac{4+10+20}{337}=\frac{34}{337}$

(3) 60秒＝1分，60分＝1時間，24時間＝1日，7日＝1週間より，$10\times9\times8\times7\times6\times5\times4\times3\times2\times1$（秒）$=\frac{10\times9\times8\times7\times6\times5\times4\times3\times2\times1}{60\times60\times24\times7}=6$（週間）と求められる。

2 角度，辺の比と面積の比，図形の移動，面積，体積

(1) 下の図1で，三角形の2つの内角の和はとなり合わない外角の大きさと等しいから，角クの大きさは角イと角オの大きさの和と等しく，角ケの大きさは角ウと角カの大きさの和と等しい。さらに，角コの大きさは角アと角クの大きさの和と等しく，角サの大きさは角キと角ケの大きさの和と等しい。よって，角アから角キまでの7つの角の大きさの和は，角エ，コ，サの3つの角の大きさの和と等しくなる。角エ，コ，サの3つの角は1つの三角形の内角なので，これらの大きさの和は180度となる。

図1

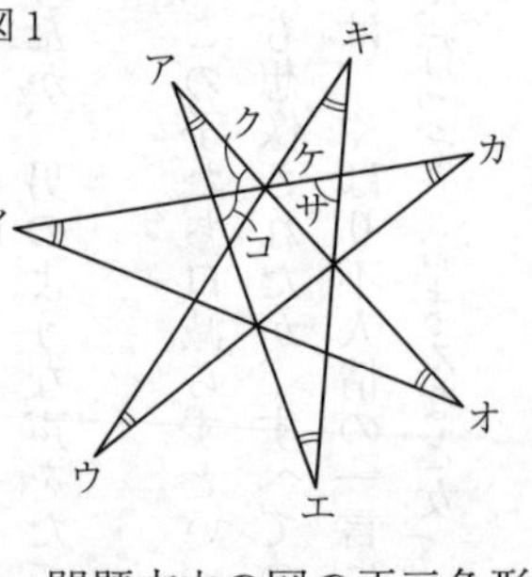

図2

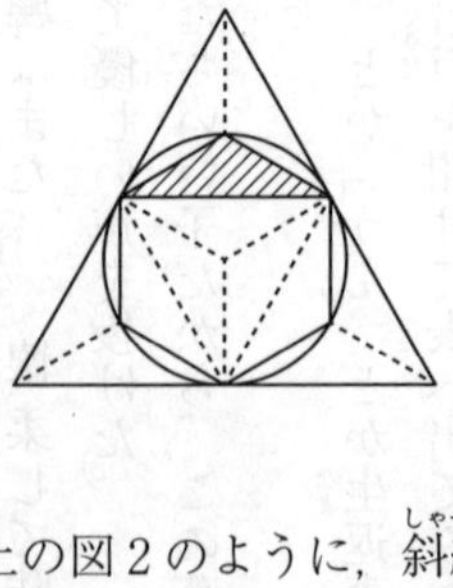

図3

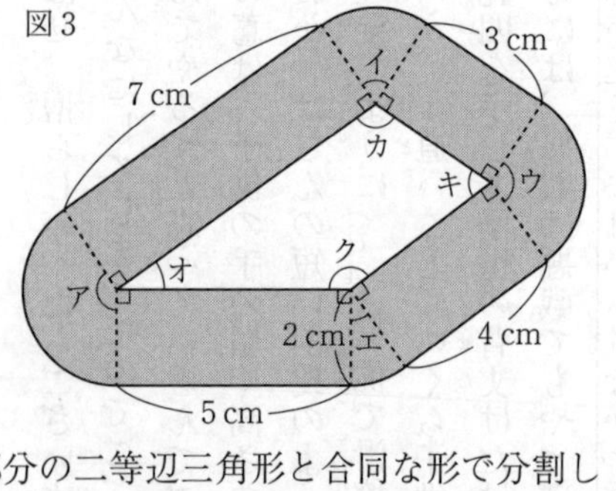

(2) 問題文中の図の正三角形を，上の図2のように，斜線《しゃせん》部分の二等辺三角形と合同な形で分割していくと，12個に分かれることがわかる。よって，正三角形の面積は斜線部分の面積の12倍である。

(3) 円が通ったあとの図形は，上の図3に色をつけて示したような，4つの長方形と4つのおうぎ形でできた図形になる。図３で，角アと角オ，角イと角カ，角ウと角キ，角エと角クの大きさの和はいずれも，360－90×２＝180(度)なので，これら８つの角の大きさの和は，180×４＝720(度)である。また，角オ，カ，キ，クは四角形の内角で，大きさの和は360度だから，角ア，イ，ウ，エの大きさの和は，720－360＝360(度)となる。よって，円が通ったあとの面積は，２×(７＋３＋４＋５)＋２×２×3.14×$\frac{360}{360}$＝38＋12.56＝50.56(cm^2)と求められる。

⑷　右の図４で，BCとEDが平行より，三角形ABCと三角形AEDが相似なので，BC：ED＝AC：AD＝８：４＝２：１，DE＝６×$\frac{1}{2}$＝３(cm)である。直角三角形ABCを直線 l のまわりに１回転させると，図４のような，底面の半径４cm，高さ６cmの円柱から，底面の半径４cm，高さ，６－３＝３(cm)の円すいを除いた立体ができる。よって，この立体の体積は，４×４×3.14×６－４×４×3.14×３×$\frac{1}{3}$＝４×４×3.14×(６－１)＝４×４×3.14×５＝80×3.14＝251.2(cm^3)である。

図４

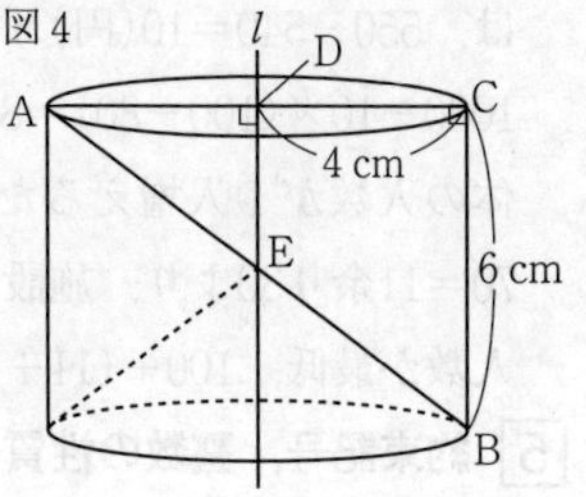

3　仕事算，集まり，数列

⑴　全体の仕事量を，40，60，20の最小公倍数である120とすると，Ａさん１人では，１日あたり，120÷40＝３の仕事ができる。同様に，Ｂさん１人では，120÷60＝２，ＡさんとＢさんとＣさんの３人では，120÷20＝６の仕事ができるから，Ｃさん１人では，６－(３＋２)＝１の仕事ができる。よって，この仕事をＣさん１人で行うと，120÷１＝120(日)かかる。

⑵　北海道と沖縄県の両方とも行ったことがある生徒の人数を$\boxed{1}$人とすると，沖縄県だけに行ったことがある生徒の人数は$\boxed{4}$人と表せる。これをふくめてまとめると，下の図１のようになる。図１から，北海道に行ったことがない生徒の人数(ア)は，40－13＝27(人)，沖縄県だけに行ったことがある生徒の人数($\boxed{4}$)は，27－３＝24(人)とわかる。よって，北海道と沖縄県の両方とも行ったことがある生徒の人数($\boxed{1}$)は，24÷４＝６(人)なので，北海道だけに行ったことがある生徒の人数(イ)は，13－６＝７(人)となる。

図１

沖縄県／北海道	行ったことがある	行ったことがない	合計
行ったことがある	$\boxed{1}$	イ	13
行ったことがない	$\boxed{4}$	3	ア
合計			40

図２

番目	1	2	3	4	5	6	7	8
数	$\boxed{1}$	$\boxed{1}$	2	$\underline{3}$	5	8	$\boxed{13}$	$\underline{21}$
番目	9	10	11	12	13	14	15	16
数	$\boxed{34}$	$\boxed{55}$	89	$\underline{144}$	233	377	$\boxed{610}$	$\underline{987}$

⑶　①　問題文中の規則でつくられた数列の数を１番目から16番目まで調べると，上の図２のようになり，14番目の数は377とわかる。　②　図２において，３で割り切れる数を調べると，下線で示したように，４番目の３，８番目の21，12番目の144，16番目の987，…と，４の倍数の番目ごとに出てくる。よって，３で割り切れる数が４回目に出てくるのは16番目である。　③　図２で，３で割ると１余る数は，□で示した数である。これらの数は，８個ずつ区切った数の中の１番目，２番目，７番目に出てくる。したがって，2022÷８＝252余り６より，2022番目までに，３で割って１余る数は，３×252＋２＝758(個)ある。

4　調べ

⑴　団体の人数が80人のとき，施設《しせつ》Ａの入場料の総額は，550×80＝44000(円)，施設Ｂの入場料の総額は，600×30＋540×(80−30)＝45000(円)なので，その差は，45000−44000＝1000(円)である。

⑵　⑴より，団体の人数が80人の時点で，入場料の総額は，施設Ｂのほうが施設Ａより1000円高い。ここから，団体の人数が１人ずつ増えることを考える。施設Ａでは１人の入場料が550円で，施設Ｂでは100人目まで１人の入場料が540円なので，団体の人数が１人増えるたび，入場料の総額の差は，550−540＝10(円)ずつ縮まる。すると，団体の人数が100人のとき，入場料の総額の差は，1000−10×(100−80)＝800(円)になる。これ以降，施設Ｂの１人の入場料が480円になるので，団体の人数が１人増えるたび，入場料の総額の差は，550−480＝70(円)ずつ縮まる。よって，800÷70＝11余り30より，施設Ａに行くよりも施設Ｂに行くほうが入場料の総額が安くなるのは，団体の人数が最低，100＋(11＋１)＝112(人)のときである。

5　約束記号，整数の性質

⑴　問題文中の規則にしたがって計算すると，17→18→９→10→５→６→３→４→２→１，19→20→10→５→６→３→４→２→１より，〈17〉＋〈19〉＝９＋８＝17となる。

⑵　規則㈠で，偶数《ぐうすう》を２で割って次の数を得られたとすれば，その数を２倍すれば元の数に戻《もど》る。また，規則㈡で，奇数《きすう》に１を加えて次の数を得られたとすれば，その数から１を引けば元の数に戻る。ただし，１を引いて奇数に戻るとすれば，１を引く数は偶数でなければならない。これらをもとに，１から数をさかのぼって調べると，右の図のようになる。この図から，〈N〉が６となるNのうち，２番目に大きい数は31とわかる。

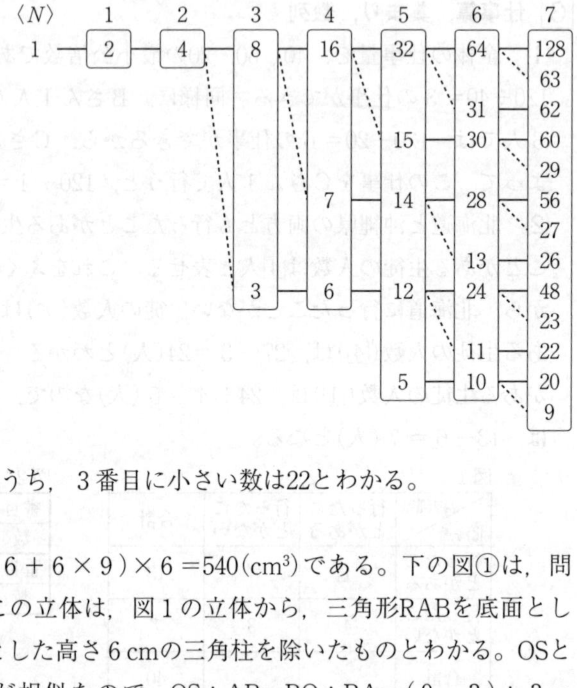

⑶　⑵と同様に，図より〈N〉が７となるNのうち，３番目に小さい数は22とわかる。

6　立体図形―分割，体積，表面積

⑴　問題文中の図１の立体の体積は，(６×６＋６×９)×６＝540(cm^3)である。下の図①は，問題文中の図２の立体を横から見たもので，この立体は，図１の立体から，三角形RABを底面とした高さ６cmの三角柱と，三角形CDSを底面とした高さ６cmの三角柱を除いたものとわかる。OSとABが平行より，三角形ROSと三角形RABが相似なので，OS：AB＝RO：RA＝(９−３)：３＝２：１，AB＝$(6+2)\times\frac{1}{2}$＝４(cm)である。また，ROとCDが平行より，三角形ROSと三角形CDSが相似だから，RO：CD＝OS：DS＝(６＋２)：２＝４：１，CD＝$(9-3)\times\frac{1}{4}$＝1.5(cm)である。よって，図２の立体の体積は，540−４×３÷２×６−２×1.5÷２×６＝540−36−９＝495(cm^3)となる。

⑵　下の図②は，切り落とした２つの三角柱を示している。図２の立体の表面積と，図②の２つの三角柱の表面積の合計との差を求めるとき，切り口である四角形RBFQと四角形CSPGは考える必要がない。２つの三角柱の切り口を除いた表面積の合計を□cm^2，図１の立体の表面積を△cm^2と

図①

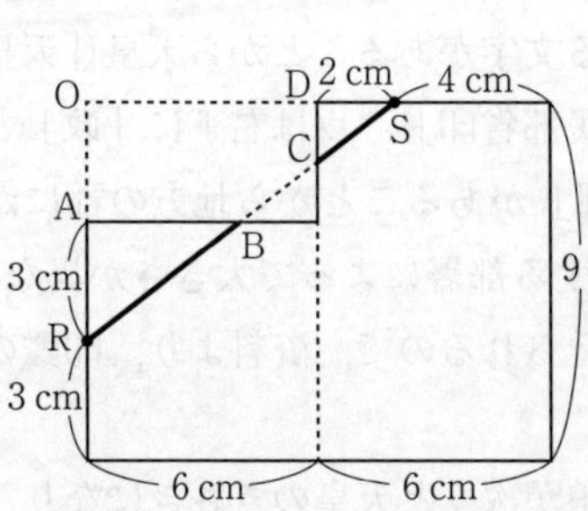

図②

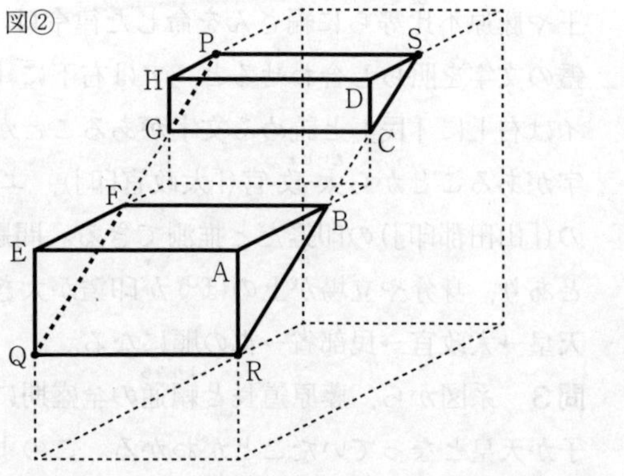

した場合，図２の立体の切り口を除いた表面積は，△－□と表すことができる。すると，図２の立体の表面積と，２つの三角柱の表面積の合計との差は，(△－□)－□＝△－□×２となる。図１の立体の表面積は，$(6\times6+6\times9)\times2+(6+6+6+9+6+3+6)\times6=180+252=432$ (cm^2)である。また，２つの三角柱の切り口を除いた表面積の合計は，$(4\times3\div2)\times2+(4+3)\times6+(2\times1.5\div2)\times2+(2+1.5)\times6=12+42+3+21=78$(cm^2)である。したがって，図２の立体の表面積と，切り落とした２つの三角柱の表面積の合計との差は，$432-78\times2=276$ (cm^2)と求められる。

社会　＜第２回試験＞（理科と合わせて50分）＜満点：50点＞

解答

1　**問１**　ナイル川　**問２**　①　エ　②　ウ　**問３**　（例）　藤原氏は，一族の娘を天皇のきさきとして，その息子を天皇にすることで，権力をにぎることができたが，後三条天皇は藤原氏の女性を母親に持たなかったため。　**問４**　北条泰時　**問５**　イ　**問６**　ア　**問７**　ウ　**2**　**問１**　奥羽山脈　**問２**　①　ア　②　ウ　**問３**　戊辰戦争　**問４**　イ　**問５**　①　イ　②　シリコンロード　**問６**　（例）　会津地方は日本海側の気候に属していて降雪が多いため，雪解け水と山の急斜面を利用した水力発電がさかんである。　**3**　**問１**　①　フードロス　②　エ　**問２**　①　ウ　②　国会　**問３**　エ　**問４**　ア　**問５**　エ

解説

1　**印鑑《いんかん》を題材とした問題**

問１　ナイル川は世界最長の河川で，アフリカ大陸の北東部を北へと流れ，エジプトで地中海に注ぐ。古代エジプトでは，ナイル川の運ぶ豊かな土を生かして農耕が行われ，これを背景にエジプト文明が発達した。このころの遺構として，スフィンクスやピラミッドがよく知られる。なお，メソポタミア文明はティグリス川・ユーフラテス川流域(現在のイラクとその周辺)で発達した。

問２　①　持統天皇は天武天皇のきさきで，690年に即位《そくい》すると，天武天皇の遺志をついで律令制度の整備を進めるとともに，694年には藤原京に都を移した。697年，孫の文武《もんむ》天皇に位をゆずって日本史上初の太上《だいじょう》天皇(上皇)となったのちも深く政治にかかわり，持統上皇と文武天皇が刑部《おさかべ》親

王や藤原不比等《ふひと》らに編さんを命じた律令は，701年に大宝律令として完成した。　②　資料と印鑑の文字を照らし合わせると，アは右下に「皇」と読める文字があることから天皇(「天皇御璽《ぎょじ》」)，イは右上に「民」と読める文字があることから民部省(「民部省印」)，ウは右下に「政」と読める文字があることから太政《だいじょう》官(「太政官印」)，エは左上に「郡」があることから地方の郡にかかわるもの(「山田郡印」)の印鑑だと推測できる。問題文に「使用する部署によって大きさが異なりました」とあり，身分や立場が上のほうが印鑑が大きかったと考えられるので，資料より，印鑑の大きさは天皇→太政官→民部省→郡の順になる。

問３　系図から，藤原道長と頼通《よりみち》の全盛期には，道長の娘が次々と天皇のきさきになり，生まれた子が天皇となっていたことがわかる。このように，藤原氏は天皇の外祖父(母方の祖父)となることで皇室との関係を強め，摂政《せっしょう》や関白の地位について権力をにぎっていたが，系図からわかるように，後三条天皇の母方の祖父は三条天皇で，藤原氏ではなかった。一方で，頼通の娘には男子が生まれていない。つまり，後三条天皇が即位すると，藤原氏と皇室の関係が弱まり，それまでのように大きな権力をふるえなくなるので，頼通は後三条天皇の即位を阻《はば》んだのだと考えられる。

問４　北条泰時《やすとき》は1221年の承久《じょうきゅう》の乱後に京都に置かれた六波羅《ろくはら》探題の初代長官をつとめたのち，1224年に鎌倉幕府の第３代執権《しっけん》に就任した。翌25年に執権を補佐する役職である連署・評定衆《ひょうじょうしゅう》を設置し，1232年には初の武家法である御成敗《ごせいばい》式目を制定するなど，執権政治の基礎《きそ》を築いた。

問５　江戸時代にはたびたび飢饉《ききん》が発生し，これにともなって都市部では，貧しい人が米商人らを襲《おそ》い，家や家財を破壊《はかい》する打ちこわしが，農村部では百姓一揆《いっき》が多発した。世直し一揆は江戸時代末，貧しく生活に苦しむ人々が「世直し」を唱えて起こしたもので，全国各地に広まった。

問６　1873年には地租改正が行われ，税は地価の３％を土地所有者が現金で納めることとされた。なお，財閥《ざいばつ》解体と農地改革は，太平洋戦争(1941～45年)終結後の民主化政策の１つとして行われた。米騒動《そうどう》は，1918年のできごとである。

問７　Ａ地点は想定される最大の浸水《しんすい》の深さが「0.5～３ｍ未満」で，２階の床下まで浸水する可能性がある。Ｂ地点は想定される最大の浸水の深さが「３～５ｍ未満」で，２階の屋根まで浸水する可能性がある。Ｃ地点は想定される最大の浸水の深さが「５ｍ以上」で，２階の屋根以上が浸水する可能性がある。ここから，Ａ地点の１階建ての住宅(平屋)に住む人，Ｂ地点の２階建ての住宅に住む人，Ｃ地点の３階建ての住宅に住む人のいずれも，避難《ひなん》する必要があるとわかる。

[2]　福島県の地理についての問題

問１　奥羽《おうう》山脈は東北地方の中央部を約500kmにわたって南北に走る日本最長の山脈で，東北地方を東の太平洋側と西の日本海側に分けている。

問２　①　アは「赤べこ(「べこ」は東北地方の方言で牛のこと)」という張り子の首ふり牛のおもちゃで，福島県会津地方の民芸品として知られる。なお，イは「さるぼぼ」とよばれる岐阜県飛騨《ひだ》地方の民芸品，ウは木彫《きぼ》りの熊で北海道の民芸品。エはシーサーとよばれる魔よけの像で，沖縄県でつくられる。　②　福島県は果物の栽培がさかんで，ももの収穫量は山梨県についで全国第２位，日本なしの収穫量は全国第４位，りんごの収穫量は全国第５位などとなっている。なお，アは長野県，イは山形県，エは山梨県。統計資料は『日本国勢図会』2021／22年版による。

問３　薩摩藩(鹿児島県)や長州藩(山口県)を中心とする新政府軍と旧幕府軍との一連の戦いを，戊《ぼ》辰《しん》戦争という。戊辰戦争は1868年１月の鳥羽《とば》・伏見《ふしみ》の戦いで始まり，会津戦争などをへて，翌69年

５月の函館《はこだて》五《ご》稜郭《りょうかく》の戦いで旧幕府軍が降伏《こうふく》したことによって終結した。

問４　ア　実際の距離は，(地形図上の長さ)×(縮尺の分母)で求められる。示された地形図の縮尺は２万５千分の１なので，12×25000＝300000(cm)＝3000(m)＝３(km)となる。　イ　地形図には方位記号が示されていないので，地形図の上が北，右が東，下が南，左が西にあたる。会津藩主松平家墓所から県道325号線を通り，会津松平氏庭園まで道に沿って歩くと，西側ではなく東側に博物館()が見える。　ウ　等高線から，小田山のふもとにある老人ホーム()は標高260～270m付近にあるとわかる。一方，若松城跡鶴ヶ城公園には標高238.2mを示す三角点(△)がある。　エ　地形図の右には山が広がっており，全体として東側のほうが標高が高い。ここから，湯川は東から西へ向かって流れているとわかる。また，「西若松駅」付近からは北西に向かって流れている。

問５　①　ア　資料１より，東日本大震災が発生した2011年度以降，域内総生産額は増加し続けている。　イ　資料１で，各県の2010年度と2017年度の総生産額を比べると，１兆円以上増加しているのは宮城県のみだとわかる。　ウ　資料２より，第一次産業にあたる農林水産業の比率は，全国が1.2%，東北は2010年度が2.6%，2017年度が2.7%で，いずれも東北のほうが多くの割合を占《し》めている。　エ　資料２において，東北の建設業の割合は2010年度が5.8%，2017年度が9.0%となっている。　②　全国各地の空港や高速道路のインターチェンジの周辺には，IC(集積回路)工場が多く建設されている。これは，ICなどの電子部品が小型・軽量のわりに高価なため，航空機やトラックで長距離輸送しても採算が合うからである。1980年代から，IC工場が多く進出した東北自動車道沿いの地域はシリコンロードとよばれた(シリコンはICの材料となる物質)。

問６　本文と資料２から，会津地方は冬の降水(雪)量が多い日本海側の気候に属しているとわかる。日本海側の気候に属する地域では，春に雪解け水を得られるため，この時期に降水量が少なくても，川には一定の水が流れる。また，資料１によると，会津地方のなかでも，奥羽山脈の近くに水力発電所が多い。水力発電は水の落ちる力を用いるので，奥羽山脈の傾斜《けいしゃ》と雪解け水などを利用できる会津地方は，水力発電に適しているといえる。

３　政治のしくみや現代の社会についての問題

問１　①　食べ残しや手つかず食品など，本来は食べられたはずの食料品が廃棄《はいき》されることを，フードロス(食品ロス)という。　②　Xは1999年，Yは2018年，Zは1985年に制定された法律なので，古い順に並べるとZ→X→Yとなる。

問２　①　高等裁判所は，札幌市(北海道)，仙台市(宮城県)，東京，名古屋市(愛知県)，大阪市，高松市(香川県)，広島市，福岡市の８か所に置かれている。　②　裁判官としてふさわしくない言動があったり，職務上の義務に違反した裁判官については，国会に弾劾《だんがい》裁判所を設置して，裁判官を辞めさせるかどうかを決定する。

問３　ア　埼玉県の実雇用率は，７都県のなかで栃木県についで２番目に高いので，７都県の平均よりも高いと判断できる。　イ　フレックスタイム制を導入している栃木県・群馬県・埼玉県はほかの都県に比べて「○」が多く，障がい者が働きやすいように制度が整備されている。しかし，群馬県は実雇用率が７都県で最も低く，この点においては制度が積極的につくられているとはいえない。　ウ　７都県のうち，群馬県だけが障がい者の実雇用率2.6%以上を達成していない。　エ　示された方法で各都県の点数を求めると，最高の６点が埼玉県の１つ，５点が栃木県と群馬県の２つとなるので，正しい。

問４　人事院は，国家公務員の給与や労働条件などに関する仕事を行う国の機関で，公務員制度の中立性や公正を守るため，各機関から独立して仕事を行っている。なお，公正取引委員会は独占禁止法を運用する国の行政委員会，国際労働機関(ILO)は労働条件の改善などを仕事とする国際連合(国連)の専門機関。労働基準監督《かんとく》署は，労働基準法のうち，労働者保護に関する規定が守られるように事業主(企業など)を監督する厚生労働省の出先機関である。

問５　日本の大使館(在外公館)がない国でも，正式な手続きをふんだうえで相手国が入国を認めれば，旅行することができる。なお，大使館のない国は中南米やアフリカに多く，その場合，近くの国の大使館がその国の大使館の業務を兼務《けんむ》している。

理　科　＜第２回試験＞（社会と合わせて50分）＜満点：50点＞

解　答

□1 問１　③　　問２　(1)　３月…イ　　６月…ウ　　(2)　Ａ　北　　Ｂ　東　　(3)　⑤　　問３　③　　問４　(1)　135℃　　(2)　270℃　　□2 問１　ア　しん　　イ　液　　ウ　固　　問２　0.6m　　問３　1.7km　　問４　(1)　900m　　(2)　Ｂ＜Ａ＜Ｃ　　□3 問１　二酸化炭素　　問２　気体　　問３　Ａ，Ｄ　　問４　水溶液…Ｂ，Ｃ　　実験方法…③　　□4 問１　精子　　問２　③　　問３　(例)　恒温動物であるほ乳類の体温はおよそ一定で，変化が少ないから。　　問４　①，③　　問５　④　　問６　物理学

解　説

□1 小問集合

問１　コイルに磁石を近づけると，コイルのまわりの磁界が変化し，コイル内に電流が流れる。例では，コイルに磁石のＮ極を近づけたときにアの方向へ電流が流れている。これとは反対に磁石のＮ極を遠ざけると，コイルのまわりの磁界が逆向きに変化して，コイル内を流れる電流はイの方向になる。また，磁極をＳ極にかえると，磁界の向きが逆になるので，電流の流れる向きも反対になる。よって，例と同じようにアの方向に電流が流れるのは，磁石のＳ極を遠ざける③の操作をしたときである。

問２　(1)，(2)　棒の影《かげ》は太陽と反対側にのびるため，太陽が南中しているときには棒の影は真北にのびる。よって，図１と図２では，Ａが北を表しており，Ｂが東，Ｃが南，Ｄが西を表している。夏至《げし》の日のある６月は，１年のうちで南中高度が高い時期で，南中時の影が短い。また，日の出や日の入りの位置は真東，真西よりも北寄りになるので，棒の影の先端の変化はウのように南寄りになる。一方，冬至《とうじ》の日をふくむ12月は，１年のうちで南中高度が低く，日の出や日の入りの位置は真東，真西よりも南寄りになるため，棒の影の先端はアのように北寄りに変化する。３月の春分の日には，棒の影の先端はイのようにＢとＤを結ぶ線と平行な線上を移動する。　(3)　①　南極大陸では，太陽が１日中地平線より上に出ている日がある。この日には，太陽が周囲を回転しているように見え，棒の影の先端も棒のまわりを一周する。　②　春分の日や秋分の日について，赤道上では太陽が真東から出て真西にしずみ，南中時には天頂を通る。そのため，図２に，棒の影の先端の位置を書き写していくと，ＢとＤを結ぶ直線上を進む。　③　明石《あかし》市では，夏至の日に昼の

時間が１年のうちで最も長くなる。昼の長さは夏至の日が近づくにつれて長くなり，夏至の日を過ぎると短くなる。　④　冬至の日が近づくにつれて，昼の長さが短くなり，日の出と日の入りの方角は真東，真西よりも南寄りになる。　⑤　北緯《い》35度の明石市では，春分の日や秋分の日に，南中高度が，90－35＝55(度)になる。南中高度が１年のうちで最も高くなる夏至の日には，地軸《ちじく》の北側が太陽の方にかたむいているため，その分だけ南中高度が高くなる。つまり，南中高度は55度を超《こ》える。

問３　アサガオ，コスモス，オナモミ，キク，ダイズなどは，一定以上の暗期(夜)が続くと花芽をつくり始める。これらは夜が長くなっていく夏から秋に花をさかせる。

問４　⑴　気体の体積が1.5倍になるとき，増えた分の体積は，元の体積の，1.5－１＝0.5(倍)，つまり，$\frac{1}{2}$倍である。０℃の気体の体積を１とし，０℃の気体の体積が1.5倍になるときの気体の温度を□℃とすると，$1\times\frac{1}{270}\times\square=1\times\frac{1}{2}$が成り立ち，$\square=\frac{1}{2}\div\frac{1}{270}=135$(℃)と求められる。

⑵　たとえば，０℃の気体270Ｌの温度を１℃ずつ下げていくと，体積は，$270\times\frac{1}{270}=1$(Ｌ)ずつ減っていく。この気体の温度を０℃から270℃下げた場合(－270℃のとき)，気体の体積は，270－１×270＝０(Ｌ)になると考えられる。

2　音の速さについての問題

問１　音を出すもの(発音体)はしん動していて，そのしん動が空気や水などをふるわせて伝わり，耳の鼓膜《こまく》に届くことで音が聞こえる。音を伝える速さは一般《いっぱん》に，固体中が一番速く，液体中，気体中の順におそくなっていく。

問２　たとえば，7.2℃と10.0℃での音の速さから求めると，気温が１℃上がることで，１秒間に進む距離《きょり》は，(337.5－335.8)÷(10.0－7.2)＝0.60…より，0.6ｍ変化すると求められる。

問３　光はとても速く伝わるので，花火が開いた点と音を聞いた場所でほぼ同時に同じ花火の光が見られる。一方，音は光よりも伝わる速さがおそく，１発目の花火の音は音を聞いた場所に５秒おくれて(２発目と同時に)届いている。よって，音を聞いた場所は花火が開いた点から，340×５÷1000＝1.7(km)離《はな》れているとわかる。

問４　⑴　遊覧船から出た汽笛《きてき》の音は１秒間に350ｍの速さで進み，がけに反射《はんしゃ》してもどってきて，その間に遊覧船はがけに向かって１秒間に10ｍ進んでいる。したがって，音と遊覧船が５秒間に進んだ距離の和，(350＋10)×５＝1800(ｍ)は，遊覧船が汽笛を鳴らし始めた位置とがけの間を往復した距離と等しい。よって，汽笛を鳴らし始めたとき，遊覧船はがけから，1800÷２＝900(ｍ)離れていた。　⑵　汽笛を鳴らしていた時間(Ｃ)は３秒間である。しかし，遊覧船ががけに近づきながら汽笛を鳴らしているので，遊覧船からがけまでの距離は，汽笛を鳴らし始めたときよりも鳴らし終わったときの方が短くなり，がけの上にいる人が聞いた汽笛の長さ(Ａ)は３秒より少し短くなる。そして，そのがけに届いた音ががけで反射したものを遊覧船で近づきながら聞くと，さらに短く聞こえる。つまり，遊覧船にいる人が聞いたがけで反射した汽笛の時間の長さ(Ｂ)は，がけの上にいる人が聞いた汽笛の長さ(Ａ)よりも短い。

3　水溶液《すいようえき》の性質についての問題

問１　石灰水に息をふきこむと，はく息の中にふくまれる二酸化炭素が水に溶《と》けて反応し，白くにごる。したがって，Ｄは石灰水とわかる。

問２　溶けている物質が気体や液体の場合，水溶液を加熱して水を蒸発させると，溶けている物質もいっしょに空気中ににげていくため，蒸発皿には何も残らない。炭酸水，塩酸，アンモニア水は，いずれも気体の物質が水に溶けてできた水溶液である。

問３　実験３より，ＡとＤとＥは青色リトマス紙の色が変化していないので，アルカリ性または中性とわかる。このうち，実験４で赤色リトマス紙の色も変化しないＥは中性で，赤色リトマス紙の色が変化したＡとＤはアルカリ性である。なお，このことと問１から，Ｅは砂糖水，Ａはアンモニア水とわかる。

問４　問１と問３より，Ａはアンモニア水，Ｄは石灰水，Ｅは砂糖水とわかる。よって，ＢとＣは炭酸水と塩酸のどちらかになるが，実験１～４からは区別できない。③のように石灰水を加えると，二酸化炭素が溶けている炭酸水だけが白くにごるので，区別ができる。なお，炭酸水と塩酸はどちらも酸性なので，①や④を行っても色の変化にちがいが見られない。また，②について，水溶液のにおいをかぐときは，有毒な物質をふくんでいる場合があるため，試験管の口の上で手をあおぐようにしてかぐようにする。

4　**セキツイ動物の生態についての問題**

問１　卵はＸ染色体《せんしょくたい》しか持たないので，ＸとＹの２種類の染色体を持っている精子によってヒトの性別が決定すると考えられる。

問２　①　調査１と調査２で調査されたカメ類の種の数は合計すると，56＋130＝186(種)となる。しかし，この２つの調査で重複している種がいる可能性がある。そのため，この２つの調査によって，世界で確認されているカメ類の種の半数にあたる約，330÷２＝165(種)以上を調べたかどうかはわからない。　②　調査１で，調査したワニ類８種がすべて温度によって性別が決まったからといって，世界で確認されているワニ類23種のすべてが温度によって性別が決まるとはいえない。　③　調査１では，トカゲ類の，17÷26×100＝65.3…より，約65％が温度によって性別が決まるとわかる。しかし，調査１では，染色体の組み合わせによって性別が決まるかどうかは調べていないため，そのように性別が決まる種の割合についてはわからない。　④　性別が温度によって決まるかどうかを調べている調査１で，ヘビ類について性別が温度で決まるとわかった種はいない。また，調査２で，性別が染色体の組み合わせによって決まらなかった，344－217＝127(種)について，性別が温度で決まる種であるかどうかはわからない。　⑤　調査１で，性別が温度によって決まるとわかった種の数の割合は，カメ類が，47÷56×100＝83.9…(％)，ワニ類が，８÷８×100＝100(％)，トカゲ類が，17÷26×100＝65.3…(％)で，大きいものから順にならべると，ワニ類，カメ類，トカゲ類となる。この順は，世界で確認されている種の数が多いものから並べた，トカゲ類，カメ類，ワニ類の順とは異なる。

問３　恒《こう》温動物のほ乳類は，周囲の温度が変わっても体温がおよそ一定である。また，ほ乳類の受精卵は母親の体内で育つ。そのため，経験した温度が，性別の決まるしくみに影響《えいきょう》しないと考えられる。

問４　は虫類のウミガメは，肺呼吸をしていて，体表がうろこでおおわれている。さらに，カメの仲間でこうらも持つ。こうらはたくさんの骨でできていて，表面は皮ふがかたくなったものでおおわれている。

問５　図１で，1998年～2010年は，産卵時期の砂の平均温度が基準より高い年がほとんどである。

基準は，生まれるメスの割合が，１÷（１＋１）×100＝50（％）になるときの砂の平均温度であり，表４で，1998年～2010年に生まれたオスの割合が約22％と，50％よりも低いことから，基準の温度より高いときに生まれる割合はオスよりもメスの方が高くなることがわかる。したがって，生まれるメスの割合は，基準の29.3℃に近い29℃あたりで50％を超えて上《じょう》昇《しょう》している④のようなグラフになると考えられる。

問６　真《ま》鍋《なべ》淑《しゅく》郎《ろう》氏は，地球温暖化研究の基礎《きそ》を築いたことなどが評価されて，2021年にノーベル物理学賞を受賞した。

国語　＜第２回試験＞（50分）＜満点：100点＞

解答

一　**問１**　Ａ　ウ　　Ｂ　エ　　**問２**　イ　　**問３**　（例）　責められるのがわかっているのに，蔦の芽をむしった子供の名を明かすのが，思いやりにかけるということ。　　**問４**　ア　　**問５**　ウ　　**問６**　エ　　**問７**　ア　　**問８**　（例）　孤独な身の上のまきとひろ子が，お互い心を通わせるうちに，仲の良い親子のような関係になったということ。　　二　**問１**　Ａ　エ　　Ｂ　ア　　**問２**　ウ　　**問３**　（例）　人間の限られた知識では関係づけられないことの説明を宗教が担っていたが，科学や技術の発達により多くの因果関係が説明できるようになり，宗教の役割が低下したから。　　**問４**　実験室で使うような器具や技術　　**問５**　（例）　分子クッキングは科学的な手法を用いて，創造的な料理をつくることであり，分子ガストロノミーは料理の科学的原理や現象のメカニズムを解明することである。　　**問６**　ア　　**問７**　ウ　　**問８**　エ

三　**問１**　下記を参照のこと。　　**問２**　①　ほかく　　②　せいぎょ　　③　れんぽう　　④　ひょうし　　⑤　ほが(らかな)　　⑥　あや(ぶむ)

●漢字の書き取り

三　**問１**　①　模型　　②　提供　　③　誠意　　④　尊大　　⑤　養護　　⑥　修(める)　　⑦　易(しい)

解説

一　**出典は岡本《おかもと》かの子《こ》の「蔦《つた》の門」による。**「私」の家の年老いた使用人のまきと，家にいたずらをしにくる葉茶屋の少女のひろ子は，最初は言い合いをしていたが，交流を通じて少しずつ信頼《しんらい》し合える関係になっていく。

問１　Ａ　「しどろもどろ」は，話の内容や話し方が乱れているようす。　　Ｂ　「いきり立つ」は，“激しく怒《おこ》って興奮《こうふん》する”という意味。

問２　まきは，ひろ子に「返答返し」をされて自信を失い，そのうえひろ子の両手には何もなかったようすが，蔦の門の向こうからでも「私」には感じられた。問いつめているはずのまきが，子供にやり返されて「当惑《とうわく》」している表情が想像されておかしかったので，「私」は思わず微《び》笑《しょう》したのである。

問３　「不人情」は，思いやりがないこと。ひろ子は，「蔦の芽をちょぎった」のが誰《だれ》だか知ってはいるが，「おばさんに叱《しか》られる」のがわかっているのにその子の名前を言いつけるような思いやり

のないことはできないと言ったのである。

問4　「私」は，蔦がむしり取られた門を見て，最初は「むっと」して，「なんという，非道《ひど》いこと」と言ったが，「子供の手の届く高さの横一文字の線にむしり取られ」た蔦は「滑稽《こっけい》」でもあり，また「子供らしい自然さ」も感じられたので，腹を立てるはどのこともないと思い直した。

問5　「量りがようございますから」は，“茶葉を定量よりも多めに入れてくれるから”という意味。また「せいぜい頭を使って言った」からは，まきが「わざわざ幾《いく》つも道を越《こ》える不便を忍《しの》んで」まで，ひろ子の家に茶葉を買いに行くための口実を言っているとわかる。「私」は，最近ひろ子が来なくなって，まきがしょんぼりしていると感じており，「ひろ子のやつめ」と独《ひと》り言を言うことで，まきが寂《さび》しさをまぎらわせているのではないかと推察しているので，ウの内容が合う。

問6　少し後にある，まきの発言に着目する。まきは，ひろ子が「お茶汲《く》んで出す恰好《かっこう》が早熟《ませ》てて面白《おもしろ》い」から，いつも「お茶出せ，出せ」と言うのである。

問7　まきが「感慨《かんがい》」を抱《いだ》いた原因となった，ひろ子が囁《ささや》いた言葉が，後に書かれていることに注目する。本当はお茶を出したかったが，伯母《おば》夫婦がいるから「お店の規則」を破れなかったということを，浴衣《ゆかた》を直すふりをして，まきにこっそりと謝《あやま》ったのである。まきは，ひろ子の優《やさ》しさや心遣《こころづか》いに感動するとともに，自分の家なのに「伯母夫婦に気兼《きが》ね」して自由にふるまえないひろ子に同情したと考えられる。よって，イ～エは正しい。アは，まきが「感慨深そうな顔」をしていることとは関係がないので誤り。

問8　前後の内容からとらえる。年老いて「私」の家の使用人をしているまきと，伯母夫婦と同居して思うようにふるまえないひろ子は，どちらも孤独《こどく》であったが，二人は「孤独」という共通点によって互《たが》いに心が引きつけられていったことがわかる。そして，交流を続けているうちに「深く立《たち》入《い》って身の上を頼《たよ》り合う」ほどに心が通じ合うようになり，「少し年の距《へだた》った母子」のようにさえ見えるようになったのである。

二　出典は石川伸一《いしかわしんいち》の『「食べること」の進化史─培養《ばいよう》肉・昆虫《こんちゅう》食・3Dフードプリンタ』による。
現在ではおいしい料理をつくるために科学や技術を利用するという考え方が一般《いっぱん》の人々にも広がっているということや，料理の世界で科学が注目されてから現在に至《いた》るまでの経緯《けいい》などについて説明されている。

問1　**A**　「絵空事」は，物事を実際よりも大げさに表現したりうそを加えたりした，ありもしない話。　**B**　「経緯」は，物事のくわしい事情やいきさつ。

問2　続く部分の説明に注目する。「料理のおいしさ」について，最近は科学や技術の知識によって追求できるようになり，人々の目は「科学的な説明」に向けられるようになった。つまり，科学は料理の「おいしさ」に役立っているということなので，ウの内容が合う。

問3　直後に，この疑問は「進化心理学」の観点から説明できるとあり，次の段落で説明されている。ヒトは，あらゆることに「関係性」を見出《みいだ》し，「因果関係」を認知《にんち》する能力を高めて進歩してきたが，「限られた知識では，うまく関係を理由付けできない」こともあるので，「宗教という体系」が生み出された。しかし，科学や技術の知識によって「現象の因果関係が説明できるようになってきた」ため，「宗教的なものの比率」は低くなっていったのである。

問4　エル・ブリのキッチンでは，減圧調理器具などの「当時の最新鋭《さいしんえい》機器」から，フラスコなどの「実験道具」まで，さまざまな道具が使われ，食材を泡《あわ》にするなどの新たな調理法も開発された。

つまり，次の段落にあるように，「実験室で使うような器具や技術」があったのである。

問5　シェフが行っている「分子クッキング」は，エル・ブリで行われていたような，実験的な手法を用いた技術を応用して「創造的な料理を生み出すこと」を目的とする。一方，「分子ガストロノミー」は，ティス氏が提唱した，「科学的視点から調理における興味深い事実を発見」し，「現象のメカニズムを見出すこと」を目的としていた。

問6　ぼう線④の主張は，科学の探究を目的とした「分子ガストロノミー」は，科学者のみによって行われたものであるという意味にもなり，シェフたちのそれまでの分子ガストロノミーへのはたらきを軽視したものともとれる。シェフは自分たちの協力が軽視されたことに腹を立て，自分たちの料理へのアプローチは分子ガストロノミーとは別だと，自分たちのほうから明言したのである。

問7　三つ後の段落で，料理人が「調理による食材の科学的変化」や「添加《てんか》物の科学的性質」などを知っておくことは，新しい料理の開発につながるだけではなく，「うまくいかない場合の対処，再現性の向上」にも役立ち，さらには「料理人の発想」も後押《あとお》ししてくれると述べられている。科学や技術の助けがあれば，「新しい料理の開発」に役立つことになるので，ウが合う。なお，エは，「調理の技をみがくよりも」が本文には書かれていない内容なので合わない。

問8　文章の最初の部分で，現在では「家庭用の調理家電」においても「より科学的な視点に基《もと》づいて開発」が行われ，「科学や技術によって料理をおいしくする」という考えが「一般の人々」にも広がっていると述べられているので，エが合う。

三　漢字の書き取りと読み

問1　①　実物になぞらえて大きさを縮めたり拡大したりしてつくったもの。　②　役に立つように資料や技能などを差し出すこと。　③　うそやいつわりのない正直な心。　④　他人を見下すような態度をとること。　⑤　特別な保護をして助けること。　⑥　音読みは「シュウ」「シュ」で，「修養」「修行」などの熟語がある。　⑦　音読みは「イ」「エキ」で，「安易」「貿易」などの熟語がある。

問2　①　動物などをとらえること。　②　自分の思うように支配すること。　③　連なって続いている山々。　④　「拍子を取る」は，手や楽器などを打ち鳴らして調子をとること。　⑤　音読みは「ロウ」で，「明朗」などの熟語がある。　⑥　音読みは「キ」で，「危険」などの熟語がある。訓読みにはほかに「あぶ(ない)」がある。

Memo

Memo

Memo

2025年度用
中学スーパー過去問

■編集人 声の教育社・編集部
■発行所 株式会社 声の教育社
〒162-0814 東京都新宿区新小川町8-15
☎03-5261-5061(代) FAX03-5261-5062
https://www.koenokyoikusha.co.jp

※本書の内容についての一切の責任は当社にあります。内容・解説・解答・その他は当社ホームページよりお問い合わせ下さい。

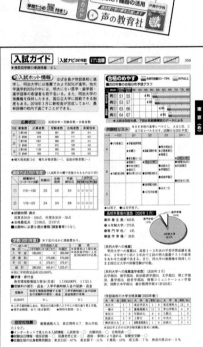

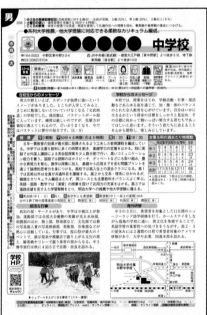

カコを追いかけ
ミライをつかめ
「今の説明、もう一回」を何度でも
web過去問
ストリーミング配信による入試問題の解説動画
もっと古いカコモンないの？
カコ過去問
「さらにカコの」過去問をHPに掲載（DL）
声の教育社
詳しくはこちらから

よくある解答用紙のご質問

01

実物のサイズにできない

拡大率にしたがってコピーすると，「解答欄」が実物大になります。配点などを含むため，用紙は実物よりも大きくなることがあります。

02

A3用紙に収まらない

拡大率164％以上の解答用紙は実物のサイズ（「出題傾向＆対策」をご覧ください）が大きいために，Ａ３に収まらない場合があります。

03

拡大率が書かれていない

複数ページにわたる解答用紙は，いずれかのページに拡大率を記載しています。どこにも表記がない場合は，正確な拡大率が不明です。

04

１ページに２つある

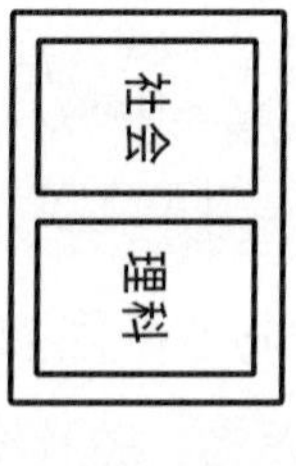

１ページに２つ解答用紙が掲載されている場合は，正確な拡大率が不明です。ほかの試験回の同じ教科をご参考になさってください。

淑徳与野中学校

【別冊】入試問題解答用紙編

禁無断転載

解答用紙は本体からていねいに抜きとり、別冊としてご使用ください。

※　実際の解答欄の大きさで練習するには、指定の倍率で拡大コピーしてください。なお、ページの上下に小社作成の見出しや配点を記載しているため、コピー後の用紙サイズが実物の解答用紙と異なる場合があります。

●入試結果表

— は非公表

年度	回	項目	国語	算数	社会	理科	合計	合格者
2024	医進特別	配点(満点)		100		100	200	最高点
		合格者平均点		—		—	140.9*	181
		受験者平均点		48.8		67.3	116.1	最低点
		キミの得点						124
	第１回	配点(満点)	100	100	50	50	300	最高点 医進 267
		合格者平均点	—	—	—	—	200.5*	特進 262
		受験者平均点	59.6	60.4	34.0	28.9	182.9	最低点 医進 210
		キミの得点						特進 177
	第２回	配点(満点)	100	100	50	50	300	最高点 医進 242
		合格者平均点	—	—	—	—	208.1*	特進 240
		受験者平均点	57.7	55.1	28.0	30.0	170.8	最低点 医進 232
		キミの得点						特進 196
2023	第１回	配点(満点)	100	100	50	50	300	最高点
		合格者平均点	—	—	—	—	206.2*	263
		受験者平均点	56.9	65.9	29.8	29.7	182.3	最低点
		キミの得点						185
	第２回	配点(満点)	100	100	50	50	300	最高点
		合格者平均点	—	—	—	—	209.2*	243
		受験者平均点	57.0	47.8	27.7	28.0	160.5	最低点
		キミの得点						198
2022	第１回	配点(満点)	100	100	50	50	300	最高点
		合格者平均点	—	—	—	—	191.8*	249
		受験者平均点	62.2	56.2	28.7	21.3	168.4	最低点
		キミの得点						170
	第２回	配点(満点)	100	100	50	50	300	最高点
		合格者平均点	—	—	—	—	204.1*	237
		受験者平均点	57.4	52.2	25.3	27.1	162.0	最低点
		キミの得点						193

※　表中のデータは学校公表のものです。ただし、４科合計は各教科の平均点を合計したものなので、目安としてご覧ください(*は学校公表のもの)。

声の教育社

２０２４年度　淑徳与野中学校

算数解答用紙　医進特別

番号		氏名		評点	／100

1

(1)		(2)	①	②	
(3)		(4)	個数　　個	和	

2

(1)	度	(2)	cm^2	(3)	cm^2

3

(1)	ページ	(2)	m		
(3) ①	人	②	人	③	個

4

(1)	cm	(2) ①	cm	②	cm^2

5

(1)	cm^3	(2)	cm^3	(3)	cm^3

6

(1)	毎分　　度	(2)	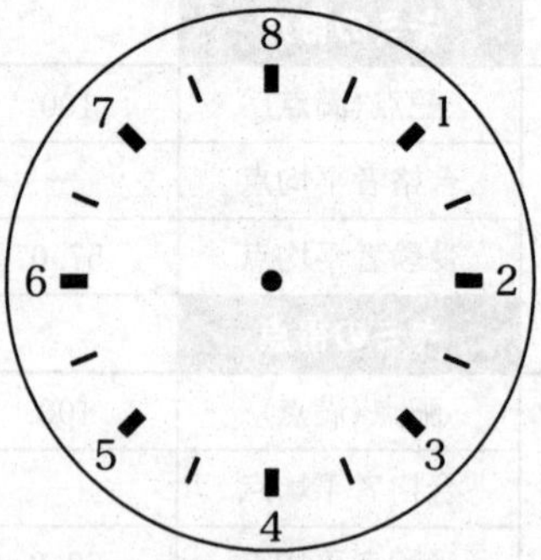
(3)	午後　　時　　分		
(4)	午前　　時　　分		

（注）この解答用紙は実物を縮小してあります。Ｂ５→Ｂ４（141％）に拡大コピーすると、ほぼ実物大の解答欄になります。

〔算　数〕100点（推定配点）

1 各３点×６　2 各４点×３　3 (1)，(2)　各４点×２　(3)　各５点×３　4 (1)　４点　(2)　各５点×２　5 (1)　４点　(2)，(3)　各５点×２　6 (1)　４点　(2)～(4)　各５点×３

2024年度　　　淑徳与野中学校

理科解答用紙　医進特別

番号		氏名	

評点	／100

1

問1 g　問2 cm^3　問3

問4 cm　問5 倍

2

問1 g/cm^3　問2 が g

問3 g　問4 g　問5

問6 倍　問7 ア イ

問8

3

問1 類　問2　問3

問4　問5　問6 なかま

問7 個

4

問1　問2 現象　問3 ℃

問4　問5　問6

問7　問8 現象

（注）この解答用紙は実物を縮小してあります。Ｂ５→Ｂ４（141%）に拡大コピーすると、ほぼ実物大の解答欄になります。

〔理　科〕100点（学校配点）

1 各５点×５　2 問１～問４　各３点×４＜問２は完答＞　問５　２点　問６，問７　各３点×３　問８　２点＜完答＞　3 問１～問３　各３点×３＜問３は完答＞　問４～問７　各４点×４＜問６は完答＞　4 問１，問２　各３点×２　問３　４点　問４～問８　各３点×５

２０２４年度　淑徳与野中学校

算数解答用紙　第１回

番号		氏名		評点	／100

1

(1)		(2)	
(3)	L	(4)	個
(5)	中央値		最頻値

2

(1)	度	(2)	cm^2
(3)	① 度	②	cm^2
(4)	cm		

3

(1)	時速　km	(2)	時　分
(3)	人	(4)	

4

(1)	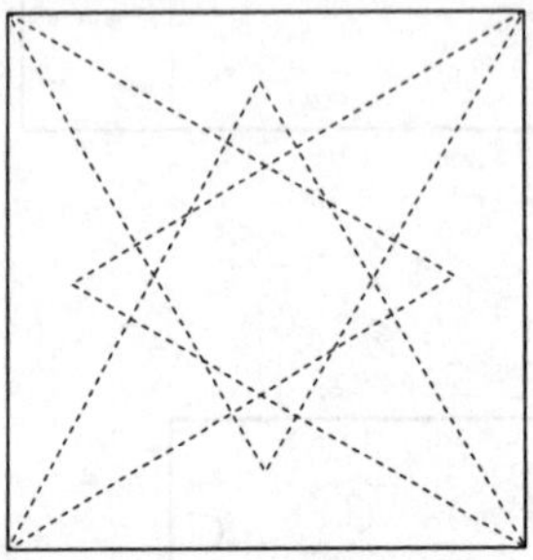	(2)	cm

5

(1)	円	(2)	円

6

(1)	cm^3	(2)	cm^3

(注)　この解答用紙は実物を縮小してあります。Ｂ５→Ｂ４(141%)に拡大コピーすると、ほぼ実物大の解答欄になります。

〔算　数〕100点(推定配点)

1～6　各５点×20＜1の(5)は完答＞

２０２４年度　　淑徳与野中学校

社会解答用紙　第１回

番号		氏名		評点	／50

1

問１

問２

問３　①　②

問４　①　②　問５　問６　問７

2

問１　岬　問２　問３　問４　①　②

問５　①　②　B　C

問６　X　Y

問７

3

問１　問２　問３　問４

問５　問６

（注）この解答用紙は実物を縮小してあります。Ｂ５→Ｂ４（141%）に拡大コピーすると、ほぼ実物大の解答欄になります。

〔社　会〕50点（推定配点）

1　各２点×９　2　問１～問４　各２点×５　問５　①　２点　②　各１点×２　問６，問７　各２点×３　3　各２点×６

２０２４年度　淑徳与野中学校

理科解答用紙　第１回

番号　　氏名　　評点　／50

1

問1　(1)　(2)　　問2

問3　(1)　g　(2)　cm

問4　ア　現象　イ　℃　ウ

2

問1　　問2　　問3　　問4

問5　　問6

3

問1　　問2　度　　問3

問4　倍

4

問1　ア　イ

問2　①　②　③　④

問3　L　　問4　g　　問5　倍

（注）この解答用紙は実物を縮小してあります。Ｂ５→Ｂ４（141%）に拡大コピーすると、ほぼ実物大の解答欄になります。

〔理　科〕50点(学校配点)

1　問１　(1)　１点　(2)　２点＜完答＞　問２，問３　各２点×３＜問２は完答＞　問４　ア　１点　イ　２点　ウ　１点　2　問１　１点　問２～問６　各２点×５　3　問１～問３　各３点×３　問４　４点　4　問１，問２　各１点×６　問３，問４　各２点×２　問５　３点

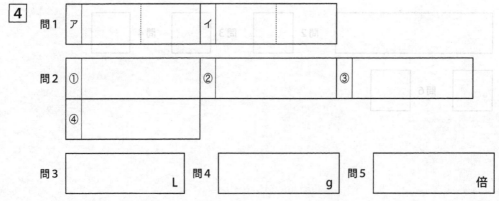

２０２４年度　淑徳与野中学校

国語解答用紙　第一回

番号		氏名		評点	／100

一

問一　A　B

問二

問三

問四

問五

問六

問七

問八　↓　↓　↓　↓

問九　ア　イ　ウ　エ

二

問一

問二

問三

問四

問五

問六　本来承認は

問七

問八

問九

問十

三

問一　①　②　③　④　⑤やかな　⑥えて

問二　①　②　③　④る　⑤

問三　①　②　③

（注）この解答用紙は実物を縮小してあります。172％拡大コピーをすると、ほぼ実物大の解答欄になります。

〔国　語〕100点（学校配点）

一　問１　各２点×２　問２　４点　問３　８点　問４～問８　各４点×５<問８は完答>　問９　各１点×４　二　問１　２点　問２　４点　問３　３点　問４　４点　問５　３点　問６　８点　問７～問10　各４点×４　三　問１　各２点×６　問２，問３　各１点×８

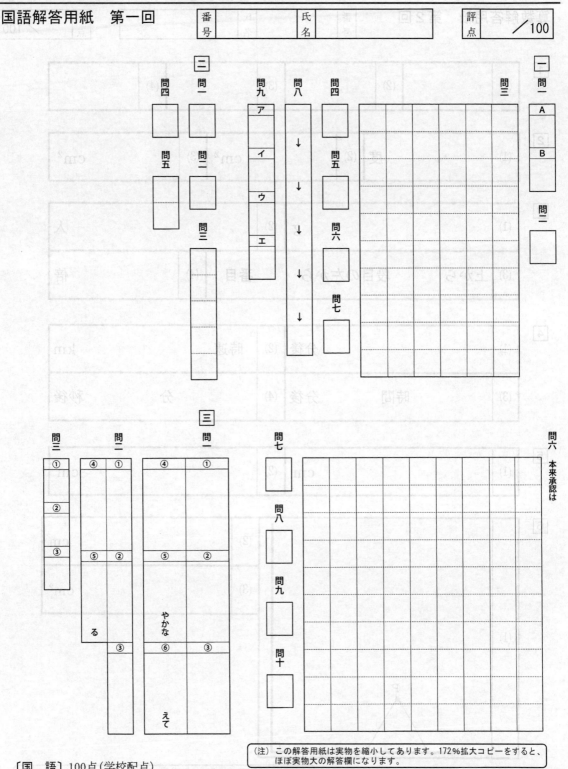

２０２４年度　　淑徳与野中学校

算数解答用紙　第２回

番号		氏名		評点	／100

1

(1)		(2)		(3)		(4)	

2

(1)	度	(2)	cm^2	(3)	cm^2

3

(1)	g	(2)	人
(3)	上から　　段目の左から　　番目	(4)	倍

4

(1)	分後	(2)	時速　　km
(3)	時間　　分後	(4)	分　　秒後

5

(1)	cm	(2)	cm

6

(1)

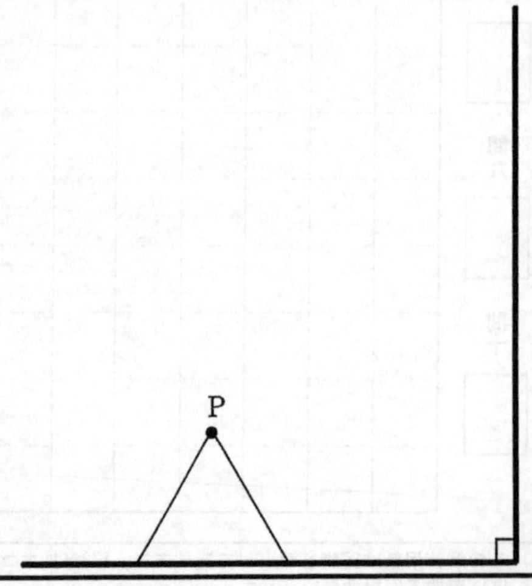

(2)	cm
(3)	cm^2

（注）この解答用紙は実物を縮小してあります。Ｂ５→Ｂ４(141%)に拡大コピーすると、ほぼ実物大の解答欄になります。

〔算　数〕100点(推定配点)

1 各５点×４　2 (1), (2) 各５点×２　(3) ７点　3 各５点×４　4 各３点×４　5 (1) ６点　(2) ７点　6 各６点×３

２０２４年度　　淑徳与野中学校

社会解答用紙　第２回

番号		氏名		評点	／50

1

問1 ①

②　段　歩

問2

問3

問4 ①　②

問5

問6

問7

2

問1

問2 ①　②

問3

問4 ①　②

問5

問6

問7

3

問1 ①　②

問2

問3

問4

問5 ①　②

（注）この解答用紙は実物を縮小してあります。Ｂ５→Ｂ４（141％）に拡大コピーすると、ほぼ実物大の解答欄になります。

〔社　会〕50点（推定配点）

1～3　各２点×25

２０２４年度　　淑徳与野中学校

理科解答用紙　第２回

番号		氏名		評点	／50

1

問1 cm　問2 (1)　(2)　問3

問4 (1) %　(2)

2

問1　問2 マグネシウム g　銅 g

問3 g　問4 g　問5

3

問1 ア　イ　ウ　エ　オ

問2 カ　キ　ク　ケ

問3

4

問1　問2 ア　イ　ウ

問3　問4　問5

(注) この解答用紙は実物を縮小してあります。Ｂ５→Ｂ４(141%)に拡大コピーすると、ほぼ実物大の解答欄になります。

〔理　科〕50点(学校配点)

1 問１　３点　問２～問４　各２点×５＜問３，問４の(2)は完答＞　2　各２点×６　3　問１　各１点×５　問２　カ　２点　キ～ケ　各１点×３　問３　３点　4　問１　２点　問２　各１点×３　問３，問４　各２点×２　問５　３点

2024年度　淑徳与野中学校

国語解答用紙　第二回

番号		氏名		評点	／100

一

問一　A　B

問二

問三

問四

問五

問六

問七

問八

問九

問十　ア　イ　ウ　エ

二

問一　A　B

問二

問三

問四

問五

問六

問七

問八　A　B　C　D

三

問一　①　②　③　④　⑤　⑥
（④ ～れて　⑥ ～る）

問二　①　②　③　④　⑤
（④ ～んだ　⑤ ～れる）

問三　①　②　③

（注）この解答用紙は実物を縮小してあります。182%拡大コピーすると、ほぼ実物大の解答欄になります。

〔国　語〕100点（学校配点）

一　問1　各2点×2　問2～問4　各3点×3　問5～問7　各4点×3　問8　7点　問9　4点　問10　各2点×4　二　問1　各2点×2　問2，問3　各3点×2　問4　7点　問5　3点　問6，問7　各4点×2　問8　各2点×4　三　問1　各2点×6　問2，問3　各1点×8

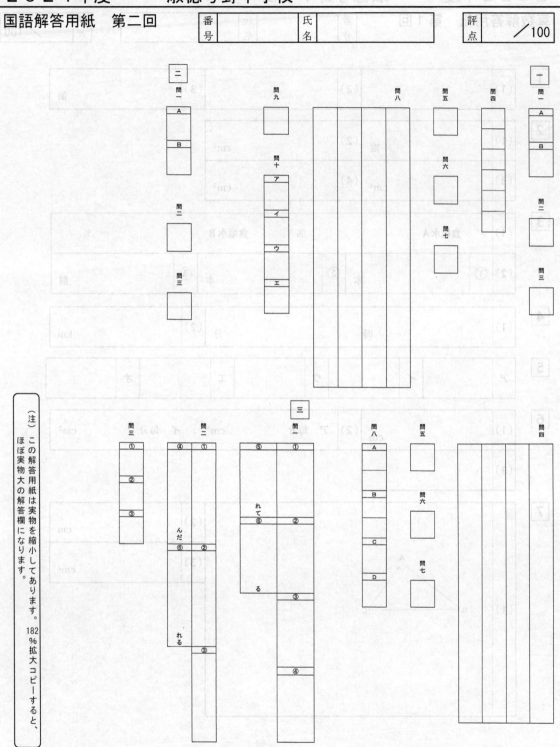

2023年度　　淑徳与野中学校

算数解答用紙　第1回

番号		氏名		評点	／100

1

(1)		(2)		(3)	個

2

(1)	度	(2)	cm²
(3)	cm²	(4)	cm³

3

(1)	食塩水A　　% ,　食塩水B　　%				
(2)	①　　本	②　　本	③　　個		

4

(1)	時　　分	(2)	km

5

ア		イ		ウ		エ		オ	

6

(1)	cm	(2)	ア　毎分　　cm³ ,　イ　毎分　　cm³
(3)			

7

(1)	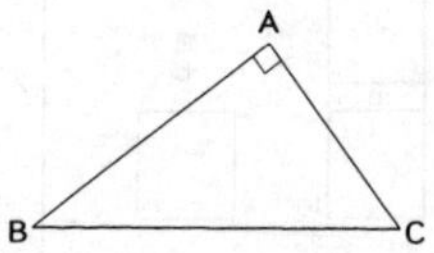	(2)	cm
		(3)	cm²

（注）この解答用紙は実物を縮小してあります。B５→B４(141%)に拡大コピーすると、ほぼ実物大の解答欄になります。

〔算　数〕100点(推定配点)

1, 2　各４点×7　3　(1)　５点＜完答＞　(2)　各４点×3　4　各５点×2　5　ア・イ　５点＜完答＞　ウ・エ　５点＜完答＞　オ　５点　6, 7　各５点×6＜6の(2)は完答＞

２０２３年度　　　淑徳与野中学校

社会解答用紙　第１回

番号		氏名		評点	／50

1

問１　　問２　　問３　　問４

問５　　　　山　問６

問７　①

②

2

問１　　問２　　問３　　問４

問５　①　　②　　問６

問７

3

問１　①　②　　問２　　問３　①　②

問４　　　　キャンペーン

（注）この解答用紙は実物を縮小してあります。Ｂ５→Ｂ４（141%）に拡大コピーすると、ほぼ実物大の解答欄になります。

〔社　会〕50点（推定配点）

1　問１～問６　各２点×６　問７　①　２点　②　５点　2　問１～問６　各２点×７　問７　５点　3　各２点×６

２０２３年度　淑徳与野中学校

理科解答用紙　第１回

番号　　氏名　　評点　／50

1

問１　　問２　mL

問３　ア　イ　ウ

問４　cm

2

問１　ア　イ　ウ　エ　オ

問２　mL　　問３

3

ア　イ　ウ　エ　オ　カ　キ

4

問１　　問２　mg　　問３　倍

問４　　問５　時間

（注）この解答用紙は実物を縮小してあります。Ｂ５→Ｂ４（141%）に拡大コピーすると、ほぼ実物大の解答欄になります。

〔理　科〕50点（学校配点）

1　問１，問２　各２点×２　問３　ア，イ　各１点×２　ウ　２点　問４　２点　2　問１　ア，イ　各１点×２　ウ～オ　各２点×３　問２，問３　各３点×２　3　各２点×７　4　問１，問２　各２点×２　問３　３点　問４　２点　問５　３点

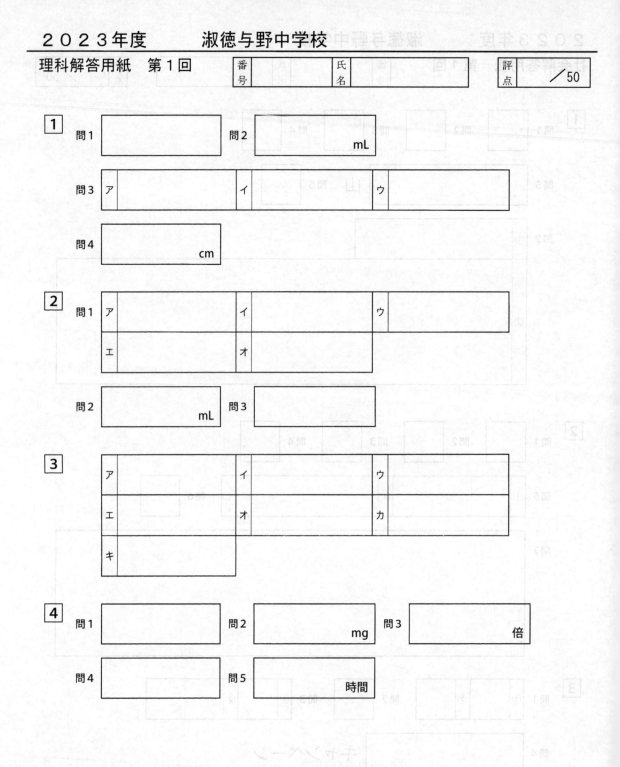

二〇二三年度　淑徳与野中学校

国語解答用紙　第一回

番号		氏名		評点	／100

一

問一 A B

問二

問三

問四

問五

問六

問七

問八

二

問一 A B

問二

問三

問四

(1)

A 本　B 羽　C 本　D 羽

E 本　F 羽　G 本　H 羽

I 本　J 羽　K 本　L 羽

(2)

問五 A B

問六

問七

三

① ②える ③ ④ ⑤める

四

（注）この解答用紙は実物を縮小してあります。169％拡大コピーすると、ほぼ実物大の解答欄になります。

〔国　語〕100点(学校配点)

一　問1　各2点×2　問2，問3　各3点×2　問4　7点　問5　4点　問6　7点　問7，問8　各5点×2　二　問1　各2点×2　問2，問3　各5点×2　問4　(1)　A～D　2点　E・F　1点　G～J　2点　K・L　1点　(2)　3点　問5　各6点×2　問6　3点　問7　4点　三　各2点×5　四　10点

２０２３年度　　淑徳与野中学校

算数解答用紙　第２回

番号		氏名		評点	／100

1

(1)		(2)					
(3)		(4)	ｱ		ｲ		ｳ
(5)							

2

(1)	度	(2)	cm^2
(3)	個		

3

(1)	分速　　m	(2)	人
(3)		(4)	頭
(5)	%		

4

(1)	cm	(2)	cm^2

5

(1)	時速　　km	(2)	回
(3)	回		

6

(1)	cm^2	(2)	cm^3
(3)	角形		

（注）この解答用紙は実物を縮小してあります。Ｂ５→Ｂ４（141%）に拡大コピーすると、ほぼ実物大の解答欄になります。

〔算　数〕100点（推定配点）

1　各４点×５＜(4)は完答＞　2～6　各５点×16

２０２３年度　　淑徳与野中学校

社会解答用紙　第２回

番号		氏名		評点	／50

1

問1　問2　問3

問4　問5

問6　説明

問7　問8

2

問1　問2

問3　①　②

③

問4　問5　①　②

3

問1　①　②　問2　問3　分離

問4　問5　問6

(注)　この解答用紙は実物を縮小してあります。Ｂ５→Ｂ４(141%)に拡大コピーすると、ほぼ実物大の解答欄になります。

〔社　会〕50点(推定配点)

1　問１〜問５　各２点×５　問６　４点　問７，問８　各２点×２　2，3　各２点×16

2023年度　淑徳与野中学校

理科解答用紙　第2回　番号　氏名　評点　／50

1
問1
問2　L
問3 (1)　(2)　(3)
問4 (1)　g　(2)　g　(3)

2
問1 (1)　(2)　問2
問3 (1)　個　(2)
(3)　スイッチ　電球

3
問1　問2
問3　試験管Ⅲ　試験管Ⅵ　問4
問5 ①　②

4
問1 ア　イ　ウ
エ　オ　カ
問2　g　問3 (1)　プラスチック
問3 (2)

(注) この解答用紙は実物を縮小してあります。Ｂ５→Ａ３(163%)に拡大コピーすると、ほぼ実物大の解答欄になります。

〔理　科〕50点(学校配点)

1 問1　各1点×2　問2　2点　問3　(1), (2)　各1点×2＜(1)は完答＞　(3)　2点　問4　各2点×3　2 問1　各1点×2　問2　3点＜完答＞　問3　(1), (2)　各2点×2　(3)　3点＜完答＞　3 問1～問3　各2点×4＜問2は完答＞　問4, 問5　各1点×4　4 問1　各1点×6　問2, 問3　各2点×3

二〇二三年度　淑徳与野中学校

国語解答用紙　第二回

番号		氏名		評点	／100

一

問一

問二

問三

問四

問五

問六

問七　A　B

問八

二

問一　A　B

問二

問三　X　Y　Z

問四　ア　イ　ウ　エ

問五

問六

問七

問八

三

問一　①　②　③　④　⑤　⑥　⑦ぜる　く

問二　①　②　③　④　⑤　⑥える　す

（注）この解答用紙は実物を縮小してあります。179％拡大コピーすると、ほぼ実物大の解答欄になります。

〔国　語〕100点(学校配点)

一　問1　2点　問2　8点　問3～問5　各4点×3　問6　8点　問7　各3点×2　問8　4点　二　問1　各2点×2　問2　4点　問3　X　2点　Y，Z　各3点×2　問4～問6　各4点×3＜問4は完答＞　問7　8点　問8　4点　三　問1　各2点×7　問2　各1点×6

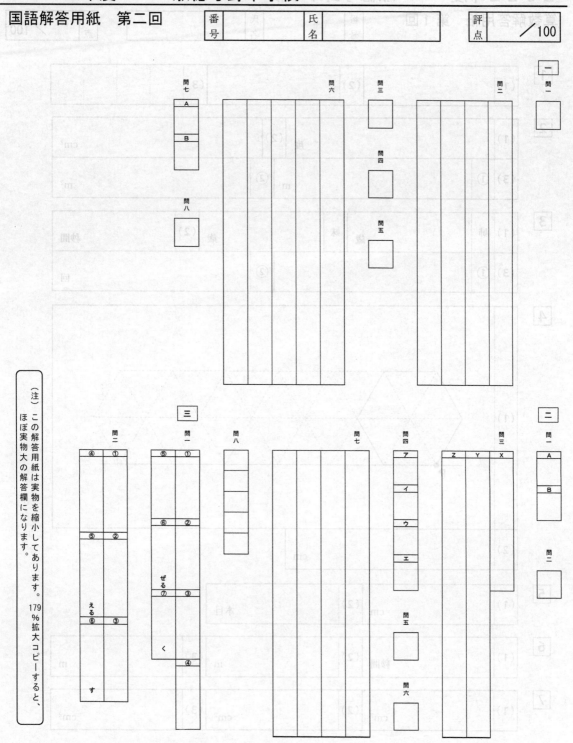

２０２２年度　淑徳与野中学校

算数解答用紙　第１回

番号		氏名		評点	／100

1

(1)		(2)		(3)				

2

(1)	度	(2)	cm²
(3) ①	m	②	m²

3

(1)	姉　　歳	妹	歳	(2)	秒間
(3) ①		②	回		

4

(1)

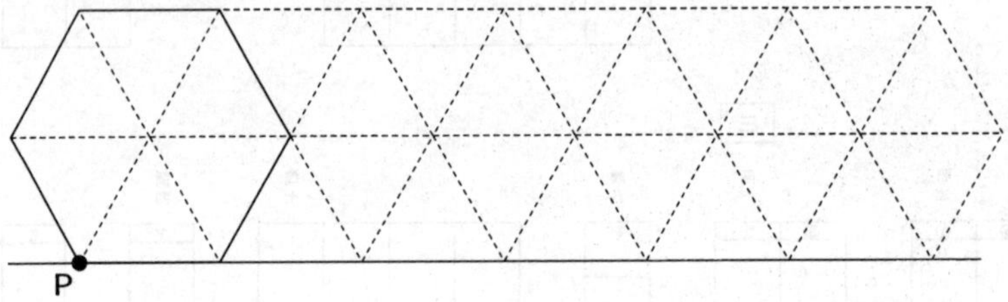

(2)	cm

5

(1)	cm	(2)	本目

6

(1)	秒間	(2)	m	(3)	m

7

(1)	cm^3	(2)	cm^2	(3)	cm^2

（注）この解答用紙は実物を縮小してあります。Ｂ５→Ｂ４(141%)に拡大コピーすると，ほぼ実物大の解答欄になります。

〔算　数〕100点(学校配点)

1，2　各４点×７＜1の(3)は完答＞　3　(1)，(2)　各４点×３　(3)　各５点×２　4〜7　各５点×10

2022年度　　淑徳与野中学校

社会解答用紙　第１回

番号　　氏名　　評点　／50

1

問１　問２　問３　問４　問５

問６

問７　問８

2

問１　問２　問３　問４　①　②

問５　①

②

問６

3

問１　①　②

問２　①　②　問３　問４

（注）この解答用紙は実物を縮小してあります。Ｂ５→Ｂ４（141%）に拡大コピーすると、ほぼ実物大の解答欄になります。

〔社　会〕50点（推定配点）

1 問１～問５　各２点×５　問６　５点　問７，問８　各２点×２　2 問１～問４　各２点×５　問５　①２点　②　５点　問６　２点　3 各２点×６

２０２２年度　　淑徳与野中学校

理科解答用紙　第１回

番号		氏名		評点	／50

1

問１　　Km

問２

問３　　g

問４　(1)　　(2)

(3)

2

問１　　g

問２　　L

問３　　g

問４　　g

問５　　L

3

問１

問２

問３

問４　(1)　　g　(2)　　g　(3)　　cm^2

4

問１

問２

問３

問４

（注）この解答用紙は実物を縮小してあります。Ｂ５→Ｂ４（141%）に拡大コピーすると、ほぼ実物大の解答欄になります。

〔理　科〕50点（学校配点）

1　各２点×６　2　問１，問２　各２点×２　問３～問５　各３点×３　3　問１～問３　各２点×３　問４(1)，(2)　各２点×２　(3)　３点　4　問１　２点　問２，問３　各３点×２　問４　４点

二〇二二年度　淑徳与野中学校

国語解答用紙　第一回

番号　　氏名　　評点　／100

一

問一　A　B

問二

問三

問四

問五

問六　が正しいことを願う。

問七

問八

二

問一　A　B

問二

三

問三

問四

問五

問六　X　Y　Z

問七

①　②　③　④　⑤ばす

四

問一　もちろん、　という反対意見もあるだろう。

問二　しかし、

(注)　この解答用紙は実物を縮小してあります。172%拡大コピーをすると、ほぼ実物大の解答欄になります。

〔国　語〕100点(学校配点)

一　問1　各2点×2　問2, 問3　各3点×3　問4　5点　問5　4点　問6　6点　問7　8点　問8　4点　二　問1　各2点×2　問2　4点　問3　10点　問4　5点　問5　4点　問6　各3点×3　問7　4点　三　各2点×5　四　各5点×2

２０２２年度　　淑徳与野中学校

算数解答用紙　第２回

番号		氏名		評点	／100

1

(1)		(2)	
(3)	週間		

2

(1)	度	(2)	倍
(3)	cm^2	(4)	cm^3

3

(1)		日	(2)	人
(3)	①		②	番目
	③	個		

4

(1)	円	(2)	人

5

(1)		(2)	
(3)			

6

(1)	cm^3	(2)	cm^2

（注）この解答用紙は実物を縮小してあります。Ｂ５→Ｂ４（141％）に拡大コピーすると、ほぼ実物大の解答欄になります。

〔算　数〕100点（学校配点）

1，2　各５点×７　3　(1)，(2)　各５点×２　(3)　①，②　各５点×２　③　６点　4　(1)　５点　(2)　６点　5　(1)，(2)　各５点×２　(3)　６点　6　各６点×２

２０２２年度　淑徳与野中学校

社会解答用紙　第２回

番号		氏名		評点	／50

1

問1

問2 ①　②

問3 説明

問4

問5

問6

問7

2

問1

問2 ①　②

問3

問4

問5 ①　②

問6 説明

3

問1 ①　②

問2 ①　②

問3

問4

問5

（注）この解答用紙は実物を縮小してあります。Ｂ５→Ａ３（163％）に拡大コピーすると，ほぼ実物大の解答欄になります。

〔社　会〕50点（推定配点）

1 問１，問２　各２点×３　問３　４点　問４～問７　各２点×４　2 問１～問５　各２点×７　問６　４点　3 各２点×７

２０２２年度　淑徳与野中学校

理科解答用紙　第２回

番号		氏名		評点	／50

1

問1

問2 (1) ３月　６月　(2) A　B　(3)

問3

問4 (1) ℃ (2) ℃

2

問1 ア　イ　ウ

問2 m　問3 km

問4 (1) m (2)

3

問1　問2

問3

問4 水溶液　実験方法

4

問1　問2

問3

問4　問5　問6

(注) この解答用紙は実物を縮小してあります。Ｂ５→Ａ３(163%)に拡大コピーすると、ほぼ実物大の解答欄になります。

〔理　科〕50点(学校配点)

1 各２点×７＜問２の(1), (2)は完答＞ 2 問１ 各１点×３ 問２ ２点 問３ ３点 問４ 各２点×２＜(2)は完答＞ 3 問１ ２点 問２～問４ 各３点×３＜問３, 問４は完答＞ 4 問１ ２点 問２ ３点 問３～問６ 各２点×４＜問４は完答＞

二〇二二年度　淑徳与野中学校

国語解答用紙　第二回

番号		氏名		評点	／100

一

問一 A B

問二

問三

問四

問五

問六

問七

問八

二

問一 A B

問二

問三

問四

問五

問六

問七

問八

三

問一 ① ② ③ ④ ⑤ ⑥ める ⑦ しい

問二 ① ② ③ ④ ⑤ らかな ⑥ ぶむ

（注）この解答用紙は実物を縮小してあります。185％拡大コピーすると、ほぼ実物大の解答欄になります。

〔国　語〕100点（学校配点）

一 問１　各２点×２　問２　４点　問３　６点　問４〜問７　各４点×４　問８　10点　二 問１　各２点×２　問２　４点　問３　８点　問４　４点　問５　８点　問６〜問８　各４点×３　三 問１　各２点×７　問２　各１点×６

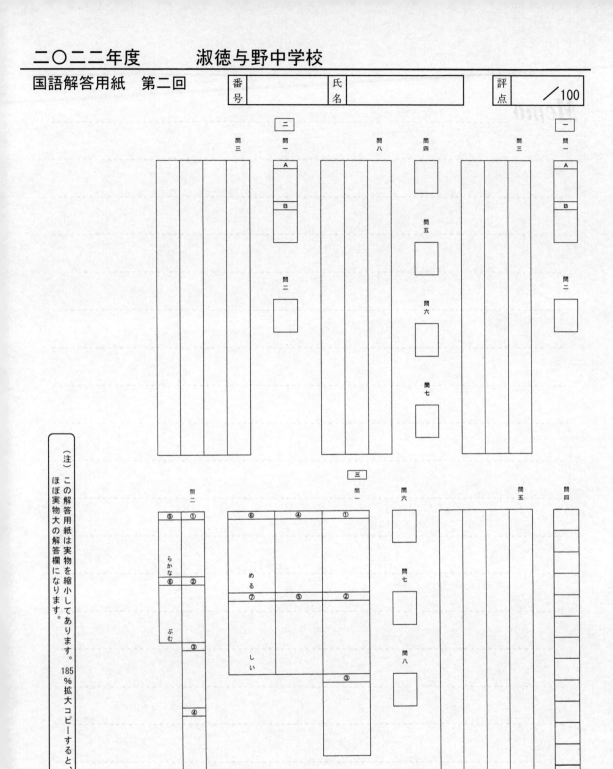

Memo

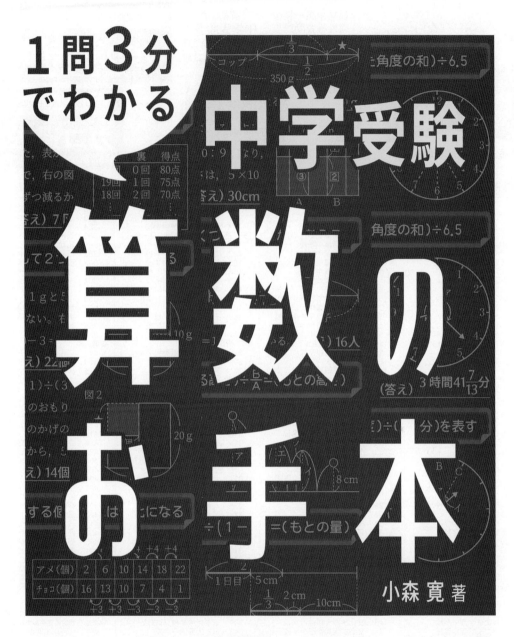